हिन्दी के नामावर नामवर सिंह

वाणी प्रकाशन से प्रकाशित 'पहल' शृंखला की पुस्तकें

1. नवजागरण की इतिहास चेतना (आलोचना)
2. हमें बहुत सारे फूल चाहिए (कविता)
3. मार्क्सवादी सौन्दर्यशास्त्र (आलोचना)
4. पाश : तूफ़ान कभी मात नहीं खाते (आलोचना)
5. कहानी : आज की कहानी (नामवर सिंह से साक्षात्कार)
6. ख़ामोशी का अर्थ पराजय नहीं होता (बांग्लादेश जनमुखी कविताएँ)
7. बाज़ार में खड़ा दार्शनिक (वाल्टर बेंजामिन)
8. पाकिस्तान में उर्दू क़लम (समकालीन साहित्य का दस्तावेज)
9. हिन्दी के नामावर नामवर सिंह

हिन्दी के
नामावर
नामवर सिंह

सम्पादक

ज्ञानरंजन | कमला प्रसाद

वाणी प्रकाशन

प्रकाशन के उत्कृष्टतम 62 वर्ष

सजिल्द पहला संस्करण : 2025

वाणी प्रकाशन

4695, 21-ए, दरियागंज, नयी दिल्ली-110 002

फ़ोन : + 91 11 23273167, 23275710

शाखाएँ

अशोक राजपथ, पटना-800 004, बिहार

कॉफ़ी हाउस कैम्पस, महात्मा गांधी मार्ग, प्रयागराज-211 001, उत्तर प्रदेश

महात्मा गांधी अन्तरराष्ट्रीय हिन्दी विश्वविद्यालय, वर्धा-442 001, महाराष्ट्र

sales@vaniprakashan.in
vaniprakashan@gmail.com

Hindi ke Namavar Namvar Singh
Edited by Gyanranjan, Kamala Prasad

ISBN : 978-93-6944-263-8
Criticism

मूल्य : ₹ 695

जी.एस. ऑफ़सेट, दिल्ली-110 095 में मुद्रित

वाणी प्रकाशन का लोगो मक़बूल फ़िदा हुसैन की कूची से

अनुक्रम

जीवन स्मृति

शहादत

पाश शहीद हो गये। पंजाबी कवि अवतार सिंह 'पाश' उच्चतर मानवीय उद्देश्यों के लिए लड़ते हुए मारे गये। उनके वसूल मानवता के दुश्मनों की सही पहचान कर चुके थे, तभी तो दुश्मन की गोलियों के वे निशाना बने।

मानवता और भारतीय जनता के दुश्मनों ने पिछले 22 मार्च को जन्मभूमि तलवंडी सलमे में कवि की हत्या कर दी।

छठे दशक में बंगाल में जब किसान-मजदूरों ने वसन्त-गर्जना की तो उसका सार्वदेशिक असर हुआ और उसकी प्रातध्वनियाँ साहित्य में गूँज गयीं। पंजाबी कविता भी इन आवाज़ों से भर गयी।

पाश इन्हीं अमर आवाज़ों में एक रहे। भारतीय जनता के लिए पाश लड़ते रहे और उनकी कविताएँ भी इस लड़ाई में साँस, लहू, आँसू और पसीने की तरह व्यक्त होती रहीं। जन्मभूमि पंजाब में जब पंजाबीयत, सिख अस्मिता और खालिस्तान की सँकरी और घिनौनी खुरेंजी शुरू हुई तो विश्व जनता से जुड़ी भारतीय जनता की विशाल एवं वैज्ञानिक पहचान के लिए पाश सक्रिय रहे। अमरीका में भी खालिस्तान के साम्राज्यवादी सपनों का पर्दाफ़ाश वे करते रहे। और जुझारू कवि पाश इन्हीं लड़ाइयों में मारे गये। फासीवाद की फ़सल तैयार कर रहे आतंकवाद ने उनकी हत्या कर दी। इतिहास में कई बार ऐसा हुआ है, लेकिन आतंकवाद और फासीवाद हमेशा पराजित हुआ है।

पंजाबी के इस योद्धा कवि की अमर स्मृति को उनकी कविता से हम अपने में भर रहे हैं।

सबसे ख़तरनाक

मेहनत की लूट सबसे ख़तरनाक नहीं होती
पुलिस की मार सबसे ख़तरनाक नहीं होती
गद्दारी-लोभ की मुट्ठी सबसे ख़तरनाक नहीं होती।

बैठे-बिठाये पकड़े जाना बुरा तो है
सहमी-सी चुप में जकड़े जाना बुरा तो है
पर सबसे ख़तरनाक नहीं होता

कपट के शोर में
सही होते हुए भी दब जाना बुरा तो है
किसी जुगनू की लौ में पढ़ना बुरा तो है.
मुट्ठियाँ भींचकर बस वक़्त निकाल लेना बुरा तो है
सबसे ख़तरनाक नहीं होता।

सबसे ख़तरनाक होता है
मुर्दा शान्ति से मर जाना
तड़प का न होना सब सहन कर जाना
घर से निकलना काम पर
और काम से लौटकर घर जाना
सबसे ख़तरनाक होता है
हमारे सपनों का मर जाना।

सबसे ख़तरनाक वह घड़ी होती है
आपकी कलाई पर चलती हुई भी जो
आपकी निगाह में रुकी होती है।

सबसे ख़तरनाक वह आँख होती है
जो सब कुछ देखती हुई भी जमी बर्फ़ होती है
जिसकी नज़र दुनिया को

मुहब्बत से चूमना भूल जाती है
जो चीज़ों से उठती अन्धेपन की भाप से लुढ़क जाती है
जो रोज़मर्रा के क्रम को पीती हुई
एक घटिया दुहराव के उलटफेर में खो जाती है।

सबसे ख़तरनाक वह चाँद होता है
जो हर हत्याकाण्ड के बाद
वीरान हुए आँगनों में चढ़ता है
पर आपकी आँखों को मिर्चों की तरह नहीं गड़ता।

सबसे ख़तरनाक वह गीत होता है
आपके कानों तक पहुँचने के लिए
जो मरसिए पढ़ता है।
आतंकित लोगों के दरवाज़ों पर
जो गुण्डे की तरह अकड़ता है।

सबसे ख़तरनाक वह दिशा होती है
जिसमें आत्मा का सूरज डूब जाये
और उसकी मुर्दा धूप का कोई टुकड़ा
आपके जिस्म के पूरब में चुभ जाये।

मेहनत की लूट सबसे ख़तरनाक नहीं होती
पुलिस की मार सबसे ख़तरनाक नहीं होती
गद्दारी-लोभ की मुट्ठी सबसे ख़तरनाक नहीं होती।

– नौ वर्ष पूर्व पाश 'पहल' के कवितांक में प्रकाशित हुए थे। 'हम लड़ेंगे साथ', उनकी सुप्रसिद्ध कविता पहली बार 'पहल' में छपी थी।

–सम्पादक

निधन

महजूर, आज़ाद और आरिफ के क्रम में कश्मीरी के अन्यतम प्रगतिशील कवि दीनानाथ नादिम 1916 में श्रीनगर में जन्मे थे। उन्हें कश्मीरी कविता की प्रमुख धारा का भगीरथ कहा गया। 1952 में चीन की यात्रा। 1970 में सोवियत लैंड नेहरू पुरस्कार। 1985 में 'कल्हण' पुरस्कार और 1987 में 'साहित्य अकादमी' पुरस्कार से विभूषित। 1942 से लगातार लेखन। सांस्कृतिक मंचों और प्रगतिशील लेखक संघ में निरन्तर भूमिका निभाने वाले इस युग प्रवर्तक साहित्यकार का निधन जम्मू में 7 अप्रैल 1988 को हुआ। इसी वर्ष प्रकाशित होने वाली कश्मीरी कविता पर जारी होने वाली 'पहल' पुस्तिका में स्व. दीनानाथ नादिम पर पर्याप्त सामग्री दी जा रही है।

–सम्पादक

हे चोरो ओ
हे मेवा चोरो ओ
एक नाशपाती फल अभी भी बचा है
पेड़ की फुनगी पर

छोड़ना मत
इसे लुकाठी से तोड़ गिरा दो
बच निकला है
बर्फ़-बारिश से
दल्लू का पट्ठा
ओले झेले

हवा के थप्पड़ झेले
कुत्ता हड्डी है यह
बर्फ़ और बारिश ने
कोई भी कसर न छोड़ी
फिर भी यह
वैसे का वैसा
जब तुम तड़ी मारोगे
तो सँभल जायगा
आटे-दाल का भाव मालूम पड़ेगा
तड़ी यदि छोटी पड़े
तो काट गिराओ

पेड़ समूचा
ख़ुद गिर पड़ेगा
मुँहजोर कहीं का
और टूटेगा इसका पुराना हठ

–दीनानाथ नादिम

निधन : 7.4,1988

निधन

मैं उनका कवि हूँ
जो जुटे हुए हैं धन्धों में
मैंने विलास को नहीं बुना
अपने शब्दों में छन्दों में

मैं कुम्भकार का चाक घुमाता हूँ
इसलिए कि मिट्टी की इच्छाएँ पूरी हों
मैं पंख बनाता उनको फैलाता हूँ
इसलिए कि कम मानव-मानव की दूरी हो
मैं अभ्रकंश महलों की नीवें जोड़ रहा

मैं तरह-तरह के कर्मों के आनन्द अखाड़े गोड़ रहा

मैं उनका कवि हूँ जो जुटे हुए हैं धन्धों में

धरती व्याकुल है हल की ठोकर खाने को
सागर की लहरें आतुर हाल समाने को
पृथ्वी के भीतर लोहा सोच रहा है यूँ
कोई बलशाली खोद-खोद कर मुझे निकाल न लेता क्यों
नदियों की इच्छा है कि कोई उनकी छाती पर पुल बाँधे
फिर कैसे सम्भव है कि क़लम मेरी केवल शोभा साधे

मैं उनका कवि हूँ जो जुटे हुए हैं धन्धों में

–प्रेमेन्द्र मित्र

निधन : 3.5.88

सम्पादकीय

प्रगतिवादी समीक्षा-प्रणाली ने जो सबसे महत्त्वपूर्ण कार्य किया, वह यह है कि परम्परा से प्रतिगामी तत्त्वों को अलगाकर उसमें अविच्छिन्न रूप से प्रवाहित और विकसित होने वाले प्रगति-शील तथा जीवन्त तत्त्वों को उभारकर सामने रखा। उन्होंने यह प्रमाणित किया कि साहित्य की प्रगतिशील परम्परा जनवाद की परम्परा है–इसकी मुख्य प्रेरक शक्ति जनता है, जो पुरोहितों, महन्तों, राजाओं, नवाबों, बदमाशों, सेठों और साहूकारों के अत्याचार झेलती हुई भी जातीय प्राणशक्ति को निरन्तर जीवन-दान देती हुई आगे बढ़ाती चली आ रही है।

–नामवर सिंह

अर्थमीमांसा की परम्परा के आलोचक

नयी कविता और नयी कहानी की तर्ज़ पर यदि आलोचना के साथ भी यह विशेषण जोड़ा जाये तो नामवर सिंह बुनियादी रूप से 'नयी आलोचना' के आलोचक हैं। नयी कविता जिस तरह विकसित भावबोध की प्रतिज्ञा से जुड़ी है, उसी तरह नयी आलोचना भी। नये कवि ने कहा कि उसका संघर्ष छायावादी संस्कारों से है। नयी आलोचना का भी संघर्ष आलोचना की ऐसी पद्धति विकसित करने में है, जो छायावादी संस्कारों से मुक्त हो। छायावादी संस्कारों से मुक्ति का अभिप्राय पीछे के उन संस्कारों से मुक्ति है, जो पुराने पड़ गये हैं, जिनका सौन्दर्यबोध जड़ीभूत है। आमतौर पर लोगों ने आधुनिक हिन्दी कविता में छायावाद के बाद प्रगतिवाद, प्रयोगवाद और नयी कविता के चरण बना लिये हैं। कविता का जो थोड़ा भी पारखी है, वह जानता है कि इस विकास में दो ही प्रवृत्तियाँ मूल हैं, रोमानी प्रवृत्तियाँ और प्रगतिशील प्रवृत्तियाँ। रोमानी प्रवृत्तियाँ जीवन की जटिलता से पीछा छुड़ाती हैं। थोड़ी देर के लिए वास्तविक दुनिया से विद्रोह हुआ भी तो तत्काल उससे भागने की प्रवृत्ति

आ जाती है। दुनिया को जानने की जिज्ञासाएँ रहस्यलोक में बदल जाती हैं। वहाँ जीवन की जटिलताओं को समझने का बौद्धिक प्रयत्न नहीं होता। संलग्न जीवन की प्रतिज्ञा से जो तनाव होगा, जिस साहस की अनवरत ज़रूरत होगी, उसका सामना नहीं किया जाता और जब तक इससे संघर्ष नहीं किया जाता, इसका बना रहना स्वाभाविक है। स्वतन्त्रता संग्राम में इससे नहीं लड़ा गया। मुक्ति का विवेक सम्मत प्रयत्न नहीं हुआ, इसीलिए यह रोमानी प्रवृत्ति सामाजिक जीवन में और उसी तरह छायावाद, प्रयोगवाद और नयी कविता में मौजूद रही है। इसके विपरीत जीवन-जगत को समझने उसके भीतर की प्रतिगामी शक्तियों से संघर्ष करने, संघर्ष की पेचीदगी को खोलने और प्रतिगामिता को निर्मूल करने का अनवरत प्रयत्न कभी समाप्त नहीं होता, प्रगतिवादी दौर में एक बार शुरू हुआ और जारी है। इस भूमिका का अभिप्राय नयी कविता के भीतर यह रेखांकित करना है कि छायावादी संस्कार और प्रगतिशील संस्कारों का संघर्ष मौजूद रहा है। नामवर सिंह की नयी आलोचना का मूल प्रस्थान इसी संघर्ष की पहचान से शुरू होता है। 'कविता के नये प्रतिमान' में वे उसे हर जगह दुहराते नज़र आते हैं। वे कहते हैं आज नये-से-नये प्रतिमान के लिए सबसे बड़ी चुनौती छायावादी संस्कार हैं।' (कविता के नये प्रतिमान, पृ. 30) उन्होंने कहानी की पुस्तक 'कहानी नयी : कहानी' में भी स्वीकृत मान्यताओं के ख़िलाफ़ संघर्ष की आवश्यकता पर ज़ोर दिया है।

'कविता के नये प्रतिमान' शीर्षक से लगता है कि उसमें किन्हीं प्रतिमानों की स्थापना है। दरअसल यह पुस्तक 'प्रतिमान' भंजक स्वभाव लेकर तैयार हुई है। इसमें आलोचना की पद्धति की तलाश अवश्य है। इसके सूत्र मार्क्सवाद में हैं। मार्क्सवाद को कुछ लोग दूसरे वादों की तरह एक अवधि के बाद चुक जाने वाला दर्शन कहते हैं। यह कंथन उनकी ओर से आता है, जो या तो इस दर्शन को नहीं जानते या जानकर भी अपने वर्गहित में विरोध करते हैं। वस्तुतः मार्क्सवाद अध्ययन की एक पद्धति है–वैज्ञानिक पद्धति। उसका विश्वास है कि प्रकृति, जीवन और मनुष्य में विकास की अनवरत प्रक्रिया निहित है। इन्हें मानकों और परिभाषाओं में क़ैद नहीं किया जा सकता। एक सूत्र है–जीवन हमेशा हरा है और सिद्धान्त मृत सिद्धान्त जीवन की हरियाली में हरा होता है। नामवर सिंह रचना को मनुष्य की ऐसी ही सृष्टि मानते हैं, जिसमें रचयिता की असमापनशील संवेदनायुक्त रचनात्मक गतिशीलता मौजूद रहे। यह गुण यदि रचना में होता है कि उसके मूल्यांकन का प्रतिमान छोटा पड़ जायेगा। इससे बचने और ज़रूरत को पूरा करने के लिए आलोचना पद्धति की ही बात हो सकती है। आलोचना कर्म को स्पष्ट करते हुए

कहते हैं–'जिस तरह वैयाकरण भाषा के शब्द नहीं बनाता, उसी तरह का आलोचक भी काव्य के मूल्यों का निर्माण नहीं करता। शब्दानुशासन के समान काव्यानुशासन भी वस्तुत: अनुशासन है, शासन नहीं। इस अनुशासन का आधार है, नये काव्य-सृजन में निहित मूल्यों का प्रत्यभिज्ञान या पहचान, जिसे अभिनव गुप्त ने ज्ञात का भी विशेष रूप से अनुसन्धानात्मक निरूपण कहा है।' (वही, पृ. 9-10) ज़ाहिर है कि यहाँ कव्य सृजन पर ज़ोर अधिक है। इसके बिना कविता का विकास रुक जायेगा, जड़ीभूत सौन्दर्य हावी हो जायेंगे। तत्त्व चिन्तकों को अवसर मिल जायेगा कि वे साहित्य के भीतर हस्तक्षेप करें और उसकी मूल प्रकृति को नष्ट करें!

प्रश्न यह है कि कविता की गतिमान सर्जनात्मकता को परख करने वाली नामवर सिंह की मार्क्सवादी पद्धति की परम्परा क्या है और उसकी मूल शर्तें क्या हैं? दुनिया में मार्क्सवादी आलोचना पद्धति की दो शाखाएँ हैं। एक शाखा है, जिसका विकास क्रान्ति के पूर्व और विशेषकर बाद में रूस में हुआ। दूसरी शाखा है, जिसका विकास पश्चिमी देशों में हुआ। यदा-कदा पूर्वी देशों में भी इस पद्धति के विकास के प्रयत्न मिलते हैं। नामवर सिंह ने अपनी बात के प्रमाण में जिन आलोचकों के हवाले दिये हैं, वे प्राय: योरपीय देशों और अमरीका के हैं। इन अधिकांश देशों में पूँजीवादी व्यवस्था है। यहाँ के मार्क्सवादी आलोचक उन्हीं। देशों की सामाजिक-साहित्यिक समस्याओं से टकराते हुए अपनी पद्धति खोजते हैं। साहित्य कला के क्षेत्र में अपनी गहरी दिलचस्पी और अनुसन्धान से प्राप्त विश्वसनीय नतीजों के कारण उन देशों में मार्क्सवादी आलोचक चर्चा के केन्द्र में हैं। उनके कारण बुर्ज़ुवा सौन्दर्य शास्त्रीय प्रणाली को जगह-जगह धक्के लगे हैं। दुनिया के लोग दंग रह गये, जब सार्त्र ने घोषणा कर दी कि वे फ्रायड, काफ़्का, जेम्स ज्वायस को पढ़कर मार्क्सवाद की ओर आये हैं। उन्होंने यहाँ तक भविष्यवाणी कर दी कि बुद्धिजीवी मार्क्सवादी होगा। हंगरी के आलोचक लुकाच, इटली के गोरयुमान और उधर अंग्रेज़ी आलोचक काडवेल ने सौन्दर्यशास्त्र के बुर्ज़ुवा दुर्ग पर भयानक हमले किये। इन लोगों ने रूपवादी-औज़ारों को वस्तु और रूप के अभेद सम्बन्धों के भीतर से जोड़कर सौन्दर्य शास्त्र का नया ढाँचा खड़ा किया। शैली वैज्ञानिक और संरचनावादी पद्धतियों को मार्क्सवादी पद्धति के द्वारा विकसित कर सबको चौंका दिया। वस्तु से रूप को, शब्द से अर्थ को, जगत से भाव को काटकर जिस भाववादी-रूपवादी पद्धति पर वे चमकते थे, इन आलोचकों के अनुसन्धान ने उन्हें पंगु बना दिया। नामवर सिंह के आलोचनात्मक विवेक का निर्माण इसी शाखा के आलोचकों की अकादमिक अन्तरंगता में हुआ है। वे शायद यह अनुभव करते हैं कि बुर्ज़ुवाजनतन्त्र के भीतर उभरती रचनात्मक

दिशाओं से त्याग और ग्रहण की संगति यहाँ के लिए, योरपीय देशों से अधिक बैठती है। आधुनिकता के उपभोक्तावादी मूल्यवृत्त में निर्मित मध्यवर्गीय मनोलोक की टकराहट के नमूने वहीं मिलते हैं। बुद्धिजीवियों की भूमिका का रेखांकन ग्रामशी और मारक्यूज जैसे आलोचकों ने विशेष रूप से किया है। इन आलोचकों की एक विशेषता और है। ये लोग अपने देश के कम्युनिस्ट आन्दोलन से निरन्तर जुड़े रहने के बजाय लड़ते-झगड़ते और जुड़ते रहे। पार्टी अनुशासन का इनकी बौद्धिक गतिविधियों के सामने महत्त्व कम था, नामवर सिंह को वे इस कारण भी प्रेरक लगते हैं।

नामवर के आलोचनात्मक विवेक के निर्माण में जातीय परम्परा का भी योग है। वे अक्सर इस परम्परा को दूसरी परम्परा कहते हैं। देखना चाहिए कि यह दूसरी परम्परा है क्या चीज़? 'कविता के नये प्रतिमान' में 'रस के प्रतिमान की प्रसंगानुकूलता' में कई बार कहते हैं, 'अर्थमीमांसा के बिना 'रस' अपूर्ण ही नहीं निरर्थक है' पुनः 'अर्थ मीमांसा के बिना अनायासलम्य अनुभूति के आधार पर कविता का मूल्यांकन करना मूल्यांकन नहीं, बल्कि प्रभावाभिव्यंजक आलोचना का उपहास्यास्पद नमूना है!' आगे रस निर्णय अन्ततः अर्थ-निर्णय पर निर्भर है।' और अन्ततः 'रस के पुनरुद्धार अथवा पुनर्व्याख्या का प्रश्न ही अप्रासंगिक हो जाता है; प्रासंगिक रहती है तो आस्वाद की प्रक्रिया, जिसका आधार अर्थमीमांसा है।' (पृ. 45 से 56 तक) इस विश्लेषण में वे स्पष्ट करते हैं कि भरत द्वारा प्रवर्तित नाट्य रस आनन्दवर्द्धन के ध्वनि सिद्धान्त से काव्य रस बन पाया। इस विकास से काव्यभाषा की सृजनात्मक सम्भावनाओं का मार्ग प्रशस्त हुआ! रस सिद्धान्त के भीतर से काव्यास्वादन की दो परम्पराएँ निकली हैं। एक परम्परा है–जिसके अनुसार काव्यास्वादन मनुष्य को द्वन्द्वहीन, तनाव रहित, संघर्ष शून्य सत् चित् आनन्द की अवस्था में पहुँचाता है। इसकी मंजिल ब्रह्मानन्द सहोदर है। दूसरी परम्परा है–जीवन और जगत् के अर्थ, उसकी जटिलताएँ और काव्य की रचनात्मकता का साक्षात्कार करने की। यही अर्थमीमांसा की परम्परा है। पहली परम्परा में तत्त्वमीमांसा ने काव्य के क्षेत्र में हस्तक्षेप कर लिया है। जब-जब काव्य में जड़ीभूत सौन्दर्यदृष्टि प्रधान होती है, यह हस्तक्षेप बढ़ जाता है। इसके विपरीत जब काव्य में रचनात्मकता उभरती है, तब काव्य का मूल्यांकन अर्थमीमांसा पद्धति से होता है। यह पद्धति हमेशा सम्भावनापूर्ण होती है। रचना और आलोचना दोनों की सम्भावनापूर्ण संगति में इसका निर्वाह होता है। आलोचना के एक सम्पादकीय में नामवर सिंह ने इस परम्परा को लोकधर्मी बताया है। वे कहते हैं, 'इस कविता का अपना काव्य शास्त्र भी है।

प्रभुत्वशाली काव्यशास्त्र ने उस कविता का भी तिरस्कार किया है और काव्यशास्त्र का भी। (आलोचना 83, पृ. 3) नयी कविता के सन्दर्भ में 'नयी कविता के प्रतिमान' के अन्तर्गत इसी काव्यशास्त्र की परम्परा को विकसित करने की प्रतिज्ञा मिलती है।

नामवर सिंह की आलोचनापद्धति खोजते हुए इस तरह दो परम्पराएँ हैं। एक भारतीय काव्यशास्त्र की अर्थमीमांसा वाली तथा अन्य मार्क्सवादी समीक्षकों में योरपीय सौन्दर्यशास्त्रियों की। दोनों की संगति कैसे बनती है, इसका पता चलेगा उनके आलोचना कर्म से साक्षात्कार करने पर। वे जिस आलोचना कर्म से जुड़े हैं, उनमें आलोचक की भी रचनात्मकता की स्वीकृति है। मतलब कि कृति केन्द्रित आलोचना में आलोचक अनुपस्थित नहीं होता है। अलबत्ता, 'एक ही कृति का मूल्यांकन करते हुए भिन्न निष्कर्षों पर पहुँचते हैं, तो इसका यही अर्थ है कि वे सभी एक ही कृति नहीं पढ़ रहे।' (पृ. 37) प्रश्न है कि एक ही कृति पढ़ने पर भिन्न कैसे? निश्चय ही भिन्न काव्य विवेक और अलग पाठ विधि के कारण पुराने काव्य में एक सुविधा थी। आस्वादक रचना की गायनविधि, श्रुतिविधि और पाठविधि से प्रतिकृत होता था। रचना का साक्षात्कार छन्द, लय, तुक के बहाने पंक्तियों के अनुशासन में रहकर करता था। अन्वय पद्धति से अर्थ करता था। तत्त्ववादी आस्वादक काव्येतर सन्देशों से मुग्ध होता था। छन्द मुक्ति के बाद भाषा की शक्ति पर ज़ोर बढ़ गया। कविता हो या कहानी पाठविधि का महत्त्व अधिक हो गया। रचना टुकड़ों के बजाय अपनी समग्रता में आस्वादन योग्य बनी। नामवर सिंह ने इसे संरचनात्मक पड़ताल कहा। इस पड़ताल में छोटी-बड़ी प्रगीतात्मक-प्रबन्धात्मक या लम्बी कविताओं की संरचना के खोलने की समस्या उपस्थित हुई। संरचना के खोलने से रचना का गूढ़ अर्थ भी प्रकट हो जाता हैं। मूलकथ्य और रची हुई वस्तु की आन्तरिक प्रक्रिया पकड़ में आ जाती है। जीवन की शर्तें और कला की शर्तों की सापेक्ष स्वतन्त्रता उद्घाटित होती है। नयी कविता के सन्दर्भ में नामवर सिंह ने इसे अन्तर्ग्रथन की समझ कहा है। अन्त-ग्रन्थन में कवि के विचार और मूल्य पिरोये रहते हैं। यहाँ संदेशवाची पंक्तियाँ अलग नहीं होतीं। इसीलिये 'आलोचक के लिए भी एक अन्तर्ग्रथित कविता की प्रक्रिया के ब्योरे विशेष महत्त्वपूर्ण होते हैं।' (पृ. 42-43) आलोचना की इस पद्धति को नामवर सिंह ने रूप से वस्तु या कवि के अनुभव और मूल्य की ओर जाना कहा है। यहाँ मूल्य निर्णय एक तरह का आख़िरी काम है। यह नामवर जी को पद्धति का प्रमाण ही है कि उन्होंने मूल्य निर्णय को निबन्ध पुस्तक के अन्त में जोड़ा है। ध्यान रखें कि संरचनात्मक अध्ययन की यह पद्धति व्यवस्थित रूप से लुकाच और गोल्डमान में मिलती है। यह पाठ विश्लेषण पद्धति भी है। गोल्डमान कहते हैं कि पाठ-विश्लेषण से रचना के भीतर की सक्रियता परखी जाती है। यथार्थ

के प्रतिबिम्बन और सर्जनात्मक पुनर्सृजन का द्वन्द्व खुलता है। इसका मूल मन्त्र है–रचनाकार के निजी मानस में बसी सामूहिक या विश्व चेतना की पड़ताल। यह रचना में निहित संवेदना और व्यवहार में झाँकती है। रचना वस्तुत: वह बरी होती है, जिसका समग्र उसके हिस्सों में अनुस्यूत होता है। नयी कविता के भीतर इसी तरह के रचना विधान उभर कर आये हैं।

संरचनात्मक पद्धति से मूल्यांकन करने पर कविता की सबसे बड़ी कमज़ोरी 'उसकी तार्किक अन्विति' ठहरती है 'तार्किक अन्विति' का मतलब टेक की पहली पंक्ति में सूत्र और अन्य पाद-बन्धों में उसकी व्याख्या। ऐसे में पूरी कविता अन्तर्ग्रथित नहीं होती। व्यंग्य कविताओं के लिए इस तरह का ढाँचा चल सकता है–जैसा कि नागार्जुन में है। नामवर सिंह विजयदेवनारायण साही से सहमत हैं कि कविता एक इकाई की तरह बनकर आनी चाहिए। इससे कवि की शक्ति की परीक्षा होती है। शिथिल अनुभव का कवि सस्ती भावुकता में बह जाता है, अत: इसकी कविता परिपुष्ट नहीं होती। अब एक बात पूछने की यह है कि छोटी और लम्बी कविताओं की संरचना में क्या फ़र्क़ स्वाभाविक है? नामवर कहते हैं कि छोटी कविता में अनुभूति की प्रधानता होती है–अनुचिन्तनात्मक बातें होती हैं और प्रगीतात्मकता होती है। लम्बी कविता में वर्णन, अनुकरण नाटकीयता, कथात्मकता होती है। अनुभूतिपरक कविताओं का जमाने में प्रभाव बढ़ा तो इसका परिणाम यह कि वास्तविकता से संघर्ष नहीं किया गया। थोड़ा द्वन्द्व और तत्काल सभाहिति या आनन्द में डूब। यह आत्मपरकता पलायन है। नयी कविता यद्यपि वस्तुपरक और बौद्धिक होने की प्रतिज्ञा से चली, पर इसमें इसका निर्वाह सर्वत्र नहीं हुआ। विद्रोह की कड़ी तत्काल यहाँ भी टूट गयी। मुक्तिबोध मुख्य रूप से तथा श्रीकान्त वर्मा, रघुवीर सहाय, राजकमल चौधरी, विजयदेवनारायण साही की लम्बी कविताओं की लिजलिजी भावुकता से अलग कविताओं की व्याख्या पहली बार नामवर सिंह ने की और सिद्ध किया कि इन सबमें मुक्तिबोध की विशाल पट भूमि वाली स्वप्न चित्रों से बुनी 'अँधेरे में' कविता 'अर्थवत्ता' की दृष्टि से अधिक सर्जनात्मक और कालजयी है। उल्लेखनीय है कि संरचना के लिहाज से नामवर जी ने नाटकीय कविता या प्रगीतात्मक दोनों की सीमाएँ–विशेषताएँ रेखांकित की। इनकी दृष्टि में श्रेष्ठ कविता में विजन, अर्थवत्ता, सर्जनात्मक होती है।

अर्थमीमांसा की संरचनात्मक अध्ययन प्रणाली के साथ अपनी समीक्षा पद्धति को जोड़ते हुए नामवर सिंह उन प्रतिमानों की रूढ़ियों को फोड़ते हैं, जो कविता की रचनाशक्ति में बाधक बनने लगती हैं। चूँकि उनका कार्यक्षेत्र नयी कविता के भावबोध

का अनुसन्धान है, इसलिए वे काफ़ी चौकन्ने होकर पुराने संस्कारों को इस इलाक़े में घुसने से रोकते हैं। ये संस्कार सैद्धान्तिक और व्यावहारिक समीक्षा–दोनों रास्तों से आते हैं। सैद्धान्तिक रास्ते से हस्तक्षेप उस दौर में डॉ. नगेन्द्र की 'रस सिद्धान्त' नामक पुस्तक के जरिये हुआ। व्यावहारिक हस्तक्षेप किया–उर्वशी के बहाने विभिन्न आलोचनाओं, 'कामायनी' पर पुनर्विचार के प्रयत्नों तथा 'तार सप्तक' के द्वितीय संस्करण में व्यक्त सम्पादकीय विचारों और कुछ कवियों के संशोधित आत्मकथ्यों ने। यह सब काम इतिहास के विशेष मोड़ पर हुआ। प्रगतिवादी काव्य आन्दोलन से समाज में बुनियादी परिवर्तन की जो लहर चल पड़ी थी, उससे 'नयी कविता' के भीतर इतना प्रखर गतिशील आत्मसंघर्ष शुरू हुआ कि सातवें दशक के आरम्भ तक में आधुनिक भावबोध के आत्मीकरण के तनाव को झेलने में सर्वाधिक समर्थ मुक्तिबोध की कविताएँ समृद्धि के साथ सामने आ गयी। नयी राहों के अन्वेषी कवि या तो इस ओर झुके या पीछे मुड़ गये। उल्लेखनीय है कि अज्ञेय की 'असाध्य वीणा' उन्हीं दिनों प्रकाशित हुई। वे सत्य की खोज के बजाय चिरन्तन सत्य और वस्तुसत्य के बजाय आत्मसत्य के प्रवक्ता बन गये। पुराने संस्कारों वाले आलोचकों के लिए वे अब प्रिय हो गये। मुक्तिबोध की सशक्त धारा आगे बढ़ी और वे नयी पीढ़ी के प्रेरक बने। यही मौक़ा था, जब पुराने पुनरुत्थानवादी नयी कविता के पीछे मुड़ रही कड़ी का अवलम्ब ले इतिहास के प्रवाह को रोकें। नामवर सिंह इन प्रतिगामी प्रयत्नों के बीच लड़ाकू मुद्रा में अकेले ही कूद पड़ते हैं। मुक्तिबोध ने शिकायत की थी कि 'प्रगतिवादी समीक्षक ने साहित्यांकित जीवन और साहित्य-सृजन की मूलाधार जीवन-भूमि में भूतग्रातीमर्मज्ञता प्रकट नहीं की।' (मुक्तिबोध रचनावली, खण्ड पाँच, पृ. 148) यह हकीकत है कि साहित्य-सृजन के क्षेत्र में मूलग्राही मर्मज्ञता लेकर कोई अन्य प्रगतिशील सामने नहीं आया। दूसरों ओर प्रगतिशील धारा को निर्मूल करने के प्रयत्न पूरी तैयारी से हो रहे थे। संगठित तैयारी से हमले होते थे। मुक्तिबोध के शब्दों में प्रगतिवादियों की तुलना में निःसन्देह ये नये लोग अधिक कला मर्मज्ञ थे। किन्तु साहित्यिक प्रवृत्तियों को वे एक भिन्न प्रकार की दिशा देना चाहते थे।' (वही, पृ०. 159), मुक्तिबोध की ज़िन्दगी में यदि 'कविता के नये प्रतिमान' प्रकाशित होती तो शायद वे बहुत प्रसन्न होते।

ध्यान रखने की बात यह है कि नामवर सिंह यदि इस दिशा में साहित्य की मर्मज्ञता के साथ घुसे तो एक तरह से यह उन्हीं के अनुसार दुश्मन के सबसे मज़बूत क्षेत्र की जंग थी। उन्होंने तत्काल प्रकाशित काव्य संकलनों और समीक्षाओं को विश्लेषण का आधार बनाया। उदाहरण देखें उर्वशी आलोचना विवाद का।

'कल्पना' में इस पुस्तक पर भगवतशरण उपाध्याय का लेख छपा। प्रगतिशीलों और अन्यों ने इस लेख पर प्रतिक्रियाएँ व्यक्त कीं। एक राय आम थी–काव्येतर मूल्यों के इस्तेलाम का विरोध करने की। अज्ञेय और मुक्तिबोध एकमत थे। असहमति इस बात पर बनी कि अज्ञेय ने इसे प्रकाशन अयोग्य घटिया लेख कहा–जबकि मुक्तिबोध ने सामाजिक और साहित्यिक मूल्यों के अन्त:सम्बन्धों की पहचान करने वाला उपयोगी लेख बताया। नामवर सिंह ने इन प्रतिक्रियाओं में निहित आलोचकीय रुचियों की बुनावट का खुलासा कर कहा कि पुराने संस्कार कैसे-कैसे घुसे आ रहे हैं। इसके विपरीत, 'मुक्तिबोध ने उर्वशी की जो आलोचना की है, उसके पीछे नयी कविता का आत्मसजग भावबोध है।' (कविता के नये प्रतिमान पृ. 75) दूसरी मिसाल–'कामायनी' के पुनर्मूल्यांकन में प्रवृत्त हुए दो महापुरुष–रामस्वरूप चतुर्वेदी और मुक्तिबोध। नामवर सिंह ने रामस्वरूप चतुर्वेदी की इस बात में तो प्रशंसा की कि उन्होंने पहली बार, रूपक, दर्शन, महाकाव्य, इतिहास की पद्धतियों से अलग 'रचना विधान' वाली पद्धति का इस्तेमाल किया है। पर अकेले पद्धति के इस्तेमाल से क्या होगा, यदि आपकी काव्य रुचि विकासशील नहीं है। अत: उन्हें कहना पड़ा कि इस पुनर्मूल्यांकन में आलोचक के पास नये भाव बोध के अनुरूप मूल्य निर्णय की शक्ति नहीं है और पुनर्मूल्यांकन के मूल में नियामक तत्त्व मूल्य है और 'कामायनी' के पुनर्मूल्यांकन में जब तक गुणात्मक स्तर पर भिन्न मूल्य दृष्टि का परिचय नहीं दिया जाता, वह पुनर्मूल्यांकन न कहलायेगा। (वही, पृ. 81) इसके विपरीत मुक्तिबोध ने 'कामायनी' के पात्रों विशेषकर नायक के विध्वंसक व्यक्तिवाद की निन्दा की। उन्होंने रचना के मूल्य और काव्य प्रकृति की विसंगतियों का खुलासा किया। बताया कि इसके भीतर वे चीज़ें हैं, जिनका प्रगति विरोधी यथास्थिति के पक्ष में इस्तेमाल कर सकें। नामवर सिंह ने इन दोनों पुनर्मूल्यांकनात्मक प्रयत्नों के अन्तर्तत्त्वों की पड़ताल की। उन्होंने मुक्तिबोध के काम के बारे में कहा कि यह 'समकालीन साहित्य के मूल्यांकन के साथ ही समकालीन सन्दर्भ में अपनी पूरी परम्परा का पुनर्मूल्यांकन करने की दृष्टि देता है।' (वही, पृ. 83) इसी तरह पुराने संस्कारों को लेकर प्रकट तीसरी किताब 'तार सप्तक' दूसरा संस्करण। बीस वर्षों में न केवल सम्पादक बल्कि गिरिजाकुमार माथुर या नेमिचन्द जैसे–लोग छायावादी रोमानी दुनिया में ख़ुद को छिपाने लगे। नया रहस्यवाद उभरकर आ गया। वह अस्तित्ववाद से प्रेरित था। कुछ के पहले संस्करण में दिये वक्तव्य बदल गये। इस तरह 'उर्वशी', 'कामायनी' और 'तार सप्तक' तीनों प्रसंगों में नामवर जी की भूमिका उन तत्त्वों को पकड़ने की है, जो ठहर-ठहर कर साहित्य को पीछे मोड़ते हैं या उन्हें बल देने की जो भौतिक वैचारिक से गतिशील सजग भावबोध से जुड़े हैं।

सैद्धान्तिक रूप से अपनी स्थापना का रास्ता बनाते हुए तो 'रस सिद्धान्त' (नगेन्द्र) की समीक्षा की है। उस पुस्तक में लेखक ने रस सिद्धान्त को आलोचना के तथाकथित शाश्वत प्रतिमान के रूप में पेश किया है। इसी आवेश में उन्होंने नयी कविता के भी मूल्यांकन के लिए इसे पर्याप्त बताया है। छायावाद का मूल्यांकन इसी मान से नगेन्द्र कर ही चुके थे। दिक़्क़त यह है कि वे रस की तत्त्ववादी मीमांसा को बार-बार खींचते हैं, जिसमें युगीन चुनौतियों को पहचान के लिए कहीं गुंजाइश नहीं है। यही तो जड़ीभूत सौन्दर्य दृष्टि है। इसका व्यावहारिक पहलू यह हुआ कि छायावाद में भी बहुवस्तु स्पर्शी प्रतिभा के धनी निराला नगेन्द्र को नहीं भाये और अति उत्साह में नये कवि गिरिजाकुमार माथुर और अज्ञेय की कविताओं की जो व्याख्या की, उसे इन कवियों ने ही अमान्य कर दिया। नामवर जी ने चुटकी ली, 'लक्ष्य के द्वारा लक्षण का खण्डन' रसवादी दृष्टि से नगेन्द्र और नन्ददुलारे वाजपेयी ने नयी कविता पर लेखमालाएँ लिखीं, जिनमें आधुनिक भावबोध की पहचान नदारत है। कितनी हास्यास्पद बात है कि नगेन्द्र को छायावादोत्तर काव्य में दिनकर, नवीन और बच्चन उपलब्धि लगते हैं, मुक्तिबोध वग़ैरह नहीं। यह आलोचना का पिछड़ापन है। कई बार इन्हें तो यह भी समझ में नहीं आता कि छायावाद ही अच्छा क्यों है? नामवर सिंह ने 'कविता के नये प्रतिमान' में छायावादी संस्कारों से संघर्ष किया है, इसका अर्थ यह नहीं कि वे इस काव्ययोग को सहानुभूति नहीं दे पाये। उन्होंने 'छायावाद' पर पुस्तक ही लिखी है। उसमें इस युग के सभी कवियों की मूल शक्ति को आकलित किया है। ऐतिहासिक दृष्टि से वे इसमें यह कहते पाये जाते हैं कि 'छायावाद का व्यक्ति स्वातन्त्र्य सामन्तीय मर्यादाओं के विरुद्ध बड़ा क़दम था।' (छायावाद, पृ. 27) छायावाद में ह्रासशील क्या है, पहला कारण कि 'इसका पर्यवसान संसार और व्यक्ति की स्थायी शत्रुता में हुआ।' तथा दूसरा कि 'आत्मकथा उसका विषय हो गया और मैं उसकी शैली।' ('आधुनिक साहित्य की प्रवृत्तियाँ', पृ. 5) नयी कविता के विवेचन में नामवर सिंह इन्हीं ह्रासशील प्रवृत्तियों के ध्वंस और गतिशील प्रवृत्तियों के विकास पर ज़ोर देते हैं।

नामवर सिंह की आलोचना पद्धति में विश्लेषण का बहुत महत्त्व है। अर्थ के लिए यह ज़रूरी है। वे कई कोणों से वर्गीय दृष्टि के साथ सिद्ध करते हैं कि कैसे कोई प्रतिमान मूल्य दृष्टि के आलोक में अपना अर्थ प्रतिपादित करता है। काव्य-भाषा, काव्य-बिम्ब और सपाट बयानी, विसंगति और बिडम्बना, अनुभूति की जटिलता और तनाव, ईमानदारी और प्रामाणिक अनुभूति तथा परिवेश और मूल्य–प्राय: ऐसे शब्द हैं, जिनका इस्तेमाल नये आलोचकों ने साहित्यिक प्रतिमान की तरह किया है।

रामस्वरूप चतुर्वेदी और अज्ञेय ने स्थापना की कि नयी कविता के मूल्यांकन के लिए काव्यशास्त्र के पुराने लक्षण अनुपयोगी हो गये हैं। अब तो केवल भाषा ही आलोचना का एक मात्र मान शेष है। संरचनात्मक आलोचना पद्धति में भाषा को विशेष दर्जा तो नामवर जी भी देते हैं, पर उक्त आलोचकों से वे असहमत हैं। उनके काव्य भाषा अध्ययन में मूल्य खोज की चेष्टा नहीं है। इसके बिना वे रूपवादी जाते हैं। नामवर सिंह कहते हैं कि यह 'निःसन्देह आलोचना के अन्तर्गत रूपवादी ख़तरा है, क्योंकि कुछ आलोचक कथन की भाषागत विशेषताओं के विश्लेषण को ही समूची काव्य कृति का विश्लेषण समझने की भूल कर सकते हैं। किन्तु जो जागरूक समीक्षक शब्द के इर्द-गिर्द बनने वाले समस्त अर्थवृत्तों तक फैलते जाने का विश्वासी है, वह सन्दर्भ के अनुसार शब्द में निहित सभी अर्थापत्तियों को पकड़कर काव्य भाषा के आधार पर ही काव्य का पूर्ण मूल्यांकन कर सकता है।' (पृ. 115-16) छायावादी प्रभाव से काव्यालोचन का प्रतिमान नयी कविता में भी आया। कवियों ने बिम्बों की लड़ियाँ बनानी शुरू कीं। क्रमहीन, संगतिरहित, कथ्य से दूर, विचारों से परे किन्तु विम्बों की चमक फिर भी। प्रतिक्रिया में धूमिल आदि सपाट बयानी पर ज़ोर देते आये, ताकि कथ्य तो खुल सके। नामवर सिंह ने दोनों की अतिरेकताओं से अलग, कबीर-सुर-तुलसी की जातीय काव्य भाषा की परम्परा में, 'क्रियोन्मुख वाक्य विन्यास' को सामाजिक विचार विनिमय और काव्य रचना का आधार बनाया। मतलब साफ़ है कि विचार-विनिमय की भाषा और काव्य भाषा में सामान्य फ़र्क़ को वे पसन्द नहीं करते।

काव्यालोचन में कुछ प्रतिमान स्थितियों से तथा कुछ रचयिता की नीयत से उभारे गये हैं मसलन 'विसंगति और विडम्बना' को लें। यह वस्तुतः स्थिति के प्रति कवि के रचनात्मक रुख को व्यक्त करने वाला सूत्र है। गम की कहानी को मजा लेकर कहने की शुरुआत निराला, प्रेमचन्द में मिलती हैं। नये कवियों ने गहरी व्यथामूलक स्थितियों को व्यक्त करते हुए अगम्भीर प्रसंग लाकर विडम्बना का वातावरण बनाया है। नामवर सिंह ने कहा कि यह स्थितियों के साथ क्रीड़ा भाव है। इससे व्यंग्यवृत्ति अर्थचमत्कार और शिल्प सिद्धि में सफलता मिलती है। संशयी, ख़ूँख़ार और सिनिक आदमी में बुद्धि के सहारे मानसिक विजय मिलती है। नामवर सिंह कहते हैं, 'सम्पूर्ण स्थिति को एक नाटक के रूप में स्वीकार करना और नाटकीय बुनावट के साथ उसे काव्य बद्ध करना तथाकथित सिनिसिज़्म का रचनात्मक उपयोग है।' (पृ. 171) रोमानी रुचि से मुक्त होकर कम शब्दों में तीक्ष्ण विचारों और सधे भावों से कविता लिखी जा सकती है। समाज की विसंगतियों पर निगाह रखने के मनोवृत्ति काम आती है।

नयी कविता के प्रसंग में 'अनुभूति की जटिलता और तनाव का प्रश्न बार-बार उठा है। स्वतन्त्रता संग्राम का विश्लेषण करते हुए नामवर जी ने कहा कि गांधी जी संघर्ष टालते थे, जटिलताओं से भागते थे, इसीलिए संघर्षशील लोग अलग हो गये। जवाहरलाल नेहरू तक ने रिक्तता अनुभव की। छायावादी कवियों में भी सामंजस्य की अधीरता का मनोविज्ञान मौजूद है। निराल अपवाद हैं। जीवन में बुनियादी परिवर्तन के लिए द्वन्द्ध को बचाना ख़तरनाक है, विसंवाद से मुक्ति नक़ली प्रयत्न है और परिवर्तन के लिए सक्रिय होने में द्वन्द्ध होगा, तनाव होगा, अनुभूति में जटिलता होगी–उसे झेलना होगा। कविता के क्षेत्र में इस तरह जटिल अनुभूति और तनाव झेलने वाले कवि मुक्तिबोध हैं। वे संघर्ष की परम्परा को आगे बढ़ा रहे हैं। नयी कविता यदि इस प्रक्रिया को प्रतिमान की तरह आगे बढ़ाये तो नामवर सिंह आलोचक के रूप में उसकी सराहना करते हैं। वे नगेन्द्र के 'रस सिद्धान्त' को इसीलिए ख़तरनाक मानते हैं, क्योंकि वह विवेक को सुलाने की कोशिश से भरा है। यह विकास विरोधी है।

कवि की नीयत की ओर से उठाया गया सवाल 'ईमानदारी' का है। 'ईमानदारी और प्रामाणिक अनुभूति' शब्द युग्म ख़ूब चला है। प्रश्न है कि छायावाद, उत्तर छायावाद, प्रगतिवाद, प्रयोगवाद, नयी कविता–जैसे काव्य आन्दोलनों में शब्द कब नहीं उठे और किसकी ईमानदारी पर शंका नहीं की गयी? हाँ किसी ने ईमानदारी की व्यापक छानबीन नहीं की। प्रगतिवाद ने तो श्रमिकों की पक्षधरता को ईमानदारी कहा। लक्ष्मीकान्त वर्मा या अज्ञेय आदि ने इसे व्यक्तिगत, आत्मपरक, रहस्यमूलक बना दिया। नंगा करना और ढकना सब ईमानदारी कहलाया। रोमानी भावुकता और गलदश्रु भावुकता भी ईमानदारी और एक तरह बुद्धि विरोधी औज़ार बन गया। मुक्तिबोध ने इसकी वैज्ञानिक व्याख्या की। उन्होंने तमाम लोगों की ईमानदारी की ओट में आत्मवंचनाओं को खोला और अन्ततः ईमानदारी की स्थिति सापेक्षता को रेखांकित किया। उन्होंने पुराने संस्कारों को छिपाने की कोशिश का खुलासा किया। नामवर सिंह यहाँ भी मुक्तिबोध के साथ है।

'कविता के नये प्रतिमान' का अन्तिम निबन्ध है–'परिवेश और मूल्य'। पूरी पुस्तक में नामवर सिंह अनेक बार ऐसे लोगों से सहमत हैं, जो उनके विचारों के विरोधी है। विजयदेवनारायण साही, श्रीकान्त वर्मा, अशोक वाजपेयी, रघुवीर सहाय या अन्य बहुतेरे नाम। पश्चिमी आलोचकों में आई. ए. रिचर्डस्, टी. एस. ईलियट, एफ. आर. लीविस, रैसम इत्यादि। विरोधी विचारों से सहमति उनके ऊपर सबसे बड़ा आरोप है। पता लगाना चाहिए कि नामवर सिंह की सहमति और असहमति

का रहस्य क्या है? पहले एक बात यह कि नामवर सिंह ने अपनी आलोचना को 'सहयोगी प्रयास' कहा है, कहानी आलोचना तक को। कोई मार्क्सवादी यह बात न कहे तो भी उससे उम्मीद यही की जानी चाहिए। सहयोग परम्परा और अपने काल में निर्मित विचार, भाव बोध दोनों से होता है। विचार ऐतिहासिक प्रक्रिया की उपज होते हैं और वे भिन्न-भिन्न मुण्डों में प्रकट होते हैं। व्यापक जीवन दृष्टि की नियामक और ध्वंसक, प्रगतिशील और प्रतिगामी सब तरह के। उन्हें एक संगति में लाने का काम विचारक का होता है। संगति का आधार मिलता है मूल्य दृष्टि से। कार्ल मार्क्स ने नितान्त विरोधी हीगे़ल से कितना लिया-सीखा और उसे संगति दी? इस प्रणाली की ख़ूबी ही रही है विरोध और समर्थन–दोनों का दायरा वस्तुपरक और विशाल होना। अब 'कविता के नये प्रतिमान' का चरित्र देखें। किताब के भीतर काफ़ी ऐसे मुद्दे हैं, जिन्हें नामवर सिंह ने विजयदेवनारायण साही से लिया है, पुस्तक का शीर्षक भी। अर्थमीमांसा और संरचनावादी अवधारणा में दोनों करीब हैं। यह सहमति विश्लेषण के दौरान बनी है, जैसे लेनिन की टॉलस्टॉय से। असहमति दिखाई पड़ी मूल्य निर्धारण के दौरान। नामवर सिंह के शब्द हैं, 'विजयदेवनारायण का काव्य संकट अपनी ऐन्द्रजालिकता के सन्दर्भ में मुक्तिबोध के समान होते हुए भी वास्तविकता के गर्द-गुवार से काफ़ी दूर तथा अधिक निजी और स्वतः सम्पूर्ण है। शुद्धता की दृष्टि से साही का काव्य-संसार शमशेर के बिम्ब लोक के अधिक निकट है। किसी निश्चित परिवेश से न बँधे होने के कारण उसमें विविध सन्दर्भों में अर्थ-ध्वनित करने की व्यापक क्षमता है, किन्तु उसका दूसरा पहलू अस्पष्टता भी है। एक तिलस्मी समानता के सिवा विजयदेवनारायण साही के काव्य संसार और मुक्तिबोध के काव्य संसार में विषमताएँ ही विषमताएँ हैं।' (वही–पृ. 231) देखें कि नामवर सिंह नयी कविता के भीतर वैचारिक संघर्ष में किसका साथ देते हैं, निश्चय ही मुक्तिबोध का। प्रायः हर निबन्ध में वे निर्णायक होते मुक्तिबोध से सहयोग करते हैं। कौन सप्रमाण यह कहेगा कि यह मार्क्सवाद से विचलन है? सारतः यह व्यवस्थित सौन्दर्य दृष्टि का विस्तार है। उनका यह विश्वास ग़लत नहीं है कि 'मार्क्सवादी आलोचना परम्परा से प्राप्त होने वाले अनेक आलोचनात्मक औज़ारों या अवधारणाओं को लेकर विकसित हुई है' ('पूर्वग्रह' 44-45 में छपा साक्षात्कार पृ. 3)

कुल मिलाकर नामवर सिंह की काव्य समीक्षा, बल्कि पूरा समीक्षा कर्म मार्क्सवादी दृष्टि से साहित्य केन्द्रित रहा है। वे वाक् परम्परा के शोधार्थी हैं। वे आस्वादनों के प्रतिनिधि बनकर सक्रिय रहे हैं। वैचारिक युद्ध के लिए उन्होंने यही मैदान चुना है। उनकी युद्ध शैली महाभारत की रही है–युद्ध और जीवन में एक दूसरे

से संवाद। उन्होंने व्यवस्थित सिद्धान्त निरूपण नहीं किया। प्रचलित सिद्धान्तों की व्याख्या करते वे अपने विश्वासों को व्यक्त करते रहे हैं। उन्हें सूत्रबद्ध करके नामवर हुए सिंह की आलोचना के सिद्धान्त का संग्रह सम्भव है। दिक़्क़त यह है कि उन्होंने काफ़ी कम लिखा है, अत: मुकम्मिल सौन्दर्यशास्त्र खड़ा करना कठिन है। सम्भव है कि लम्बी चुप्पी के बाद ऐसा ही कोई धमाका करें, जो चर्चा में हलचल पैदा कर दे। नामवर सिंह की आलोचना को पढ़ते हुए तथा उन्हें सुनते हुए एक बात बार-बार लगती है कि उन्होंने आलोचना में नीति चातुर्य (Diplomacy) विकसित की है। शत्रु की सभा में या मैदान में यह कला ज़रूरी है, उपयोगी भी, पर इसमें सन्तुलन की ज़रूरत होती है। इसका अधिक अभ्यास कई बार मैत्री दर्शन को बाधित करता है। स्वभाव में चाणक्य की तरह की वृत्तियाँ दृढ़ होने लगती हैं। दशरथ ने शब्दबेधी बाण का अभ्यास किया और कहीं भी अजमाने लगे। इससे कितनी बड़ी दुर्घटना हो गयी? बाण सिंह को लगने के बजाय श्रवण कुमार को लग गया। कितना ज़रूरी किन्तु ख़तरनाक रास्ता है यह? नामवर सिंह में इतनी प्रखर प्रतिभा रही है और तदनुकूल उनका ज्ञानमूलक अभ्यास भी कि मैदान जीतने में दिक़्क़त नहीं हुई। हाँ! जीतने के मोह पाश में बँध ख़ुद की रचनात्मकता को वे छोड़ते गये। वाद के बग़ैर उन्हें मजा नहीं आता। 'कविता के नये प्रतिमान' में उन्होंने ही कहा कि उसके पीछे वाद शैली हैं। यह सही है कि प्राय: उनका वाद मात्र मनोरंजन या द्वेष-जन्य नहीं रहा, पर चूँकि उन्होंने लीक से हटकर बातें कीं, इसलिए उसकी पूरी प्रक्रिया खोलनी चाहिए थी। रामविलास शर्मा से असहमति अलग बात है, पर उन्होंने अपनी वाद दृष्टि को अस्पष्ट कभी नहीं रहने दिया। इस दृष्टि से नामवर जी का टकराव काफ़ी स्पष्ट और उल्लेख्य है।

नामवर सिंह की आलोचना का क्षेत्र अपेक्षाकृत अकादमिक और बौद्धिक है। उसमें आस्था और आशंका की द्वन्द्वात्मकता बहुत घनीभूत है। अलग से पहचानी जाने वाली आस्था को उन्होंने नकारा है। रामविलास शर्मा के सन्दर्भ में भी उन्होंने इस तरह का प्रश्न उठाया है। वे कहते हैं कि आस्था निर्धारित करके आलोचना में प्रवृत्त होना गलत है। मेरा ख़याल है कि यह इलाक़ा भी काफ़ी नाज़ुक है। ऐसे आस्थावान हैं, जो पत्थर में आँख गड़ाये बैठे हैं और ऐसे अनास्थावान भी जो सनकी हो जाते हैं। यहाँ सन्तुलन ज़रूरी है। द्वन्द्वात्मक एकता प्रकारान्तर से सर्वोत्तम सन्तुलन पद्धति है। इस दृष्टि से नामवर सिंह की आलोचना के भीतर से असन्तुलन रेखांकित किये जा सकते हैं। विशेष रूप से जो बातें उन्होंने फ्लैशेज में कही हैं, उनमें इसकी काफ़ी गुंजाइश है। उन्होंने एक जगह हजारीप्रसाद द्विवेदी के फक्कड़

स्वभाव का उल्लेख करते हुए कहा कि यह स्वभाव निबन्ध के योग्य होता है। ग़ौर से देखें तो यह उत्तराधिकार नामवर जी में भी है। यही कारण है कि उनकी आलोचना निबन्धों में है। निबन्धों की रचनात्मक शर्त उनकी आलोचना में है और व्यवस्था की कमी भी। 'याद आता है–याद आता है' के सूत्र भरे पड़े हैं। निबन्ध स्वभावी आदमी में ही यह मिलता है।

हिन्दी आलोचना में रामविलास शर्मा के बाद जिन लोगों ने विज़न के साथ औसत चर्चाओं से ऊपर उठकर अपनी निजता कायम की है, उनमें नामवर हैं। वे सामान्य और विशेष, देश और काल के द्वन्द्व को पहचानने वाले आलोचक हैं। स्वतन्त्र भारत में जो भावबोध विकसित होकर आया, उसे उन्हें मूल्य का दर्जा दिया। अकारण नहीं है कि सन् '56 और उसके बाद के समय को उन्होंने बार-बार रेखांकित किया है। उन्होंने काव्य विवेक के क्षेत्र में विरोधियों से, विशेष कर सोशल डेमोक्रेट्स से, एकता और संघर्ष की नीति का इस्तेमाल किया है। उनमें जातीय गद्य लिखने की अपार क्षमता है। भाषा के भीतर विदग्धता का गुण भरपूर है। वे प्रहार जिन्दादिली और क्रीड़ा भाव से करते। उदाहरण के लिये–'दादुर बोल रहे थे, गहे कोकिला मोम' इसी तरह अन्यत्र भी। दुश्मन से प्रभावित हुए बग़ैर उसे प्रभावित करके लौटने वाली भाषिक कला उनके पास है। वे ऐसा वृत्त बनाते हैं, जिसमें मूढ़-मन्दमति तत्काल घिर जाता है और समानधर्मा अन्तर्मुखी हो जाता है। प्रहारों के समय मुस्काना और प्रहारक होकर मुस्काना यह उनके व्यक्तित्व की ख़ूबी है।

नामवर सिंह अपनी ज़िन्दगी के साठ वर्ष पूरे कर चुके हैं। हम कामना करते हैं कि वे दीर्घायु हों और अपने प्रति अधिकांश शिकायतों का जो रस मौन पीते रहे हैं, उसे किसी विरल रचना में ढालकर प्रस्तुत करें।

–कमलाप्रसाद

जीअनपुर के नामवर जी

•

सुरेश शर्मा

बनारस से तीस मील दूर एक छोटा-सा गाँव है जीअनपुर। वहीं 28 जुलाई, 1927 को नामवर जी का जन्म हुआ। पिता नागर सिंह किसान और शिक्षक थे। माँ बागेश्वरी देवी फेसुड़ा की थीं। जीअनपुर से 12 मील दूर सैयद राजा स्टेशन के पास यह गाँव है। नामवर जी को ननिहाल नाम की चीज़ नहीं मिली। क्योंकि जब वे सिर्फ़ दो साल के थे फेसुड़ा गाँव के इलाक़े में एक महामारी फैली, जिसमें एक ही साथ नाना-नानी और मामा-मामी सभी चल बसे।

पैतृक गाँव जीअनपुर में सिर्फ़ तीन पीढ़ी पहले उनके परदादा खड़ान गाँव से आये थे। यह गाँव जीअनपुर से दो मील दूर है। गहरवार राजपूतों का यह खानदान जब जीअनपुर आया तब इस गाँव में ज़्यादा परिवार नहीं थे। एक-दो घर ही राजपूतों के थे। बाकी अहीर, कहार और गोंड़ की आबादी थी। ज़मींदार कोई मुसलमान था। जीअनपुर को ऊसर गाँव भी कहा जाता था। ऊसर जहाँ कुछ भी न उपजे लेकिन नामकरण इस गाँव का हुआ जीअनपुर–यानी जीवनपुर। ऊसर कहीं जाने वाली जगह में उर्वरता पैदा करने के संकल्प से ही किसी ने इस भूखण्ड का नाम जीवनपुर रखा होगा।

नामवर जी के जन्म के समय गाँव की जो भौगोलिक सामाजिक संरचना थी, उसमें पिछले साठ सालों में बहुत अधिक बदलाव नहीं आया है। तब गाँव तक कोई सड़क नहीं जाती थी। इन दिनों एक कच्ची सड़क जाने लगी है। गाँव में कोई स्कूल नहीं था। अब एक प्राइमरी स्कूल खुल गया है। बाकी ढाँचे में थोड़ा-बहुत ही फ़र्क़ आया है। आबादी के लिहाज से गाँव में आठ घर अहीर, तीन घर लोहार, दो गड़ेरी एक कहार, एक बनिया, एक तेली और दो गोंड़ परिवार यहाँ की ज़िन्दगी की धड़कन रहे हैं। अपनी वृत्तियों के लिए नाई, धोबी और ब्राह्मण दूसरे गाँव से आते

थे। सीमान्त पर तीन ओर 'चमटोल' है, जहाँ से खेत मज़दूर जीअनपुर आते हैं और किसानों के हल चलाते हैं।

नामवर जी का परिवार भी किसानों का ही था। बीस बीघे की खेती थी। इसमें मुख्य रूप से धान और गेहूँ उपजता था।

पिता नागर सिंह इस गाँव के पहले मिडिल पास व्यक्ति थे। वे शुरू में बग़ल के गाँव आवाजापुर के लोअर प्राइमरी स्कूल में शिक्षक थे। नामवर जी ने 'अ आ ई' की पढ़ाई इसी स्कूल में की। सूर्योदय के कुछ देर बाद वे वर्णमाला को किताब, स्लेट और दिन का खाना बस्ते में डालकर आवाजापुर के लिए चलते और पढ़ाई करके सूरज डूबने के बाद घर लौटते।

1932 में मझले भाई रामजी सिंह पैदा हुए।

जब चौथी में पहुँचे तब पिता ने माधोपुर स्कूल में दाख़िला करा दिया। पिता का तबादला भी उसी स्कूल में हो गया था। घर से माधोपुर की दूरी तीन मील थी। पिता के साथ वे माधोपुर में ही रहकर पढ़ाई करने लगे। अपना घर और गाँव हमेशा के लिए छूट गया।...

यहाँ एक शिक्षक थे मतउल्ला खाँ। वे नामवर जी से बेहद स्नेह करते थे। पिता जब कभी पीटते, मतउल्ला खाँ बचा लेते। यहीं एक और शिक्षक थे–धर्मदेव सिंह, जिनके व्यक्तित्व से वे बहुत गहरे प्रभावित हुए। वे बड़े ही सहिष्णु और शिष्य वत्सल अध्यापक थे। जाड़े के दिनों में धर्मदेव सिंह का लिवास दिलचस्प होता था। कम्बल का लम्बा कुरता और कम्बल की कान ढँकने वाली टोपी; हाथ में डण्डा। लेकिन कभी ग़ुस्सा नहीं। हमेशा छात्रों के प्रति सहयोग का भाव। इन्हीं धर्मदेव सिंह ने नामवर जी को जवाहरलाल नेहरू की एक सभा में जाने के लिए प्रेरित किया। 1936 में प्रान्तीय कौंसिल के चुनाव के सिलसिले में पण्डित नेहरू कमालपुर आये थे। चौथी कक्षा के छात्र नामवर जी स्कूल से चार मील पैदल चलकर नेहरू की सभा के लिए कमालपुर गये। लेकिन सभा स्थल रामलीला मैदान में जब पहुँचे, तब तक नेहरू की सभा समाप्त हो चुकी थी। खुली जीप पर चमकती सफ़ेद टोपी पहने नेहरू वापस जा रहे थे...

1937 में दर्जा पाँच में पढ़ने के लिए नामवर जी कमालपुर आ गये। उनके गाँव जीअनपुर से कमालपुर की दूरी तीन मील है।

इसी साल सबसे छोटे भाई काशीनाथ सिंह का जन्म हुआ।

बचपन के इन्हीं आरम्भिक वर्षों में हेतमपुर के स्वाधीनता सेनानी कामताप्रसाद विद्यार्थी के घर आने-जाने से नामवर जी का साहित्यिक संस्कार बनना शुरू हुआ।

विद्यार्थी जी ज़मींदार और कांग्रेसी थे। नागर सिंह उनके मित्र थे। वे नामवर जी को लेकर अक्सर विद्यार्थी जी के यहाँ जाया करते। विद्यार्थी जी लोगों को ज़रूरत होने पर होम्योपैथी की दवा भी देते थे। उनके घर हरिजन खानसामा था। ऐसे बहुमुखी व्यक्तित्व वाले विद्यार्थी जी खादी पहनते थे। देखा-देखी इस छोटी-सी उम्र में नामवर जी ने भी फ़ैसला किया कि जीवन भर खादी पहनेंगे।

विद्यार्थी जी के यहाँ 'सैनिक', दैनिक 'आज' और सस्ता साहित्य मंडल की किताबें आती थीं। सैनिक में छपने वाले कार्टून नामवर जी को बहुत अच्छे लगते थे। विद्यार्थी जी के यहाँ ही नेहरू की 'मेरी कहानी', 'विश्व इतिहास की झलक', गांधी की आत्मकथा 'सत्य के प्रयोग' और टॉलस्टॉय की 'प्रेम में भगवान' नामक किताबों से उनका परिचय हुआ। टॉलस्टॉय के 'माई कन्फेशन' का अनुवाद जब उन्होंने पढ़ा तब एक अजीब क़िस्म के पाप बोध से घिर बैठे। विद्यार्थी जी के यहाँ जाकर या तो वे किताबें उलटते या उनकी बड़ी लड़की सरोज के साथ खेलते।

प्राइमरी स्कूल के दिनों में जब स्वाधीनता आन्दोलन के दौरान नमक सत्याग्रह हुआ तब चचेरे भाई कन्धे पर बिठाकर सत्याग्रह दिखाने ले गये। विद्यार्थी जी ने अपने घर के सामने नमक बनाया था और पकड़े गये थे।

साहित्यिक संस्कार के निर्माण में आवाजापुर की साहित्यिक मण्डली ने महत्त्वपूर्ण भूमिका निभायी। वहाँ एक छोटी-सी लाइब्रेरी थी। जयचन्द सिंह और श्याम नारायण गुप्त साहित्यिक रुचि के दोस्त थे। दोनों ही मिडिल एडवांस की तैयारी कर रहे थे। रीतिकालीन काव्य संवेदना का माहौल था। यह माहौल बनाने वालों में ठाकुर बलराज सिंह और सूबेदार सिंह तो थे ही, ठाकुर रामगति सिंह भी थे, जो सवैया और घनाक्षरी लिखते गाते थे। अमरेश भटट् मुसलमान थे। उनसे द्विजदेव का 'काव्य कुसुमाकर' लेकर पढ़ा।

जयचन्द सिंह के पिता नामवर जी के पिता के मित्र थे। गर्मी की छुट्टियों में नामवर जी आवाजापुर आ जाते। दोस्तों का संग भी होता और लाइब्रेरी में बैठकर 'बालाई' किताबें भी पढ़ते। 'साहित्यालोचन', रत्नाकर का 'उद्धव शतक' और कुछ जासूसी ऐयारी उपन्यास वहीं से लेकर पढ़ा।

इस माहौल का असर हुआ कि दर्जा छह में पहुँचते-पहुँचते नामवर जी ने इंग्लैंड पर हिटलर की विजय को लेकर एक कविता लिखी। उपनाम रखा 'पुनीत' नामवर सिंह 'पुनीत' की उस पहली कविता की अन्तिम पंक्ति है–

चढ़ यौ बरतानिया पर हिटलर 'पुनीत' ऐसे
जैसे गढ़ लंक पर पवन सुत कूदि गौ।

छोटे से कवि 'पुनीत' ने यह कविता सर्किल टूर्नामेंट में सुनाई और पुरस्कृत हुए। कविता लिखने का अभ्यास तेज़ी से आगे बढ़ा। दर्जा सात में 'वीरगाथा' की इस संवेदना ने 'रीतिकालीन' मानसिकता का भी स्पर्श किया। कवि पुनीत ने लिखा–

आस दुइ मास प्रिय मिलन अवधि की है
उमगे उरोज रहे कंचुकी मसकि-मसकि

यह घनाक्षरी 33 वर्णों की है। कुछ जटिल है। रीतिकालीन जसवन्त सिंह ही ज़्यादातर इसका प्रयोग करते हैं।

मिडिल स्कूल के हेड मास्टर पं. राम अधार मिश्र ने नामवर जी की कॉपी पर यह कविता देख ली। सीधे पूछा कंचुकी का क्या मतलब? फिर नाराज़ होते हुए बोले : नागर सिंह से कहता हूँ अब तुम्हारी शादी-वादी कर दें। लेकिन हेड मास्टर साहब का कोप तब शान्त हो गया, जब डिप्टी साहब के स्वागत में कवि 'पुनीत' ने एक कविता लिख दी। लेकिन मिश्र जी ने सम्भवतः उनके पिता को नामवर जी के कवि हो जाने की सूचना दे दी थी। पिता चिन्तित हुए। उन्होंने बेटे को बाहरी किताबें पढ़ने पर पाबन्दी लगा दी। कवि 'पुनीत' अब छिपकर बाहरी साहित्य पढ़ते और जमकर कविताएँ लिखते। पढ़ाई पर इसका असर पड़ना ही था। 1940 की मिडिल परीक्षा में नामवर जी फेल हो गये। इतिहास में असफलता मिली थी। परीक्षा में जब उत्तर लिखने बैठे तो शिवाजी पर इतना लम्बा लिखा कि दूसरा सवाल सिर्फ़ आधा लिख पाये और बाकी सवाल छूट गये। फेल होना स्वाभाविक था। 1941 में फिर से मिडिल की परीक्षा में बैठे और पहली श्रेणी में पास हुए।

पिता जी अब चाहते थे कि ट्रेनिंग करके नामवर जी प्राइमरी स्कूल में मास्टर लग जायें। लेकिन विद्यार्थी जी के कहने पर उनका नामांकन हीवेट क्षत्रिय स्कूल, बनारस में करा दिया। जुलाई, 1941 में वहाँ सातवीं में ही दाख़िला मिला, क्योंकि गाँव के स्कूल में पढ़ी हुई अंग्रेज़ी नाकाफ़ी थी।

बनारस से ही एक पत्रिका निकलती थी 'क्षत्रिय मित्र'। सरस्वतीप्रसाद सिंह उसके सम्पादक थे। आगे चलकर शम्भुनाथ सिंह और त्रिलोचन शास्त्री भी इसके सम्पादक हुए। इसी पत्र में 1941 में नामवर जी की पहली खड़ी बोली की कविता छपी 'दीवाली'। दूसरी कविता थी–'सुमन रो मत, छेड़ गाना।' इसी साल त्रिलोचन जी से भी परिचय हुआ। वे पास ही सेंट्रल जेल के पास साधना कुटीर में रहते थे। उन्होंने पहले परिचय में ही अधिक-से-अधिक पढ़ने की ओर प्रेरित किया।

उनकी प्रेरणा से दो किताबें ख़रीदी और गम्भीरता से पढ़ीं। एक थी गोर्की की 'आवारा की डायरी'। अनुवाद इलाचन्द्र जोशी का था। दूसरी किताब थी निराला की 'अनामिका'। फिर त्रिलोचन जी से नियमित मुलाक़ातों और उनकी अन्तहीन बातचीत का सिलसिला शुरू हुआ।

बनारस में ही सागर सिंह नाम के एक साहित्यिक थे। वे सरसौली लॉज में रहते थे। शिवदान सिंह चौहान और शमशेरबहादुर सिंह को पहली बार उन्हीं के यहाँ सुनने का मौक़ा मिला। शिवदान सिंह उन दिनों 'हंस' का सम्पादन करते थे। उन्होंने गोष्ठी में एक रेडियो रूपक पढ़ा था। शमशेर जी ने भी कविताएँ सुनायीं पहले नरेन्द्र शर्मा की, जो देवली कैम्प जेल में बन्द थे।
कविता थी–

एक हमारी भी दुनिया,
जो घिरी कटीले तारों से
घिरी हुई दीवारों से

दूसरी कविता शमशेर ने अपनी सुनाई–
लेकर सीधा नारा
कौन पुकारा?

शमशेर ने स्टील फ्रेम का चश्मा पहन रखा था...

1942 की जुलाई में त्रिलोचन जी स्कूल में भाषण करने आये। उन्होंने अपना कोई यात्रा संस्मरण सुनाया था। नामवर जी ने इस सभा में 'ताल' शीर्षक से कुछ सवैये सुनाए–

तान के सोता रहा जल चादर
वायु सा खींच जगा गया कोई...

प्रिंसिपल जे. पी. सिंह को कविता बहुत पसन्द आयी और स्कूल भर में नामवर जी कवि के रूप में पहचाने जाने लगे।

इन्हीं दिनों 1942 का आन्दोलन हुआ था। स्कूल-कॉलेज बन्द कर दिये गये। वे गाँव आ गये। 14 या 15 अगस्त को गाँव पहुँचे। 16 अगस्त को विद्यार्थी जी की अगुवाई में धानापुर थाने पर तिरंगा फहराने गये। मिडिल स्कूल के साथी महंगू सिंह नामवर जी के ठीक आगे थे। आन्दोलनकारियों पर पुलिस ने गोली चलायी। महंगू सिंह शहीद हो गये। रघुनाथ सिंह और सत्यनारायण सिंह नाम के दो अन्य लोगों की भी मृत्यु हुई। नामवर जी बाल-बाल बचे।

साथियों के मारे जाने के प्रतिक्रियास्वरूप आन्दोलनकारियों ने थाने को घेरकर उसमें आग लगा दी। दरोगा सहित तीन सिपाही जलकर राख़ हो गये। अंग्रेज़ सरकार ने दमन चक्र चलाया। लम्बे समय तक मुक़दमा चला। विद्यार्थी जी गिरफ़्तार कर लिए गये। मुक़दमे में तीन लोगों को फाँसी की सज़ा हुई। कई लोगों को काला पानी।...

नामवर जी बनारस आकर अपनी पढ़ाई में लग गये। हीवेट क्षत्रिय स्कूल यू.पी. कॉलेज भी कहलाता था। अतीत में कॉलेज के अन्तर्गत कई साहित्यिक समारोह हो चुके थे। प्रेमचन्द, प्रसाद आदि ने उनमें शिरकत की थी।

यहाँ एक साहित्यिक रुचि के हिन्दी अध्यापक थे मार्कण्डेय सिंह। वे काशी प्रगतिशील लेखक संघ के उपाध्यक्ष भी थे। अमृतराय का भी इस कॉलेज में आना-जाना था। वे मार्क्सवादी विचारधारा के बारे में क्लास लेते थे। नामवर जी भी उस क्लास में शामिल होते। आगे चलकर अमृतराय ने उन्हें 'लोकयुद्ध' का ग्राहक बनाया।

इन्हीं दिनों कॉलेज मैगजीन में नामवर जी की मुक्तछन्द की पहली कविता छपी–'नभ में पतंग'। 'प्रगति का सन्देश आया'–समस्यापूर्ति भी छपी।

1943 में किसी समय पं. नन्ददुलारे वाजपेयी कॉलेज आये और उन्होंने 'कामायनी' पर लम्बा व्याख्यान देते हुए उसे मध्यवर्गीय जीवन का महाकाव्य बताया। 1943 से ही प्रगतिशील लेखक संघ से नामवर जी के सम्बन्ध बने।

नामवर जी की नौवीं-दसवीं कक्षा के दिनों में त्रिलोचन का नियमित हॉस्टल आना, साहित्यिक बातचीत करना और मेस में भोजन करके लौटना लगातार जारी था। 1944 में शास्त्री जी 'तार सप्तक' लेकर हॉस्टल आये। कविताएँ दिखाईं, सुनाईं और समझाईं भी।

1945 में पहली श्रेणी में मैट्रिक पास हुए। इसी साल श्रीमती शान्ति सिंह से शादी हुई। दुबली-पतली, गौर वर्ण की महिला श्रीमती शान्ति सिंह। सुन्दर, गम्भीर व्यक्तित्व और हमेशा सिर पर आँचल। शिक्षा गाँव में ही थोड़ी-बहुत हुई। बिहार के भभुआ सब डिवीजन में दुर्गावती स्टेशन के पास मचकिया गाँव की हैं शान्ति जी। पिता नवाब सिंह की दूसरी पत्नी की दूसरी सन्तान।

इसी साल एक महत्त्वपूर्ण घटना हुई। आचार्य हजारीप्रसाद द्विवेदी के प्रथम दर्शन हुए। 'प्रसाद परिषद' के किसी कार्यक्रम में वे शान्ति निकेतन से बनारस आये थे। कार्यक्रम नागरी प्रचारिणी सभा में हुआ था। 'प्रसाद परिषद' के अध्यक्ष थे बाबू सम्पूर्णानन्द। कार्यक्रम समाप्त होने के बाद जब द्विवेदी जी शान्ति निकेतन लौटने लगे तब नामवर जी उन्हें स्टेशन पर छोड़ने आये। अपर इंडिया खुलने ही वाली थी।

नामवर जी ने द्विवेदी जी की ओर काग़ज़ का एक टुकड़ा बढ़ाया और कुछ लिख देने को कहा। द्विवेदी जी मुस्कुराये और तुरन्त लिखा–

हाथी चढ़िए ज्ञान को
सहज दुलीचा डाल,
श्वान रूप संसार है।
भूँकन दे झक मार।

'46 में कॉलेज में छात्र संघ बनाने में नामवर जी ने महत्त्वपूर्ण भूमिका निभायी। इसी साल छात्र संघ के आह्वान पर हड़ताल हुई जिसके पर्चे उन्होंने लिखे। छात्र संघ के साहित्य सचिव भी बने। इस संघ पर कांग्रेस सोशलिस्ट पार्टी का प्रभाव था। इसी साल साहित्य सचिव की हैसियत से अज्ञेय को कॉलेज में बुलाया। वे उत्तर पूर्वी मोर्चे से लौटकर आये थे। असम के संस्मरण सुनाये। बनारस में वात्स्यायन जी का यह पहला सार्वजनिक कार्यक्रम था। इसी साल गर्मियों में कलकत्ता और पुरी गये। उद्‌देश्य था कविता पाठ और यात्रा।

जून, '47 में इंटरमीडिएट किया। जुलाई, '47 में काशी हिन्दू विश्वविद्यालय के बी. ए. प्रथम वर्ष में नामांकन कराया। संकट मोचन के सामने महेन्द्रवी छात्रावास में जगह मिली। त्रिलोचन जी इन दिनों अकनू भवन में रहते थे।

'47 में इलाहाबाद के प्रगतिशील लेखक संघ के सम्मेलन में शिरकत की। राहुल सांकृत्यायन ने अध्यक्षता की थी। सज्जाद जहीर, नेमिचन्द जैन, अज्ञेय प्रभाकर माचवे ने भी सम्भवतः इस सम्मेलन में हिस्सा लिया था। सम्मेलन के दौरान, यशपाल ने एक पर्चे में 'शेखर : एक जीवनी' की कड़ी आलोचना की थी।

इसी साल बनारस में निराला जी की स्वर्ण जयन्ती भी मनायी गयी। समारोह का आयोजन नन्ददुलारे वाजपेयी ने किया था। इस अवसर पर कविता पाठ के लिए नामवर जी को निराला जी के हाथों सौ रुपये का पुरस्कार मिला। आचार्य जानकी वल्लभ शास्त्री को इसी प्रसंग में निराला जी ने दो सौ रुपये दिये। आलोचक शिवनाथ भी पुरस्कृत हुए थे।

पहला लेख भी इसी वर्ष दैनिक आज में छपा। साल भर की साहित्यिक गतिविधियों का नामवर जी ने सर्वे किया था।

सोशलिस्ट पार्टी की पहल पर '48 में 'नव संस्कृत संघ' का गठन हुआ। आचार्य नरेन्द्रदेव इसकी प्रेरणा थे। बेनियाबाग में सोशलिस्ट पार्टी का सम्मेलन हुआ था। सम्मेलन वाले पण्डाल में ही अन्तिम दिन यह संघ बना। सम्मेलन का उद्‌घाटन

डी. पी. मुखर्जी ने किया और अध्यक्षता हजारीप्रसाद द्विवेदी ने की। नामवर जी संघ का गठन करने वालों में थे। वे काशी इकाई के सचिव बने और '50 तक रहे। नव संस्कृति संघ के आयोजनों की रपटें 'राष्ट्र वाणी' के तत्कालीन अंकों में छपी हैं। आचार्य नरेन्द्रदेव उसके सम्पादक थे। कार्यकारी सम्पादक थे बैजनाथ सिंह 'विनोद'। विनोद 'राष्ट्र भारती' (वर्धा) से 'जनवाणी' आये थे। बनारस में संस्कृति संघ से जुड़े अन्य लोग थे विजयदेवनारायण साही। राजाराम शास्त्री, शम्भूनाथ सिंह आदि। साही जी काशी विद्यापीठ में अध्यापक थे उन दिनों। त्रिलोचन जी भी नव संस्कृति संघ की गोष्ठियों में आते रहते थे। भगवतशरण उपाध्याय भी आते रहे। गोष्ठियों में ज़्यादातर साहित्यिक मुद्दों पर बातचीत हुआ करती थी।

प्रगतिशील लेखक संघ इन दिनों भूमिगत रूप से सक्रिय था। गुप्त रूप से उसकी बैठकें हुआ करती थीं। बनारस के उसके कर्ताधर्ताओं में विष्णुचन्द्र शर्मा और लाल जी सिंह आदि थे।

1948 में बेटे विजय का जन्म हुआ, जो अब इंजीनियर हैं।

1949 में बी. ए. पास किया। प्रथम श्रेणी में दूसरे स्थान पर रहे। इसी साल काशी हिन्दू विश्वविद्यालय में एम. ए. हिन्दी में दाख़िला लिया। गोविन्द लॉज में जाकर रहने लगे। त्रिलोचन अभी अकनू भवन में ही थे।

1950 की जुलाई में पण्डित हजारीप्रसाद द्विवेदी काशी हिन्दू विश्वविद्यालय में आ गये। नामवर जी के एम. ए. का आख़िरी साल था।

1951 में एम.ए. (हिन्दी) किया। पहली श्रेणी में पहला स्थान मिला।

नव संस्कृति संघ में बिखराव आ गया था। आचार्य नरेन्द्रदेव लखनऊ में उप कुलपति हो गये थे। साही अध्यापक होकर इलाहाबाद चले गये। शेष रह गये थे सिर्फ शन्भूनाथ सिंह...।

बनारस की अन्य साहित्यिक संस्थाओं के भी हाल बुरे ही थे। ठाकुरप्रसाद सिंह का नवयुवक साहित्यिक संघ 1945 से ही किसी तरह चलता चला आ रहा था। प्रसाद परिषद का हाल यह था कि आमतौर पर उसकी गोष्ठियों को 'जलपान गोष्ठी' कहा जाता था। सम्पूर्णानन्द के अलावा उसमें बेढब बनारसी, बेधड़क बनारसी, सीताराम चतुर्वेदी, कमलापति त्रिपाठी आदि थे।

इन्हीं दिनों प्रगतिशील लेखक संघ की भूमिगत सक्रियता का दौर समाप्त हुआ। रणदिवे की जगह अजय घोष महामन्त्री बने। फिर 1951 के शुरू में कभी खुले तौर पर प्रगतिशील लेखक संघ सक्रिय हुआ। नामवर जी प्रगतिशील लेखक संघ से दुबारा जुड़े।

एम. ए. करने के तुरन्त बाद विश्वविद्यालय के हिन्दी विभाग में उन्हें रिसर्च फेलो की वृत्ति मिली। फेलो की हैसियत से क्लास भी लेने लगे। फेलोशिप से सौ रुपये मिलते थे। इस दौरान डे हॉस्टल और गुटू हॉस्टल में रहे।

1951 में ही 'साहित्य सहकार' नामक संस्था ने नामवर जी का निबन्ध संग्रह छापा–'बकलम ख़ुद'। यह पहली किताब थी। इसमें 17 निबन्ध थे। योजना यह थी कि पिछले कुछ वर्षों में लिखे गये उनके 50 निबन्ध तीन खण्डों में छापे जायें। 'बकलम ख़ुद' इस योजना के पहले खण्ड की तरह ही था। लेकिन संस्था के स्थगित हो जाने के कारण प्रकाशन खटाई में पड़ गया। साहित्य सहकार नामवर जी और शमशेर जी की कविताओं का संग्रह भी छाप रहा था। क्रमशः उनके नाम थे– 'नीम के फूल' और 'उदिता'। दोनों ही कविता-पुस्तकें लगभग पूरी कम्पोज हो चुकी थीं। लेकिन नामवर जी का कविता-संग्रह 'नीम का फूल' हमेशा के लिए यन्त्रस्थ रह गया। शमशेर जी की 'उदिता' लगभग तीन दशक बाद वाणी प्रकाशन से छपकर सामने आयी।

साहित्य सहकार के प्रमुख थे श्री जगदीश। उन्होंने पहले 'प्रदीप' प्रकाशन शुरू किया था। 45 में उन्होंने त्रिलोचन की 'धरती' छापी और बाद में शिवदान सिंह चौहान का 'प्रगतिवाद'। इसी बीच जगदीश ने दूसरा विवाह किया और बम्बई चले गये। वहाँ उन्होंने रामविलास शर्मा की किताब छापी–'निराला'। 50 में जगदीश फिर बनारस आ गये और साहित्य सहकार संस्था बनाकर पुनः सक्रिय हुए। उन दिनों काशी हिन्दू विश्वविद्यालय में भी साहित्य सहकार नामक एक साहित्यिक संस्था थी।

इस संस्था के संयोजक थे महादेव सीताराम करमरकर। करमरकर जर्मन पढ़ाते थे। अंग्रेज़ी अध्यापक और लेखक रामअवध द्विवेदी के घर पर संस्था की बैठकें हुआ करती थीं।

बाद में करमरकर का झुकाव राष्ट्रीय स्वयं सेवक संघ की तरफ़ होने लगा। जानकारी के लिए ही सही त्रिलोचन जी भी एक आध बार संघ की शाखा में गये। संघ के नेता रघुजी राना डे त्रिलोचन जी के यहाँ आकर ठहरते भी थे।

1952 में नामवर जी की दूसरी किताब 'हिन्दी के विकास में अपभ्रंश का योग' साहित्य भवन, प्रयाग से छपी। असल में यह पुस्तक एक प्रकार का लघु शोध प्रबन्ध है जिसे नामवर जी ने एम. ए. के दौरान अपने पाठ्यक्रम के तहत लिखा था।

प्रगतिशील लेखक संघ से नामवर जी का जुड़ाव तो हो चुका था। सन् 52 भाग में इलाहाबाद में हिन्दी प्रगतिशील लेखक संघ के सम्मेलन में भाग लिया और फिर

मार्च, 53 में अखिल भारतीय प्रगतिशील लेखक संघ के सम्मेलन में भाग लेने वे दिल्ली गये। यह पहली दिल्ली यात्रा थी। इसके अगले साल दिल्ली में ही अखिल भारतीय लेखक सम्मेलन हुआ। उन्होंने इसमें भी शिरकत की।

इसी वर्ष सांस्कृतिक संघ के सचिव की हैसियत से बनारस में विशाल साहित्यिक आयोजन किया गया जिसमें शिवदान सिंह चौहान, केदारनाथ अग्रवाल, नेमिचन्द्र जैन, भारतभूषण अग्रवाल, धर्मवीर भारती ने भाग लिया। इसका उद्घाटन सुमित्रानन्दन पन्त ने किया था। काशी में पन्त जी का यह पहला आगमन था।

1953 को जुलाई में उनकी नियुक्ति हिन्दू विश्वविद्यालय के हिन्दी विभाग में प्राध्यापक के रूप में हुई। पद अस्थायी था। विभागाध्यक्ष थे आचार्य हजारीप्रसाद द्विवेदी।

नामवर जी ने हॉस्टल छोड़ दिया और किराये का मकान लिया। लोलार्क कुण्ड पर तीन कमरे के इस मकान में एक बरसाती भी थी। किराया था तीस रुपये। पड़ोस में आलोचक शान्तिप्रिय द्विवेदी रहते थे। नामवर जी के घर में तो नल था लेकिन शान्तिप्रिय जी बग़ैर नल वाले मकान में रहते थे। इसलिए पानी के लिए वे सड़क के सार्वजनिक नल का उपयोग करते। सुबह वे दातून करते हुए जब नल पर आते, तब तक वहाँ लम्बी लाइन लग चुकी होती। वे लाइन तोड़कर मुँह हाथ धोने की कोशिश करते तो नल पर झगड़ा खड़ा होता। नामवर जी को अक्सर इस झगड़े की पंचायत करनी पड़ती थी।...

विभाग में प्राध्यापक होने के बाद द्विवेदी जी से अन्तरंगता और बढ़ी। शाम को उनके साथ टहलते हुए शास्त्र और साहित्य की चर्चा नियमित दिनचर्या में शामिल हो गयी। 1953 में द्विवेदी जी के साथ 'पृथ्वीराज रासो' का सम्पादन किया जो साहित्य भवन से छपा।

उन दिनों बनारस में साहित्य चर्चा के कई अड्डे थे। एक अड्डा था सरस्वती प्रेस, जहाँ प्रगतिशील लेखक संघ की बैठकें हुआ करती थीं। यहाँ जगत शंखधर रहते थे और शमशेर यहीं आकर ठहरते थे। दूसरा अड्डा था गोदौलिया। वहाँ कम्युनिस्ट पार्टी के दफ़्तर के नीचे दि रेस्त्राँ में लेखक जुटते और घनघोर चर्चाएँ होतीं। अस्सी चौमुहानी पर केदार चाय वाले की दुकान में भी चाय ठण्डी करते हुए गर्म बहसों का सिलसिला जारी रहता।

इन साहित्यिक चर्चाओं के साथ ही नामवर जी इन वर्षों में मार्क्सवादी साहित्य के गम्भीर अध्ययन में भी जुटे हुए थे। इस सिलसिले में मुकुल राय का संग प्रेरणादायी था। कम्युनिस्ट पार्टी के सदस्य श्री राय डी.ए.बी. स्कूल में साइंस टीचर

थे। मिश्र पोखरा पर रहते थे। वे प्रेम की चोट खाये थे और अविवाहित थे। ये 'हंस' में मुकुल राय के कुछ अनुवाद छपे थे। नामवर जी का इनसे सम्पर्क '50 से ही था। राय के सम्पर्क में उन्होंने रवीन्द्र साहित्य का अध्ययन किया। रवीन्द्र संगीत को भी जाना। मार्क्सवादी विचारों की विदेशी पत्र-पत्रिकाएँ राय के यहाँ आती थीं।

1954 में आलोचना की दो किताबें छपीं। सरस्वती प्रेस से 'छायावाद' और किताब महल से 'आधुनिक साहित्य की प्रवृत्तियाँ'।

1956 में 'पृथ्वीराज रासो की भाषा' शीर्षक शोध प्रबन्ध सरस्वती प्रेस से छपा। इसी वर्ष नागरी प्रचारिणी सभा से अनुवाद पुस्तक 'पुरानी राजस्थानी' भी छपी।

1957 में 'इतिहास और आलोचना' छपी। प्रकाशक था नया साहित्य। इसी साल से 'कहानी', 'नयी कहानियाँ' आदि में कहानी पर धारावाहिक लिखना शुरू किया।

1957 में ही नामवर जी के सह संयोजन में इलाहाबाद में लेखक सम्मेलन हुआ। ज़्यादातर प्रगतिशील लेखक इसमें शामिल हुए। नागार्जुन, मुक्तिबोध, परसाई आदि सम्मेलन में काफ़ी सक्रिय रहे। इसी सम्मेलन में सज्जाद जहीर से परिचय हुआ। वे पाकिस्तान की जेल से छूटकर आये ही आये थे।

1959 में चकिया-चन्दौली के लोकसभा उपचुनाव में कम्युनिस्ट पार्टी के उम्मीदवार बने। कांग्रेस उम्मीदवार प्रभुनारायण सिंह की जीत हुई। उपचुनाव लड़ने के कारण नामवर जी मार्च, 1959 में विश्वविद्यालय की नौकरी से निष्कासित कर दिये गये।

जुलाई, 1959 में असिस्टेंट प्रोफ़ेसर के रूप में सागर विश्वविद्यालय में नियुक्ति हुई। साक्षात्कार में एक्सपर्ट थे आचार्य द्विवेदी और धीरेन्द्र वर्मा। लेकिन साल भर बाद नामवर जी को यह पद छोड़ना पड़ा। उन्हें 'कंफर्म' नहीं किया गया। नन्द दुलारे बाजपेयी विभागाध्यक्ष थे। वहाँ के अकादमिक और साहित्यिक हल्कों में नामवर जी का बढ़ता प्रभाव इसका एक कारण था। मई, '60 में नामवर जी की यह नौकरी छूट गयी।

जून, 1960 में वे बनारस आ गये। 1964 में पार्टी टूटने तक चकिया-चन्दौली वाले इलाक़े में पार्टी की शाखाएँ गठित करते रहे। 'नई कहानी' और 'नयी कविता' पर लेखमाला लिखी। 1960 में ही बनारस में तीन कमरों का एक मकान ख़रीदा। एलेने गिंसबर्ग जब 1962 में भारत आये और बनारस सेवन किया तो हर दूसरे-तीसरे दिन इस मकान में उनकी बैठक जमती रही। '64 में 'कहानी : नयी कहानी' पुस्तक छपी, लोकभारती से।

मार्च, 1965 में दिल्ली आ गये। 'जनयुग' साप्ताहिक का सम्पादन शुरू किया। मॉडल टाउन में निवास था। इस बीच अप्रैल, '65 में राजकमल प्रकाशन में परिवर्तन हुआ। ओमप्रकाश प्रबन्ध निदेशक के पद से हटे और शीला सन्धु ने यह पद सँभाला। वे हिन्दी संसार से अपरिचित थीं। इसलिए उन्हें एक साहित्यिक सलाहकार की ज़रूरत थी। इसके लिए किसी ने शीला जी को नामवर जी का नाम सुझाया। शीला जी और उनके पति हरदेव सन्धु कम्युनिस्ट पार्टी के सदस्य थे। उन्होंने श्रीपाद अमृत डाँगे से बात की। डाँगे ने नामवर जी को 'जनयुग' साप्ताहिक का सम्पादन करते हुए राजकमल प्रकाशन के साहित्यिक सलाहकार होने की इजाज़त दे दी। यह इजाज़त दो साल के लिए ही थी। इसके लिए राजकमल नामवर जी को नियमित पारिश्रमिक देगा, यह भी तय हुआ। एक जून, '65 से उन्होंने राजकमल के साहित्यिक सलाहकार के रूप में भी काम शुरू किया।

ओमप्रकाश के हटने के बाद मोहन राकेश और कमलेश्वर ने राज कमल के विरुद्ध यह प्रचार शुरू किया कि इस प्रकाशन को साम्यवादियों ने हथिया लिया है, इसलिए जाने-माने लेखक अपनी पाण्डुलिपियाँ इस प्रकाशन से वापस ले लें। फ़ादर कामिल बुल्के ने इस प्रचार की चपेट में अंग्रेज़ी हिन्दी कोशकी अपनी पाण्डुलिपि वापस ले ली। नामवर जी ने इस तरह की स्थिति ख़त्म करने के लिए विभिन्न शहरों की यात्राएँ कीं। पटना में रेणु से मिलकर राजकमल के बहिष्कार सम्बन्धी प्रसंग ख़त्म कराये।

भीष्म साहनी को राजकमल से प्रकाशित होने वाली 'नयी कहानियाँ' के सम्पादन के लिए तैयार किया। जगत शंखधर प्रकाशन सम्बन्धी कार्य के प्रमुख बनाये गये। शिवदान सिंह चौहान द्वारा 'आलोचना' का सम्पादन जारी रहा।

'जनयुग' साप्ताहिक के सम्पादन और राजकमल प्रकाशन के अत्यधिक काम की वजह से नामवर जी को निजी लेखन के लिए बिलकुल समय नहीं मिल पाता था। सुबह मॉडल टाउन से चलकर राजकमल के दफ़्तर दरियागंज आते और दोपहर तक वहाँ का काम निपटाते। दोपहर के बाद झण्डेवालान पहुँचकर 'जनयुग' साप्ताहिक का काम देर शाम तक करते। इस तरह की व्यस्तताओं से मुक्ति के लिए नामवर जी ने सोचा कि दोनों ही काम छोड़ दिया जाये और बनारस लौटकर लिखने-पढ़ने का काम किया जाये।

नामवर जी ने '67 में 'जनयुग' के सम्पादन का काम छोड़ दिया। राजकमल से भी सलाहकार का अनुबन्ध इसी साल समाप्त हो रहा था। उन्होंने राजकमल से भी मुक्ति चाही। शीला जी ने नामवर जी के सामने 'आलोचना' के सम्पादन का नया प्रस्ताव रखा। नामवर जी राजी हो गये।

मॉडल टाउन का मकान बदला। तिमारपुर आ गये। खाने-पीने, पढ़ने-लिखने सोने और धोती सुखाने का एक मात्र कमरा। किराया 75 रुपये। नामवर जी ने 'आलोचना' का सम्पादन अप्रैल, '67 से नये सिरे से शुरू किया। इन्हीं दिनों चर्चित पुस्तक भी लिखी 'कविता के नये प्रतिमान'। '68 में यह किताब राजकमल से छपी। इसी साल इकलौती दुलारी बेटी समीक्षा का जन्म हुआ।

1969 में इसी पुस्तक पर साहित्य एकादमी का पुरस्कार मिला। इसी साल अक्टूबर में हिन्दी विभाग के अध्यक्ष और प्रोफ़ेसर बनकर जोधपुर विश्वविद्यालय गये। रूसी लेखक संघ के न्योते पर डेढ़ महीने के लिए सोवियत संघ की यात्रा की।

1972 में साहित्य अकादमी के जनरल कौंसिल के मेम्बर चुने गये और '82 तक रहे। 1972 से 1977 तक कार्यकारिणी के भी सदस्य थे। इसी साल नेशनल बुक ट्रस्ट के लिए 'आज की हिन्दी कहानी' का सम्पादन किया।

1973 में ओरिएंटल कांग्रेस के अधिवेशन में शिरकत करने पेरिस गये। इसी यात्रा में इंग्लैंड, हंगरी, पूर्वी जर्मनी और इटली भी गये। माँ इसी साल चल बसी।

सितम्बर, 1974 में जोधपुर विश्वविद्यालय छोड़ दिया। एक अक्तूबर '74 से 31 अक्तूबर 1974 तक क. मा. मं. हिन्दी विद्यापीठ के निदेशक होकर आगरा विश्वविद्यालय में रहे।

एक नवंबर, 1974 को जवाहरलाल नेहरू विश्वविद्यालय के भारतीय भाषा केन्द्र में संस्थापक अध्यक्ष और प्रोफ़ेसर के रूप में नियुक्ति हुई। पहले सर्वोदय एन्क्लेव में रहे। फिर विश्वविद्यालय अहाते में ही आ गये। आधी सदी से चले आ रहे हिन्दी के अप्रासंगिक पाठ्यक्रम से अलग बिलकुल नये तरह का पाठ्यक्रम बनाया।

1976 में दूसरे विश्व हिन्दी सम्मेलन में शिरकत के लिए मारीशस गये। '77 में 11वीं क्लास के लिए 'कथा भारती' पुस्तक का सम्पादन किया, जिसे एन. सी. ई. आर. टी. ने छापा। '78 में टॉल्स्टॉय जयन्ती के सिलसिले में फिर मास्को की यात्रा की। इसी साल गर्मियों में सोवियत लैंड नेहरू पुरस्कार समिति के महासचिव बनाये गये।

1978 में 'आधुनिक रूसी कविताएँ' शीर्षक सम्पादित पुस्तक छपी राजकमल से। अनुवादक थे–भारत भूषण अग्रवाल, श्रीकान्त वर्मा और राजीव सक्सेना।

1980 में विश्व शान्ति सम्मेलन में हिस्सा लेने बुलगारिया गये। इसी साल उत्तर प्रदेश हिन्दी संस्थान की कार्यकारिणी के सदस्य बने जो अब तक हैं। '82 में वियतनाम और कम्पूचिया की यात्रा की। इसी साल आचार्य हजारीप्रसाद द्विवेदी पर राजकमल से पुस्तक छपी 'दूसरी परम्परा की खोज' विश्वविद्यालय से एक साल की छुट्टी लेकर यह किताब लिखी गयी। '85 में प्रगतिशील लेखक संघ की

स्वर्ण जयन्ती के सिलसिले में लन्दन गये। नेपाल की भी यात्रा की। इसी साल 11वीं 12वीं के लिए एन.सी.ई.आर.टी. की कुछ और किताबों का सम्पादन किया। नाम हैं–'काव्य संचयन', भाग 1-2, 'अभिनय काव्य भारती' 1-2, 'अभिनय गद्य भारती' 1-2, 'गद्य संचयन' भाग 1-2, 'हिन्दी साहित्य का संक्षिप्त इतिहास, साहित्य का स्वरूप'। इसी वर्ष 11 फरवरी को पिता का साया सर से उठ गया।

'86 में रवीन्द्रनाथ की 125वीं जयन्ती पर फिर मास्को गये। इसी साल नागार्जुन की प्रतिनिधि रचनाओं का सम्पादन किया जो राजकमल से छपा। एक मई, '87 को जवाहरलाल नेहरू विश्वविद्यालय के भारतीय भाषा केन्द्र से रिटायर हो गये। फिलहाल इसी विभाग में अगले तीन साल के लिए पुनः नियुक्त हुए हैं। '87 में ही मलयज की किताब 'आचार्य रामचन्द्र शुक्ल' का सम्पादन किया। इसी साल दिसम्बर में भारत में सोवियत महोत्सव के अवसर पर राजकमल ने चार किताबों का एक सेट प्रकाशित किया जिनमें से तीन के सम्पादक हैं नामवर जी। पुस्तकों के नाम हैं–'धरती की सुन्दरता पीकर' (रसूल हम्जातोब), आयेगे दिन कविताओं के (मारीना त्स्वेतामेवा, अनु. वरेयान सिंह) और 'वागानोव की व्यथा और अन्य कहानियाँ' (वसीली शूविशन)

जीअनपुर के नामवर जी की साल-दर-साल ज़िन्दगी का यह खाका अधूरा ही है। उनकी अगली लम्बी ज़िन्दगी की घटनाओं का जोड़ इसे और भी महत्त्वपूर्ण बनायेगा।

सैयद नामवर

•

शमशेरबहादुर सिंह

मैं दिल्ली में आने से पहले तक डॉ. नामवर सिंह को कभी-कभी सैयद कह दिया करता था। अकबर इलाहाबादी का वह शेर है न–

हमारी बातें ही बातें हैं, सैयद काम करता था!
न भूलो फ़र्क़ जो है, कहने वाले करने वाले में!

मुझे ये सदा बड़े कर्मठ और व्यवस्थाप्रिय लगा किये हैं। सन् '50-51 के आसपास की बात है। इलाहाबाद में जहाँ मैं नरेश मेहता के साथ हेस्टिंग्ज रोड पर रहता था ये कभी-कभी दो-एक दिन के लिए आकर ठहर जाते थे। एक रात को मेरी आँख खुली, क्या देखता हूँ–कोई ढाई या तीन बजे होंगे नामवर एक आसन से बैठे दत्तचित्त होकर लेनिन ग्रन्थावली के किसी खण्ड में लीन हैं। पूछने पर मालूम हुआ यह उनका नित्य का अभ्यास था।

मगर इससे पहले ही, सन् '48 में, उन्होंने मेरा ध्यान खींच लिया था। उनके एक लेख को पढ़कर तुरन्त मैंने पास बैठे अपने मित्र, प्रगतिशील उपन्यासकार, से कहा (मुझे अच्छी तरह याद है)–'भैरव भाई, हिन्दी आलोचना के क्षेत्र में एक नयी प्रतिभा ने पदार्पण किया है।' वह लेख तुलसीदास पर था।

बहुत लोग लिखते हैं तुलसी पर। मगर इसमें ख़ास बात मैंने यह पायी थी कि... बातों को थोड़े में कहा गया था, हालाँकि बातें बहुत-सी कही गयी थीं और तर्कसंगत, स्पष्ट शैली लेखक के बहुत व्यवस्थित मननशील अध्ययन का पता देती थी। साथ ही यह भी स्पष्ट था कि यह विद्यार्थी पीछे नहीं, आगे के युग की ओर देख रहा है। फिर उनके विद्यार्थी-जीवन की ही पहली किताब 'बकलम खुद' देखी। दिलचस्प थी। उसमें एक लेख था साहित्यकारों के भाँति-भाँति के समर्पणों पर। अब शायद

ही कहीं वह मिले। शुरू से ही उनके लेखों में एक मार्के की बात यह होती थी कि उद्धरण जहाँ भी आते, इस तरह सटीक आते कि पूर्वकथ्य उनसे चमत्कृत हो उठता, और सम्बद्ध सन्दर्भ जीवन्त।

एक ऐसे ही उद्धरण ने, मुझे याद है, उन दिनों मुझ पर गहरा असर डाला। त्रिलोचन के 'धरती' की एक कविता थी। *तारों की किरणें, तारों का प्रकाश, लगातार हम तक आ रहा है, आ रहा है। लगातार आ रहा है, आ रहा है...*। यही चित्रण था कुछ इन्हीं शब्दों में। (मूल कविता इस समय सामने नहीं है) एक सामान्यतम अनुभव को बोल-चाल के सहजतम क्रियापदों ने हठात् ही एक अजब असामान्यता-सी प्रदान कर दी थी। और कवि की शैली के इस असामान्य-सामान्य जादू की तरफ़ पहले पहल मेरा ध्यान नामवर ने ही दिलाया था। अपनी 'राग' शीर्षक कविता में जब मैंने लिखा 'सरलता का/आकाश था/ जैसे त्रिलोचन की रचनाएँ,' तो अवचेतन रूप से, हो न हो, अनुभूति में इसी उन्मेष का प्रभाव काम कर रहा था। इसके बाद त्रिलोचन को मैंने ज़्यादा ग़ौर से पढ़ना शुरू किया। त्रिलोचन की सामान्य-सी कविताओं के बीच-बीच में ऐसी अद्वितीय अनूठी कविताएँ बिखरी हुई हैं। मेरा ख़याल है कि त्रिलोचन की प्रतिभा और उनके विशिष्ट स्वस्थ प्रगतिशील काव्य की ओर ध्यान दिलाने वालों में श्री शिवदान सिंह चौहान और डॉ. नामवर सिंह पहले आलोचक हैं।

हठात् और एक बात याद आ रही है। सन् '49-50 के आसपास त्रिलोचन अपने एम. ए. (अंग्रेज़ी फाइनल) के इम्तहान से बार-बार कतराने की कोशिश में कामयाब हो रहे थे। (यह दोस्तों का और विशेष रूप से पत्नी का आग्रह था जिससे वह दवसट में आये हुए थे कि वे एम. ए. की सनद तो हासिल कर ही लें।) बहरहाल, कोर्स की किताबों का ढेर तो ज्यूँ-का-त्यूँ पड़ा रहता, हाँ सानेटों, रुबाइयों और ग़ज़लों का ढेर वह बिनारुके लगाते जा रहे थे। ग़ज़लों-रुबाइयों का एक संग्रह, 'गुलाब और बुलबुल' तो छपकर बाज़ार से देखते-देखते ग़ायब भी हो गया। उन्हीं दिनों वह इलाहाबाद में मेरे यहाँ आकर ठहरे तो मैंने उन्हें आड़े हाथों लिया। बताया, कैसे वह अपनी अकेडमिक असफलता और हीन-भावना पर भारी और दबीज पर्दा डालने और ख़ुद अपने को बरग़लाने के लिए ही ताबड़-तोड़ सानेट और ग़ज़लों का अम्बार लगा रहे हैं। मैंने कहा कि अपनी इस अद्भुत प्रतिभा को ज़रा और गम्भीरता से लो। इसी रो में जाने क्या-क्या बकता चला गया...कोई दो-तीन घण्टे तक। वह बिचारे दम-बख़ुद बैठे सुनते रहे। कुछ दिनों बाद नामवर आये। बोले–'शमशेर भाई! आपने क्या ग़ज़ब किया! वह तो कहिए कि मैंने त्रिलोचन जी को रोका कि वह आवेश में आकर अपनी कविताओं, सानेट और ग़ज़लों को नष्ट न कर दें। आपने जाने क्या-क्या उनको सुना दिया।'

मैं यह सुनकर सन्न रहा गया। मुझे क्या मालूम कि मेरी मासूम-सी ख़ुदाई फ़ौजदारी बैठे-बिठाये कितना बड़ा अनर्थ और आधुनिक हिन्दी साहित्य की कितनी बड़ी हानि करने जा रही थी। दोस्ती का मतलब एकदम बेतकल्लुफी है, माना। मगर ऐसी भी बेतकल्लुफी क्या कि विश्लेषण इतना निर्मम और कठोर हो जाये कि एक कवि दोस्त की सारी रचनाओं को ही सिरे से ख़त्म कर दे। और कैसी रचनाएँ! जिनका चयन आज सर आँखों से लगाने के क़ाबिल है। यह डॉ. नामवर सिंह का बहुत बड़ा एहसान है, जो उन्होंने उसकी रक्षा कर ली और मुझे आइन्दा के लिए बहुत सही आगाह किया। तब से उनकी बात मैंने गिरह बाँधी। अगर्चे मैं अपने दोस्तों का ही कठोर आलोचक रहा है, मगर इस घटना के बाद से मैंने अपने आपको बहुत सँभाला है। अब मैं कठोरतम आलोचक केवल अपना ही हूँ।...मगर शमशेर म्याँ! तुम आलोचक कब से!

ख़ैर! त्रिलोचन और नामवर के अपने सम्बन्धों ने भी मुझे उनके कुछ और निकट ला दिया। त्रिलोचन जी को तो आरम्भ से ही पुस्तकों की चाट थी। नामवर को भी नयी-नयी पुस्तकें प्राप्त करने, पढ़ने और उन्हें जमा करने का शौक़ था। भुक्तभोगी जनों का कहना है कि ये दोनों हज़रात उधार ली हुई पुस्तकें कम ही वापस करते हैं। यह भी विद्वज्जनों का एक फलसफा है। बहरहाल! शौक़ तो शौक़। अब से पच्चीस-तीस साल पहले नयी पुस्तकों के लिए यह तीव्र लालसा, पश्चिम के आलोचना साहित्य और नये-नये कवियों और कलाकारों की कृतियों के लिए अदम्य उत्साह, बौद्धिक विकास और रचनात्मक सम्भावनाओं के नये क्षितिज प्रस्तुत कर रहा था। नामवर उस जमाने में कविताएँ भी लिखते थे, जिन्हें सुनाते हुए वे कुछ सकुचाते थे। उन कविताओं की तरह उनका सकुचाना भी अच्छा लगता था। क्या वो पर्सनल हो गयी थी इसलिए? मगर इसीलिए तो वे दो तीन कविताएँ जो मैंने सुनीं (और 'कवि' में) पढ़ी हैं, आज भी मुझे खींचती हैं। मगर एक की नौस्टैल्जिक ध्वनि का पुनरावर्तन–

डोलना, डोलना, डोलना...

उसका भाव-भीना वातावरण और दूसरे का वह चित्र जिसमें शाखों की एक फाँक के बीच से पूर्णचन्द्र का दृश्य वर्णित है...आज भी जैसे मैं सामने ही देख रहा हूँ और अनुभव कर रहा हूँ। मुझे हमेशा उनकी थोड़ी-सी कविताएँ विशुद्ध इमेजिस्ट कविताएँ लगी हैं और सफल इमेजिस्ट कविताएँ।

धीरे-धीरे क्या, जल्द ही, नामवर के युवा कवि को उसके वयस्कतर होते मार्किसस्ट आलोचक ने दबा दिया। निश्चय ही व्यक्तिगत भावनाओं से अधिक महत्त्वपूर्ण थी व्यापक सांस्कृतिक समस्याएँ।

बनारस के हलचल-भरे वातावरण में नामवर का कवि और आलोचक दोनों ही उस समय बनारस कम्युनिस्ट पार्टी की सक्रिय राजनीति से अनिवार्यतः घिरे हुए थे। सांस्कृतिक विवाद और बौद्धिक ऊहापोह में साथियों की दिलचस्पी कम नहीं थी। इनमें निर्भीक लोकप्रिय मज़दूर नेता साथी रुस्तम सैटिन ने कभी कुछ प्रेमगीत की पंक्तियाँ भी लिखी थीं। नाज़िम हिकमत की कविताओं के सफल अनुवादक डॉ. चन्द्रबली सिंह भी साथ-साथ थे। और अन्य अनेक उत्साही साथी जो बुद्धिजीवी भी थे और यूनियन कार्यकर्ता भी–ये सब स्वातन्त्र्योत्तर नये दशक के नये माहौल को गर्म किये हुए थे। क्या कोई आश्चर्य की बात है कि ठाकुर नामवर सिंह उसी दौर में कम्युनिस्ट पार्टी की ओर से एक एलेक्शन भी लड़े। अगर वह विजयी हो जाते तो कौन कह सकता है कि हम साहित्य और आलोचना की बीच-धारा से उन्हें खो न देते।

यह बात नहीं कि साहित्य का राजनीति से कोई बैर है। बिलकुल नहीं, बल्कि देखा गया है कि दोनों का गठजोड़ दोनों के लिए वास्तव में लाभकर ही होता है, शायद साहित्य के लिए अपेक्षाकृत कम उपादेय और राजनीति के लिए अधिक उपयोगी। यह सच है कि सामाजिक यथार्थ को गहराई से देखने वाले कलाकार को दोनों पक्षों के बीच में सत्य की एक ही इकाई नज़र आयेगी। सफलतम उदाहरण ब्रेस्ट के नाटक और कविताएँ हैं। अभी तक प्रेमचन्द, गोर्की और लू सुन की मिसाल हिन्दी लेखन के सामने रही है। प्रेमचन्द राजनीति से कम सम्युक्त नहीं थे। मगर वह एलेक्शन नहीं लड़े। क़लम की मर्यादा ने ही उनके 'राजनीतिक' मोर्चे भी सँभाले। यह सब सच होते हुए भी कोई दो-टूक नियम हर किसी साहित्यकार के लिए निर्धारित नहीं किया जा सकता। निश्चय ही साहित्य-क्षेत्र के प्रगतिशील विचारकों को राजनीति के क्षेत्र में अपना निर्णयकारी आलोचनात्मक प्रभाव भरसक डालते ही रहना चाहिए। इस दायित्व को निभाने की उनसे अपेक्षा होना स्वाभाविक है। मगर इतना और स्पष्ट होना चाहिए कि वस्तुतः ये दो कार्य-क्षेत्र हैं। ज़रूर कहीं-न-कहीं ये मिल भी जाते हैं–किसी एकाध बहुत बड़े लेखक या चिन्तक में, काफ़ी हद तक मिल जाने से मेरा मतलब सार्थक सृजनात्मक रूप में मिल जाने से है। वर्ना आमतौर पर इससे निर्माणकारी चेतना कभी-कभी ऐसी दिग्भ्रमित भी हो सकती है जो अन्त में लेखक को कहीं का भी न छोड़े। नवीन जी का उदाहरण ले लीजिए। लेखक नवीन जी मार्क्सिस्ट नहीं थे, एक भावुक, शायद दक्षिणपन्थी कांग्रेसी थे। अस्तु मैं यह शिद्दत से महसूस करता हूँ कि राजनीतिक कार्यक्षेत्र और साहित्यिक कार्यक्षेत्र वहीं मिल सकते हैं जहाँ निर्माणकारी आदर्शों को कार्यरूप में परिणत करने की सम्भावना विशेष बलवती हो सके। जहाँ राजनीति अन्धी हो यानी केवल सत्ता-

शक्ति की पूजा करती जाये, जनसाधारण के भावनालोक को रौंदती जाये, जनवादी घोषणाओं के पर्दे में शोषण को हो प्रोत्साहित करती जाये, वहाँ सच्चा साहित्य और सच्चे साहित्यकार दोनों ही शोषितों के साथ-साथ, कुचले जाते हैं। ऐसे ही अवसरों पर खरे साहित्यकार की परीक्षा होती है। जनवादी साहित्यकार और विचारक ऐसे प्रसंगों-सन्दर्भों को अपनी वाणी में प्रखरता से स्पष्ट करता चलता है। बहरहाल, नामवर को इस दृष्टि से भी परखा जायेगा तो मुझे पूरा यकीन है कि वह माशा तोले के मतभेदों के बावजूद, खरे उतरेंगे।

डॉ. नामवर और डॉ. शिवप्रसाद सिंह दोनों के साथ अपने सम्पर्कों में अपभ्रंश का थोड़ा-सा अमल-दखल निजी तौर पर मेरे लिए ख़ासा महत्त्व रखता है। यह कुछ अजीब-सी बात है। और इसका कारण मुझे ख़ुद बहुत स्पष्ट नहीं है। सन् '48 में डॉ. रघुवंश के मित्र डॉ. रामसिंह तोमर ने एक बार कुछ बहुत दिलचस्प बातें अपभ्रंश के सन्दर्भ में मुझे बतायीं थीं जो मेरी भावनाओं में कुछ-न-कुछ सजग रही चली आयीं। फिर सन् '53, '54, '55 के दिनों में न जाने क्यों मैं यह सोच-सोचकर उल्लसित होता कि अपभ्रंश के वीर और प्रेम-काव्य के सम्पादन कार्य को हिन्दी साहित्य के अध्ययन में सोत्साह मान दिया जा रहा है...कि इस भाषा और साहित्य के साधक दो नये पहलवान और अखाड़े में उतर आये हैं और शोध-कार्य की बहुत-सी शुद्ध सौंधी मिट्टी उनके कण्ठ, भुजा और वक्ष से लिपट गयी है। उनमें एक रासो के मूलरूप को, दूसरा विद्यापति को 'कीर्तिलता' के भावस्वरूप को पूरे रागात्मक उत्साह से उजागर कर रहा है। डॉ. हजारीप्रसाद जी के निर्देशन में, मुझे लगता था, जैसे शोध और आलोचना का इतिहास कोई नयी करवट बदल रहा है। जब कभी इन स्नेही बन्धुओं का इलाहाबाद आना होता, तो कभी-कभी मेरे ग़रीबखाने पर पधारकर मुझे अपभ्रंश के मार्मिक अंश सुना-सुनाकर विह्वल करते और कुछ देर के लिए मैं उस, ऊपर से अक्खड़-सी लगने वाली, भाषा के स्वस्थ, स्वाभाविक पुष्ट सौन्दर्य से मोहित हो उठता। अहर्निश अपने शोध और अध्ययन में डूबे हुए इन बन्धुओं की प्रेरणा से यद्यपि मैं अपभ्रंश के रसास्वादन की ओर कुछ-कुछ मुड़ा...मैं बानी मेरा अन्तर का कवि...मगर अनेक झंझटों में घिर जाने के कारण, अफ़सोस, मैं अपना शौक़ आगे न बढ़ा सका। बात शायद यह हो कि मेरे पूर्वजों की मातृभाषा यानी जाटशाही या हरियाणवी—जिसे अपनी जगह पर में खड़ी बोली का ही देशज आधार मानता हूँ—मुझे अपभ्रंश के काफ़ी करीब लगती रही है। यही नहीं, इस भाषा क्षेत्र के वासियों के लिए दकनी का आनन्द लेना भी कहीं अधिक सुगम पड़ता है, क्योंकि वह भी यहीं की एक क़लम थी जो दक्षिण में जाकर लगी और फली-फूली।

अस्तु यह एक अजब-सा अन्दरूनी रिश्ता चुपचाप कुछ इस तरह कायम हुआ, धीरे-धीरे, मेरे बग़ैर जाने, कि मैं आज तक उससे अपने आपको कहीं-न-कहीं बँधा हुआ पाता हूँ। खण्डकाव्य जैसी किसी कथा के फ्रेम में तो आचार्य हजारीप्रसाद द्विवेदी ही इस कालखण्ड के जादू को शीशे में उतार सकते हैं—मगर मैंने स्वयं बारहा अपने आपसे पूछा है कि क्या अभिव्यक्ति का ऐसा सुदृढ़, सुस्पष्ट और टकसाली क्लासिक रूप, जिसकी अपनी एक अलग ही आन है...जैसे सच्ची तलवार की या सच्चे मोती की आब होती है...क्या उसको आज के खड़ी बोली पद्य में उपलब्ध करना सचमुच असम्भव है? इस समय तो इसी भावनात्मक चिन्तन की रो में बहने को मन करता है, और मैं अपने आपको बहने देता है।...तो दिनकर के यहाँ वह कुछ-कुछ झलकी, वह आन, मगर भाषा का मर्म गम्भीर नहीं था या कि खड़ी बोली उस स्टेज पर अभी नहीं पहुँची है? एक सुभद्राकुमारी चौहान में—साहित्यिक बनावट से दूर—वह सीधा तेवर वह सच्चापन ज़रूर था, अपने असर के लिए कभी रेटरिक का मंच उधार नहीं लेगा। निराला के यहाँ उसका ओज मिलता है, मगर शायद वह सादगी तो कम-ही-कम। वैसी बोलती हुई सादगी!

जब युग का वैसा मिज़ाज नहीं तो वैसी भाषा कहाँ से आएगी! कोई मेरे कान में कुछ नाम दुहरा रहा है—केदारनाथ अग्रवाल, नागार्जुन, धूमिल, कभी-कभार त्रिलोचन। कहने की बातें हैं। कितनों की ज़बान पर अनायास ही इनके पद आ जाते हैं? हमारे इन कवियों ने आधुनिक हिन्दी कविता को बहुत-कुछ दिया है, इसमें शक नहीं। मगर कोई एक ऐसा तत्त्व भी है, जो आज हम खड़ी बोली की कविता में नहीं पाते, मगर जो वहाँ आठ दस सदी पहले मिलता है। हाँ, नागार्जुन की मैथिल कविताएँ मैंने उनकी ज़बानी सुनी हैं (वह अर्थ समझाते गये)। उनमें बेशक वह क्लासिक तेवर मैंने महसूस किया, वही सहज स्वाभाविकता, अभिव्यक्ति में भावों का दो-टूक सार संक्षेप। वही बात जो आख़िर में रत्नाकर के यहाँ हमें मुग्ध कर देती और विकल बना देती है (मगर, शायद उतनी नहीं)। 'शायर और शमा' नामक अपनी कविता में इकबाल शमा की ज़बानी आज के शायर की आलोचना करते हैं—शमा शायर से कहती है—

मैं तो जलती हैं कि मुजभर है मिरी फ़ितरत में सोज।
तू फ़रोजां है कि हर महफ़िल में हो चर्चा तिरा!

तो, यह अन्तर है, बस, और कुछ नहीं। हाँ, भाषा के विकास की मंज़िलों को भी देखना चाहिए। पुष्ट साहित्यिक भाषा के विकास की दृष्टि से शायद अभी असली पड़ाव आगे ही है। सवाल अपभ्रंश और आज की खड़ी बोली की तुलना का नहीं

है। सवाल 'क्लासिकी' भाषा के जादू का है। जो आज, कहीं नहीं मिलता। (विज्ञ पाठक और आलोचक मेरी बातों को बहुत सीरियसली न लें यह मात्र मेरी कल्पना की अपनी रौ है।)

x x x

एक अर्से तक, लगभग सन् पैंसठ-सड़सठ तक, मेरी यही मान्यता थी कि कम-से-कम प्रगतिशील खेमे के अग्रज कवियों को इसकी ज़रूरत नहीं कि कोई उनकी सफलताओं और उपलब्धियों को उजागर करे। ना ही उनमें से किसी ने कभी भूल से भी किसी से कहा या इशारा तक किया, कि उन पर कोई लेख आदि लिखे। ऐसा करना मुझे हमेशा उनकी आन और मर्यादा के विरुद्ध लगता रहा। आप ही अपनी कविताओं के बारे में लिखें, इसका तो सपने में भी सवाल नहीं उठता था। हालाँकि प्रगतिशील कवियों के चारों तरफ़ आत्म-प्रचार का बाज़ार गर्म था, जिसमें कि (ऊब के मारे) मैंने कभी कोई दिलचस्पी नहीं ली। बेशक, अपनी कविताओं की भूमिकाएँ और व्याख्याएँ छायावाद के महारथियों ने स्वयं ही प्रस्तुत की थीं। और उसकी परम्परा भी–नयी कविता के दौर के बाद तो और भी ख़ूब-ख़ूब चली, और हर नया कवि व्याख्या सहित अपनी कविताएँ लेकर मंच पर आने लगा। मगर यह सब कुछ मुझे बड़ा अजब-सा लगता आया है। क्योंकि आलोचनात्मक और सर्जनात्मक अनुशासन के क्षेत्र अलग-अलग हैं। उनकी मर्यादाएँ अलग-अलग हैं। जो बात एक से अपेक्षित है, वह दूसरे से कैसे होगी!...माना, कि दोनों में रिश्ते और सम्बन्ध अब गहरे होने लगे हैं। ताहम।

ख़ैर, तो एक बार जब नामवर जी ने इसरार किया कि मैं केदारनाथ अग्रवाल पर ज़रूर एक लेख 'आलोचना' के लिए लिखूँ, तो औवल तो मैंने अपनी मजबूरियाँ ज़ाहिर की कि न तो समय, न सामग्री, न केदार के साहित्य पर चिन्तन का अवकाश...दफ़्तर की दौड़ और थकान के मारे–बात कैसे बनेगी! और फिर केदार एक प्रतिष्ठित कवि–उन पर योग्य मर्मी आलोचकों ने ज़रूर ही कुछ तो महत्त्वपूर्ण लेख लिखे ही होंगे जो मेरी नज़र से न गुज़रे हों, यह अलग बात है, मैं पढ़ता ही कितना है। सैयद ने कहा–नहीं, ऐसा नहीं है। मैंने कहा–हो नहीं सकता। उठते-बैठते हम प्रगतिशील धारा के शीर्ष कवियों में बराबर केदार-नागार्जन का नाम लेते आये हैं। सैयद अपनी हठ पर थे–नहीं शमशेर भाई, यह लेख आपको लिखना है। मैंने कहा–तो, ख़ैर, फिर मैं अपने निजी अनुभव और लाभ के लिए एक विश्लेषणात्मक आलोचना लिखता हूँ, जिसमें, अपने बड़े प्रगतिशील कवियों को अच्छी तरह

समझने के लिए, उनके दोष और गुण दोनों साफ़-साफ़ बयान होंगे। और चूँकि केदार मेरे पुराने दोस्त और साथी हैं, इसलिए लेख में दोषों की परख कुछ अधिक विस्तृत विश्लेषण के साथ होगी। उनकी कविता की ख़ूबियाँ तो सब पर अच्छी तरह रोशन ही हैं। दरअसल, हमें अब आलोचना का ढर्रा बदलना चाहिए, तकल्लुफ बहुत हुआ। सैयद ने कहा–हाँ हाँ! कहीं ऐसा न कर बैठना। आपको मालूम नहीं केदार भाई को पत्र-पत्रिकाएँ और विश्वविद्यालयी क्षेत्र सब ब्लैक आउट ही करते आये हैं। केदार को हिन्दी दुनिया से बहुत शिकायत है। मुझे दुख हुआ कि कभी इस यथार्थं को मैंने ठीक से जाना नहीं, महसूस नहीं किया है। बहरहाल, सैयद ने मुझे राज़ी कर लिया। और मैंने लगभग तीन महीने के अध्ययन और विश्लेषण के बाद, जैसा कुछ मुझसे बना, एक लेख लिखा, जो 'आलोचना' में छपा। बाद में मैंने अमृतराय का एक बहुत अच्छा लेख भी, जो वह पहले ही लिख चुके थे, पढ़ा। ज़रूर और भी कुछ अच्छे लेख इधर-उधर बिखरे पड़े होंगे, जिनकी ख़बर सैयद ने मुझे नहीं होने दी। मेरे लिए लेख, और वह भी आलोचना लिखना हमेशा एक मुसीबत हो जाती रही है। मगर सैयद की हिकमतअमली को मैं मान गया। पहले हर हफ़्ते, फिर हर तीसरे दिन फिर लगभग हर शाम को 'तगादा' लेकर आ खड़े होते, और एक हथेली पर दूसरे हाथ से कुछ मलते हुए, हँसती मुद्रा में पूछते–कहो शमशेर भाई, लेख कितना हुआ।...ख़ैर, इन बातों से तो हमेशा लेखक और ख़ासकर कवि को लाभ हो होता है; मैं केदार के शिल्प को अधिक अच्छी तरह समझने के काबिल हुआ, और उनके जोरे-बयान और प्रगतिशील व्यक्तित्व का और भी कायल हो गया। इसके लिए भी क्या मैं सैयद का ही एहसानमन्द नहीं हूँ?

x x x

डॉ. नामवर सिंह के नये काव्यकलात्मक प्रतिमानों का मूल्यांकन क्या मेरे लिए सम्भव हो सकता है?–जबकि मेरा कोई सम्यक अध्ययन मार्क्सिस्ट सिद्धान्तों का भी नहीं–न ही भारतीय और पाश्चात्य आलोचना-शास्त्रों का। बहुत इसरार के साथ डॉ. रणधीर सिन्हा पूछते हैं कि काव्य के नये प्रतिमानों के सन्दर्भ में आपके विचार क्या हैं? विचार? भावनाओं की उलझनें तो एक कवि के पास हो सकती है, शायद उनके कूट सन्दर्भ भी, मगर विचारों की पूँजी? रणधीर जी, वह मैदान दूसरा है। हाँ, अगर काव्य के सर्जनात्मक अनुभव कुछ रहनुमाई कर जायें तो शायद अपनी काव्यात्मक समझ के प्रतिमानों का एक कच्चा ग्राफ़ पेश कर सकूँ, और फिलहाल काम चल जाये वर्ना इस एस्से में तो यों भी उसकी गुंजाइश नहीं। मुझे बराबर ऐसा लगा है कि

मुक्तिबोध ने नये मार्क्सवादी आलोचक से जो-जो अपेक्षाएँ की हैं, डॉ० नामवर सिंह ने उन पर बहुत ध्यान से मनन किया है। दरअसल नामवर की स्थापनाओं के सन्दर्भ-रूप में मुक्तिबोध का अध्ययन, और उसके बाद फिर नयी कविता के प्रतिमान का मूल्यांकन करने की ज़रूरत है। कुछ विद्वानों ने यह दायित्व निश्चय ही लिया होगा। कोई अजब नहीं जो मैं वही बातें दुहराने लगूँ जो मुक्तिबोध बहुत युक्तियुक्त ढंग से कह गये हैं और जिन्हें डॉ. नामवर सिंह ने अनेक स्थलों पर अपना आधार बनाया है।

निश्चय ही, सारे कवि कलाकार व्यक्तियों सहित, हम सब यानी समाज रूप से, एक गतिशील इतिहास का अंग हैं। इस इतिहास के हर दौर में उसके हर क्षण में, द्वन्द्वात्मक स्थिति मौजूद मिलेगी। आज का हर महत्त्वपूर्ण कवि कलाकार इससे न केवल अवगत होता बल्कि इसकी विशिष्ट चेतना रखता है। यथार्थ की गतिशील द्वन्द्वात्मकता का दर्शन कर पाना ही, मेरी समझ से, कृतिकार और आलोचक दोनों की सफलता का प्रतिमान है। डॉ. नामवर सिंह ने इस बात पर अनेक बार ज़ोर दिया है कि कलाकार को राजनीति से कतराना नहीं चाहिए। मैं उनसे सहमत हूँ मगर–

साहित्यकार कलाकार के सामने राजनीति का एक स्वरूप तो नाना राज नैतिक दल पेश करते हैं–वो सुसंगठित हों या ढुलमुल और उसका दूसरा सार्थक रूप वह है जो कलाकार ख़ुद अपने अध्ययन और परीक्षण से अपने लिए स्पष्ट करता। राजनैतिक यथार्थ का अन्वीक्षण-परीक्षण सामाजिक राजनैतिक कार्यों में भाग लेकर भी किया जा सकता है, और अक्सर किया भी जाता है। पूरी राजनैतिक स्थिति का यथार्थ सभी राजनैतिक विचार और हलचलों के सापेक्ष अध्ययन द्वारा ही स्पष्ट हो सकता है और जो साहित्यकार कलाकार द्वन्द्वात्मक ऐतिहासिक दृष्टि से इस श्रम के लिए तत्पर होगा, वही अपनी कला के यथार्थ सन्दर्भों तक पहुँच सकेगा। मेरे विचार से इसके लिए किसी दल या पार्टी से 'कमिटेड' होना ज़रूरी और लाजिमी नहीं। किसी भी प्रकार की निष्ठापूर्ण सामाजिक कार्यशीलता साहित्यकार कलाकार के लिए हमेशा बहुत उपयोगी सिद्ध हुई है।

अपनी कलात्मक सृष्टि के लिए मुक्तिबोध औरों की अपेक्षा अधिक जागरूकता के साथ अपना रास्ता टटोलते हुए अनुभवों और भावनाओं की जिस ज़मीन की ओर बढ़ रहे थे, वह यही द्वन्द्वात्मक यथार्थ की सचेतन रूप से ग्रहण की जाने वाली ज़मीन थी–निरन्तर संघर्ष द्वारा अमल-दखल में लायी जाने वाली सामाजिक यथार्थ की यही बौद्धिक ज़मीन। उसी दिशा में वह बढ़ रहे थे। लगभग अकेले। उनके बाद वैसा सक्रिय सजग व्यक्तित्व और कोई नहीं आया। हाँ, नागार्जुन पर इस सन्दर्भ में सार्थक बहस हो सकती है।

इसी को डॉ. नामवर 'अस्मिता की खोज' कहते हैं तो बिलकुल दुरुस्त है। यही अपनी अस्मिता की खोज...व्यक्तिगत, सामाजिक, राष्ट्रीय और उससे अधिक व्यापक भी...देशकाल के सभी सन्दर्भों के अर्थ में अपनी अस्मिता–और यह खोज हमारे साहित्य के रूपों में बराबर प्रतिबिम्बित होती है–भाषा के विकसित रूपों और शिल्प के कसते या खुलते गठन में। मेरी जाती दिलचस्पी काव्य के इसी फार्मल पक्ष पर ही अधिकतर रही है। और यह चीज़ अक्सर मुझे बहुत नौस्टैल्जिक बना देती है।

बल्कि कभी-कभी तो मैं सोचने लगता हूँ कि कहीं ऐसा तो नहीं कि सठयारी वय में आगे बढ़ते हुए मैं उसी अपने सर्किल को पूरा करने जा रहा हूँ जो इस सदी के दूहरे दहाये में शुरू हुई थी?–जब होश सँभालते न सँभालते मैंने देखा कि हिन्दी साहित्य के गगन पर रत्नाकर जी की सौम्य प्रभा, और श्रीधर पाठक और अयोध्यासिंह उपाध्याय की अपने-अपने बिरले से रंगों की आभा छायी हुई है और श्री मैथिलीशरण गुप्त का सितारा बुलन्द हो रहा है यानी छन्दोबद्ध कविता का बोलबाला है। फिर, कॉलेज में पहुँचते-पहुँचते तक देखता हूँ कि पन्त और निराला और जयशंकर प्रसाद और महादेवी की प्रतिमाएँ भी अपनी नवीन चमक-दमक से मेरी पीढ़ी को मोहमुग्ध करने लगी हैं, और अब छन्द ने लिरिक यानी गीति का रूप ले लिया है। मगर अब और भी खुले मंच पर भगवतीचरण वर्मा, रामकुमार वर्मा और उनके बाद बच्चन, नरेन्द्र, दिनकर आदि अपने सामान्य मध्यवर्गीय श्रोताओं के सामने आ विराजे हैं।...

और अब बारी मुक्त छन्द की आती है। जिस ठाठ से मुक्त छन्द को निराला जी लाये, और फिर उसमें जो नागरड़त अज्ञेय जी ने दिखाई, और उन्मुक्त-सी स्वस्थ प्रक्रिया केदारनाथ अग्रवाल ने प्रकट की, और उसमें जो कड़े द्वन्द्ववादी स्वर मुक्तिबोध ने कस-कस के निकाले, और फिर और भी उन्मुक्त जनवादी या आत्मस्थ प्रयोगवादी गूँजें साहित्य के वातावरण में फैली और फैलती गयीं, वो ठाठ, वो घड़त, वह सहज उन्मुक्तता, वो संघर्षों भरा कड़ा स्वर, तो सब...शीघ्र ही एक अजीब गद्यमय स्फार और मनोवैज्ञानिक दबावों और मानसिक ऊहापोहों के विशृंखलित और प्राय: आरोपित काव्याभास के बहाने रिपोर्ताजी विवरणों की बाढ़ में, अर्थात् आज की समसामयिक कविता में खो गया। शायद सब नहीं खो गया। मगर एक ऐसा युग आ गया जब आक्रोश और हँसी, व्यंग्य विद्रूप और अवरुद्ध व्यक्तित्व का दर्द और चीख़ एक ही मंच पर हमारे जीवन का नाटक बन गये। यानी आज की कविता। ग़ौर से देखिए तो इस नाटक का शिल्प और निर्देशन उतना ही भारतीय है जितना कि विदेशी। अगर वह विदेशी ही अधिक निकले तो आश्चर्य नहीं। हाँ...क्या आज का कोई साहित्यकार, कवि या कलाकार अन्तर्राष्ट्रीय प्रभावों से मुक्त भी रह सकता है? नहीं...ताहम।

दो-तीन साल हुए कि 'लोटस' के भारतीय संस्करण के एक अंक में किसी अफ़्रीकी विद्वान आलोचक का एक बड़ा मार्मिक लेख छपा था, जो मेरे ख़याल में काफ़ी मननयोग्य है। उसमें यह दृष्टिकोण व्यक्त किया गया था–जिससे मैं सौ फीसदी सहमत हैं...कि अफ़्रीकी और एशियाई साहित्य और कला की अपनी निजी, विशिष्ट बुनियादें हैं, जिनके प्रतिमान पश्चिमी और अमरीकी कला के प्रतिमानों से मौलिक रूप में इतने अधिक भिन्न हैं कि इनका वास्तविक मूल्य उनके निकषों पर कसा ही नहीं जा सकता। और दरअसल पश्चिम में आलोचक एशिया और अफ़्रीका की कला और साहित्य के असली रूपों को, उसके विशेष उत्स को, (फिलहाल) सही-सही समझ ही नहीं सकते। हम जो एशियाई अफ़्रीकी देशों के साहित्यकार कलाकार हैं, हमें अपनी ही सभ्यता और कला की गहरी बुनियादों की तरफ़ देखना चाहिए। पश्चिम और अमरीका की साहित्यिक कलात्मक समस्याएँ बिलकुल हमारी समस्याएँ नहीं हैं। और मुझे ऐसा लगता है कि हमने अभी तक अपनी समस्याओं के असली आधारों और रूपों की तरफ़ सम्यक रूप से ध्यान नहीं दिया है–दे नहीं सके हैं। कारण वही है जो अनेक सन्दर्भों में हज़ार बार दुहराया जा चुका है (अगर्चे उसको फिर पाँच सौ बार और दुहराने की ज़रूरत है) वह यह कि चूँकि हम साम्राज्यवाद के चंगुल से...हाल में कहिए...मुक्त हुए हैं–या करीब-करीब मुक्त हुए हैं, तो अभी तक हमारी आँखों से पश्चिम के जाले पूरी तरह से कटे नहीं हैं।

दरअसल मेरी मान्यता तो यह है कि उनकी वजह से हम अपनी भाषा के असली रूप ही सही-सही नहीं पहचान सके, ना ही अपनी कला के असली शिल्प-आधार। बल्कि हमने दोनों को ख़ासा गड़बड़ कर दिया है। मैं यह कहाँ कहता हूँ कि, (मुक्तछन्द की आधुनिक कविता के बजाय) हरिऔध, श्रीधर पाठक या रत्नाकर जी हमारे लिए आज कोई आदर्श हैं। एक रत्नाकर जी को छोड़ कर, भला हो ब्रज भाषा का–शेष ने तो छन्दों का केवल अभ्यास किया है। और भाषा के स्वाभाविक तेवर और लहज़े को भुला देने की काफ़ी सफल कोशिश है। (डॉ. रामनरेश त्रिपाठी के सम्मुख भाषा का यह स्वरूप एक हद तक स्पष्ट था, यह कहा जा सकता है।)... उनके बाद, छायावादी कविता, रीतिकालीन अनुप्रासों की क्षीण-सी झनकार लिये हुए, अनेक अंशों में कालिदास और रवीन्द्र का चर्बा ही पेश करती है, जिसमें इंग्लिश, रोमानी कवियों का शिल्प कौशल स्पष्ट झलक मार रहा है। तमाम छन्द खड़ी बोली के स्वाभाविक स्वराघात से रहित छन्द हैं।...उनके बाद की कविताएँ इन कृत्रिम जकड़बन्दियों और उच्छ्वासों से मुक्त होने का संघर्ष प्रस्तुत करती है। (सुभद्राकुमारी चौहान का नैसर्गिक स्वर, और बच्चन की अभिव्यक्ति का स्वाभाविक प्रतिक्रिया के रूप में) मैं कहता हूँ, वह कविता ही क्या जिसमें भाषा के जीवन्त, नैसर्गिक तेवर और

लहजे बोलते हुए से न लगें। अभी तो हम ऐसा बहुत ही कम पाते हैं।

यह स्पष्ट है कि ये मेरे 'एकदम से ही' स्वीपिंग रिमार्क्स हैं। मैं बहुत सारी व्यक्तिगत उपलब्धियों को जो ऐसे माहौल के बावजूद, मगर प्राय: उसकी सीमा में ही प्राप्त की जा सकी हैं–अनदेखा नहीं कर रहा हूँ। बहुत सुन्दर मिसाल मेरे सामने एक ओर भवानीप्रसाद मिश्र की है, और दूसरी ओर धूमिल की, और स्वयं नागार्जुन की अनेक कविताओं की है, दुष्यन्त की ग़ज़लों के कई शेर हैं। मगर मैं जिस बात पर बल देना चाहता हूँ वह वस्तुत: अपनी भाषा और उसके सही सामाजिक आधारों में अपने गहरे असल व्यक्तित्व की नयी खोज है। इसे 'अस्मिता की खोज' कहने में बात जितनी अधिक व्यापक हो जाती है, सार्थक ही है। यही, डॉ. नामवर सिंह के उद्धृत शब्दों में "आधुनिक मानव की सबसे ज्वलन्त समस्या है।' मैं कहूँगा कि विशेष रूप से आधुनिक एशियाई-अफ्रीकी मानव की ओर उसके कलाकारों की। इस सन्दर्भ में डॉ. नामवर सिंह ने मुक्तिबोध के 'अँधेरे में' की अन्तिम पंक्तियाँ उद्धृत की हैं–

खोजता हूँ पहाड़...प्रस्तर...समुन्दर
जहाँ मिल सके मुझे/मेरी वह खोयी हुई
परम अभिव्यक्ति अनिवार/आत्मसम्भवा।

स्वर यहाँ व्यक्तिवादी लगता है, बेशक, पर सन्दर्भित आशय निश्चय ही अपने पूरे समाज के ऐतिहासिक व्यक्तित्व या 'अस्मिता' का है। बच्चन की प्रसिद्ध पंक्तियाँ हैं–'*यह महान दृश्य है!/चल रहा मनुष्य है/अश्रु स्वेद रक्त से लथ-पत लय-पत लथपत!!*

जालिम में थी इक और बात इसके सिवा भी

•

हरिशंकर परसाई

नामवर सिंह ने रेणु की 'परती परिकथा' का ख़ास नोटिस नहीं लिया। शिवदान सिंह चौहान उस पर 50-60 पृष्ठ लिखकर आये हैं।

–लो, नामवर ने निर्मल वर्मा की 'परिन्दे' को हिन्दी की पहली नयी कहानी कहा है।

–इसकी प्रतिक्रिया नयी कहानियों पर क्या है?

–लो, नामवर ने उषा प्रियंवदा की 'वापसी' कहानी की बहुत तारीफ़ कर दी।

–परिमलियों की बड़ी दुर्गति नामवर ने की।

–'नयी कविता' पर 'ज्ञानोदय' में नामवर बहुत अच्छा लिख रहे हैं।

–अरे, अभी तो हाशिये पर हैं, 'अज्ञेय' 'हरी घास पर क्षण भर' हैं।

–नामवर सिंह हिन्दी विभागों पर क़ब्ज़ा किये हैं।

–बड़ी महत्त्वपूर्ण बात कही है, नामवर ने–प्रेमचन्द श्रेष्ठ लेखक ही नहीं सावधान लेखक भी थे।

–अज्ञेय का पुनर्मूल्यांकन अच्छा किया है, नामवर ने।

–भाई नामवर 'ट्रेंड सेटर' हैं। प्रामाणिक बात कहते हैं।

–चलता है, 'डिप्लोमेसी' भी तो कोई चीज़ है।

–इस मुद्दे पर नामवर क्या कहते हैं?

–उस मुद्दे पर नामवर की बात पर ध्यान दो।

–नामवर का मन्तव्य तो आ जाने दो। जल्दी क्या है।

–नामवर जहाँ बिठायेंगे वहाँ क्या लेखक बैठ जायेगा? यह भी कोई बात है।

–'दूसरी परम्परा की खोज' बहुत अच्छी है।

–मगर दूसरी परम्परा की व्याख्या ठीक से नहीं कर सके हैं।

– अब यह हिन्दी-उर्दू का मामला उठा दिया।

– नामवर 'कंट्रोवर्सी' खड़ी करते हैं।

साहित्य का कोई पक्ष हो, कोई मुद्दा हो, कोई प्रश्न हो, कोई विवाद हो, कोई उलझन हो, साहित्य के सरोकारी लोग दो आलोचकों के मत का इन्तज़ार करते हैं–डॉ. रामविलास शर्मा और नामवर सिंह। दोनों विवादास्पद हैं। दोनों का मत अन्तिम, अकाट्य और विश्वसनीय चाहे न हो पर यह ज़रूरी है कि दोनों के मत जाने जायें। यह क्या मिली-भगत का मूल्य-साम्राज्यवाद है जो हिन्दी में कई सालों से चल रहा है? जब मैं यह लिख रहा हूँ; तब मत स्थापना के लिए दोनों साम्राज्यवादियों में विवाद चल रहा है।

नामवर सिंह सचमुच बहुत महत्त्वपूर्ण और दमदार समीक्षक तथा सिद्धान्त-शास्त्री हैं।

वे साठ वर्ष के हुए। मैंने उन्हें लिखा–मैं कहता हूँ कि आप जवान रहें और सक्रिय रहें।

सुन्न महल में दिवना बार ले
आसन से मत डोल री
तोहे पिया मिलेंगे।

नामवर जी मेरे मित्र हैं, घनिष्ठ। मैं उनकी बहुत इज़्ज़त करता हूँ। उन पर लिखने में हिचक रहा था कि कहीं मित्र के आदर्श का उल्लंघन न हो जाये।

बेतकल्लुफी की हद तक मेरे उनके सम्बन्ध हैं। मैंने 'राजकमल' से बाहर आकर कहा–चलिए ठाकुर साहब, पान सेवन कर लिया जावे। (बनारसी विद्वान खाते, पीते, चबाते नहीं, सेवन करते हैं) नामवर जी ने कहा–अगर आप मुझे ठाकुर कहेंगे, तो मैं आपको पण्डित जी कहने लगूँगा। आप क्या बिगाड़ लेंगे। 'दूसरी परम्परा की खोज' पढ़कर मैंने उन्हें लिखा– मैंने 'दूसरी परम्परा की खोज' पढ़ डाली। मैंने जान-बूझकर मत नहीं दिया। तारीफ़ नहीं की। बनारसी ठाकुर उस्ताद हैं, चालाक हैं, चुस्त हैं। जवाब दिया–आपने 'दूसरी परम्परा की खोज' पढ़ ली, वही क्या कम है। मैं इसी सतर्कता की आशा कर रहा था। मैं गद्गद उद्वेलित व्यक्ति नहीं हूँ। मैं 'धन्य धन्य' वाला नहीं है। काफ़ी लोग नाराज़ भी हैं। मैं आमतौर पर मत देता ही नहीं। पर नामवर जी को और क्या चाहिए? मेरी रचनावली में पुस्तक पढ़ते हुए जो मेरा चित्र है, उसमें मेरे हाथ में जो पुस्तक है वह है–'दूसरी परम्परा की खोज।'

नामवर जी से मेरी पहली भेंट '57 में इलाहाबाद में हुई। वहाँ 'साहित्यकार सम्मेलन' आयोजित था। इसमें बिखरे हुए प्रगतिशीलों को एकत्र करने की कोशिश की गयी थी। यह जवाबी सम्मेलन था। थोड़े समय पहले प्रयाग में ही अज्ञेय को प्रेरणा से 'परिमल' ने लेखक सम्मेलन आयोजित किया था। वह जमाना 'लघुमानव' का और आस्थाहीनता का था। कुछ स्वस्थ चलते-फिरते लेखक घोषित करते थे कि हम दो-तीन साल पहले मर चुके। उस सम्मेलन का उद्घाटन ताराशंकर बन्द्योपाध्याय ने किया था। हमारे सम्मेलन का उद्घाटन पण्डित हजारीप्रसाद द्विवेदी जी ने किया। द्विवेदी जी ने अत्यन्त ओजस्वी भाषण दिया और 'लघुमानवो' को बहुत लताड़ा। उनके बाद डॉ. नामवर सिंह बोले। ऊँची कसी हुई काठी, लम्बी नुकीली नाक, बड़ी-बड़ी भावपूर्ण आँखों वाले तरुण थे वे। आँखों में शैतानी चमक तब भी आ जाती थी और आज भी आ जाती है। आँखों का उपयोग नामवर जी हथियार की तरह करते हैं। नामवर फ़ार्म में थे। बहुत अच्छा बोले। आक्रामक बोले। तीखे तर्क, तेज़ भाषा और कटाक्ष। बाहर निकले तो साथ मुक्तिबोध भी थे। बहुत ठण्डी थी। हम लोग ठेले पर चाय पीने लगे। मुक्तिबोध बहुत भावुक हो गये थे। बोले–पार्टनर, इन लोगों को ऐसा ही जवाब चाहिए था। वाह साहब, कमाल कर दिया। नामवर जी ने मुझसे कहा–आपका व्यंग्य चाहिए था। मैंने कहा–वह काम भी आपने कर दिया।

उस सम्मेलन में अन्तरंगता आ गयी। नामवर जी में विद्वत्ता के साथ ही विलक्षण विनोद और व्यंग्य क्षमता है। बनारसी लहजे में, पान-तमाखू भरे मुँह से वे जब आँखों में शैतानी चमक लाते तो सामने वाला धराशायी हो जाता। वे व्याज-स्तुति और व्याज-निन्दा के भी उस्ताद हैं। प्रयाग में 3-4 दिन ख़ूब महफ़िलें जमीं, अक्सर बहादुरगंज में शमशेर बहादुर के रंडवे कमरे पर।

फिर तो कई मुलाक़ातें हुईं। दिल्ली में, कलकत्ता में, भोपाल में, जबलपुर में भी। दिल्ली में राजकमल प्रकाशन में उनके कमरे में जब मैं घुसता तो पत्ते में लिपटा पान और तमाखू की डिबिया बढ़ाकर कहते–पहले पान-तमाखू यथास्थान जमा लीजिए। फिर बातें होंगी। भोपाल में तीन सेमिनारों में हम साथ थे। दिल्ली में ऐवाने-ग़ालिब में प्रगतिशील लेखक संघ का जलसा था। मेरे बगल में मेरे मित्र बैठे थे। वे बैग रखकर कहीं चले गये थे। नामवर जी आये। मेरी बगल में बैठना चाहते थे। बैग देखकर बोले–अरे, कोई यहाँ बैठा है। मैंने कहा–आप कहें तो उसे उठा दूँ। नामवर ने अपनी विशिष्ट शैली में कहा–अरे, आप तो किसी को भी उखाड़ने को तैयार रहते हैं। और आगे बढ़ गये।

नामवर जी विद्वान है–साहित्य, राजनीति, इतिहास, समाजशास्त्र के। वे बहुत प्रभावी वक्ता हैं। शैली मोहक और आत्मविश्वासपूर्ण है। उनके भाषण शैली का एक तत्त्व है, जिसे अंग्रेज़ी में 'एनिमेशन' कहते हैं, जिसके कारण वे विषयान्तर भी कर बैठते हैं। 'विट' उनका मित्र भी है और शत्रु भी।

नामवर क्यों महत्त्वपूर्ण हैं? नामवर सिंह उनमें प्रमुख हैं, जिन्होंने आज़ादी के बाद के साहित्य को जिस दलदल में वह फँसा दिया गया था, उससे निकाला था। देश स्वाधीन हुआ था। ताज़ा उल्लास था। निर्माण का जोश होना था। मगर हिन्दी साहित्य में जो 'फ़ैशन' आ गयी थी, वह मुर्दा थी। घोर अनास्था, निराशा, निष्क्रियता, मृत्युबोध, नियतिवाद। भारत ने दूसरा महायुद्ध नहीं भोगा था। युद्ध का विनाश नहीं झेला था। जब यूरोप में महानाश हो रहा था, तब भारत में उत्साह से स्वाधीनता संग्राम चल रहा था। हम साम्राज्यवाद से लड़ रहे थे। फिर '47 में स्वतन्त्र हुए। दूसरे महायुद्ध के बाद पश्चिमी पूँजीवादी देशों के साहित्य में हताशा, विनाश, मृत्यु, मनुष्यता का नकार, जीवन की निरर्थकता, सब कुछ था। पर रूस के साहित्य में विजय का हर्ष और पुनर्निर्माण का उत्साह था। भारत में 4-5 सालों में देशी सरकार से कुछ मोह भंग तो हुआ था। पर नव-स्वाधीन देश में हताशा नहीं थी। यह हताशा, यह पराजय-भावना एक तो आयातित थी, दूसरे जल्दबाजी की थी, तीसरे राजनीति प्रेरित थी। इसके पीछे 'कांग्रेस फॉर फ्रीडम ऑफ़ कल्चर' और 'मॉरल रिआर्मामेंट' थे। जवाहरलाल के तेवर वामपंथी थे। वे समाजवाद की बात करते थे, 'वैज्ञानिक समाजवाद' की। रूस से सम्बन्ध बढ़ रहे थे। ऐसे में पूँजीवादी हितों की रक्षा के लिए वही टूटा हुआ आदमी साहित्य में ज़रूरी था, जो पश्चिमी पूँजीवादी देशों में था। यथार्थ के समझने, उसका सामना करने और संघर्ष करने वाला आदमी नहीं चाहिए। इस मूल्य-पद्धति के पुरोधा थे सच्चिदानन्द हीरानन्द वात्स्यायन 'अज्ञेय' और उनके परिमलीय चेले।

नामवर सिंह ने इस मूल्य पद्धति को चुनौती दी। प्रगतिवादी आन्दोलन जड़वादी दुराग्रहों में फँसकर, कुल-युद्ध से टूटकर बिखर गया था। 'नया पथ' भी मारकाट के बाद बन्द हो गया था। नामवर सिंह ने इस केंचुआ मूल्य पद्धति से लड़ाई की और एक पीड़ित, शोषित मगर संघर्षशील और आशावान भारतीय मनुष्य की मूल्य चेतना साहित्य को दी। यह बड़ा काम था। नामवर सिंह के साथ और आलोचक भी उठे और 'परिमलीय' धारा विलुप्त हो गयी।

नामवर सिंह की समीक्षा तथा सैद्धान्तिक व्याख्या में रचनात्मक साहित्य जैसा लालित्य है। लगता है कोई ललित गद्य पढ़ रहे हैं। आमतौर पर समीक्षा की भाषा शुष्क और उबाऊ होती है। पर नामवर जी की भाषा और शैली बहुत प्रभावी है। सहज ढलान है उनके लेखन में। सीढ़ियाँ चढ़ना या उतरना नहीं पड़ता। वे मुहावरों का अच्छा प्रयोग करते हैं। सम्बोधन पद्धति से तर्क को जीवन्त बनाते हैं। उनकी भाषा में विलक्षण 'लुसीडिटी' है। कटाक्ष है, व्यंग्योक्ति है, वक्रोति है, व्याज स्तुति और व्याज निन्दा है और 'विट' है।

नामवर साठ के हुए। वे सतर्क हैं, जागरूक हैं। अभी तक उनके सामने यह चुनौती है–

हरित भूमि तृण संकुल, सूझ परहिं नहि पंथ।
जिमि पाखण्ड विवाद तें, लुप्त होहि सद्ग्रन्थ।।

प्रतिभा का कोई विकल्प नहीं

•

केदारनाथ सिंह

नामवर जी के बारे में लिखना कठिन काम है—मेरे लिए लगभग वैसा ही कठिन जैसे बनारस पर कविता लिखना। मैंने कुछ समय पहले बनारस पर एक कविता लिखी थी और मैं ही जानता हूँ कि किस तरह पसीना आ गया था लिखते-लिखते। ख़ैर, कविता तो जैसी-तैसी बन गयी। पर यह लेख कहाँ से शुरू करूँ, कुछ समझ में नहीं आता। काफ़ी समय तक यह सोचकर टालता रहा कि कभी इत्मीनान से लिखूँगा। फिर चीज़ों को टालते जाने का अपना ही मज़ा होता है और मुझे उसमें कई बार एक अजब-सा सुख मिलता है। कुछ दिन पहले अचानक ख़याल आया कि यदि जल्दी-जल्दी में लेख नहीं बनता तो क्यों न नामवर जी से एक लम्बी बातचीत ही कर डालूँ। सो, एक दिन बातों-बातों में एक प्रश्नावली बन गयी और मैंने उसे उनकी ओर बढ़ा दिया। नामवर जी प्रश्नों का सामना लगभग एक योद्धा की तरह करते हैं—एक अत्यन्त कुशल और संयत योद्धा, जिसे पता है कि कौन-सा वार प्रतिद्वन्द्वी को निरस्त कर सकता है। मैंने उन्हें असंख्य बार प्रश्नों की बौछार के बीच, माइक के पास निष्कम्प खड़े देखा है। पर उस दिन एक निहायत छोटा-सा सवाल उनके सामने था और मैंने देखा कि वे पहली बार उसके सामने स्वयं को निहत्था महसूस कर रहे हैं। सवाल सीधा-सा था—'आपने कवि से आलोचक बनने का निर्णय कब और क्यों लिया?...उन्होंने इसका उत्तर देने के लिए समय माँगा और इस सीधे-सादे सवाल से बचने की कोशिश में मुझे आलोचक नामवर सिंह को समझने की कुंजी मिल गयी।

नामवर जी की आरम्भिक पहचान एक कवि के रूप में बनी थी। वे गोष्ठियों सम्मेलनों में जाते थे और रस लेकर अपनी कविताएँ पढ़ते थे। उनकी कविताएँ उस समय के प्रचलित फैशन से अलग होती थी। उनमें एक ताज़गी भी होती थी और एक

ख़ास तरह की ऐन्द्रिकता भी। जहाँ तक मुझे याद है, नामवर जी ने 'नीम के फूल' नाम से अपनी कविताओं का एक संग्रह भी तैयार किया था, जो छपते छपते रह गया। यह प्रकृति का विचित्र न्याय है कि उनका निबन्ध-संग्रह ('बकलम ख़ुद') तो छपकर आया गया, जबकि वे निबन्धकार के रूप में जाने नहीं जाते थे और कविता-संग्रह नहीं आ सका (सम्भवत: प्रेस के अचानक ठप हो जाने के कारण) जबकि वे जाने जाते थे कवि के रूप में ही। मैं कई बार सोचता हूँ कि यदि वह संग्रह आ गया होता तो क्या नामवर जी के विकास का 'ग्राफ़' वही होता जिसे आज हम जानते हैं?

आज यदि कहा जाये कि नामवर सिंह मूलतः एक कवि हैं तो बहुतों को अटपटा लगेगा और कइयों को तो विश्वास भी नहीं होगा। पर सच्चाई यह है कि अपने आलोचना-कर्म के बीच भी उनके भीतर का कवि हमेशा जीवित रहता है—जीवित ही नहीं, सक्रिय और रचनारत भी। पर इसकी पड़ताल फिर कभी। अभी तो बस इतना ही कि मैं नामवर जी के बारे में जब भी सोचता हूँ तो मेरे सामने सबसे पहले उनका आलोचना-कर्म नहीं आता—कविता की बहुत-सी पंक्तियाँ आती हैं, जिन्हें मैंने उन दिनों सुनी थीं, जब साहित्य का ककहरा सीख रहा था। अपने स्कूली छात्र-मित्रों के मुँह से मैंने उनकी जिस कविता की चर्चा पहली बार सुनी थी, उसकी एक पंक्ति अब तक याद है—*तान के सोता रहा जल-चादर, वायु-सा खींच जगा गया कोई*। यह सवैया के ढर्रे पर लिखी गयी कविता थी, जिसका ढाँचा तो पुराना था, पर उसमें संवेदना की एक बिलकुल नयी हरकत थी—'*वायु-सा खींच जगा गया कोई*।' मुझे नामवर जी के विकास के एकदम शुरुआती दौर में, सहसा जंग पड़ने के इस बिम्ब का आना महत्त्वपूर्ण लगता है। आगे की उनकी सारी यात्रा इसी 'जग पड़ने' के एहसास के जटिल, बहुआयामी और गहन से गहनतर होते जाने का इतिहास है। कविता उनके साथ हमेशा रही है—तब भी जब वे कहानी पर लेख लिख रहे थे और तब भी जब प्रेमचन्द या किसी दूसरे विषय पर भाषण दे रहे होते हैं और दावे के साथ यह कौन कह सकता है कि अगर अचानक उनकी डायरी किसी के हाथ लग जाये तो उसमें कविताएँ नहीं होंगी!

नामवर सिंह अपने वेश-विन्यास में ही नहीं, अपनी पूरी साहित्यिक बनावट में भी ठेठ बनारसी हैं। यह बनारसीपन उनकी ढाल और उनका तरकस दोनों है। कई बार उनके इस सहज बनारसीपन को उनका अक्खड़पन भी समझ लिया जाता है। बनारस की आबो हवा ही कुछ ऐसी है कि वहाँ रहकर कालबद्ध या समकालिक होना बहुत कठिन हैं। भारतेन्दु, प्रेमचन्द और प्रसाद हो गये—यह उन साहित्यकारों की अकूत रचनात्मक ऊर्जा का एक और प्रमाण है। वर्ना जिस शहर का मिजाज़ ही

त्रिकालातीत हो, वहाँ आधुनिकता या समकालिकता कैसी? वहीं मानों सारा समय निचुड़कर एक ही बिन्दु पर शिलीभूत हो गया है। फिर ऐसे शहर में यदि कोई अपने बौद्धिक कर्म में कालबद्ध या समकालिक होने का प्रयास करे तो इसे एक दुस्साहस ही माना जायेगा। बनारस की दृष्टि में यह गम्भीर अपराध है, जिसे वह कभी माफ़ नहीं करता। उसने कबीर को माफ़ नहीं किया–यहाँ तक कि 'दारिद दबाई दुनी' लिखने वाले तुलसीदास को भी नहीं। आधुनिक काल में हजारीप्रसाद द्विवेदी और त्रिलोचन भी इसी कड़ी में आते हैं। और फिर नामवर सिंह भी। 'दूसरी परम्परा की खोज' की भूमिका में एक चुभता हुआ छोटा-सा वाक्य है–'मेरा सूकर खेत काशी ही रहा।' अभिधा में भी...इस कथन में सिर्फ़ व्यंग्य ही नहीं, एक गहरी पीड़ा भी है–जैसे अपनी ही पीठ पर कोई स्वयं कोड़ा मारे। नामवर सिंह, इस विलक्षण लगाव के बावजूद, बनारस में खप नहीं सके और उनका दोष सिर्फ़ इतना था कि उनके पास एक प्रखर प्रतिभा थी और एक बौद्धिक साहस भी, जिसके बिना प्रतिभा जीवित नहीं रहती। यह स्वाधीनता के बाद शिक्षा के प्रबन्ध-तन्त्र में बढ़ती हुई मूल्यहीनता और जड़ता का सबसे बड़ा प्रमाण है कि सिर्फ़ अपनी बौद्धिक श्रेष्ठता और प्रतिभा के कारण जहाँ गुरु आचार्य हजारीप्रसाद द्विवेदी को अपने विश्वविद्यालीय पद से च्युत होना पड़ा, जहाँ शिष्य नामवर सिंह को लगभग दस वर्ष के लिए किसी भी शिक्षा-संस्थान से बहिष्कृत रहने का दण्ड भोगना पड़ा।

अब मैं सोचता हूँ तो मुझे लगता है कि बनारस छोड़ना नामवर जी के लिए एक तरह का वरदान ही साबित हुआ। क्योंकि माहौल जैसा बन गया था, उसमें दो ही रास्ते बच गये थे–या तो आदमी त्रिकालातीत हो जाये और मजे में रहे या फिर टूट जाने का ख़तरा उठाकर भी चुनौतियों का सामना करे। चुनौतियाँ दिल्ली में कम नहीं हैं, बल्कि कई अर्थों में कुछ ज़्यादा ही हैं और नामवर सिंह को उनका भी सामना करना पड़ा है। पर कुछ समय पहले तक दिल्ली का साहित्यिक परिदृश्य लगभग एक कोरी स्लेट की तरह था और एक हद तक आज भी है–जहाँ लिखने का अपना नया साँचा या कहें नया प्रतिमान, बनाया जा सकता था। बनारस की पटिया इतनी इबारतों से भरी थी कि पहले उसको धो-पोंछकर साफ़ किये बिना नयी इबारत लिखी नहीं जा सकती थी। फिर दिल्ली जाने-अनजाने लेखक को एक अखिल भारतीय पृष्ठ-भूमि दे देती है, उसका अपना एक अलग अर्थ है। नामवर जी सन् '65 में पहली बार रहने के लिए दिल्ली आये और सन् '68 के शुरू में 'कविता के नये प्रतिमान' का प्रकाशन हुआ। ये एक तरह से नामवर सिंह के गर्दिश के दिन थे और कैसा विचित्र संयोग है कि इसी बीच उनके भीतर कविता के लिए नये प्रतिमानों की

खोज की चिन्ता भी पैदा हुई। क्या इसे महज संयोग मान लिया जाये कि उनके भीतर नये प्रतिमानों की चिन्ता उस समय शुरू हुई जब वे दिल्ली से सिर छिपाने के लिए किसी अपेक्षाकृत अधिक स्थायी या अधिक उपयुक्त आश्रय की तलाश कर रहे थे। जीविका के लिए संघर्ष और नये प्रतिमानों की चिन्ता, इन दोनों में कोई-न-कोई रिश्ता ज़रूर होना चाहिए। क्या यह अकारण है कि उन्होंने अपने पूरे काव्य चिन्तन को आधार देने के लिए जो कृति चुनी उसका शीर्षक था 'अँधेरे में'। क्या यह भी एकदम आकस्मिक है कि 'कविता के नये प्रतिमान' का एक प्रमुख बीज-शब्द है 'तनाव'। मैं प्रस्तावित प्रतिमानों की उपयुक्तता या अनुपयुक्तता की बात यहाँ नहीं कर रहा। मैं सिर्फ़ उस विशिष्ट शब्दावली और साहित्यिक सन्दर्भों की ओर ध्यान आकृष्ट करना चाहता हूँ, जिनके सहारे वह पूरी पुस्तक लिखी गयी थी। शायद उनमें नामवर सिंह के आत्म-संघर्ष की कहीं कोई धुँधली-सी झलक मिल जाये।

पर इन सारी बातों के बावजूद, तथ्य यह है कि 'कविता के नये प्रतिमान' नामवर जी की थोड़ी असहज कृति है–बनारस से दिल्ली आये युवक की एक साहित्यिक छलाँग, जिसमें निर्णय का एक अतिशय साहस भी था और एक विशेष प्रकार का बौद्धिक चौकन्नापन भी। यह एक तरह से एकेडेमिक दुनिया से बाहर आये व्यक्ति का कविता के पुराने मूल्यों को धकियाकर काव्यालोचन का एक नया ढाँचा तैयार करने का प्रयास था। इसमें लेखक कितना सफल या असफल हुआ, यह उतना महत्त्वपूर्ण नहीं है। महत्त्वपूर्ण यह है कि उसने पूरी गहराई के साथ इस सचाई की तल्खी को महसूस कराया कि बहुत से पुराने प्रतिमान अपनी अर्थवत्ता खो चुके हैं। वास्तविकता यह है कि नये प्रतिमानों की खोज की प्रक्रिया, 'कविता के नये प्रतिमान' के लिखे जाने के साथ समाप्त नहीं हो गयी थी, बल्कि सिर्फ़ शुरू हुई थी, जो किसी-न-किसी रूप में आज भी जारी है–दूसरों के लिए भी और स्वयं उस कृति के लेखक के लिए भी।

पिछले कुछ समय से मुझे लगातार लगता रहा है कि 'दूसरी परम्परा की खोज' के बाद से नामवर जी के चिन्तन के स्वरूप में एक महत्त्वपूर्ण परिवर्तन आया है। इस परिवर्तन का रुख हिन्दी की ठेठ जातीय परम्परा की ओर अधिक है, जिसकी झलक उनकी साहित्यिक वरीयताओं में भी देखी जा सकती है और स्वयं उनकी भाषा में भी। इस परिवर्तन की शुरुआत ठीक-ठीक कब हुई यह तो नामवर जी ही बता सकते हैं। पर मुझे '80 की एक साहित्यिक शाम याद आ रही है, जब उन्हें समकालीन कविता पर भाषण करना था। गोष्ठी में जाने से पूर्व उन्होंने जानना चाहा कि आज के सबसे महत्त्वपूर्ण युवा कवि कौन-से हैं? मैंने हँसते हुए कहा–"नागार्जुन

और त्रिलोचन–यही दो वृद्ध कवि सबसे युवा दिखते हैं।...उन्होंने सहमति व्यक्त की और बोले–"नागार्जुन को लेकर कोई कठिनाई नहीं है–क्योंकि उनके यहाँ जीवन और समाज की तस्वीर बहुत साफ़ है। पर त्रिलोचन की सादगी एक अजीब-सी पेंच है, जिसका सामना करने के लिए आलोचना के नये औज़ारों की ज़रूरत होगी और उसकी तलाश अभी मैं नहीं कर सका हूँ।...बहरहाल, उस शाम उन्होंने जो भाषण दिया, वह लगभग इन्हीं दो कवियों पर केन्द्रित था, जिसे सुनकर वे लोग थोड़ा चौंके भी, जो यह मानकर बैठे थे कि वे 'कविता के नये प्रतिमान' के लेखक को सुन रहे हैं। मेरा ख़याल है कि यह आलोचक नामवर सिंह के पूरे चिन्तन का एक निर्णायक मोड़ था।

विचार के एक मोड़ से दूसरे पर जाना हमेशा एक लम्बा और पीड़ादायक अनुभव होता है और नामवर सिंह इसके अपवाद नहीं हैं। नागार्जुन के कृतित्व को लेकर तो उन्होंने अपना शस्त्र बना लिया, पर त्रिलोचन की अर्थवत्ता तक पहुँचने में उन्हें कोई सात वर्ष लग गये। नामवर सिंह के साथ एक ख़ास बात यह है कि वे तुरत-फुरत कुछ भी स्वीकार नहीं करते। धीरज उनके पास से जूझने की क्षमता अकूत। सो, उनका तरीक़ा, जैसा कि मैं समझ सका हूँ, यह है कि वे विचार को धीरे-धीरे पकने के लिए छोड़ देते हैं, इन्तज़ार करते हैं, आँच धीमी न पड़े, इसके लिए बाहर से तथ्यों और सन्दर्भों की ज़रूरत भर फूँक देते रहते हैं और इस तरह तैयार होता है एक पूर्ण परिपक्व विचार। इसीलिए उनके हर नये विचार में एक झकझोर देने की अद्‌भुत ताक़त होती है (और वह विचार ही क्या जी विरोधी मत को झकझोर कर न रख दे), जिससे आप असहमत हो सकते हैं, पर ख़ारिज नहीं कर सकते। अन्य आलोचकों से उनकी पद्धति इस मानी में थोड़ी भिन्न है कि वे विचार से रचना की ओर कभी नहीं जाते, रचना से गुज़रते हुए विचार तक पहुँचने की कोशिश करते हैं। इसलिए हर महत्त्वपूर्ण रचना उनके लिए एक चुनौती होती है...कला की ओर से उठने वाली एक नयी माँग, चुप्पी और ध्वनियों से जूझने का एक नया आमन्त्रण, जिसके सामने सारा पूर्व अर्जित आलोचनात्मक ज्ञान अपर्याप्त लगने लगता है। यही कारण है कि 'चम्पा काले-काले अच्छर नहीं चीन्हती' जैसी सीधी-सलर कविता भी उनके लिए आलोचना-कर्म की कठोर-कसौटी बन जाती है और वे दम तभी लेते हैं, जब उसके लिये एक नये काव्यशास्त्र की तलाश कर लेते हैं। एक काव्यशास्त्र उन्होंने 'कविता के नये प्रतिमान' में गढ़ा था और फिर त्रिलोचन या नागार्जुन के लिए एक नये काव्यशास्त्र की तलाश करते हैं। यह एक तरह से अपने ही पूर्व प्रतिमानों के सामने प्रश्नचिह्न लगाने की तरह हैं। यह एक दायित्वपूर्ण

और ईमानदार कोशिश है, जिसमें आलोचक की सौन्दर्य दृष्टि का विस्तार भी देखा जा सकता है और एक दृढ़ नैतिक साहस भी, जो हमेशा ही श्रेष्ठ आलोचना का अनिवार्य गुण होता है।

नामवर सिंह विवादों में जीने वाले व्यक्ति हैं। जब विवाद नहीं होते तो उनके विरोधियों को भी सूना-सूना लगता हैं और शायद उन्हें भी। पिछले दस-पन्द्रह वर्षों में जितना उनके विरुद्ध लिखा गया है, उतना शायद किसी अन्य के विरुद्ध नहीं। कई बार मैं चकित होकर उन्हें देखता है और सोचता हूँ कि वह कौन-सी रहस्यमयी ताक़त है जो हर विरोध के बाद न सिर्फ़ उन्हें टूटने से बचाती है, बल्कि और पुख़्ता बनाती है–पढ़ने और जानने के लिए और उत्सुक और बेचैन। हिन्दी में शायद पहली बार ऐसा हुआ है कि एक आलोचक पूरे रचनात्मक परिदृश्य का केन्द्रीय व्यक्तित्व बन गया है। यह समकालीन रचनाशीलता पर स्वयं में एक टिप्पणी हैं और बेशक एक सख़्त टिप्पणी।

बहुत पहले त्रिलोचन ने नामवर जी के बारे में कहा था कि उनके पास 'पुस्तक-पकी' आँखें हैं। परन्तु वे सिर्फ़ 'पुस्तक-पकी' होती तो कोई ख़ास बात न थी। उनके पास वे अनुभव-पकी आँखें भी हैं–बहुत कुछ एक पूरबी किसान जैसी –जो हर चीज़ को पहले ठोंकती-बजाती और पूछती-परखती हैं-तब जाकर कोई निर्णय लेती हैं। पर यह भी सच है कि नामवर सिंह को सबसे अधिक सुकून किताबों के बीच ही मिलता है। किताबें उनके लिए उस घर की तरह हैं, जहाँ हर बार आदमी लौटकर जाता है। उनके भीतर विचारों और सूचनाओं के स्तर पर अपने आपको अधुनातन और तरोताज़ा बनाये रखने की एक अद्‌भुत बेचैनी है। पढ़ने की यह भूख उनके भीतर बहुत कुछ भस्मक रोग की तरह है। अखरने वाली बात यह है कि यह काम बहुधा वे अपने लेखन कर्म की क़ीमत पर करते हैं। एक लेखक के लिए, मुझे यह ज़रूरी लगता है कि वह पढ़ने के बीच में अन्तराल भी देता चले–ताकि उस ख़ालीपन को अपने रचना-कर्म से भर सके। यही बात नामवर जी के भाषणों के बारे में भी कही जा सकती है। इसमें शक नहीं कि इस समय वे हिन्दी के सर्वश्रेष्ठ वक़्ता हैं और यहाँ भी वे अपनी गुरु-परम्परा का ही विस्तार कर रहे हैं। पर कई बार यह वक़्तृत्व की कला भी लेखन-कर्म में आड़े आती है–ख़ासतौर से तब जब भाषण अलिखित रूप में दिया जा रहा हो। होता यह है कि जब एक नया विचार मंच पर एक बार अभिव्यक्ति पा जाता है तो फिर बोलने वाले को मानो उसको लिपिबद्ध करने की आन्तरिक विवशता से छुट्टी मिल जाती है। फिर बात जहाँ की तहाँ रह जाती है। पर स्थिति यह है कि भाषण देना नामवर जी के लिए साधु बाबा की कमरिया हो गया

है–वे तो उसे छोड़ दें, कमरिया छोड़े तब न!

नामवर जी के इधर के गद्य को देखकर एक नयी आहट का संकेत मिलता है। लगता है कि वे हिन्दी गद्य के 'क्लासिकल' रंग को फिर से पकड़ने की कोशिश कर रहे हैं। यह नामवर सिंह की भाषा की सहज भूमि है, जिसकी आरम्भिक झलक उनके पिछले निबन्ध संग्रह 'बकलम ख़ुद' में मिली थी। सुन्दर गद्य का नमूना आलोचना के क्षेत्र में लगभग दुर्लभ होता जा रहा है–समकालीन आलोचना में तो और भी। ऐसी स्थिति में यदि नामवर सिंह आज की आलोचना में हिन्दी के जातीय गद्य को फिर से प्रतिष्ठित करने की कोशिश कर रहे हैं तो मेरे जैसे लोगों के लिए यह एक महत्त्वपूर्ण घटना है–एक ऐसी कोशिश जिसके नतीजों को दिलचस्पी के साथ देखा जायेगा। भाषा का यह नया रंग वस्तुतः नामवर सिंह के नये साहित्यिक चिन्तन को दिशा की ओर संकेत करता है। इस चिन्तन का पहला आभास 'दूसरी परम्परा की खोज' में मिला था और यह कहने की आवश्यकता नहीं कि उससे निकलने वाली तर्क-प्रणाली दूर तक जाती है। उस छूटे हुए काम को पूरा करने और आज के साहित्य के दूसरे बहुत-से उलझे हुए सवालों से टकराने की क्षमता यदि नामवर सिंह में नहीं है तो फिर वह और कहाँ है–मैं नहीं जानता।

वे सिर्फ़ पढ़ाते नहीं सिखाते हैं

•

पुरुषोत्तम अग्रवाल

सन् '82 की बात है। 'जिज्ञासा' की ओर से हम लोगों ने 'विरोध की मध्यकालीन संस्कृति' पर एक गोष्ठी का आयोजन किया। गोष्ठी जे.एन.यू. में होनी थी। 'जिज्ञासा' की ओर से विषय प्रवर्तन करने का दायित्व मेरा था। अन्य वक़्ता थे, डॉ. हरबंस मुखिया और श्री पीटर डिसूजा। इस गोष्ठी की अध्यक्षता के लिए हमने नामवर जी को तैयार कर लिया था।

पीटर डिसूजा जे.एन.यू. के ही छात्र थे। राजनीति विज्ञान में एम. फिल्. करने के बाद रोड्स फेलोशिप पर इंग्लैंड चले गये। आजकल भी शायद वहीं हों। कह नहीं सकता। बहुत पढ़े-लिखे, समझदार व्यक्ति थे। ज़ाहिर है कि हमारी गोष्ठी में चर्चा मुख्यतः भक्ति साहित्य की समस्याओं पर ही होनी थी। पीटर डिसूजा चाहते थे कि वे गोष्ठी से पहले इस विषय पर नामवर जी से कुछ चर्चा कर लें। हम लोग समय निश्चित कर नामवर जी के घर जा पहुँचे।

पीटर डिसूजा की कई जिज्ञासाएँ थीं। चर्चा शुरू तो भक्ति आन्दोलन से ही हुई। लेकिन एक बार शुरू होने के बाद उसका दायरा बढ़ता गया। भारतीय इतिहास और सं01/20/23स्कृति में विरोध की परम्परा और अवधारणा से लेकर समकालीन राजनीतिक चिन्तन तक की समस्याएँ इसमें सिमट गयीं। हर विषय में नामवर जी की जानकारी अपटुडेट! बात के मर्म तक श्रोताओं को पहुँचातीं उनकी टिप्पणियाँ! विभिन्न धारणाओं-विचारों के बारे में उनके बेलाग बयान! पीटर और मेरे द्वारा बार-बार उठाये जा रहे तीख़े सवाल–यह सचमुच सत्संग था।

बाहर निकले तो पीटर चमत्कृत और अभिभूत मनोदशा में थे। उन्होंने एक घटना सुनाई। कोई दो तीन महीने पहले नामवर जी बम्बई यूनिवर्सिटी गये थे। वहीं यूरोप के रेनेसाँ कालीन साहित्य व कला पर एक सेमिनार में उन्हें शिरकत करनी

थी। वहीं पीटर का एक दोस्त गोवा से आया हुआ था, वह रेनेसाँ आर्ट पर रिसर्च कर रहा था, यूरोप हो भी आया था। उसने नामवर जी का भाषण सुना, उनसे चर्चा की। बाद में पीटर को पत्र लिखा, 'तुम्हारी यूनिवर्सिटी के हिन्दी के प्रोफ़ेसर से बात करना बड़ा उत्तेजक अनुभव था। रेनेसाँ आर्ट की समस्याओं पर इतनी गहरी जानकारी तथा ऐसे विचारोत्तेजक विश्लेषण से सम्पन्न किसी व्यक्ति से मैं अब तक नहीं मिला था।' उस दिन पीटर डिसूजा ने जो कुछ कहा, उसमें से एक वाक्य मुझे आज तक जस-का-तस याद है, 'पुरुषोत्तम, यू आर लकी टु हैव ए टीचर लाइक नामवर सिंह।'

सिर्फ़ मैं ही क्यों, नामवर जी के तमाम छात्र स्वयं को ख़ुशक़िस्मत मानते हैं। बनारस हिन्दू विश्वविद्यालय से लेकर जवाहरलाल नेहरू विश्वविद्यालय तक अपने छात्रों के बीच नामवर जी एक 'लीजेंड' की हैसियत रखते हैं। जे.एन.यू. में हम छात्रों के बीच उन्हें लेकर तरह-तरह की किंवदन्तियाँ प्रचलित थीं, ऐसा भी नहीं कि इनमें से सारी-की-सारी मात्र दन्तकथाएँ हों! हम लोग चकित होते कि नामवर जी इतना पढ़ कैसे पाते हैं? समय कैसे मिलता है? वैसे यह विस्मय ही अधिक था, सवाल कम, क्योंकि उत्तर तो साफ़ था। अपनी तमाम व्यस्तताओं को नियोजित करना नामवर जी ख़ूब जानते हैं, यह बात हम छात्रों को सबसे ज़्यादा उनके व्यवहार से ही समझ में आ जाती थी। और यह भी कि अगर कोई ज़रूरी किताब प्राप्त करनी हैं तो नामवर जी को इन्तज़ार करना दूभर लगता है। एक बार रात के खाने के बाद टहलते हुए चमनलाल जी (उन दिनों वे पी एच.डी. कर रहे थे, डॉ. मैनेजर पाण्डेय के साथ) ने नामवर जी को किसी किताब के बारे में बताया। यह भी कह बैठे कि वह किताब उनके पास है। अभी पढ़ नहीं रहे हैं। 'तो, पहले मैं ही लेता हूँ, आप अभी लेते आइये।' नामवर जी ने कहा। चमन लाल ने बहुतेरा कहा कि मैं सुबह आपके घर पहुँचा दूँगा, लेकिन नहीं। नामवर जी अड़ गये। 'मैं यहाँ खड़ा हूँ, आप हॉस्टल से लेते ही आइए। 'चमनलाल जी को किताब उसी वक़्त लानी पड़ी।'

नामवर जी के छात्र ख़ुशक़िस्मत हैं। ठीक। लेकिन क्यों? क्या इसलिए कि नामवर जी बड़े समर्थ और शक्तिशाली प्रोफ़ेसर हैं? क्या इसलिए कि वे अत्यन्त विवादास्पद और चर्चित आलोचक हैं? क्या इसलिए कि वे बहुत 'ग्लैमरस' व्यक्तित्व हैं? इतने कि एक इंटरव्यू में कह बैठे कि मैं कहानी पर फिर से लिखना चाहता हूँ। तो साप्ताहिक 'दिनमान' ने बाकायदा एक बहस ही छापनी शुरू कर दी, 'नामवर सिंह कहानी पर क्यों लिखना चाहते हैं? क्या इसलिए कि नामवर जी बहुत बड़े विद्वान हैं?

बात सिर्फ़ इतनी नहीं है। नामवर जी ये सब हैं, लेकिन बतौर अध्यापक के वे इससे कुछ ज़्यादा भी हैं। अध्यापन की कुछ रूढ़ियाँ होती हैं, इस हद तक आभ्यन्तरीकृत कि वे रूढ़ियाँ लगती ही नहीं। सिद्धान्त में जो चाहे कहा जाये, व्यवहार में अधिकांश अध्यापक छात्र को सिर्फ़ सीखने वाला और ख़ुद को सिर्फ़ सिखाने वाला मानकर ही चलते हैं। उनके लिए अध्यापन का अर्थ है, छात्र तक सूचनाएँ पहुँचा देना या ज़्यादा-से-ज़्यादा उसे अपने दृष्टिकोण का संवाहक बना लेना। ऐसी स्थिति में, अनजाने ही असहमति अनुशासनहीनता का पर्याय बन जाती है और अनजाने ही अध्यापक और छात्र के बीच शासक और शासित का रिश्ता पनपने लगता है। अध्यापन संवाद न बनकर अध्यापक का एकालाप बनकर रह जाता है।

कोई भी व्यक्ति, जिसने नामवर जी की एक क्लास भी की हो, साखी देगा कि नामवर जी ठीक इसी अर्थ में 'रेडिकल' अध्यापक हैं कि वे सदा अध्यापकीय एकालाप को तोड़ने के लिए छटपटाते से प्रतीत होते हैं। इस सन्दर्भ में उनका बहुप्रशंसित पाण्डित्य, उनकी बहुचर्चित विदग्धता निश्चय ही महत्त्वपूर्ण है, लेकिन ज़्यादा महत्त्वपूर्ण है उनका मित्रभाव। पाण्डित्य और 'विट' इस मित्रभाव को सम्भव करने में सहायता का ही काम करते हैं। मित्रभाव का यह मतलब कतई नहीं है कि वे छात्रों के साथ चाहे जब गप करने लगें या हर छात्र को आसानी से उपलब्ध हो जायें। उलटे, इस मामले में तो उनका रवैया ख़ासा रौबदाब वाला है। आप मिलने के लिए घर जाइए, तो बहुत बार हो सकता है कि आप दरवाज़े से ही काम की बात कर विदा कर दिये जायें। छात्रों के प्रति उनके व्यवहार में जैसे हमेशा ही उचित दूरी बनाये रखने की गम्भीरता रहती है; उनके स्वभाव में कुछ है जिसके कारण उनसे किसी तरह की छूट ले सकने की हिम्मत छात्रों की नहीं होती है।

फिर मित्रभाव की बात करने का क्या मतलब? क्लास में लेक्चर शुरू करते नामवर जी धीरे-धीरे रूपान्तरित से होने लगते हैं। एकदम सटीक, सुगढ़ वाक्य बोलते हुए वे बिना जताये ही अपनी विचार प्रक्रिया में छात्रों को शामिल करते चलते हैं। उनकी भाषण शैली की प्रशंसा करना अनावश्यक है, लेकिन यह सच कि उनकी शैली का असली खुलाव गोष्ठियों से कहीं ज़्यादा कक्षा में देखने को मिलता है। किसी भी विषय में वे सबसे पहले मूलभूत धारणाएँ और समस्याएँ स्पष्ट करते हैं, छात्रों के सामने सवाल खड़े करते हैं और छात्रों को अपने साथ लेते हुए उनके उत्तर खोजते हैं। बीच-बीच में उनका 'सेंस आफ़ ह्यूमर', बात करने का उनका विशिष्ट ढंग, सीखने की प्रक्रिया को बेहद आत्मीय बना देता है।

जे.एन.यू. बड़ा आधुनिक विश्वविद्यालय है। वहाँ छात्र का सारा ज्ञान साल के आख़िरी तीन घण्टों में निचोड़ लेने की परिपाटी नहीं है। हम लोगों को पूरे सेमेस्टर में हर कोर्स के लिए दो-दो टर्मपेपर और एक ट्यूटोरियल पेपर लिखना होता था। इन पेपर्स पर क्लास में चर्चा होती थी, छात्र का आकलन सिर्फ़ लिख लेने के आधार पर न होकर इस पर ग़ौर करते हुए किया जाता था कि वह अपने लिखे को किस हद तक समझा सकता है। हमारा बैच भी संयोग से कुछ ख़ास क़िस्म का था। कुछ ज़्यादा ही मुखर, कुछ ज़्यादा ही ख़ुराफ़ाती। ऊपर से एक तरह का ध्रुवीकरण। मैं परचा लिखूँ तो नागेश्वर यादव और उमाशंकर उपाध्याय उसकी खिचाई करें, वे लिखें तो मैं, मदन राय, सुमन उर्मि और समीर यही सुलूक उनके साथ करें—एक बार हुआ यह कि पर्चा पढ़ने लगे नागेश्वर यादव। बाद में हम लोगों ने उनकी आलोचना शुरू कर दी। उपाध्याय जी बहुत देर तक नागेश्वर जी का बचाव करते रहे, फिर एकाएक जाने क्या सोच कर पाला पलट गये। इस तरह की बहसों में नामवर जी तथा अन्य अध्यापक न्यूनतम हस्तक्षेप करते थे। लेकिन उपाध्याय जी के पासा पलटने ने नामवर जी को उकसाया। मुस्कराये, धीरे से बोले, 'अब उपाध्याय जी आप तो कुछ ख़याल करें, वरना अभी नागेश्वर जी कहेंगे, 'यू टू ब्रूट्स!'

यही बात शायद हल्के ढंग से भी कही जा सकती थी, लेकिन तब कहने वाले का नाम नामवर सिंह न होता। क्लास में लाख मज़ाक़ करें, व्यंग्य तक करें, लेकिन नामवर जी के अध्यापक व्यक्तित्व में हल्केपन का नामोनिशान तक नहीं। यही वजह है कि उनके छात्रों ने केवल जानकारियों और विश्लेषण के ढंग भर नहीं पाये हैं, बल्कि बात कहने का सरस और विदग्ध ढंग भी पाया है—बेशक अपनी-अपनी सामर्थ्य के अनुकूल ही।

नामवर जी पक्षधर आलोचक हैं, पक्षधर अध्यापक भी। लेकिन यहाँ एक फ़र्क़ है। बहुत बड़ा फ़र्क़। पिछले ही दिनों प्रकाशित लेख 'हक़ अदा न हुआ' में डॉ. विश्वनाथ त्रिपाठी ने लिखा है,...छायावाद या कहानी नयी कहानी के बाद आलोचक नामवर सिंह को लेखन प्रेरणा के लिए कोई-न-कोई ऐसा आलोचक या रचनाकार चाहिए जिसे वे खलनायक बना सकें। मूल्य का स्थान बेध्य ने ले लिया है। 'कविता के नये प्रतिमान' में खलनायक डॉ. नगेन्द्र थे। 'दूसरी परम्परा की खोज' में रामचन्द्र शुक्ल। आसार हैं आगामी पुस्तक में डॉ. रामविलास शर्मा होंगे। आसार तो वाकई हैं लेकिन नामवर जी की आलोचना पद्धति की यह विशेषता उनके अध्यापक को प्रभावित नहीं करती। पक्षधरता का तीखापन वहाँ भी है, शायद ज़्यादा ही धारदार

रूप में, लेकिन जिसे वे स्वयं पूर्वपक्ष मानें उसी को छात्रों से भी मनवाएँ, ऐसा नहीं है। वे चाहते हैं कि किसी भी विचार या मान्यता को पहले पूरी सहानुभूति के साथ छात्रों के सम्मुख प्रस्तुत करें। वहाँ, उस धरातल पर कोई खलनायक नहीं होता– डॉ. नगेन्द्र तक नहीं। प्रस्तुतीकरण के बाद विश्लेषण और मूल्यांकन। छात्रों पर अपनी राय थोपते हुए नहीं, बल्कि उन्हें अपने ढंग से सोचने के लिए प्रेरित करते हुए। अध्ययन पद्धति की गरिमा बनायें रखने पर ज़ोर देते हुए। मुझे याद है, एक टर्म पेपर में मैंने डॉ. नगेन्द्र के कुछ वाक्य 'कविता के नये प्रतिमान' से उद्धृत कर उनकी आलोचना कर दी थी। नामवर जी ने क्लास में कहा, 'पुरुषोत्तम जी, यदि नगेन्द्र जी की आलोचना करनी है तो पहले उनकी अपनी पुस्तक पढ़ने का कष्ट अवश्य कर लें। फिर मेरे कोर्स के टर्म पेपर में मेरी ही पुस्तक से उद्धरण देने का क्या मतलब? बिना उद्धरण के ही लिखें।'

ख़ुद पर रिसर्च कराने वाले, क्लास रूम में स्वयं अपनी पुस्तकें बेचने वाले दिग्गज प्रोफ़ेसरों से गन्धाए माहौल में नामवर जी की यह शालीनता सुगन्ध के झोंके-सी लगती है। तब भी, अब भी बात। केवल समकालीन व्यक्तित्वों की ही नहीं है। एम.ए. के पहले सेमेस्टर में नामवर जी हम लोगों को 'साहित्य की रूपवादी पद्धति' पढ़ाया करते थे, उसमें भी उनका तरीक़ा मूलतः वही था। जॉन क्लोरेंसम हों या टी.एस. एलियट–किसी के भी सन्दर्भ में नामवर जी के कुपढ़ और अधकचरी पक्षधरता को प्रोत्साहित नहीं किया। पहले अच्छी तरह पढ़ो, समझो फिर अपनी राय बनाओ। यह नहीं कि मार्क्सवाद का जनेऊ गले में पड़ गया है तो सब तरफ़ ब्रह्मतेज की चिंगारियाँ ही सदा चिटकाते चलो। कतई ताज्जुब नहीं कि कुल गोत्राभिमानी युवा तेजस्वियों को आलोचक, अध्यापक दोनों ही रूपों में नामवर जी का मार्क्सवाद संदिग्ध लगता रहा है।

नामवर जी केवल पढ़ाते नहीं, सिखाते हैं। ख़ुद के अकादमिक व्यवहार से भी, और छात्रों के अकादमिक व्यवहार में सही-ग़लत पर एकदम ठीक जगह अँगुली रख के भी। इस क्रम में, वे बेधड़क निमर्म तक हो सकते हैं। ऊपर मैंने 'जिज्ञासा' द्वारा आयोजित गोष्ठी का जिक्र किया है। वह गोष्ठी सामग्री की दृष्टि से अत्यन्त सफल रही थी, लेकिन व्यक्तिगत रूप से मेरे लिए वह गोष्ठी सिर्फ़ गोष्ठी न रह कर 'शिक्षा' बन, गयी। 'शिक्षा' मराठी में प्रताड़ना के साथ दी गयी सीख को कहते हैं। इसी अर्थ में 'शिक्षा'। दरअसल कुछ तो जे.एन.यू. के माहौल का असर था, कुछ अपनी समझदारी का कि हम लोग 'जिज्ञासा' की अधिकांश गोष्ठियाँ अंग्रेज़ी में ही संचालित करते थे। उस दिन भी यही हुआ। पीटर तो ख़ैर हिन्दी में बोल ही

नहीं सकते थे, डॉ. हरबंस मुखिया के लिए भी अंग्रेज़ी में बोलना ही सुविधापूर्ण था। अपने राम का मामला यह था कि हिन्दी न जानने वालों की चिन्ता सताये जा रही थी–ख़ासकर विदेशी भाषाएँ पढ़ने वाली छात्राओं की। 'मीडिएवल कल्चर ऑफ़ प्रोटेस्ट' पर अपने बहुमूल्य विचारों से सबसे पहले तो उन्हीं को लाभान्वित करना था, फिर यह भी जताना था कि हिन्दी के सभी छात्र अंग्रेज़ी में ह...ह...हकलाने नहीं लगते, सो अपन अंग्रेज़ी में बोले और जमकर बोले। जब नामवर जी अध्यक्षीय भाषण के लिए उठे तो मुझे विश्वास था कि वे मेरे द्वारा उठाये गये मुद्दों पर टिप्पणी तो करेंगे ही, मेरे भाषण की तारीफ़ भी करेंगे। लेकिन उन्हें तो 'शिक्षा' देनी थी। मुद्दों पर टिप्पणी उन्होंने ज़रूर की, लेकिन बाद में। शुरू हुए कुछ इस तरह, 'विद्वानों की अन्तर्राष्ट्रीय भाषा अंग्रेज़ी में ही गम्भीर चर्चा हो सकती है। वैसे ही जैसे पुराने ज़माने में, तत्त्व विवेचन संस्कृत में ही सम्भव था। फिर भी सन्तों, भक्तों ने अपनी ही बोली-बानी में बात की। बेचारे करते भी क्या? मजबूर थे। ठीक वही स्थिति मेरी है। सन्त लोग संस्कृत नहीं जानते थे, मैं अंग्रेज़ी नहीं जानता। आशा है, आप क्षमा करेंगे, और मुझे अपनी ही भाषा में बोलने देंगे।'

ऐसा नहीं है कि नामवर जी को हर जगह, हर हालत में अंग्रेज़ी के व्यवहार से परहेज है, लेकिन उस दिन उनके कठोर व्यंग्य ने हमारे बौद्धिक जीवन की उस विसंगति को उजागर कर दिया, जिसे 'जिज्ञासा' ग्रुप आभ्यन्तरीकृत करता चला जा रहा था। यह बड़ा अच्छा हुआ। मुझे उस समय तो बहुत खीझ हुई थी, लेकिन बाद में बात समझ में आ गयी कि काबिले ऐतराज़ यह नहीं है कि आप अंग्रेज़ी में बोलें या लिखें; बल्कि यह कि ऐसा आप दिखावे के लिए या फ़ैशन के वशीभूत होकर करें। नामवर जी ने अक्टूबर-दिसम्बर '69 की 'आलोचना' में 'विश्वविद्यालय और साहित्य शिक्षा' पर एक संवाद आयोजित किया था। इस विषय पर लिखते हुए उन्होंने विश्वविद्यालयीन शिक्षा के ढाँचे और उसमें साहित्य के अध्यापन को लेकर कुछ मूलभूत चिन्ताएँ रेखाकित थीं। पूँजीवादी संस्कृति का स्वाभाविक अंग है, अन्ततः अलगाव की ओर ले जाने वाला विशेषीकरण। साहित्य की शिक्षा पर इस अलगाव के प्रभाव को नामवर जी ने इन मार्मिक शब्दों में व्यक्त किया था '... विश्वविद्यालय में आकर साहित्य-साहित्य न रहकर एक विश्वविद्यालयी विषय बन गया और अन्य विद्याओं से अलग होकर एक विभाग भर रह गया। दूसरों से अलगाव की अनिवार्य परिणति है अपने आपसे अलगाव-अपने धर्म से अलगाव। इसलिए शिक्षा की दुनिया में साहित्य का स्वधर्म से अपक्षरण कुछ शिक्षकों की अयोग्यता का परिणाम नहीं, बल्कि विद्यालयीय तन्त्र में पूँजीवाद के प्रवेश की देन

है। पुराणों की भाषा में कहें तो यह ऐसा राक्षसराज है जिसमें आग जलना छोड़ देती है, हवा बहना छोड़ देती है, पानी शीतलता छोड़ देता है अर्थात् प्रत्येक वस्तु अपना धर्म छोड़ देती है।'

अध्यापक के रूप में नामवर जी की गतिविधि का मुख्य लक्ष्य साहित्य के स्वधर्म की पुनः प्रतिष्ठा करना ही रहा है। जवाहरलाल नेहरू विश्वविद्यालय के भारतीय भाषा केन्द्र में तो हिन्दी का पाठ्यक्रम उन्होंने साथी अध्यापकों के सहयोग से बनाया ही, अन्यत्र भी उन्हें जहाँ अवसर मिला, वहाँ उनकी कोशिश रही कि साहित्य कोरा 'विभाग' न बना रह जाये, बल्कि अपनी जीवन्तता पुनः प्राप्त करे। जे.एन.यू. में नामवर जी का आना कई तरह से बड़ा शुभ साबित हुआ। इस विश्वविद्यालय की स्थापना उच्च शिक्षा के क्षेत्र में प्रचलित रूढ़ियों को तोड़कर एक नयी क़िस्म की अकादमिक संस्कृति गढ़ने के घोषित उद्देश्य से हुई थी। इसलिए जे.एन.यू. को बड़ी हद तक स्वायत्तता दी गयी। हर अध्ययन केन्द्र तक को अपना पाठ्यक्रम तथा अध्यापन विधि स्वयं ही निर्धारित करनी थी। ज्ञान के विभिन्न क्षेत्रों के बीच सतत आवाजाही बनी रहे–जनेवि की कल्पना में यह बात भी साफ़ तौर से मौजूद थी। ऐसी स्वतन्त्रता दरअसल एक बड़ी जिम्मेदारी भी होती है और उस आरम्भिक दौर में जे.एन.यू. के प्रोफ़ेसरों ने इस जिम्मेदारी को निभाने का प्रयत्न भी किया। जे.एन.यू. का हिन्दी विभाग '75 से आरम्भ हुआ, पाठ्यक्रम आदि बनाने का काम मुख्यतः नामवर जी ने ही किया। यह बहुत अलग क़िस्म का पाठ्यक्रम था। इसकी विशेषता संक्षेप में यह थी कि इसमें बल 'पाठ (टेक्स्ट) से कहीं ज़्यादा सन्दर्भ (कांटेक्स्ट) पर था। विभिन्न साहित्यिक प्रवृत्तियों का अध्यापन तो ख़ैर उनके समग्र सन्दर्भ को रेखांकित करते हुए किया ही जाता था, हिन्दी भाषी क्षेत्र के सांस्कृतिक इतिहास का एक पाठ्यक्रम अलग से भी था एम.ए. हिन्दी के छात्रों के लिए उर्दू का प्रारम्भिक परिचय प्राप्त करना भी आवश्यक था।

लेकिन पाठ्यक्रम चाहे जैसा हो, असली चीज़ है अध्यापन की गुणवत्ता। नामवर जी और उनके साथी अध्यापकों ने जे.एन.यू. का पाठ्यक्रम नये ढंग का बनाकर ही छुट्टी न पा ली, बल्कि उन्होंने अध्यापन को एक सतत चुनौती की प्रक्रिया के रूप में लिया। पाठालोचन हो या सैद्धान्तिक विवेचन, चाहे सामाजिक सांस्कृतिक सन्दर्भ पर विचार, जे.एन.यू. के भारतीय भाषा केन्द्र के अध्यापक छात्रों तक कुछ बेहतर पहुँचा सकने की कोशिश ज़रूर करते हैं। यह कोशिश उस अकादमिक संस्कृति की ही परिणति है, जो साहित्य के स्वधर्म की पुनःप्रतिष्ठा के उद्देश्य से रची गयी।

साहित्य पढ़ने का उद्देश्य केवल नौकरी पा लेना न होकर अपने समय और अपनी भाषा के प्रति अधिक सजग तथा संवेदनशील दृष्टिकोण अर्जित करना है। यह बात जैसे नामवर जी के अध्यापन की मूल प्रतिज्ञा है। उन्होंने हमारे बैच को सैद्धान्तिक कोर्स ही पढ़ाये थे, कोई टेक्स्ट नहीं, लेकिन सिद्धान्त चर्चा सदा ही साहित्यिक रचनाओं, विभिन्न प्रकार के विवादों के सन्दर्भ से स्पर्शित और इसी कारण जीवन्त रहती थी। उदाहरण तो इतने सटीक होते थे कि अमूर्त स्थापनाएँ एकदम साफ़ तौर से ग्राह्य हो जाती थीं। साहित्य का रूपवादी-सिद्धान्त पढ़ाते हुए उन्होंने एक बार बताया कि रचनाकार के मन में घुमड़ती भावनाओं का स्वरूप शब्दाकार तक पहुँचते-पहुँचते कुछ-का-कुछ हो जाता है। इस बात को पुष्ट करने के लिए उन्होंने आलोचकों के उद्धरण नहीं दिये, बल्कि रचनाकार का यह साक्ष्य दिया–

दिल से तो हर मुआमला करके चले थे साफ़ हम
कहने में उनके सामने बात बदल-बदल गयी।

स्वाभाविक है कि ऐसे अध्यापक के छात्र साहित्य के प्रति केवल नौकरीवादी रवैया न रख पायें, भाषा के प्रति संवेदनशीलता उनके संस्कार का हिस्सा बन जाये। यह भी स्वाभाविक है कि ऐसा अध्यापक यदि महसूस करे कि उसके छात्रों का आस्वाद धरातल बहुत गहरा नहीं है, तो वह खीझे। एक बार नामवर जी क्लास में बता रहे थे कि ज़रूरी नहीं कि हर श्रेष्ठ काव्य पंक्ति बिम्ब या प्रतीक ही हो। उदाहरण के लिए उन्होंने ग़ालिब का शेर पढ़ा–

कोई दिन गर जिन्दगानी और है
अपने जो में हमने ठानी और है

शेर पढ़ने के बाद उन्होंने हम लोगों से इसकी व्याख्या करने को कहा। बल्कि 'और' के दोनों अर्थ स्पष्ट करने को कहा। अब कोई बड़ा जटिल तूमार हो तो उसकी व्याख्या भी की जाये, हम सभी चकरा गये कि वास्तव में इस सीधे से शेर में नामवर जी हमसे क्या सुनना चाह रहे हैं। किसी ने जवाब न दिया। नामवर जी को ऐसे हताश 'मूड' में लोगों ने कम ही देखा होगा। बहुत दुखी होकर बोले 'क्या फ़ायदा है, पढ़ने-पढ़ाने का? सिद्धान्त ढेर बघारते हैं आप लोग। लेकिन आस्वाद के मामले में...! जाइये, बेकार है सब।' हम सब-के-सब सन्न। किसी तरह हिम्मत जुटाकर रवि श्रीबाला ने कहा, 'पहले और का मतलब है, बाकी; दूसरे का कुछ अलग तरह का।' लेकिन नामवर जी का 'मूड' उस दिन तो फिर नहीं ही जमा।

अपनी ओर से छात्रों के विवेक को उद्‌बुध करने का पूरा प्रयास कर रहे अध्यापक की ऐसी हताशा परम स्वाभाविक ही तो है। विश्वविद्यालय अन्ततः सामाजिक सत्ता का ही एक अंग है। उस सामाजिक सत्ता का, जिसे विश्वविद्यालय स्वयं नहीं तोड़ सकता। हमारे शासक वर्ग को वैसे भी विशेषज्ञों की ज़रूरत है, इसीलिए विश्वविद्यालयीन शिक्षा प्राथमिक शिक्षा पर तरजीह पाती रही है। शासक वर्ग की विडम्बना यह है कि बढ़िया विशेषज्ञ का दिमाग़ भी एक तरह के खुलेपन का वातावरण दिये बिना पनप नहीं सकता, इसलिए विश्वविद्यालयों को स्वायत्ता देना उसकी मजबूरी है। सवाल यह है कि इस स्वायत्तता का प्रयोग विद्वज्जन किस तरह, किस दिशा में करते हैं। एक तरीक़ा यह है कि विश्वविद्यालयों के पाठ्यक्रमों व पद्धतियों में बल इस पर रहे कि छात्र सामाजिक सत्ता के निगूढ़ पहलुओं को पहचान सकें, कम-से-कम संस्कृतिबोध के स्तर पर ज़िम्मेदार तथा प्रगतिशील नज़रिया अपना सकें। दूसरी तरीक़ा यह है कि विश्वविद्यालय हर साल दर्जनों पीएचडियाँ उगलने वाले, संवेदनहीन कसाईबाड़े बन जायें। इन दोनों में से कौन सा विकल्प कहाँ सम्भव होता है–इसमें अध्यापक की निश्चित भूमिका है, इससे इनकार नहीं किया जा सकता। अध्यापक अपने लिए कैसी भूमिका चुनता है, इसी से वस्तुतः तय होता है कि वह कैसा अध्यापक है। आख़िरकार अध्यापन का अर्थ केवल सूचना या कोरा विश्लेषण दे देना नहीं है। अध्यापन का अर्थ है, मनुष्य की मूलभूत जिज्ञासा वृत्ति को ठोस समस्याओं के सन्दर्भ में उद्‌बुध करना, उसके विवेक को तीक्ष्णतर तथा अधिक मूल्यपरक बनाना। यह काम बेशक क्लास रूम तक सीमित नहीं रहता, लेकिन अध्यापक के लिए इसकी शुरुआत वहीं से होती है।

नामवर जी की चेष्टा छात्रों में विवेचनात्मक चेतना विकसित करने की रहती है। इस बात को उनके सभी छात्र ठीक इस रूप में महसूस करें, यह ज़रूरी नहीं, लेकिन उनके छात्रों की ख़ुशक़िस्मती दरअसल इसी बात में निहित है। लगता है, स्वयं वे अपना मूल्यांकन भी इसी प्रतिमान पर करते हैं कि छात्र का साहित्य विवेक कितना समुन्नत हुआ। इसीलिए वे हम लोगों से उस दिन दुखी हुए थे। इसीलिए उन्होंने 'सारंगास्वर' के लिए रवीन्द्र त्रिपाठी को दिए इंटरव्यू में बतौर अध्यापक के अपनी उपलब्धियों से बहुत सन्तुष्टि ज़ाहिर नहीं की। वे मानते हैं कि श्रेष्ठ आलोचनाकर्म विश्वविद्यालय या साहित्यिक पत्रिका जैसे सांस्थानिक सहारे के बिना नहीं होता। और इस क्रम में जनेवि के प्रोफ़ेसर और 'आलोचना' के सम्पादक नामवर सिंह अपने किये से बिलकुल सन्तुष्ट नहीं हैं। उन्हें लगता है कि कोशिश के बावजूद 'बार-बार हार-हार मैं गया।'

यह एक अत्युक्ति ही है–दपर्युक्त नहीं, उदात्त भाव से परिपूर्ण अत्युक्ति। उन्होंने अपने लिए लक्ष्य बहुत ऊँचे बनाये हैं, प्रतिमान बहुत कड़े निर्धारित किये हैं। अपनी विनोदवृत्ति और वाग्मिता के लिए विख्यात प्रो. नामवर सिंह कहीं अन्दर बहुत उदास हैं, क्योंकि ज़माने की निगाहों में अत्यन्त सफल होने के बावजूद स्वयं अपने लक्ष्यों तक न पहुँच पाने की व्यथा उन्हें सालती ही रहती है। उन लक्ष्यों की ऊँचाई का कुछ अनुमान उनके छात्रों को होता है, कभी-कभी एक तरह की चुनौती भी मिलती है। एक बार वे क्लास में विलियम ऐम्पसन का अनेकार्थकता सिद्धान्त पढ़ा रहे थे। पढ़ाते-पढ़ाते बोले, "ऐम्पसन आई. ए. रिचड्र्स के विद्यार्थी थे। इतने मेधावी और अध्ययनशील कि रिचड्र्स बेझिझक उन्हें स्वयं से अधिक सक्षम मानते थे। किसी अध्यापक की इससे बड़ी क्या महत्त्वाकांक्षा हो सकती है कि उसका छात्र उससे भी आगे निकले। शायद हमें भी कभी ऐसा कोई छात्र मिले...हाँ, शायद ऐसा हो।"

नामवर जी के सन्दर्भ में यह सचमुच होता है कि छात्र आदर करता है, लेकिन असहमत होने का साहस खोये बग़ैर। उस संवाद में (जिसका उल्लेख मैंने ऊपर किया है) नामवर जी ने लिखा था, "गुरु की चिन्तन परम्परा का विकास उत्तरदायित्वपूर्ण असहमति का साहसी शिष्य ही कर सकता है, सतत सहमति का भीरु सेवक नहीं और स्थिति यह है कि अब के आचार्य सेवक चाहते हैं, शिष्य नहीं। इस वातावरण में जहाँ कोई कुमारिल ही नहीं वहाँ कोई प्रभाकर क्या होगा?" ऐसा नहीं है कि नामवर जी को भीरु सेवक नहीं मिले है। ख़ूब मिले हैं और नामवर जी ने उन्हें सेवा का अवसर भी दिया है। लेकिन महत्त्वपूर्ण बात यह है कि नामवर जी ने अपनी ओर से किसी छात्र को भीरु सेवकाई के लिए प्रोत्साहित नहीं किया है। फिर क्या वजह है कि कुछ के बीच उनकी छवि असहमति की अनुमति न देने वाले आचार्य की है तो कुछ को लगता है कि नामवर जी मौलिकता को बढ़ावा देने के चक्कर में अराजकता को प्रोत्साहित करने लगते हैं?

मैंने नामवर जी के निर्देशन में 'कबीर की भक्ति का सामाजिक अर्थ' पर शोध कार्य किया है। यह शोध कार्य भी विचित्र स्थि।तेयों में सम्पन्न हुआ। नामवर जी स्वभाव से अकादमिक अनुशासन पसन्द करते हैं, यहाँ अपना ज़्यादातर पढ़ना-लिखना कम-से-कम कुछ महीने पहले तक 'मूड' पर ही निर्भर करता था। दूसरी दिक़्क़त यह हुई कि मैं जब भी कुछ काम करके ले जाऊँ, नामवर जी उससे सन्तुष्ट ही न हों। बात यह थी कि मुझ पर विद्वानों का रौब छाया हुआ था। उनके प्रस्थान बिन्दुओं की परख करने का तो साहस होता नहीं था, बस यहाँ-वहाँ की महीन कताई करने के चक्कर में पड़ा रहता था। नामवर जी ने ताबड़तोड़ तीन-चार वार मेरे लिखे

अध्याय रद्द कर दिये। एक दिन तो गजब ही हो गया। मैंने बड़ी विद्वता प्रदर्शित करते हुए पचास पृष्ठ लिखे थे–फायर बाख से लेकर जान प्लाट तक, भण्डारकर से लेकर दामोदरन तक उन पचास पृष्ठों में मौजूद थे। अपन मगन थे। अब तो चैप्टर मंजूर हो ही गया समझो। पुलकित मन से जब चैप्टर लेने गया तो नामवर जी हाथ में चैप्टर लिये गम्भीर चेहरा बनाये अपनी स्टडी रूम से निकले। ड्राइंगरूम में आये, चैप्टर ऐसी वितृष्णा से मेज पर उछाला कि बेचारा फिसल कर नीचे जा गिरा। बोले, "लगता है, रिसर्च करना आपके बूते का नहीं। छोड़िए कबीर को, नेतागीरी कीजिए। क्रान्ति कीजिए। नया कुछ आपको सूझता नहीं। आपके लेखे सब कुछ तो द्विवेदी जी कह ही गये हैं। फिर आपकी रिसर्च की क्या ज़रूरत? आप यदि द्विवेदी जी की स्थापनाओं का खण्डन नहीं कर सकते या उनमें कुछ नया नहीं जोड़ सकते तो रिसर्च का वहम पालने की ज़रूरत ही क्या है?"

मैं बुरी तरह तिलमिला गया। आकर मित्रों के बीच भड़ास निकाली, 'दूसरों के चैप्टर दनादन मंजूर किये चले जाते हैं और मेरा चैप्टर फेंक ही दिया। न जाने क्या चाहते हैं। कुछ बतायें तो। उसके लिए भी समय कहाँ है, हमारे सुपरवाइजर साहब को।" लेकिन यह भड़ास ही थी, ऊपरी सतह पर। अन्दर-अन्दर मुझे लगता था कि शायद मुझसे कुछ ख़ास अपेक्षा करते हैं गुरुदेव। स्वयं ही तो तय किया था कि कबीर पर रिसर्च करूँगा और नामवर जी के साथ ही करूँगा। ओखली में सर देने के बाद मूसलों से कब तक बचोगे, भई? लो हिम्मत जुटाई, फिर से पहुँचा। आठ-दस-दिन का अन्तर देकर। इस वक़्त तक नामवर जी का ग़ुस्सा भी उतर चुका था। उन्होंने लगभग दो घण्टे तक मुझसे बातचीत की। कबीर के अब तक किये गये अध्ययनों में अन्तर्निहित पूर्वग्रहों की ओर संकेत किया, आ. द्विवेदी द्वारा गढ़ी गयी कबीर प्रतिमा की समयबद्धता रेखांकित की, अन्य समस्याएँ उठायीं। यह बातचीत अविस्मरणीय थी। आ. द्विवेदी का अमर वाक्य जैसे इस बातचीत में मूर्त हो गया, 'सत्य के लिए किसी से न डरना। गुरु से भी नहीं, वेद से भी नहीं...' मैंने महसूस किया कि सचमुच ज्ञान के क्षेत्र में मूर्तिपूजक श्रद्धा से उत्तरदायित्वपूर्ण असहमति ही अधिक मूल्यवान है। वह आतंक एक झटके में तिरोहित हो गया जिसके चलते मुझे आ. शुक्ल, आ. सेन, आ. द्विवेदी जैसे विद्वानों के दृष्टिकोण की सीमाएँ दिखती ही न थीं। यह दृष्टि के उन्मेष का अनुभव था, बौद्धिक आतंक से मुक्ति का अनुभव और गुरु के प्रति अनन्त कृतज्ञता का अनुभव।

यह घटना भी '82 की ही है। मैंने जुलाई के महीने में अपना पहला अध्याय नामवर जी को दिया–'कबीर के अध्ययन की समस्याएँ।' इसमें कबीर के बारे में

विभिन्न विद्वानों के 'मामलों' की बेधड़क समीक्षा की गयी थी। आ. द्विवेदी द्वारा प्राप्त निष्कर्षों में से कई एक को प्रमाणों और तर्क के आधार पर अमान्य ठहराया गया था, कबीर की व्याख्या का नया ढाँचा गढ़ने की दिशा में हाथ-पाँव मारे गये थे। नामवर जी बहुत प्रसन्न थे। उन्होंने चैप्टर के अन्त में पेंसिल से लिखा था, 'सीन ऐंड एप्रूव्ड। वेरी गुड।' मुझसे कहा, 'अब आपने रिसर्च की है। बहुत बढ़िया। अब झटपट काम पूरा कर डालिए।' यह अलग बात है कि '82 में लिखे गये इस पहले अध्याय के बाद के अध्याय मैंने '85 में ही लिखे। ख़ैर! बात भीरु सेवकाई और साहसपूर्ण असहमति की चल रही थी। मेरा अपना अनुभव तो यही है कि नामवर जी छात्रों में उत्तरदायित्वपूर्ण असहमति का संस्कार उपजाने की कोशिश करते हैं। इसीलिए मैं समझ नहीं पाता कि कुछ लोगों को वे सदा सहमति पसन्द करने वाले आचार्य तो कुछ को अराजकता प्रोत्साहित करने वाले अध्यापक क्यों लगते हैं!

यह इसलिए कह रहा हूँ—क्योंकि मैं जानता हूँ कि कबीर के बारे में मेरे कई निष्कर्षों से नामवर जी सहमत नहीं हैं। उन्होंने मेरे ऊपर अपने आग्रह नहीं थोपे हैं, बल्कि मेरी ही जिज्ञासाओं को व्यवस्थित करने में सहायता की है। अनुसन्धान का मार्ग दिखाया है। मुझे उस दिन सचमुच अचरज हुआ जब मैंने श्री विष्णुचन्द्र शर्मा को कबीर विषयक अपने कुछ निष्कर्ष बताये। सुनकर ताज्जुब हुआ उन्हें। पूछने लगे कि 'तुम्हारे सुपरवाइजर कौन हैं?' मैंने बताया तो एकदम चिन्तित हो गये। कहने लगे, "फिर तुम्हारी थीसिस नहीं पास होने की। नामवर जी सुपरवाइजर हैं और तुम उनके गुरुदेव की मान्यताओं का खण्डन कर उन्हीं से थीसिस पास करा लेने का सपना देख रहे हो!" मैंने बताया कि थीसिस पास न होने का ख़तरा तो तब था जब मैं पिष्टपेषण किये चला जा रहा था। बड़े-से-बड़े आचार्य का खौफ़ खाये बिना अनुसन्धान करने की नैतिकता ही तो उस आचार्य परम्परा और शिक्षण पद्धति का सारतत्व है जिसके प्रतिनिधि मेरे सुपरवाइजर डॉ. नामवर सिंह है।

कभी-कभी मन में सवाल उठता है कि नामवर जी के मन में उनकी अपनी जो छवि है, उसका मूलभाव क्या है? मुझे लगता है कि उनकी आत्म छवि में सबसे केन्द्रीय तत्त्व है—सतत जिज्ञासा और सक्रियता। गुत्थी यदि सुलझ जाये तो उसे फिर से उलझाने की हिम्मत, किनारे बैठकर लहरें गिनने के बजाय भँवर में फँसने का हौसला। इस अर्थ में, वे स्वयं को कभी बूढ़ा महसूस नहीं कर सकते। शायद यही

कारण है कि बतौर आलोचक के उनकी आत्मीयता युवा रचनाकारों से सम्भव होती है और बतौर अध्यापक के वे अपनी गरिमापूर्ण दूरी के साथ छात्रों के सतत प्रिय अध्यापक बने रहते हैं। उन्हें क्रोध में देखने का अवसर यदाकदा मिला है, सामान्यतया तो उनकी गम्भीरता बहुत कुछ ढके रहती है; लेकिन उदासी की छाया मैंने उनके चेहरे पर दो ही बार देखी है। एक बार तो तब जब आ. द्विवेदी दिल्ली के आल इंडिया इंस्टीट्यूट आफ़ मेडिकल साइंसेज में उपचार के लिए लाये गये थे। और दूसरी बार तब जब कि भारतीय भाषा केन्द्र (जे.एन.यू.) के ईद मिलन कार्यक्रम में डॉ. असलम परवेज ने कहा, "नामवर जी हम सबके बुजुर्ग हैं।" यह वाक्य सुनते ही नामवर जी के चेहरे पर जो थकान भरी उदासी तिर गयी, उसे देखने का अवसाद हम लोगों को आज तक सालता है। सचमुच, नामवर जी स्वयं को इतनी आसानी से बूढ़ा नहीं होने देंगे।

मैं सन् '77 में ग्वालियर से जे.एन.यू. आया था। इरादा तो राजनीति विज्ञान में पीएच.डी. करने का था, दाख़िला हो भी गया था, लेकिन फैलोशिप मिलनी मुश्किल थी और बिना किसी आर्थिक आधार के मेरा जे.एन.यू. में रहना मुश्किल था। एम.ए. में सवा सौ रुपये वज़ीफा लगभग सभी छात्रों को मिलता था, सो एम.ए. हिन्दी में भी एडमीशन टेस्ट दे दिया। दाख़िला हो गया। ग्वालियर लौटकर मित्रों को बताया। ख़ासकर पण्डित प्रकाशनारायण दीक्षित को। प्रकाश जी ने मेरे साहित्यिक सांस्कृतिक संस्कार बनाये हैं। सुनकर बोले, "ख़ैर! एम.ए. तो कहीं से भी हो जाता, लेकिन जे.एन.यू. में तुम्हें नामवर सिंह से पढ़ने का अवसर मिलेगा–यह बड़ी बात है।" सचमुच, यह बड़ी बात है।

हाँ, पीटर तुमने ठीक कहा था नामवर जी जैसा अध्यापक पाना ख़ुशक़िस्मती ही है। पढ़ाते तो सभी हैं, सिखाने वाले विरले होते हैं। नामवर जी सिर्फ़ पढ़ाते नहीं, सिखाते हैं। यही तो ख़ुशक़िस्मती की असली वजह है। अपने आपको उनके योग्य सिद्ध कर पाना और भी बड़ी ख़ुशक़िस्मती होगी। इंशा अल्लाह...।

नामवर सिंह के पत्र प्रियजनों के नाम

यहाँ नामवर सिंह के कुल अठारह पत्र प्रकाशित किये जा रहे हैं। ये पत्र 1954 और 1984 के मध्य लिखे गये हैं। यह एक लम्बा समय है। ये पत्र श्री केदारनाथ अग्रवाल, डॉ. विष्णुकान्त शास्त्री, श्री श्रीनारायण, श्री मुद्राराक्षस, बाबू रामजी सिंह और डॉ. काशीनाथ सिंह को लिखे गये हैं। इन पत्तों से नामवरजी की वैचारिक दृढ़ता और उनके संवेदनशील मन का पता चलता है। ये पत्र उनके व्यक्तित्व को प्रकाशित करते हैं। इनमें जीवन के सभी पक्ष आ गये हैं।

लोलार्क कुण्ड, भदैनी
बनारस
17-11-54

प्रिय भाई श्रीनारायण जी,

चिट्ठी आज मिली और किताब सम्भव है, कुल मिलेगी। सोचता हूँ कि किताब का इन्तज़ार होता रहेगा, आपको धन्यवाद देने के एवज में चिट्ठी ही लिख डाली जाय। दो दिन से जुकाम जकड़े हुए है और पड़ा-पड़ा पुरानी चिट्ठियों का जवाब दे रहा हूँ। लीजिए, इस रौ में अपना भी उत्तर।

'हिन्दी जाति' शब्द का प्रयोग में 'हिन्दी नेशन' अथवा हिन्दी 'नेशनलिटी' के अर्थ में करता हूँ। इस अर्थ में जाति शब्द का प्रयोग द्विवेदी युग में बहुत हुआ है। प्रसाद ने भी राष्ट्र की जगह 'जाति' और 'राष्ट्रीयता' की जगह 'जातीयता' शब्द का प्रयोग किया है। 'स्कन्दगुप्त' के 'हिमालय के आँगन में उसे प्रथम किरणों का दे उपहार' वाले गीत में 'हमारी जातीयता विकास' प्रयोग आता है। द्विवेदी युग के वे शब्द बँगला-मराठी आदि के मेल में हैं। इसीलिए मैं इस शब्द का प्रयोग उचित समझता हूँ। सम्भवतः डॉ. रामविलास भी इसका प्रयोग करते हैं। 'स्वाधीनता' भी

एक ऐसा ही शब्द है जो द्विवेदी युग में ख़ूब प्रचलित था तथा बँगला में अब भी चलता है। परन्तु अब हिन्दी वाले 'स्वतन्त्रता' जैसे दुरुचार्य शब्द के तन्त्र में बँध गयें हैं।

चौहान के मन में 'हिन्दी जाति' की स्पष्ट धारणा ही नहीं है। इसीलिए मौलाना आज़ाद की तरह वे भी हिन्दी साहित्य का आरम्भ आधुनिक युग से ही मानते हैं। इधर उन्होंने 'हिन्दी साहित्य के 80 वर्ष' नाम की एक पुस्तक लिखी है जिसमें स्थापित किया है कि राजस्थानी, मैथिली, अवधी और ब्रज का पुराना साहित्य हिन्दी है। इस तरह की बात वही लोग करते हैं जो अपनी 'जातीय परम्परा' को ठीक से नहीं जानते। जिस तरह बँगला, मराठी, गुज़राती आदि एक-एक 'जाति' हैं, उसी तरह हिन्दी भी एक 'जाति' की भाषा का साहित्य है। चूँकि यह भू-भाग बँगला, मराठी आदि से बहुत बड़ा है इसलिए इसमें जातीय संगठन का कार्य अभी उन जातियों की तरह पूर्ण नहीं हो सका है। फिर भी आरम्भ से ही इस क्षेत्र की भाषा, साहित्य तथा अन्य सांस्कृतिक कार्यों का विकास एक जाति के रूप में हो रहा है। इतिहास इसका प्रमाण है। हमें इस पर ज़ोर देना चाहिए इसीलिए मैं अपने इतिहास में इस तथ्य पर ज़ोर देना चाहता हूँ।

चौहान का वीरगाथा काल वाला लेख मैंने अभी तक नहीं देखा है। उसमें उन्होंने क्या लिखा होगा–इसका अनुमान बहुत कुछ तो लगा ही सकता हूँ। जिसने 'वीरगाथा काल' नाम स्वीकार किया–वह इधर-उधर थोड़ा-सा...करने के बाद मूलतः शुक्ल जी के ही ढाँचे में ढलता है।

वस्तुतः हिन्दी साहित्य का अभ्युदय विभिन्न बोलियों के रूप में हुआ, क्योंकि वह जिस लोक जागरण का परिणाम है, उसकी प्रकृति जनपदीय थी। आदिकालीन विभिन्न प्रवृत्तियों को एक सामान्य शीर्षक के अन्तर्गत रखने में इसीलिए कठिनाई होती है। जो उस लोक-जागरण की प्रकृति को ठीक-ठीक नहीं समझ पाता और केवल इस्लाम के आक्रमण तथा राजस्थान के राजाओं की ओर देखता है, वह इसी तरह की ऊल-जलूल बातें करेगा।

अपने उस निबन्ध के बारे में अभी मैं कुछ नहीं लिख सकता। संक्षेप करना कठिन है। अब किताब ही में उसे देखियेगा।

आशा है, प्रसन्न होंगे। मित्रों को मेरा प्रणाम कहें। विशेषतः विष्णुकान्त जी और डॉक्टर दादा को।

सस्नेह

नामवर

पुनश्च :

डॉ. सुकुमार सेन ने मिडल इंडो-आर्यन सायनटेक्स पर इधर कोई किताब लिखी है। डॉक्टर दादा के साथ उस पर यथोचित कमीशन लेकर वी.पी. कर दीजिए।

1-12

प्रिय भाई श्रीनारायण जी,

किताब मिल गयी। समझा था कि वी.पी. से आयेगी, लेकिन आपने यह क्या कर दिया? ख़ैर, सभी रुपये यथाशीघ्र मनीआर्डर कर दिये जायेंगे। सोचा था कि मनीआर्डर करते समय ही धन्यवाद और प्राप्ति की सूचना दूँगा। लेकिन एक तो इधर तबीयत कुछ ख़राब रही, दूसरे लिखने का काम भी धुआँधार चलता रहा। चिट्ठी -पत्री का काम बन्द सा ही रहा। डॉ. सुकुमार सेन की 'सायनटेक्स ऑफ़ द मिडिल इंडो-आर्यन' जब भी भेजें इस तरह न भेजें। मैं तो आपके भार से दब जाता ही हूँ, आपको भी अतिरिक्त व्यय के भार से दबा देता हूँ।

डॉक्टर दादा के साथ आप जिस अहैतुक भाव से कार्य कर रहे हैं, वह एकदम ठीक है। ज़िन्दगी में पैसे से भी बड़ी चीज़ें हैं। ध्यान यह रहे कि मन में इस त्याग का गर्व कभी न आये। यही बुरा है। पीछे मोह-भंग होने पर मन में विचित-सी कटुता उत्पन्न होती है।

'जायसी के प्रेम और रहस्यवाद' के लिए सामग्री तो शुक्ल जी की भूमिका से ही लीजिए : लेकिन व्याख्या के लिए थोड़ी अपनी बुद्धि लगाइए। शुक्ल जी ने 159 पृ. पर जो डाउडेन का उद्धरण दिया है, वह बड़े काम का है। उससे स्पष्ट है कि जायसी के 'सर्ववाद' का सम्बन्ध किसी पारलौकिक सत्ता से नहीं, बल्कि इसी लोक से था और उनका प्रेम वस्तुतः 'लोकसत्तात्मक भावों' का द्योतक था।

जायसी ने प्रेम को, जो इतनी प्रधानता दी, उसका बहुत बड़ा सामाजिक महत्त्व है। उस समय जब कि इस्लाम में वास्तविक बन्धुत्व और पारस्परिक प्रेम का भाव लुप्त हो गया था तथा काबा, मस्जिद, शेख़, मुल्ला वग़ैरह का ज़ोर बढ़ गया था, सूफ़ी सन्तों ने प्रेम की धारा बहाकर समाज को बाह्याडम्बरों से उबार लिया। इससे जीवन में रस का संचार हुआ। यही उनके प्रेम का लोकसत्तात्मक (डेमोक्रेटिक) रूप है।

लेकिन यह लोक सत्तात्मक प्रेम जायसी के यहाँ इनवर्टेड रूप में–आध्यात्मिक रूप में–व्यक्त हुआ। इसीलिए वह रहस्यवादी हो गया। जायसी पद्मावती का रूप वर्णन करते समय अथवा रतनसेन के प्रयत्नों का विवरण देते समय प्रायः लौकिक घटनाओं में अलौकिक संकेत भर देते हैं। लौकिक वस्तुएँ वहाँ प्रतीक हो जाती हैं;

वे अपने आप में सार्थक नहीं रह जातीं; उनकी सार्थकता उस अलोकिक संकेत में ही रहती है। यह सांकेतिकता, व्यंग्यात्मकता, ध्वन्यात्मकता अथवा प्रतीकात्मकता ही रहस्यवाद है। जहाँ प्रतीकवाद होगा, वहाँ अनिवार्यतः रहस्यवाद होगा। अपनी अपभ्रंश वाली पुस्तक के नये संस्करण (पृ. 294) में मैंने पद्मावती में प्रेम की लौकिकता तथा सौन्दर्य की अलौकिकता पर संक्षेप में कुछ कहा है। आप चाहें तो उसे देख सकते हैं।

यदि आप इसे डायलेक्टिक्स के ही रूप में समझने का आग्रह करेंगे तो मैं यही कहूँगा कि यह लौकिकता और अलौकिकता का द्वन्द्व वस्तुतः यथार्थ और आदर्श का द्वन्द्व है। जायसी के रहस्यवाद में यथार्थ के भीतर से आदर्श की व्यंजना की गयी है। सारी कथा लौकिक है, उसमें मानवीय सम्बन्धों की ही अभिव्यक्ति है, परन्तु कवि ने उसको नितान्त साँसारिकता के ओछे रूप से बचाने के लिए आदर्श के अलौकिक रंग-में-रंग दिया है।

यह कार्य उस समय के सभी सन्त और भक्त कवियों ने किया है–कबीर, सूर, तुलसी आदि सभी ने।

आधुनिक कवियों के लिए जो 'क्षितिज के पार' अथवा 'उस पार' या 'अज्ञात की लालसा' है, वही मध्ययुग के कवियों के लिए धार्मिक पदावली में भगवान की कल्पना थी।

आशा है, इससे आपको सोचने के लिए कुछ मसाला मिल जायेगा।

आशा है, प्रसन्न होंगे।

सस्नेह

नामवर

लोलार्क कुण्ड

वाराणसी

18-3-69

प्रिय भाई श्रीनारायण जी,

होली की मंगल कामनाएँ।

आपका पत्र सामने है। पत्र क्या है कि चुनौती। देख रहा हूँ कि आप बहस के लिए तैयार बैठे हैं– बेशक मुस्कराते हुए, आलोचना सबकी करते हुए लेकिन स्वयं निर्बन्ध! इधर 'मैं भी मुँह में जुबान रखता हूँ' लेकिन छोड़िए 'राजनीति' की बातें;

कभी मिलेंगे तो निबट लेंगे। अपनी ओर से फिलहाल इतना ही कि अपनों की तरह न तो मैं केरल-असफलता पर पस्त हूँ और न 'उनकी' तरह केरल-सफलता पर मदमस्त। ईश्वर न करे कि कांग्रेस कभी सारे भारत को केरल बना दे! उस समय राष्ट्रपति शासन की जगह फासिस्ट तानाशाही होगी और चुनाव में जीतने के बावजूद सारे कम्युनिस्ट जेल में होंगे; तब नम्बूदरीपाद वक़्तव्य देने के लिए और दिल्ली तक दौड़ लगाने के लिए स्वतन्त्र न होंगे! कहाँ हैं आप?

रहा भाषा का सवाल, सो उस समय मैं साक्षात् राजधानी में ही मौजूद था। दक्षिण के दंगों की भी ख़बर सुनी और राजनीतिज्ञों के दाँवपेच की भी सूचनाएँ मिलीं। ज़्यादा नहीं, सिर्फ़ इतना ही कह सकता हूँ कि कम्युनिस्टों को–चाहे वे दायें के हों या बायें के इस विषय पर किसी को दोष देने का हक़ नहीं है। मेरे सामने तो कम्युनिस्ट पार्टी के भाषा सम्बन्धी तमाम दस्तावेज़ों का पूरा इतिहास है! आज भी इस पार्टी के लीडर केन्द्रीय भाषा के रूप में हिन्दी को लाने के लिए हिचकते दिखाई पड़ रहे हैं। नतीजा सामने है–पहल करने का अवसर इस पार्टी ने खो दिया है और जनसंघी तथा कांग्रेसी आगे बढ़कर इस स्थिति से फ़ायदा उठा रहे हैं।

मैंने इस विषय पर आज तक कुछ नहीं लिखा। लेकिन लगता है कि लिखना ही पड़ेगा। इस बीच मैंने इस विषय पर काफ़ी सामग्री एकत्र कर ली है। पटना की 'जनशक्ति' अप्रैल के प्रथम सप्ताह में राहुल-विशेषांक निकालने जा रही है और सोचता हूँ कि राहुल जी के बहाने भाषा के सवाल पर कम्युनिस्ट पार्टी की नीति की एक आलोचना पेश की जाये। अभी तक मैं इसलिए निश्चिन्त था कि डॉ. रामविलास शर्मा इस दिशा में हम सभी लोगों की ओर से अनवरत संघर्ष कर रहे हैं; किन्तु लगता है कि स्वयं भी कुछ करना ज़रूरी हैं। भाषा का सवाल केवल 'भाषा' का सवाल नहीं रह गया है–इसके माध्यम से आज भारत में वर्ग-संघर्ष और जन-संघर्ष हो रहा है। क्या आप भी इस विषय पर कुछ लिख रहे हैं? बँगला में इस बीच यदि इस पर कुछ महत्त्वपूर्ण लिखा गया हो तो उसको ध्यान में रखते हुए आप कुछ-न-कुछ अवश्य लिखें।

छपरा में 9-10-11 अप्रैल को राहुल-संस्थान की ओर से राहुल जयन्ती का आयोजन हो रहा है। यदि आप उस अवसर पर आ सकने की स्थिति में हों तो मुझे एक कार्ड डाल दीजिए, निमन्त्रण आपके पास पहुँच जायेगा। मुझे भी उसमें सम्मिलित होना है। इसी बहाने आपसे भेंट हो जायेगी।

कृपया लिखिए कि मई-जून में आपका क्या कार्यक्रम है? मैं उधर आने की सोच रहा था। यदि आप रानीगंज ही रहें तो तीन-चार सप्ताह आपके यहाँ रहकर शान्तिपूर्वक लिखने का कार्य कर डालूँ।

'मार्क्सिज़्म टुडे' आप लेते हैं न? जनवरी का अंक अच्छा निकला है। उसमें 'मार्क्सिज़्म एंड मोरैलिटी' पर एक महत्त्वपूर्ण लेख है। कृपया मेरे लिए उसकी एक कॉपी ले लीजिएगा। यों, लेख मैंने यहाँ एक लाइब्रेरी में पढ़ लिया है।

दूसरी सूचना यह है कि ग्राम्शी वाली पुस्तक 'मॉडर्न प्रिंस एंड अदर रायटिंग' का पेपरबैंक संस्करण 7 शिलिंग 6 पेंस में लारेंस एंड विशार्ट ने प्रकाशित कर दिया है। यदि आप कलकत्ता जायें तो NBA या मानसी में दरयाफ़्त कर लें। मिले तो एक कॉपी ले लें।

देवड़ा की पत्रिका 'अणिमा' आपने देखी? उसमें सकलदीप सिंह ने खुलकर तथा विमल वर्मा ने पोशीदा ढंग से मेरा विरोध किया है। विरोध बुरा नहीं, लेकिन उसका कारण बेहद घटिया है। इस बीच यादव ने रामअवध की एक कहानी 'नयी कहानियाँ' में छपवा दी है, जब कि आज तक मैंने अपने किसी लेख में उन्हें उल्लेख योग्य नहीं समझा। बस मोर्चा तैयार। चूँकि मैंने यादव, कमलेश्वर, राकेश आदि की आलोचना की है, इसलिए नमक हलाली के लिए मेरा विरोध करना उनके लिए आवश्यक हो गया। और आप यह जानकर चौंक उठेंगे कि इस अवसरवाद का सैद्धान्तिक कवच है Left Com. ये हैं आपके कलकतिया क्रान्तिकारी लेखक! और सुनिएगा?

छोड़िए। दोस्तों को मेरा सलाम कहें और ख़ुश रहें। सस्नेह

नामवर

राजकमल प्रकाशन
8, फैज़ बाज़ार
दिल्ली–6
1-6-66

शास्त्री भगवान,

सबसे पहले तो 'अणिमा' वाली रिपोर्ट के लिए हृदय से कृतज्ञता। आपकी ग्राहिणी शक्ति का लोहा मान गया। शास्त्रों में इसे किस प्रकार की प्रतिभा कहा गया है?

मुझे यह जानकर प्रसन्नता हुई कि आपने मार्क्स एंगेल्स की 'धर्म' सम्बन्धी पुस्तक पढ़ी। निष्कर्ष निकालने के लिए हर किसी की तरह आप भी स्वतन्त्र हैं

किन्तु मुझे पूरा विश्वास है कि आपको मार्क्स-एंगेल्स द्वारा प्रस्तुत धर्म के सामाजिक आधार की व्याख्या विचारणीय प्रतीत हुई होगी। भारत में प्रचलित धर्मों के बारे में वह किस हद तक लागू होती है–यह पता लगाना हमारा आपका काम है। इस विषय पर, यदि धृष्टता न समझें तो एक पुस्तक का उल्लेख करूँ : MAX WEBER की RELIGIONS OF INDIA, मैक्स वेबर मार्क्स के कुछ ही समय बाद हुए हैं और वे मार्क्स के विचारों में संशोधन करने वाले माते हैं। आजकल समाजशास्त्रियों में उनका बड़ा मान है। उन्होंने धर्म के समाजशास्त्र का विशेष अध्ययन किया है– विशेष रूप से चीन और भारत के धर्मों का। यदि आपको कहीं वह पुस्तक मिले तो ज़रूर पढ़ें। मैंने इस पुस्तक का ज़िक्र इसलिए कर दिया कि आपके पत्र से पता चला कि आप आजकल धर्म पर विशेष अध्ययन कर रहे हैं। सम्भवत: यह अध्ययन कुछ हद तक आपको 'विनयपत्रिका' वाले शोध प्रबन्ध में भी उपयोगी हो।

बालमुकुन्द गुप्त और 'विनयपत्रिका' वाले लेख देख गया हूँ; लेकिन उन पर अपनी प्रतिक्रिया लिखने के लिए उन्हें एक बार फिर देखना होगा। इसलिए आज तो उनके बारे में क्षमा ही चाहूँगा।

मुझे खेद है कि आप काशी आ रहे हैं और मैं काशी में नहीं है। लेकिन आप तो जानते हैं 'ग़ालिब-ए-ख़स्ता के बग़ैर कौन से काम बन्द हैं?' मैं न हुआ तो क्या हुआ, घाटा तो मेरा है। काशी वहाँ होगा। उसे मैं आज ही लिख रहा है कि वह आपसे मिल आये। यदि उसे आपका स्थान खोजने में दिक़्क़त हो तो कृपया आप अपने छोटे भाई को स्वयं कृतार्थ करें। वैसे आप काशी बड़े वक़्त से पहुँच रहे हैं। इस समय पण्डित हजारीप्रसाद द्विवेदी (मेरे गुरुदेव) भी वहीं हैं। आप उनसे सत्संग-लाभ करेंगे–अभागा तो मैं हूँ जो दिल्ली की धूल फाँक रहा हूँ।

यदि आप जून के अन्तिम सप्ताह तक वहाँ रुकें तो मैं भी आ जाऊँ! साथ-साथ लँगड़ा आम खायेंगे, नाव पर चलेंगे और दुनिया-जहान की बातें करेंगे। दिल्ली आने के बाद मन इन्हीं चीज़ों के लिए तड़पता है। आपने 'व्यस्तता' शब्द का प्रयोग काफ़ी हलका (MILD) किया है–फिर भी उसमें निहित व्यंग्य की तिक्तता को समझ रहा हूँ। शास्त्री भगवान, अपने किसी दिल्ली-प्रवासी बन्धु पर शेष न करके करुणा ही कीजिए–वस्तुत: वह दया का पात्र है।

आशा आप प्रसन्न हैं। पत्र की आशा करूँ?

आपका

नामवर

दिल्ली–6
11-6-69

प्रिय भाई विष्णुकान्त जी,

आपका वाजपेयी जी वाला लेख सचमुच बहुत अच्छा है। मैंने मुँह देखी नहीं कही थी। 'अच्छा' से मेरा मतलब 'सन्तुलित आलोचना' है। एक ओर आपके भावावेश को याद करता हूँ और दूसरी ओर इस निबन्ध के विवेचन में प्रीतिकर ठण्डापन देखता हूँ तो आश्चर्य होता है। इसीलिए मुझे आपके निबन्ध की भाषा बहुत अच्छी लगी। आज बहुत कम लोग ऐसी साफ़-सुथरी और संयत हिन्दी लिख रहे हैं। आप और लिखिए। उन्हीं पर लिखिए जो आपको प्रिय लगे हों। शान्तिप्रिय जी पर मैं आप ही से लिखवाना चाहता हूँ। मैंने सकारण ही शान्तिप्रिय जी का नाम पिछले पत्र में लिया था।

मुझे यह देखकर ख़ुशी हुई कि रामविलास जी की पुस्तक आपको भी पसन्द आयी। हिन्दी की जातीयता का ऐसा जीवन्त स्वर आधुनिकों में शायद ही कहीं मिले। बाकी बातें तो हैं ही। मैं 'आलोचना' के इसी अंक में उस पर तीन समीक्षाएँ दे रहा हूँ : श्री अमृतलाल नागर, श्री नेमिचन्द्र जैन और श्री चन्द्रवली सिंह। इसके साथ यदि आपकी भी समीक्षा मिल जाये तो सोने में सुहागा। लेकिन समय बहुत कम है। सामग्री प्रेस में है। एक संकोच और। राजकमल वाले समीक्षा के लिए मुझे 'आलोचना' के खाते अब और कोई प्रति न देंगे क्योंकि मैं दो प्रतियों पहले ही ले चुका हूँ। फिर भी आपके लिए एक बार फिर कहूँगा। देखिए क्या होता है?

'कविता के नये प्रतिमान' आप पूरा पढ़ लें तभी मैं कुछ कहूँगा। उस पुस्तक की ख़ामियों से मैं भी परिचित हूँ। ख़ैर, आत्मचर्चा ज़्यादा नहीं।

आज अचानक यहाँ हायर सेंकेडरी बोर्ड का परीक्षाफल निकला तो भारती की याद हो आयी। वह किस क्लास में पहुँची है? उसने अभी हाई स्कूल की परीक्षा दी या नहीं? अब तो वह बड़ी हो गयी होगी। कृपया उसे अपने चाचा का स्नेह दें और उसकी माँ को सादर नमस्कार। घर पर और सबको मेरा यथायोग्य। आज जाने क्यों आपके घर की बहुत याद आ रही है। आशा है, आप सपरिवार सानन्द हैं।

आपका

नामवर

दिल्ली–6
1-7-79

प्रिय भाई विष्णुकान्त जी,

आपकी 'निराला की साहित्य-साधना' की समीक्षा ने तो मुझे धर्म संकट में डाल दिया। आपकी यह समीक्षा इतनी अच्छी है कि मैं उसे 'आलोचना' के इसी अंक में देना चाहता हूँ, उधर आपका आ० वाजपेयी जी वाला लेख प्रेस में दे चुका हूँ। आप ही बतलाइए क्या करूँ? कायदे से आपका एक ही लेख इस अंक में हो सकता है। आप अनुमति दें तो आ. वाजपेयी जी वाला लेख इस अंक में रोक लूँ। वैसे भी अगस्त में आ. वाजपेयी जी की पुण्यतिथि पड़ेगी और उसी अवसर पर उसे प्रकाशित करना ठीक रहेगा। ठीक?

आपका गद्य इतना प्रौढ़ हो चला है कि बधाई दिये बिना नहीं रह सकता। 'लांछना ईंधन' वाले गीत की व्याख्या आपकी ही सही लगती है। डॉ. शर्मा की कुछ त्रुटियों की ओर केवल आप ही संकेत कर सकते थे। सचमुच आपने जिस मनोयोग से यह समीक्षा लिखी है, उससे स्पष्ट है कि पुस्तक भी बड़े मनोयोग से आपने पढ़ी है। हिन्दू राष्ट्रीयता वाला प्रसंग आप ही उठा सकते थे, किन्तु उसे इतना विस्तार देकर आप सम्भवत: अपना पूर्वग्रह ही उजागर करते हैं। इस प्रसंग में संकेत से भी काम चलाया जा सकता था। अनुमति चाहता हूँ कि उसे कुछ संक्षिप्त कर दूँ। विश्वास कीजिए आपके अपने विचारों को किसी प्रकार क्षति न पहुँचेगी।

भारती के परीक्षाफल की प्रतीक्षा है, वैसी मेरी बधाई अभी से। विश्वास है, वह बहुत अच्छा करेगी।

'आलोचना' का पिछला अंक दोबारा भेजवा रहा हूँ। खेद है कि आपको इससे असुविधा हुई।

आशा है, सपरिवार सानन्द हैं।

आपका
नामवर

दिल्ली–6
3-12-69

प्रिय भाई,

आपका निबन्ध 'साहित्यिक द्वन्द्व : गुप्त-द्विवेदी संघर्ष के सन्दर्भ में' मिला।

कृतज्ञ हूँ। शीर्षक-परिवर्तन मुझे भी स्वीकार है लेकिन आप अगली कड़ी से बच नहीं सकते।

दो शब्दों के बारे में मुझे थोड़ा सन्देह है। कृपया अपनी राय दीजिए : (1) दबंगता (2) चटखारा लगाना।

यदि व्यंग्य करना हो तो 'दबंगता' चल सकता है, वरना 'दबंग' के साथ 'ता' प्रत्यय के प्रयोग में अटपटापन लगता है। व्यवहार में 'दबंगपन', 'दबंगपना' या कभी-कभी 'दबंगई' सुना जाता है। अब जैसा आप कहें।

इसी प्रकार मैंने 'चटखारा लेना' मुहावरा सुना है–शायद में ही ग़लत होऊँ। कृपया इस पर भी प्रकाश डालें।

और सब ठीक है। निबन्ध के आरम्भ में आपने साहित्यिक संघर्ष के जिन कारणों का उल्लेख किया है, उनमें से कुछ विवादास्पद हो सकते हैं और कुछ कारणों की गहराई में जाने पर और भी बुनियादी सामाजिक कारणों का पता चल सकता है, फिर भी मैं आपके विचारों में कोई हेर-फेर करना ठीक नहीं समझता। सामने होते तो बहस हो लेती। बहरहाल।

'विनयपत्रिका' सम्बन्धी निबन्धों को फिलहाल सहेजकर रखिए–तुलसी चतुशती के अवसर पर 'आलोचना' उन्हें सहर्ष प्रकाशित करेगी।

आशा है, सानन्द हैं।

आपका
नामवर

लोलार्क कुण्ड
वाराणसी
29-7-60

प्रिय भाई मुद्रा जी,

कई दिनों से बाहर था, इसलिए पत्र या रचना न भेज सका। 'साहित्य बुलेटिन' के लिए बधाइयाँ। 'सागर के घोंघे' की चर्चा न होती तो भी कोई हर्ज न था।

प्रयाग और दिल्ली में आपको लेकर कुछ मित्रों से बातें हुईं। भैरव भाई के पास आपका पत्र देखा। उनका कहा सुना। राकेश ने भी कुछ कहा। पड़ोसी शान्ति प्रिय जी भी आकर कुछ सुना गये। तमाम बातों की चर्चा में देर लगेगी, फिर कोई फ़ायदा भी नहीं। मैं स्वयं भी अपनी ओर से आपसे दो बातें कर सकता था। आत्मीयता के कारण और इसलिए भी कि तीव्र संवेदना के साथ-साथ आप में विचार करने की

क्षमता भी देखता हूँ। कार्ड की सीमा में संक्षिप्त होने के लिए विवश हूँ और संक्षेप में ग़लतफ़हमी का ख़तरा है। वस्तुतः मैं अपनी पीढ़ी की प्रतिभाओं की 'मानसिक अराजकता' पर आपसे बात करना चाहता हूँ। विस्तार से जल्द ही लिखूँगा। क्या इस 'व्यवस्था' का विरोध इस प्रकार के अव्यवस्थित मानसिक विस्फोट से सम्भव हैं। प्रश्न इस 'असन्तोष' को दृढ़ आधार देने का है। 'साहित्य-बुलेटिन' के सन्दर्भ में भी ये प्रश्न लागू हो सकते हैं। वैसे, राजकमल चौधरी को भी लिखना चाहता हूँ। आपकी क्या राय है? सस्नेह

नामवर

लोलार्क कुण्ड
वाराणसी
5-1-61

प्रिय भाई मुद्रा जी,

हाशिये वाला नोट यदि आपको पसन्द आया तो मेरा लिखना सार्थक हुआ। आप ज़रूर लिखिए और भैरवप्रसाद जी का कोई कटु अनुभव हो तो मेरे ही पास भेजिए। आपके विचारों को 'हाशिये पर' के पाठकों के सामने रखने में मुझे प्रसन्नता होगी या फिर आप चाहें तो कहीं अन्यत्र भी इस कॉलम की समीक्षा कर सकते हैं।

सचाई यह है कि कालम तो मैंने शुरू कर दिया, लेकिन काफ़ी हिचकिचाहट के साथ। आपकी सूक्ष्म दृष्टि से यह भाव छिपा न होगा। अब कठिनाई है कहानियों के चुनाव की। एक कहानी को पढ़ने में क्या-क्या कठिनाइयाँ होती हैं अथवा हो सकती हैं–इसी तथ्य के उद्घाटन के लिए मैंने यह लेखमाला GRAED रूप में शुरू की है। आप यदि हिन्दी की कुछ ऐसी व्याख्या–सापेक्ष जटिल कहानियों का नाम बता सकें तो अत्यन्त कृतज्ञ हूँगा। वैसे, कुछ कहानियाँ तो ध्यान में हैं। लेकिन अधिकांश की जटिलता एक-सी है।

मुझे मालूम है कि मोहन राकेश के 'बकलम ख़ुद' पर आपने एक पत्र सम्पादक को लिखा था। संयोग से मैं उस समय 'नयी कहानियाँ'–कार्यालय में मौजूद था और सम्पादक जी ने कृपापूर्वक आपका पत्र दिखलाया था। मैंने उस पत्र को छापने की सलाह दी थी, लेकिन सम्पादक की राय थी कि अपने 'स्तम्भकार' से पूछ लेना अथवा उनके पास भेज देना ही ठीक होगा। शायद वे अपने 'स्तम्भकार' को नाराज़ नहीं करना चाहते थे। उसके बाद भीतर-भीतर क्या हुआ, मुझे नहीं मालूम। ऊपर से यही देखा कि 'नयी कहानियाँ' में आपका वह पत्र नहीं छपा। और 'लहर' ने उसे

छाप दिया। इस बात को तब भी मैं ग़लत समझता था और अब भी ग़लत समझता हूँ। राकेश ने क्यों ऐसा किया, मेरी समझ में नहीं आया। मैं आपको विश्वास दिलाता हूँ कि मेरे कॉलम के बारे में वह घटना अथवा उस तरह की घटना दुहराई न जायेगी। इस ओर से मैंने सम्पादक जी को निश्चिन्त कर दिया है कि जो भी विरोधी विचार आयें आप ज़रूर छापिए। अब यदि वे स्थान की कमी अथवा किसी व्यावसायिक कारण से ऐसा न करें तो मैं लाचार हूँ।

हिन्दी प्रचारक पाकेट बुक्स से आपका उपन्यास 'मैडलीन' ले आकर पढ़ गया। पढ़े काफ़ी दिन हो गये। बहुत-सी बातें भूल गयी। मन पर बस हल्का-सा प्रभाव रह गया है। हर्षनाथ जी कह रहे थे कि उन्होंने कहीं-कहीं काट-छाँट भी कर दी है। शायद इसी वजह से बीच-बीच में कड़ियाँ टूटी लगती हैं। मुद्राराक्षस जी, ऐसी किताबें आप क्यों लिखते हैं? शायद 'ऐसी' की व्याख्या ज़रूरी नहीं है। आप स्वयं समझते हैं। यह प्रतिभा का दुरुपयोग है।

माना कि समाज में बहुत से विकृत लोग हैं और विकृतियों को दूर करने के लिए उनका उद्घाटन ज़रूरी है लेकिन सन्दर्भ-विच्छिन्न रूप में सामने आने पर ये चित्र समाज की विकृतियों से अधिक लेखक की विकृतियों का ही उद्घाटन करते हैं। इस विषय पर काफ़ी बहस हो चुकी है, इसलिए मैं बहस के लिए ये बातें नहीं लिख रहा हूँ। आपका यह उपन्यास अथवा इस तरह की दो-एक कहानियाँ पढ़कर मुझे तकलीफ़ हुई। ये किसी रचनात्मक आकांक्षा की जगह व्यक्तिगत असन्तोष को व्यक्त करती हैं। इन्हें 'रचना' कहना असम्भव है!

आपमें 'प्रतिभा' है, इसे कई लोग मानते हैं, लेकिन 'प्रतिभा' को अपनी व्याधियाँ भी होती हैं। भुवनेश्वर भी तो 'जीनियस' थे। उग्र भी किसी समय 'जीनियस' कहे जाते थे। इसलिए अब जब किसी को 'जीनियस' कहलाते देखता हूँ तो अन्दर-ही-अन्दर आत्मा काँप उठती है। किसी युवक की क़लम में उग्रता और तीक्ष्णता देखकर प्राय: लोग उसे 'जीनियस' की संज्ञा प्रदान कर देते हैं ताकि जल्द ही उस तेज़ धार पर वह स्वयं कट मरे।

एक मित्र के नाते मेरा आपसे अनुरोध है कि आप हमेशा के लिए नहीं तो कुछ दिनों के लिए ही सही सामाजिक विकृतियों के उद्घाटन की मसीहाई का बाना उतार दीजिए। कलकत्ता आप छोड़ेंगे नहीं, मैं कहूँगा भी नहीं। आख़िर खाने-पीने का इन्तज़ाम भी तो ज़रूरी है लेकिन ऐसा लगता है कि कलकत्ते की ही कुछ ख़ूबी है, जो हिन्दी के सशक्त लेखकों को 'जीनियस' बना देता है। निराला, उग्र वग़ैरह वहीं से बरबाद होकर आये थे। राजेन्द्र यादव के दिमाग़ में भी कलकत्ता-प्रवास के

कारण ही कुछ ख़तरनाक कीड़े घुस गये हैं। आप तो ख़ैर सरापा वहीं के हो गये।

आपके निबन्धों की 'कटिंग' मिल गयी है। भेज रहा हूँ। कुछ दिनों तक न हो तो आलोचनाएँ ही लिखिए या चिन्तनपरक निबन्ध। आज की राजनीतिक सामाजिक या नैतिक ढंग पर निबन्ध लिखकर भी प्रहार किया जा सकता है। गम्भीर पत्रकारिता शायद दिमाग़ का बहुत-सा गर्द गुबार साफ़ कर देती है।

सुना, 'शनीचर' के किसी अंक में आपसे सम्बन्धित कुछ निकला हैं। मुझे वह अंक नहीं मिला मैं देखना चाहता था। और क्या हुआ उसका?

सस्नेह
नामवर

लोलार्क कुण्ड,
वाराणसी
5-3-61

प्रिय भाई,

आपके पत्र का उत्तर लिखने ही वाला था कि 'सनीचर' का नया अंक आ गया और मैं सोच में पड़ गया। श्री भैरवप्रसाद गुप्त से आपका जो पत्र-व्यवहार हुआ उसे आपने कैसे प्रकाशित करा दिया इसे समझ पाना मेरे लिए कठिन हो रहा है। मुझे नहीं मालूम कि भैरवप्रसाद जी पर इसकी क्या प्रतिक्रिया हुई है, लेकिन मुझे इससे अत्यन्त दुख हुआ है। दुख इस बात का नहीं है कि भैरवप्रसाद जी मेरे मित्र हैं और साथी हैं। दुख इस बात का है कि आप मेरे मित्र और साथी हैं, और एक ऐसे मित्र तथा साथी ने अत्यन्त अनैतिक कार्य किया है। आप स्वयं जानते होंगे कि व्यक्तिगत पत्रों को प्रकाशित करने के कुछ स्वीकृत नैतिक नियम हैं और उन नियमों का पालन राजनीतिक कूटनीतिक सम्बन्धों में भी किया जाता है, यहाँ तक कि सम्बन्ध बिगड़ जाने के बाद भी उन नियमों का निर्वाह किया जाता है। हमारे साहित्य में यह कैसा ज़माना आ गया है कि एक साहित्यकार के लिए अपने सहकर्मी के व्यक्तिगत पत्रों की ज़रा-सी भी इज्ज़त नहीं रही। आप ही बतलाइए, ऐसी स्थिति में भी कोई किसी को पत्र लिख सकता है? अब भी आप मुझसे उम्मीद करते हैं कि आपसे 'प्रिंसिपिया एथिका' पर विचार-विमर्श करूँ?

मुद्रा जी, आपके इस आचरण से मुझे बेहद दुख हुआ है। शेष आपका पत्र मिलने पर। सस्नेह

नामवर

लोलार्क कुण्ड, काशी
3/9

प्रिय राम जी,

आज शाम अलगू के हाथ तुम्हारी चिट्ठी मिली। हमेशा की तरह मैंने वह चिट्ठी काशी को दे दी और फिर उसका सारांश माँ को सुना दिया गया। इसके बाद हम सबने बैठकर उस पर विचार किया। खा-पी चुकने के बाद भी घण्टों तुम्हारी चर्चा होती रही। वैसे तो शायद ही कोई दिन ऐसा बीतता हो जब तुम हम लोगों की बातचीत के बीच न आ जाओ लेकिन आज तुम्हारे पत्र ने हमारे मन को आन्दोलित कर दिया।

जो चिट्ठी मैंने तुम्हें भेजी थी, उसे काशी को भी दिखा दिया था। इसलिए अब जब तुमने उस चिट्ठी की प्रतिक्रिया व्यक्त की है तो एक बार फिर मैंने काशी से अपने पत्र की कमियों के बारे में पूछा। लेकिन मेरी ही तरह उसे भी आश्चर्य है कि तुम्हें उस पत्र से ठेस क्योंकर लगी। उसमें न तो तुम्हें चरित्रहीन कहा है, न आवारा। राम जी, एक बार उस पत्र को फिर पढ़ो। मुझे ठीक से याद तो नहीं लेकिन कहीं-न-कहीं यह ज़रूर लिखा है कि मुझे तुम पर पूरा विश्वास है। समझ में नहीं आता, उसमें ऐसा क्या था जिससे तुम्हें मूर्च्छा आती?

बहुत सोचने पर ऐसा मालूम होता है कि इस वक़्त तुम अकेले हो। गाँव के उस समाज में ऐसा कोई नहीं है जिससे तुम्हारा मन मिले और तुम कोई बात कर सको। काशी साथ था तो और बात थी। यहाँ बार-बार मैं सोचता हूँ कि गाँव में अकेले-अकेले तुम्हें कैसा लगता होगा। पिता जी इन बातों को नहीं समझ सकते। जब तुम उदास-उदास से गाँव के बाहर किसी सिवान में खोये रहते होगे या फिर घर के कोने कुछ किताबों में डूबे होते होगे तो पिता जी उसे आवारापन समझते होंगे। पुराने ख़याल के आदमी के लिए ऐसा सोचना अस्वाभाविक नहीं हैं। उनके लिए अब यह सम्भव भी नहीं है कि इन बातों पर सहानुभूतिपूर्ण ढंग से सोच सकें। पहले भी लिख चुका है कि ख़ुद मुझे ही वे कितना आवारा समझते थे और अभी कल तक तुम्हारे सामने मुझे गालियाँ देते थे!

क्या इन सबके लिए वे हमारे असम्मान या क्रोध के पात्र हैं? यदि वे नयी पीढ़ी के युवक-हृदय की आशाओं और आकांक्षाओं को नहीं समझते तो हम भी पिछली पीढ़ी के वृद्ध-हृदय की भावनाओं को समझने से इनकार कर दें? तुम अपने ही दुख को क्यों देखते हो? उस वृद्ध-हृदय को भी देखो। उस हृदय में एकाकीपन की कितनी उदास और स्याह छाया घर किये बैठी है, इसको भी तो समझो। जिस व्यक्ति ने

समूचे परिवार से लड़कर, अपने सुख-सुविधा को छोड़कर हम लोगों को ज्ञान का प्रकाश दिया, उसके मन में इस समय हम लोगों से कितनी उम्मीदें होंगी। लेकिन कितनी उम्मीदें उनकी पूरी हुई हैं? आज भी हम उनकी सेवा करने की अपेक्षा उनसे ही अपनी सेवा लेते ला रहे हैं।

माना कि तुम्हें अभी यह सब नहीं सोचना है, क्योंकि तुमसे पहले यह सब मुझे सोचना है, मुझे करना है। लेकिन इन सब बातों का उल्लेख इसलिए ज़रूरी है कि इनके परिवेश में पिता जी की डाँट-डपट या उपेक्षा आदि को समझने की कोशिश की जाय। जब तुम इस तरह सोचोगे तो तुम्हारा अपना दुख भी कम होगा। दुख रोने से कम नहीं होता, कम होता है उसका कारण समझने से। रात अँधेरे में हाथ पीटने से नहीं कटती; रात कटती है दीया जलाने से। यह तय है कि दीया जलाने से सुबह के दर्शन नहीं हो जाते, लेकिन ढाढस अवश्य बँधता है।

राम जी, तुम्हारे पास भी ऐसा ही एक दीया है—यह दीया है ज्ञान का—शिक्षा का। आख़िर किस दिन वह काम आयेगा? स्नेह की आवश्यकता उसके लिए ज़रूर है, सो वह मुझसे लो, काशी से लो, माँ से लो और ज़रूरत समझो तो विजय से लो।

मैं एक बार फिर कह दूँ कि तुम पर मुझे पूरा विश्वास है। भरत से भाई पर भी सन्देह? असम्भव है। लेकिन भाई, इस दुनिया में केवल हमीं दोनों तो नहीं हैं और लोग भी हैं। मैं तुम्हें अच्छा समझूँ, यही काफ़ी नहीं है। ज़रूरत यह है कि और लोग भी तुम्हें अच्छा समझें। सभी लोग तुम्हें अच्छा समझें, यह मैं नहीं कहता। यह तो असम्भव है और यदि सम्भव हो भी तो मैं नहीं चाहता कि तुम ऐसे माटी के माधो बनी कि तुम्हें सब भला-भला-सा कहें। आख़िर वह भी कोई आदमी है—विशेषकर युवक जिसे बुरा कहने वाले चार-छह आदमी न हों।

इसलिए तुम अपने व्यक्तित्व का स्वतन्त्र विकास करो। सबको ख़ुश करने की चिन्ता में अपनी रुचियों का दमन मत करो। शुरू में विरोध होगा, पीछे सब ठीक हो जायेगा। मीरा के दुश्मन उसके घर-भर के सभी लोग थे, लेकिन किया उसने अपने मन का। वह तो एक विवश नारी थी। तुम तो पुरुष हो और तुम्हारा साथ देने वाले तुम्हारे भाई तो कम-से-कम हैं ही। फिर चिन्ता कैसी? ख़ुश रहो। मस्त रहो। खेलो कूदो, पढ़ो-लिखो। इन्हीं सबके दिन हैं। तुम भी क्या चिन्ताएँ ले बैठे! अभी सारी उम्र पड़ी है। जिसके माँ-बाप और बड़े भाई जीवित हों, वह अपने जीवन से इस तरह निराश हो, यह अच्छा नहीं लगता।

जी न लगता हो, दो-एक दिन के लिए यहाँ चले आओ। मार्ग-व्यय के लिए दो रुपये भेज रहा हूँ। आते समय पिता जी से अवश्य पूछ लेना। कह देना भैया ने

बुलाया है। यहाँ तुम्हें डॉक्टर को दिखाना है। आने पर किताबें तथा अमरदेव सिंह का 'प्रॉस्पेक्टस' वग़ैरह सब ले जाना क्योंकि अलगू यहाँ से एकदम तडके चले जायेंगे और तब तक कोई चीज़ ख़रीदकर नहीं दी जा सकती।

एक लिफ़ाफ़ा पिता जी के लिए भी भेज रहा है। यही सब बातें हैं। अलगू वह लिफ़ाफ़ा भी तुम्हें ही देंगे। तुम ख़ुद पिता जी को दे देना।

यहाँ सब चंगे हैं। काशी का प्रणाम, माँ का स्नेह।

प्यार के साथ

तुम्हारा भैया

जोधपुर

17-10-72

प्रिय काशी,

आज विजयादशमी हैं और मैं यहाँ हूँ। कायदे से आज मुझे परिवार में तुम लोगों के बीच होना चाहिए था। लेकिन 'होना भी कहाँ था वो जो हम समझे थे।' पण्डित जी (यानी द्विवेदी जी) की भाषा में कहें तो "ते हि नो दिवसा गत:।" खेर–

सितम्बर में एक उम्मीद थी कि पटना विश्वविद्यालय में मौखिकी परीक्षा के लिए जाना होगा तो बनारस भी जाऊँगा। लेकिन मालूम होता है कि हड़ताल कारण वह कार्यक्रम रद्द हो गया। देखो अब कब वह सुयोग आता है।

इधर मेरे विभाग में एक छोटा-मोटा तूफ़ान खड़ा हो गया था। एम.ए. पूर्वार्द्ध में राही मासूम रजा का उपन्यास 'आधा गाँव' निर्धारित हैं पिछले साल से ही। पिछले साल लोग उसे झेल गये। इस साल अचानक सितम्बर के प्रथम सप्ताह में स्थानीय अख़बारों में उस पुस्तक को लेकर एक आन्दोलन खड़ा हो गया कि वह अश्लील है और साम्प्रदायिकता भड़काने वाला है। यह आन्दोलन दरअसल मेरे ख़िलाफ़ था–'आधा गाँव तो बहाना है। निस्सन्देह अख़बारों में 'आधा गाँव' के समर्थन में भी काफ़ी लिखा गया और अब स्थिति उलट गयी है पर हिन्दी विभाग के विरोधी अध्यापक ख़ूब सक्रिय हैं। जॉन साहब के डर से अब तक जो चुप थे, वे उनके जाते ही सिर उठाने लगे हैं। नये बाइसचांसलर भी अभी तक तो मेरे अनुकूल ही दिखाई पड़ रहे हैं लेकिन वह बात कहाँ। इसके अलावा वे ज़्यादा ही शरीफ हैं और ज़माना ऐसा है कि लोग शराफ़त को बुजदिली समझते हैं।

कहने का मतलब यह कि यह वर्ष इसी तरह के संघर्षों में ही बीतेगा। स्थिति निरन्तर तनाव की है। हर समय चौकन्ना रहना पड़ता है। दिसम्बर तक मुकदमे की

सुनवाई भी होने वाली है। पढ़ना-लिखना तो गया भाड़ में बस इसी चमरसौंचन में लगे हैं। इसी वजह से तुम्हें अरसे से चिट्ठी भी नहीं लिखी।

अब तुम अपने समाचार दो–घर के, परिवार के, नगर के, विश्वविद्यालय के। कुसुम को, बच्चों को प्यार कहना है। वकील साहब को नमस्कार। सस्नेह

नामवर

नयी दिल्ली

16-5-82

प्रिय काशी,

तुम्हें सत्तू खाये कितने दिन हुए? मैंने अभी-अभी सत्तू खाया है–युगों बाद। भाई की याद आती रही है। गर्मियों में हर साल मेरे लिए वह गाँव से सत्तू लाती थी। मेरी पसन्द का उसे पता था। सिर्फ़ उसे। मरी भी थी वह इन्हीं गर्मियों में। दस साल पहले। आँसू भी आज ही आये। दस साल बाद।

यह सत्तू केदारनाथ जी की माँ लायी थीं। गाँव से। वे भाग्यशाली हैं।

अभी सत्तू थोड़े बचे हैं। बचते तो कहाँ, बचा लिये। सोचा रामअधार आ रहा है उसी के साथ खायेंगे। साथ खाने की बात ही और है। अकेले-अकेले खाया न गया।

तुम कब आ रहे हो? इस बारे में ना-नू नहीं चलेगी। अमरकंटक से लौटकर गाँव ज़रूर जाओ। पिता जी की अन्तिम इच्छाएँ पूरी होनी ही चाहिए। लेकिन मेरी भी तो इच्छा है। अन्तिम न सही। लेकिन इच्छा तो है। और बेचारा काशी तो इसलिए पैदा ही हुआ है कि सबकी इच्छाएँ पूरी करता रहे। अपनी छोड़कर। सबसे छोटा जो ठहरा। लेकिन सबसे छोटा हुआ ही क्यों? कभी पूछते हो अपने आप से? तुमसे ईर्ष्या भला किसको हो सकती है?

बच्चों की याद कई दिनों से आ रही है। ख़ासतौर से गुड्डी और नीना की। शाम को घूमने निकलता हूँ तो उनकी याद ख़ासतौर से आती है। ऐसा करो कि गाँव जाने से पहले उन सबको यहाँ भेज दो। कुसुम के साथ। मैं स्टेशन जाकर सबको उतार लाऊँगा। बाद में एक सप्ताह बाद तुम भी आ जाना। इस तरह तुम्हें पिता जी से जल्दी छुट्टी मिल जायेगी।

बात यह है कि देवता बनारस जा रही हैं। विजय ने कुछ ऐसा ही प्रोग्राम बनाया है। निर्मला को अपनी बहनों के साथ अपने गाँव जाना है। इसलिए उसके साथ देवता का भी कार्यक्रम बना दिया गया। वे निर्मला-टेसू के साथ 18 मई की दोपहर यहाँ आ रही हैं। दो-तीन दिन बाद यहाँ से सभी लोग प्रस्थान करेंगे। देवता को कुछ

दिन बनारस रखकर उन्हें पिता जी के पास गाँव भेज देना। ज़रूरी हो तो कुछ बच्चों को भी साथ लगा देना। फिर अमरकंटक से लौटकर बच्चों को ले आना और उन्हें दिल्ली की गाड़ी में बैठा देना। लेकिन तब तो तुम भी उनके साथ ही दिल्ली आ सकते हो। क्यों?

विजय को जून के अन्तिम सप्ताह में बनारस जाना है, पिता जी से मिलने। इस बीच तुम लोग दिल्ली रहोगे। न हो तो विजय के साथ ही बनारस चले जाना इस तरह कम-से-कम दो तीन सप्ताह मुझे तुम लोगों के साथ रहने को मिल जायेगा।

फिलहाल यही कार्यक्रम सूझ रहा है। बाकी बातें जल्दी ही।

सस्नेह

नामवर

नयी दिल्ली

109, न्यू कैम्पस, जे.एन.यू

1-4-84

काशी,

तुम बूढ़े हो नहीं रहे हो, बूढ़े लोगों के साथ ज़्यादा उठने-बैठने लगे हो। बाबू बच्चन सिंह और बाबू शुकदेव सिंह से इधर ज़्यादा मिलना-जुलना हो रहा है क्या?

स्मृतिहीन लोग जितने दयनीय होते हैं; स्मृतिजीवी उनसे कुछ ही कम दयनीय होते हैं। अभी तुम उस स्थिति में नहीं पहुँचे हो, क्योंकि तुम्हारे सामने तो लम्बा भविष्य है। लोहिया से शब्दों मे 'पीछे-देखूँ' न बनो, 'आगे-देखूँ' बनो। जिस शहर में रहते हो, वह प्रसाद से ज्यादा प्रेमचन्द का है। मैंने स्वयं जब इस उम्र में पीछे मुड़कर देखना बन्द कर दिया है तो तुम क्यों उधर देख रहे हो? अब तो मुझे भी लगने लगा है कि तुम्हें यह मकान छोड़ ही देना चाहिए और नये मकान में जल्द-से-जल्द चला जाना चाहिए। मेरी पुरानी चिट्ठियों से नजात तभी मिलेगी।

लगातार घर बदलते रहने से घर का एहसास जाता रहता है। अब विजय को ही देखो। उसे 'घर' का कितना एहसास है? किसी कवि की एक पंक्ति है : "टुमारो इज़ अदर परमानेंट एड्रेस।" तो हमारा स्थायी पता तो आगामी कल ही है और बेहतर है कि अब उस पते को सुरक्षित कर लो, वरना चिट्ठियाँ लौट आयेंगी। वैसे, इसके बाद भी कुछ स्मृतिजीवी लोग होंगे जो पुराने पते पर ही चिट्ठी लिखते रहेंगे। कभी-कभी मुझे भी ऐसे पत्र मिलते रहते हैं जिसमें लिखा होता है कि आपने जो अमुक पुस्तक में अमुक बात लिखी है उसे ज़रा और समझा दिया जाये। वग़ैरह। ऐसे पत्र

अच्छे-ख़ासे भले-चंगे जिन्दा लेखक को 'स्मारक' बना देते हैं। इसलिए हे तात! ऐसे पत्नों से स्वयं भी बचो और मुझे भी बचाओ।

अपने पिताजी और दिवंगत माँ की उम्र को देखते हुए यह विश्वास करना ग़लत न होगा कि हम सभी भाइयों को कम-से-कम औसतन सत्तर साल की उम्र तो मिलेगी ही। तब तक सभी बेटे-बेटियों की शादियों हो जायेंगी और यदि उन्होंने परिवार नियोजन का सख़्ती से पालन न किया तो पोते-पोतियों के उत्पात भी सहने पड़ेंगे (जिसकी एक शुरुआत तो हो भी चुकी है।) इसलिए देह से अमर होने की चिन्ता तो न करो। कामना ही करनी है तो 'अमर' के पहले 'अजर' शब्द लगाओ। मुहावरा भी 'अजर-अमर' का ही है। क्या ऐतिहासिक व्याकरण पर काम करते हुए इस पद से कभी साबका नहीं पड़ा था? यह अजर शब्द मुझे पिताजी की दशा देखकर सूझा। कामना यही होनी चाहिए कि भगवान उम्र दे तो इन्द्रियाँ दुरुस्त रखे, वरना बहू-बच्चे गालियाँ देंगे तो श्रवण उस सुख से वंचित रह जायेंगे और बदले में वे भी हमारे आशीर्वाद से! ऐसा न हो कि सामने अनाचार होता रहे और हम देख न सकें, लेकिन इससे भी बुरा तो तब होगा जब देश में कुछ सुन्दर बन रहा होगा और हम उसे देख न पायेंगे!

यह सब इसलिए लिखा कि बाबू जयचन्द्र सिंह जी के सुपुत्र नगेन्द्र जी ने बाबू साहब को बताया कि तुम आजकल कुछ पुराने बनारस के दिनों के बारे में लिख रहे हो। यह ख़बर तो अच्छी नहीं। यह काम तुम्हारा नहीं, शोध छात्रों और मूर्ख शोध-छात्राओं का है। तुम वह लिखो जो केवल तुम्हीं लिख सकते हो और जिसे भाड़े पर नहीं लिखवाया जा सकता वरना 'सारिका' के किसी इंटरव्यू 'में' मैं यह सब कह दूँगा। (वैसे 16 अप्रैल की 'सारिका' देख लेना)।

बाकी तो मस्ती है। सभी बच्चों को मेरा प्यार देना। कुसुम जी को आशीर्वाद।

सस्नेह तुम्हारा भैया

7-3-85

प्रिय काशी,

यह होली की शाम है और मैं एकदम अकेला हूँ। कमरा बन्द करके चुप बैठा हूँ। सिर्फ़ तुमसे बात करने को मन कर रहा है। आओ, पास बैठो।

तुम्हारा 27 फरवरी का पत्र कल मिल गया था। साथ ही रामआधार का 28 फरवरी का लिखा पत्र भी मिला। अभी तक मेरी आँखों में आँसू न आये थे। तुम्हारा

दूसरा तार मिलन पर भी नहीं। सिर्फ़ गला भर आया था और वह भी केदारनाथ जी को सूचना देते समय–जब मैं यह वाक्य पूरा न कर पाया कि माँ गयी तब भी यह अभागा मौजूद न था। शायद भीतर-ही-भीतर कहीं कुछ सुन्न हो गया था। आज पहली बार आँखों में आँसू आये, तुम्हारे पत्र को पढ़ते समय। अब जी कुछ हल्का लग रहा है।

तुलसीदास ने ठीक ही लिखा है :

पितु हित भरत कीन्ह जसि करनी।
सो मुख लाख जाइ नहि बरनी।।

भरत राम से अधिक भाग्यशाली थे और महान भी क्योंकि पिता के दाह-संस्कार का गौरव उन्हीं को प्राप्त हुआ। राम उम्र में बड़े हुआ करें, लेकिन रहे वंचित ही। रामअधार ने भी यही लिखा है कि 'काशी बड़भागी है, उन्होंने बड़ी जतन से सेवा की और अन्त में भी सब कुछ किया।' निश्चय ही तुमने यह सब अहैतुक भाव से किया। लेकिन मेरी हिन्दू आत्मा कहती है कि तुमने इस प्रकार जो पुण्य कमाया है वह अकारण न जायेगा।

पिता जी के बारे में रामअधार ने लिखा है कि वे सन्त पुरुष थे–स्वभाव से, कर्म से, बचन से। मैं अपनी ओर से 'सद्गृहस्थ' शब्द जोड़कर 'सद्गृहस्थ सन्त' कहना चाहता हूँ। मेरे लिए उनका यह रूप इसलिए महत्त्वपूर्ण है कि मैं न सद्गृहस्थ हूँ, न सन्त। इसीलिए मुझे उनसे सदैव ईर्ष्या होती रही है और उन पर गर्व भी यह चारित्रिक दृढ़ता ही उनके स्वाभिमान का मूलाधार रही है।

कहते हैं 'बाढ़ैं पिता के धर्मे।' आज हम तीनों भाई जो भी हैं, जैसे भी हैं और जहाँ तक पहुँचे हैं–उन्हीं के धर्म से। एक पिता अपनी सन्तान को इससे अधिक और क्या दे सकता है। तर्पण के रूप में हम कम-से-कम यह संकल्प तो ले ही सकते हैं कि हम ऐसा कुछ भी न करें जिससे उनका नाम लजाये।

रामअधार को समझाते हुए मैंने लिखा था कि 'सोचनीय नहि कोसलराऊ'। क्योंकि 'सब प्रकार भूपति बड़ भागी।' यही तुमसे भी कहना चाहूँगा।

जब तक उनका साया हमारे सिर पर था, मैं एकदम निश्चिन्त था। आज सहसा मेरे कन्धों पर जाने कितना बड़ा बोझ आ पड़ा है! तुम्हारा–तुम्हारे परिवार का, राम जी का,–राम जी के परिवार का। पहली बार मेरे मन यह ख़याल आया कि गाँव वालों की इस आशंका को दूर करना बहुत ज़रूरी हैं कि मास्टर की मृत्यु के साथ ही जीयनपुर से उनके लड़कों का नाता टूट गया। पिताजी की आत्मा को निश्चय ही

इस बात से दुख होगा। इसलिए जैसे भी हो अपनी जन्मभूमि से हमें सम्बन्ध बनाये रखना पड़ेगा।

शेष कुशल है। नेपाल यात्रा के बारे में फिर।

पुनश्च–देख लो तुम्हारा जापानी कलम कितना अच्छा लिखता है।

सस्नेह

तुम्हारा भैया

कलकत्ता

3-4-52

आदरणीय भाई,

अखिल भारतीय सांस्कृतिक सम्मेलन के सिलसिले में यहाँ आया और बहुत से साथियों के बीच आपको न पाकर किंचित खेद हुआ। ख़ैर, अपनी-अपनी मजबूरियाँ होती हैं। उर्दू के सभी बड़े-बड़े शायर जुटे हैं पर हिन्दी का कोई नहीं! काश आप होते तो अकेले यह कमी पूरी कर देते!

कल अमृत से 'हंस' मिला। ख़ूब अनुवाद किया है आपने! काश, यह आपकी मौलिक कविताओं की सी सादगी ला पाता! ख़ैर, अनुवाद की भी सीमाएँ होती हैं।

आपका पत्र अस्वस्थता की दशा में लिखा हुआ मिला था। आशा है, अब आप स्वस्थ होंगे। उन दिनों उत्तर न देने का कारण यह है कि 'आलोचना' के लिए 'दस वर्ष की कविता' वाले लेख को फिर से लिख रहा था। आप उसे देखिएगा। आपकी राय चाहूँगा। 'युग की गंगा' से आप की पाँच प्राय: पूरी कविताएँ उसमें उद्धृत कर दी हैं पता नहीं वह चयन आपका कितना प्रतिनिधित्व कर सकेगा पर मैंने यही सोच कर किया है! काश, आपकी नयी कविताओं की कॉपी रही होती!

ख़ैर 'पुस्तक' के लिए 'कॉपी' तुरन्त भेजिए बनारस के पते।

स्नेहाभिलाषी

नामवर

पुनश्च :–अभी रुपया न भेजिए। काग़ज़ ले लिया है। 7 तक बनारस पहुँच जाऊँगा।

हिन्दी विभाग
काशी विश्वविद्यालय
2-4-53

आदरणीय भाई,

देर से चिट्टी देने के लिए क्षमा। पूरी उम्मीद है कि मिलेगी। आख़िर, बुन्देलों के यहाँ वह न मिलेगी, तो कहाँ मिलेगी।

कल इलाहाबाद जा रहा हूँ। नेमि जी से कहकर रुपया तुरन्त भेजवाने का प्रबन्ध करूँगा। आपकी कविता की पाण्डुलिपि वहीं नेमि जी के यहाँ पड़ी होगी। प्रकाशक किताब महल के पास भेजवाने के लिए कह आया था। मालूम होता है कि नेमि जी अपने पेशे और बहुत कुछ आदत से लाचार हैं। मैं दूर पड़ा हूँ। बस चिट्ठियों से ही कोंचने का सहारा है। लेकिन जहाँ खाल इतनी मोटी हो, वहाँ कोई क्या करे!

मुझे अचम्भा है कि आपकी कविताओं की पहुँच पर जो उच्छ्वसित पत्र लिखा था मैंने, आपको वह नहीं मिला! ख़ैर, लाचारी है। ताज़ी कविताओं की बासी प्रशंसा न दुहराऊँगा। अब छपने पर ही। 'इहाँ क बतिया इहवैं रहिगा, अब दिल्ली कै सुनौ हवाल।'

कॉन्फ्रेंस क्या होती। का. स्तालिन के दुखद शरीरपात में चित्त अपने-अपने को सँभालने में ही लगा रहा।

फिर भी आपकी ग़ैर हाज़िरी मुझे बड़ी खली। ख़ास तौर से मुशायरे में। ऐसे घर घुसने साथियों से कैसे काम चलेगा। हिन्दी का नाम[1] कट गयी।

लोग यों भी कम–बहुत कम आये थे। हिन्दी के तो बस पाँच-छः।

व्यापक आधार पर घोषणा पत्र बना और मंजूर किया गया।

डॉ. शर्मा की रिपोर्ट में आत्मसमीक्षा न थी इसलिए सभी के द्वारा उसकी कड़ी आलोचना हुई। कृष्णचन्द्र महामन्त्री हुए। बीस की कार्य समिति बनी जिसमें हिन्दी के चार यशपाल–डॉ. शर्मा, चौहान, अमृत। अब हिन्दी प्र.ले.सं. की कॉन्फ्रेंस होगी। यहाँ बहाना न चलेगा। अच्छा राम राम।

नामवर

---

1 पत्र में नाम ही लिखा है पर सम्भवतः यहाँ नाक और का ही जगह 'की' होनी चाहिए।

लोलार्क कुण्ड
वाराणसी
11-2-61

प्रिय केदार भाई,

कल रात अचानक रेडियो खोला तो आपकी आवाज़ सुनाई पड़ी–'मैं हूँ बसन्त में प्रसन्न हुई पृथ्वी' या ऐसा ही कुछ और विस्मय-विमुग्ध सुनता रहा। दूसरी, तीसरी, चौथी और पाँचवीं : नदी म्यान से निकली हुई तलवार है।

बधाई दूँ कि दौड़कर आपको गले लगा लूँ। युगों बाद आपकी आवाज़ कानों में पड़ी है और वह आवाज़ भी कैसी। जवान स्वस्थ, तेज़, खरे धातु के टुकड़ों की तरह कटी-छँटी ढली-ढलाई। काव्य-शिल्प पर नयी कविता के मास्टर भी निछावर हो जायें और काव्य-वस्तु में प्रगतिवाद अपनी नयी ज़िन्दगी देखे। इन कविताओं ने एक नये लोक-आलोक में मेरी आँखें खोल दीं।

केदार भाई, पिछले पाँच-छह महीनों से पत्रिकाओं में आपकी जो नयी कविताएँ आयी हैं उन्होंने एक नया विश्वास दिया है। कई बार आपको पत्र लिखने को जी हुलसा था। इस समय कविता के क्षेत्र में जो एकरसता आ गयी थी उसमें आपकी कविताओं ने सहसा ताज़ा हवा की लहर दौड़ा दी है। आप बाँदे में बैठे-बैठे चुपचाप कब से यह रचना कर रहे हैं? इस तरह की कितनी कविताएँ आप छिपाये बैठे हैं। सहसा यह 'जवानी' कहाँ से फूट पड़ी है? हम तो बेख़बर थे। इन्हें जल्द-से-जल्द पुस्तकाकार सामने आना चाहिए। आप इनका क्या कर रहे हैं?

मैं इन कविताओं पर लिखना चाहता हूँ। मुझे इस बात का पछतावा है कि एक अरसे से इस काव्य-विभूति की ओर से मैं उदासीन रहा। और अब तो इन पर कुछ लिखने के बाद ही अपने मन को सन्तोष दे पाऊँगा। 'कादम्बिनी', 'कृति' तथा दो-एक दूसरी पत्रिकाओं में प्रकाशित कविताएँ तो जुट जायेंगी; ये रेडियो वाली कविताएँ कहाँ मिलेंगी हो सके तो किसी से कॉपी करवा के भेज दीजिए। आपके पुराने स्नेह के ही सहारे यह आग्रह कर रहा हूँ।

अपने और समाचार दीजिए। उत्सुकता है। कभी इलाहाबाद आना हो तो सूचित कीजिएगा। मिलने की कोशिश करूँगा।

आशा है, सानन्द होंगे।

आपका
नामवर

लोलार्क कुण्ड
वाराणसी
18-2-61

मेरे केदार भाई,

पत्र के साथ कविताएँ मिल गयीं। आपको अपना हाथ मिला तो मुझे अपनी आँखें मिल गयीं।

डेढ़-दो साल पहले बातचीत के सिलसिले में आपके बारे में अज्ञेय ने कहा कहा था कि हिन्दी में एक ही 'फार्मलिस्ट' कवि है और वह है केदारनाथ अग्रवाल। मुझे ख़ुशी है कि उनकी उस राय का खण्डन करने के लिए मेरे पास अब काफ़ी सामग्री हो गयी है।

आपको यह जानकर ख़ुशी होगी कि मैं कुछ दिनों से हिन्दी की नयी कविता पर एक पुस्तक तैयार कर रहा हूँ, यदि बाधा नहीं आयी तो मार्च के अन्त तक पुस्तक पूरी हो जायेगी। और अब बड़े उत्साह से उस काम पर जुट सकता हूँ। कितने वक़्त से आपकी कविताओं की ओर ध्यान गया है या यों कहें कि कितने वक़्त से आपकी कविताएँ आयी हैं! मैं भी जाने किन जंगलों में भटक रहा था।

अभी तो एक छोटा-सा निबन्ध ही लिखूँगा जो 'ज्ञानोदय' के किसी अगले अंक में आयेगा। आप देखिएगा।

आशा है, सपरिवार स्वस्थ एवं प्रसन्न होंगे।

कितना बल मिलता है अपने लोगों की रचना-शक्ति से!

आपका
नामवर

प्रेमचन्द : दृष्टि और कला रचना

नामवर सिंह ने यह व्याख्यान प्रेमचन्द शताब्दी समारोह के अन्तर्गत इलाहाबाद विश्वविद्यालय के एक विशेष आयोजन में दिया था। यह अभी तक अप्रकाशित रहा है। इसे लिपिबद्ध कथाकार दूधनाथ सिंह ने किया है।

वात्स्यायन जी की अध्यक्षता में इस विषय का प्रवर्तन करना मेरे लिए एक दुर्लभ संयोग है और मुझे चूँकि प्रेमचन्द के शताब्दी समारोह के उपलक्ष्य में आयोजित आज 'दृष्टि और कला रचना' पर चर्चा करने का अवसर मिल रहा है इसलिए इस अवसर पर कुछ देर के लिए इतिहास या अतीत की स्मृति होना स्वाभाविक है। विषय 'दृष्टि और कला' वही है जिस पर पिछले तीस वर्षों से कम-से-कम चर्चा तो होती ही आ रही है। प्रेमचन्द समारोह का उद्घाटन करने के लिए वात्स्यायन जी को बुला कर और इतने महत्त्वपूर्ण विषय पर चर्चा के लिए उन्हें अध्यक्षता के लिए आमन्त्रित कर, निश्चय ही यह संयोग ही हो सकता है लेकिन मुझे ऐसा लगता है कि इसी प्रयाग में 'विचार बनाम अनुभूति', 'दृष्टिकोण बनाम कला' पर चर्चा का जो प्रगतिशील लेखकों के और 'परिमल' के लेखकों के बीच जो विवाद चलता रहा है, उस लम्बे विवाद की यह एक कड़ी है। और तीस वर्षों पहले इसी प्रकार वात्स्यायन जी ऐसी ही चर्चाओं में अग्रणी भूमिका अदा करते रहे। इन तीस वर्षों के बाद ऋत्विक भी बुलाये गये और यजमान भी वही हैं। इतिहास यानी– 'सखि, वे हम वे तुम वेई रहे पै कछू के कछू मन हूँ के रहे।'

इन तीस वर्षों में भारतीय समाज में परिवर्तन हुआ है, साहित्य में परिवर्तन हुआ है। कहते हैं, इतिहास अपने को दुहराता नहीं है लेकिन जब दुहराता है तब या तो वह 'ट्रेजेडी' होती है या वह 'फार्स' होता है। 'एटींथ ब्रूमेर' में मार्क्स ने कहा था और इसके केन्द्र बिन्दु और आधार स्वयं प्रेमचन्द हैं जिन्होंने 'प्रगतिशील लेखक संघ'

की स्थापना की और साहित्य सम्बन्धी उन विचारों में परिवर्तन किया था, जिसके इर्द-गिर्द सन् 36 से लेकर आज तक वैचारिक संघर्ष चल रहा है। इस क्रम में यदि बुद्धि किसी की मन्द नहीं पड़ी है तो देखेंगे कि बहुत-सी युक्तियाँ और बहुत-सा तर्क भी वही दुहराये जा रहे हैं। यह सही है कि विचार के बिन्दु वही हैं, सन्दर्भ बदल गया है और तीस वर्षों में जिस प्रगतिशील साहित्यिक चेतना और जिसे संक्षेप में मैं कहूँ कि आधुनिकतावादी साहित्य चेतना का जो द्वन्द्व है, इस द्वन्द्व में कुछ फ़ैसला भी समाज ने किया है, साहित्य ने किया है और यह स्पष्ट है कि जिस आधुनिकतावादी जीवन दृष्टि और कला दृष्टि का बोलबाला छठे दशक में था, छठे दशक के समाज के बाद वह समाप्त हो चुका है। नयी कविता नयी कविता नहीं रही। उन लोगों ने नये मोड़ लिये और उनमें अनेक ऐसी प्रवृत्तियाँ आयीं जिसकी चर्चा करना ज़रूरी नहीं है। कितनी संकुचित हुई, सीमित हुई और वह व्यक्तिवादी धारा, परम्परा विरोधी धारा, भारतीयता का समर्थक बनी। आधुनिकतावादी जीवन दृष्टि रहस्य की ओर उन्मुख हुई और प्रगतिशील चेतना नये युवकों और नये साहित्यकारों के द्वारा उस क्रान्तिकारी मोड़ को लेकर अग्रसर हुई जहाँ साहित्य में ऐसी जनचेतना या सामाजिक चेतना की प्रवृत्तियाँ पैदा हुईं जो निश्चय ही इस बदले हुए सन्दर्भ की ओर संकेत करती हैं।

इसलिए प्रेमचन्द को चर्चा करते समय हमें बराबर ध्यान रखना चाहिए कि प्रश्न वही उठाये जा रहे हैं, ताम-झाम वही है, सब है लेकिन परिस्थितियाँ बदल चुकी हैं और शायद कहें कि अंग्रेज़ी में 'एज' (AGE) शब्द जो दोनों का संकेत करता है; हम लोगों की उम्र का भी और ज़माने का भी। वही रामस्वरूप जी हैं, रघुवंश जी हैं, मैं भी हूँ, अनेक व्यक्ति हैं, कुछ नहीं रह गये हैं, कुछ अत्र भी हैं। इस बदले हुए सन्दर्भ में हम प्रेमचन्द में आधारपूरक दृष्टि और कला रचना की चर्चा कर रहे हैं तो पहला निवेदन हम करना चाहते हैं कि इस चर्चा का आधार एक तो जिसे डॉ. लोहिया कहा करते थे कि पीछे देखो वाली दृष्टि है और दूसरी है आगे की देखने वाले दृष्टि। प्रेमचन्द के अतीत की परम्परा के सन्दर्भ में और पीछे की ओर देखने पर चर्चा बिलकुल दूसरी दिशा में होगी और यदि हम अपने भारतीय समाज के भारतीय साहित्य की सृजनधर्मिता की जो नयी सम्भावनाएँ उभर रही हैं इनको ध्यान में रखकर चलेंगे तो चर्चा बिलकुल दूसरी दिशा में होंगी। इसलिए इस सत्य को ध्यान में रखना बहुत ज़रूरी है कि औपनिवेशिक भारत की दासता में ग्रस्त समाज व्यवस्था के अन्तर्गत प्रेमचन्द ने जो रचना की थी, आज़ादी के बाद स्वाधीन भारत में जो नया पूँजीवादी उभार आया इसके अन्तर्गत जो जनतन्त्र के, जनवाद के,

तमाम मूल्यों के संकट जो बढ़ गये हैं, इन दोनों स्थितियों के बीच जो 'कंटीन्यूटी' है और 'डिसकंटीन्यूटी' है, उन दोनों में जो निरन्तरता है और जो विच्छिन्नता है, जब इस अन्तर को ध्यान में नहीं रखेंगे और जो नया मोड़ लेने जा रहा है उसमें प्रेमचन्द किस रूप में आज जो हमारे प्रासंगिक रूप में उपस्थित होते हैं–यह आधार होना चाहिए जिस आधार पर हम 'प्रेमचन्द की दृष्टि और कला' के माध्यम से दृष्टि और कला सम्बन्धी सम्पूर्ण चर्चा पर आज नये सन्दर्भ में विचार करेंगे। और मुझे ऐसा लगता है कि यह इन दोनों परिप्रेक्ष्यों का अन्तर है। उदाहरण के लिए यदि इन दोनों परिप्रेक्ष्यों का अन्तर देखा जाये तो कल आदरणीय वात्स्यायन जी ने कहा कि प्रेमचन्द का कथा साहित्य में वही स्थान है जो कविता में मैथिलीशरण गुप्त का। मैं समझता था कि प्रेमचन्द पर विचार करते समय जो सही तात्कालिक सन्दर्भ हैं–प्रेमचन्द के समकालीन निराला, रामचन्द्र शुक्ल, सुमित्रानन्दन पन्त, जयशंकर प्रसाद हैं। प्रेमचन्द, मैथिलीशरण गुप्त के न समकालीन थे, न हैं। इसलिए जब भी हम सन्दर्भ के रूप में मैथिलीशरण गुप्त को चुनते हैं तो मुझे लगता है कि इतिहास दूसरे समय से हम देख रहे हैं। एक आदमी जो 'भारत भारती' का लेखक और साथ ही 'साकेत' का लेखक है। जो सुधारवादी युग के बल्कि पुनरुद्धारवादी युग की भावनाओं और आदर्शों को रखते हुए जिस अतीत के स्वप्न को वर्तमान पर प्रक्षेपित करने की कोशिश करता है, एक लेखक वह है। और उसके बाद के काल में प्रेमचन्द और उनके समकालीन जो छायावादी कवि थे वे भी क्षितिज के पार देखते थे लेकिन–'कहाँ आज वह पूर्ण पुरातन वह सुवर्ण का काल। भूतियों का दिगन्त छविजाल' कहते हुए भी पन्त जैसे कवि परिवर्तन की जिस दिशा की ओर संकेत करते थे यह मैथिलीशरण गुप्त की दिशा न थी। इसलिए उस प्रेमचन्द की ठीक ऐतिहासिक स्थिति के मूल्यांकन में निश्चय ही मैथिलीशरण गुप्त का उल्लेख करके, हो सकता है कि मैथिलीशरण जी के प्रति अपनी अतिरिक्त श्रद्धा अनुभव करें किन्तु उस ऐतिहासिक सन्दर्भ से प्रेमचन्द को जोड़ कर निश्चय ही प्रेमचन्द को ठेलकर हम और पीछे करते हैं। प्रेमचन्द के साथ, जैसा मैंने कहा विचार करने की यह स्थिति है।

...हिन्दी साहित्य में रोमांटिक कल्पना और भाव प्रसार का प्राधान्य था और जिसके कई ग्रन्थ जिसमें 'बादल राग' के रचयिता और 'राम की शक्ति पूजा' के, 'सरोज स्मृति' के, 'तुलसीदास' के लेखक निराला भी थे, जिसमें जयशंकर प्रसाद जो अतीत को वर्तमान में रूपान्तरित कर रहे थे और देश-प्रेम और राष्ट्रीयता की नयी भूमिका तैयार कर रहे थे साथ ही शुक्ल जी के शब्दों में 'साम्यवादी अनुगूँज वाला' 'कामायनी' नाम का महाकाव्य भी लिख रहे थे–यह सन्दर्भ या ऐतिहासिक

युग का। विचार करने की चीज़ है कि जिस दौर में रोमांटिक उत्थान था उसी समय हिन्दी साहित्य में यथार्थवाद का और सम्पूर्ण रोमांसिकता के जो निषेधात्मक पहलू हैं उनसे मुक्त होकर के एक नया साहित्यकार उभर रहा था जो जन-जीवन के व्यापक आधार पर उस साहित्य को नया मोड़ दे रहा था जो भारतेन्दु की परम्परा को यथार्थवाद की दिशा में और भी आगे बढ़ा रहा था। और रोमांटिक उत्थानों से अपने को अपेक्षाकृत मुक्त कर रहा था।

ऐतिहासिक परिप्रेक्ष्य हिन्दी साहित्य का ठेठ यही था। मैं यह कहना चाहूँगा कि इस परिप्रेक्ष्य का गहरा सम्बन्ध इतिहास की समझ से था और यहाँ एक दूसरी बात दिखाई पड़ती है। मुझे थोड़ा आश्चर्य हुआ–वात्स्यायन जी ने कहा–प्रेमचन्द ने डिकेंस से लेकर गाल्सवर्दी तक की लम्बी यात्रा की और डिकेंस और गाल्सवर्दी के साथ रख करके प्रेमचन्द को जैसे ही हम देखते हैं तो मैं कहूँगा कि मुझे ऐसा लगा कि हम प्रकारान्तर से उस औपनिवेशिक जेहनियत के शिकार हो रहे हैं जो उस ज़माने के बुद्धिजीवियों का संस्कार बना हुआ था। प्रेमचन्द के ऐतिहासिक महत्त्व को समझने के लिए यदि मैं कहूँ कि जिस तरह भारतीय स्वाधीनता संग्राम में गांधी की भूमिका समझने के लिए रस्किन के 'अनटू दिस लास्ट' का अनुवाद किया; वह जिस तरह अपर्याप्त है, गांधी को समझने के लिए जिस तरह हम टॉल्सटॉय के पास जाते हैं–केवल ईविन के प्रति अपना अप्रतिरोध का साहित्यिक विचार रखने वाला टॉल्सटॉय नहीं, बल्कि जो 'वार एंड पीस' में 'कतोन' के माध्यम से, उस किसान के माध्यम से उभरते हुए नैपोलियन के आक्रमण के विरुद्ध समस्त रूसी जनता के प्रतिरोध को रखने वाला टॉल्सटॉय है। गांधी को समझने के लिए यदि हम टॉल्सटॉय को सामने रखते हैं, रस्किन को नहीं रखते, उसी तरह औपनिवेशिक भारत की दासता से मुक्त होने वाला जो जन उभार था, उस जन उभार के लेखक प्रेमचन्द को समझने के लिए डिकेंस और गाल्सवर्दी काफ़ी नहीं हैं। प्रेमचन्द ने भी गाल्सवर्दी का अनुवाद किया है। प्रेमचन्द उस ऐतिहासिक मोड़ के लेखक हैं जिसको समझने के लिए मुझे ऐसा मालूम होता है कि 1848 के आसपास के बाल्ज़ाक और रूस में उभरते हुए पूँजीवादी के दौर में जो कृषक क्रान्ति के टॉल्सटॉय हैं, उसी तरह के विश्व स्तर पर उपनिवेशवाद के मुल्क में उभरने वाले नये क्रान्तिकारी आन्दोलन में प्रेमचन्द को रख कर देखें, जो ज़्यादा ज़रूरी होगा। हम केवल यथार्थवाद के नाम पर डिकेंस से लेकर के गाल्सवर्दी के 'मॉडल' पर प्रेमचन्द को नहीं समझ सकते। इतिहास को बिलकुल दूसरे ढंग से देखना होगा। इसलिए मैंने कहा कि प्रेमचन्द को समझने है लिए यदि हम अंग्रेज़ी उपन्यासकारों को और विक्टोरियन उपन्यासकारों

को आधार बना करके चलेंगे तो हम यथार्थवाद की नितान्त कलावादी और रूपवादी दृष्टि के अन्तर्गत एक लेखक में निहित जो अन्तर्वस्तु है, जो नवीन राष्ट्रीय अन्तर्वस्तु है, उसकी उपेक्षा करके नितान्त रूपवादी साहित्य की व्याख्या करेंगे, साहित्य के इतिहास की व्याख्या करेंगे। इसलिए मैंने कहा कि प्रेमचन्द के ऐतिहासिक महत्त्व को समझने के लिए संसार के इतिहास में जहाँ-जहाँ जो क्रान्तिकारी मोड़ और परिवर्तन के बिन्दु थे, उन बिन्दुओं को पकड़ना होगा। वह कौन सा संक्रमण बिन्दु था जिन पर बाल्ज़ाक उभरते हुए पूँजीवादी और ढहते हुए सामन्तवाद के बिन्दु पर खड़ा हुआ दृष्टि और कला के अन्तर्द्वन्द्वों को सुलझाने की कोशिश कर रहा था, दूसरा ऐसा ही बिन्दु था जो अपेक्षाकृत पिछड़े हुए पूँजीवादी समाज का विरोध करता है। जहाँ टॉल्सटॉय उभरते हुए पूँजीवाद के आघात से ग्रस्त रूसी ग्रामीण समाज की विच्छिन्नता और किसान की दुर्दशा के बीच समस्त पश्चिम को चुनौती देते हुए टॉल्सटॉय 'वार-एंड पीस' या 'अन्नाकेरेनीना' लिख रहे थे। लगभग पश्चिम और पूर्व का यही द्वन्द्व और संघर्ष जो दरअसल उपनिवेशवाद के विरुद्ध नये राष्ट्रीय जन-आन्दोलन के उभार के रूप में था, प्रेमचन्द उस बिन्दु पर खड़े थे। इसलिए उनके लिए प्रासंगिक भारत के बारे में मार्क्स का वह कथन है कि आक्रमण तो पहले भी हुए लेकिन अंग्रेज़ी साम्राज्य में पहली बार भारत में बुनियादी परिवर्तन किया गया और वह विनाशकारी अनुभव जिसमें सम्पूर्ण सदियों को ग्रामीण व्यवस्था टूट चुकी थी, अतीत खो चुका था, नया प्राप्त नहीं हुआ था और उसमें उन्होंने ख़ासतौर से किसान के विशेष प्रकार के अवतार का ज़िक्र किया है।

इस भारतीय समाज के इस संक्रमण युग को जब तक हम नहीं समझेंगे, तब तक हम 'गोदान' के होरी को नहीं समझ सकते हैं। तब तक हम यह नहीं समझ सकते हैं कि क्यों प्रेमचन्द ने इस पूरी ऐतिहासिक पृष्ठभूमि में केवल किसानों को चुना था अन्यथा हम प्रेमचन्द के साहित्य को प्राय: किसानों के बारे में लिखी हुई उस ज़माने की बहुत-सी कविताओं के समान ही एक दूसरे प्रकार की साहित्य-रचना कहेंगे।

मित्रो, उन्नीसवीं सदी की समाप्ति और बीसवीं सदी के प्रारम्भ में हिन्दी में किसानों पर कई कविताएँ लिखी गयीं। मैथिलीशरण गुप्त ने स्वयं लिखा लेकिन क्या प्रेमचन्द का किसानों के बारे में लिखा हुआ साहित्य वैसा ही है जैसा किसानों की दया और करुणा जगाने वाला–'जल रहा भूतल तवा सा, तन से पसीना ढल रहा' और 'कृषक हल चला रहा'–जैसा साहित्य ही प्रेमचन्द का है? अगर हम देखेंगे तो फिर कहूँगा

कि हम 'एपियरेंस' को 'रियल्टी' समझ रहे हैं, हम 'फार्म' को भी 'कंटेंट' समझ रहे हैं, अर्थात हम कला का मूल्यांकन और उसका निरूपण इस प्रकार कर रहे हैं जहाँ दो भिन्न अन्तर्वस्तुओं का बिम्ब उभर रहा है। इसलिए इस बात को समझने का गहरा ताल्लुक में कहूँगा कि इस बात से है कि जब स्वाधीनता के बाद भारत में फिर नया उभार हुआ और जिसे मैं कहूँ कि पंचवर्षीय योजना के दौरान एक नये पूँजीवादी का उत्थान हुआ जिसके अन्तर्गत पूरी ग्रामीण व्यवस्था में, कोई उद्योगों में नहीं, नये सिरे पर '47 के बाद क्रमशः एक सम्पूर्ण ग्रामीण व्यवस्था पर दूसरा गहरा आघात था जब स्वदेशी पूँजीवादी बना था और इस दौरान किसान जिस अनुभव से गुज़र रहे थे और इन अनुभवों के आधार पर उस बीच कहानी और उपन्यास साहित्य लिखा जा रहा था। इसके आधार पर कविता के क्षेत्र में भी कुछ प्रयत्न हुए। इस नये संघर्ष से जिस प्रकार प्रेमचन्द ने उपनिवेश विरोधी राष्ट्रीय आन्दोलन में साहित्य के लिए, साहित्य रचना के लिए, कला के लिए, अपार सम्भावनाओं का द्वार खोला था और हमारे आधुनिक युग का सर्वश्रेष्ठ साहित्य जिस दौर में लिखा गया था आज वही अपार सम्भावनाएँ पैदा हुई हैं; एक नये उभरते पूँजीवादी दौर के विरुद्ध व्यापक धरातल पर किसानों का आन्दोलन हो रहा है। सत्ता भी आज किसानों की 'रैली' करके स्वयं किसानों को; कल वात्स्यायन जी कह रहे थे कि प्रेमचन्द को खत्ती में डाल देना चाहते हैं। इतने बड़े किसान आन्दोलन को दूसरे लोग खत्ती में नहीं बैंक में डालने की कोशिश कर रहे हैं। इसलिए मित्रो, यह परिवर्तन है इस नये संघर्ष में मैं फिर कहूँगा; अत्यन्त नम्रता के साथ कहूँगा कि जिस प्रकार हमारे राजनीतिक जीवन में नयी सम्भावनाएँ पैदा हो रही हैं विकास की इस द्वन्द्व, संघर्ष और विरोध के बीच साहित्य में भी वैसी ही सम्भावनाएँ पैदा हुई हैं। आज लेखक, बुद्धिजीवी रचनाकार, आलोचक सभी का दायित्व है इन सम्भावनाओं की चुनौती के आधार पर प्रेमचन्द पर विचार करें।

यह सही है कि विषय 'दृष्टि और कला' की बहस वही है जो हम करते आ रहे हैं लेकिन इस परिप्रेक्ष्य को यदि हम भूलेंगे, व्यक्तिगत मार-काट कि इनकी बात का खण्डन करो, उनकी बात का खण्डन करो, मोर्चाबन्दी हो गयी है, प्रगतिशील लोग कहेंगे, मुझे यह कहना ही नहीं। अत्यन्त नम्रता के साथ हम कहेंगे कि यह सम्भावनाओं का अपार द्वार खुला हुआ है रचना का और जो रचनाकार यह समझते हुए साहित्य में नया सृजन कर रहे हैं, उन्हें पहचान करके हम पुराने लोग भी अपने पूर्वग्रहों से उन दृष्टियों से कला की और उन विचारों से निकल कर, बाहर होकर

सोचने की कोशिश करेंगे तो शायद हम प्रेमचन्द का मूल्यांकन तो करेंगे ही, उनकी प्रासंगिकता को पहचानेंगे ही, यह ज़्यादा सर्जनात्मक रचनात्मक कार्य होगा, वरना हम लोग केवल पक्ष-विपक्ष के परिवर्तनों में लगे रहेंगे।

इस सिलसिले में प्रश्न यह है कि दृष्टि और कला का सम्बन्ध आज के सन्दर्भ में क्या होगा? और प्रेमचन्द की दृष्टि को किस रूप में हम निरूपित करते हैं?

यहाँ वात्स्यायन जी ने कल कहा कि प्रेमचन्द उस रूप में आधुनिक नहीं हैं। यहीं इलाहाबाद के दर्शनशास्त्र के प्राध्यापक डॉ. विश्वनाथ नर्वणे की अंग्रेज़ी में एक बहुत अच्छी किताब आयी है, निस्सन्देह विवादास्पद है–'प्रेमचन्द हिज़ लाइफ़ एंड वर्क'। और उसमें नर्वणे ने लिखा कि आश्चर्यजनक रूप से प्रेमचन्द आधुनिक मनुष्य हैं। वे 'सेकुलर' थे, 'रैसलिस्ट' थे, 'सोशल जस्टिस' को मानने वाले थे, जो आधुनिक मनुष्य के ख़िलाफ़ थे, जनवाद के पक्ष में थे, आधुनिक मनुष्य के जो लक्षण हो सकते हैं, विवेक परम्परा को अनुभव को महत्त्व देने वाले यथार्थवादी, अन्धविश्वासों से मुक्त और साथ ही 'सेकुलर', ऐहिक, समाजवादी विचारधारावादी थे। उन्होंने कहा कि आज तमाम चीज़ों में आश्चर्यजनक रूप से वे आधुनिक थे और यह आश्चर्य और भी बढ़ जाता है क्योंकि प्रेमचन्द का पालन-पोषण एक ऐसे ग्रामीण और क़स्बाई वातावरण हुआ था कि उन्हें आधुनिक देख करके आश्चर्य होता है। यह ध्यान देने की बात है अर्थात् इसके पीछे यह धारणा छिपी हुई है कि आधुनिक होने के लिए शहरी वातावरण, आधुनिक शिक्षा बहुत ज़रूरी है। एक पिछड़े हुए वातावरण में रहने वाला आदमी आधुनिक हो नहीं सकता है, प्रेमचन्द हुए तो यह एक करिश्मा है। मैं समझता हैं कि यहाँ एक सही बात कहते हुए भी और इस आधुनिकता के पीछे छिपी हुई जो दृष्टि है, वह नर्वणे ने रख दिया है। वात्स्यायन जी ने जब कहा कि प्रेमचन्द आधुनिक नहीं हैं, तो क्यों नहीं हैं वह पूरा ब्योरा हमें नहीं मिल सका है। कदाचित वह और बात होगी। लेकिन नर्वणे ने बहुत स्पष्ट लिखा है कि ऐसे तमाम मुद्दों पर बल्कि कुछ बातों में गांधी जी को मानते हुए भी प्रेमचन्द; अनेक बातों में गांधी जी मध्ययुगीन धारणाओं के शिकार दिखाई पड़ते हैं, प्रेमचन्द अपेक्षाकृत आधुनिक दिखाई पड़ते हैं। हर महत्त्वपूर्ण, व्यावहारिक जो मुद्दे हो सकते हैं, मनुष्य के और समाज के, उसमें वे आधुनिक थे। किन्तु नर्वणे ने एक दूसरी बात कही है और वह है कि बावजूद इसके कि 'यूनीफ़ाइड विज़न ऑव रियलिटी' प्रेमचन्द के पास नहीं थीं यानी दृष्टि नहीं थी। अगर पूछा जाये कि उनकी 'फिलासफी ऑव लाइफ़' क्या थी प्रेमचन्द की तो इन्होंने कहा है कि हमें निषेध में उत्तर देना पड़ेगा, उनकी कोई जीवन-दृष्टि थी नहीं। और इसलिए इस 'यूनीफ़ाइड

विजन ऑव रियलिटी' के लिए उन्होंने कहा कि प्रेमचन्द के पास समय नहीं था। अनुचिन्तन करके वे जीवन-दृष्टि बनाते थे। आश्चर्य हुआ कि अलग-अलग मुद्दों पर वे आधुनिक हैं–आधुनिक ढंग से बोलते हैं किन्तु एक समग्र जीवन दृष्टि, एक विज़न नहीं था प्रेमचन्द के पास। मित्रो, ऐसी बात कभी-कभी गांधी जी के बारे में भी कही गयी है। गांधी जी सामाजिक विचारक थे, किन्तु गांधी का दर्शन क्या था। नहीं, मैं जानना चाहता हूँ कि यह सवाल गांधी जी के सन्दर्भ में अपनी जगह पर उत्तर देंगे। पूछा जाये कि जीवन दृष्टि निराला की क्या थी? पन्त जी की ही क्या थी? प्रसाद में सुसंगत जीवन दृष्टि 'सामरस्य दर्शन' के रूप में अवश्य निर्मित हुई लेकिन ऐसे साहित्यकार होते हैं कि जो उस विज़न को, जिसे कहें कि सूत्रबद्ध करके, व्यवस्थाबद्ध करके सभी साहित्यकार उपस्थित नहीं करते। प्रसाद भाग्यशाली थे कि उन्होंने अपने निबन्धों के द्वारा, अपने काव्य के द्वारा एक व्यवस्थित दर्शन उपस्थित किया। निराला ने यह काम नहीं किया।

दोनों प्रकार के लेखक मिलते हैं, कुछ का विजन व्यक्त रूप में व्यवस्थित रूप में सामने आता है। कुछ का विज़न व्यवस्थित रूप से सामने आता नहीं है, रचनाओं के माध्यम से–कृतियाँ उनकी किसी-न-किसी विज़न का संकेत किया करती। पूछा जाये कि अंग्रेज़ी के महान नाटककार, साहित्यकार शेक्सपियर का क्या दर्शन है? जो कहते हैं कि या तो वह एक बहुत बड़ा ईडियट था दर्शन के मामले में या फिर बहुत गहरा दार्शनिक नहीं था क्योंकि उसकी कृतियों में कोई व्यवस्थित दर्शन नहीं दिखाई पड़ता। यह सही है कि शेक्सपियर दाँते की तरह से उस व्यवस्थित दर्शन को व्यक्त करने वाला नहीं था। इसलिए हम जब भी किसी साहित्यकार या प्रेमचन्द पर विचार करते समय बराबर यह ध्यान में रखें कि ऐसे जो साहित्यकार हुए हैं जिन्होंने अपने विजन को व्यवस्थित सुसंगत रूप में नहीं रखा है किन्तु अपनी रचनाओं के माध्यम से उन्होंने जिस 'विज़न' को प्रक्षेपित किया है वह 'विज़न' अलग-अलग कृतियों में है। यह आलोचक का, पाठक का काम है। सामान्य पाठकों पर वह अनजाने भी जादू की तरह से एक रूप ग्रहण कर लेता है जिसे हम कहें कि वह विज़न कम्युनीकेट तो हो जाता है लेकिन अंडरस्टुड नहीं होता है। सम्प्रेषित हो जाता है, वह बिन्दु उतर जाता है, दिमाग़ में नहीं पहुँच पाता है। विचारकों, साहित्यकारों का यह काम होता है कि ऐसे साहित्यकारों के उस 'विज़न' को व्यवस्थित रूप में कृतियों से निकाल करके रखें।

प्रेमचन्द के बारे में, क्या उनका 'विज़न' वही था जो 'प्रेमाश्रम' के अन्त में व्यक्त होता है जहाँ वे एक आदर्शग्राम स्थापित करते हैं। क्या उनका 'विज़न' वह है जिस अनासक्त कर्मयोगी के दर्शन को सूरदास 'रंगभूमि' पर उपस्थित करता है या उनका विज़न वह है, ट्रैजिक विज़न जिसे कहूँगा, जो 'गोदान' के अन्त में व्यक्त होता–पराजय और समझौता की संरचना से। मैं उसे किसान की पराजय नहीं मानता और ट्रेजडी की व्याख्या की जानी चाहिए कि होरी निरन्तर सोच रहा है कि शायद समझौता करके मैं उबर जाऊँ, बच जाऊँ और वह पुरानी व्यवस्था निरन्तर समझौता करते रहने की प्रक्रिया में अन्ततः पराजित होती है, टूटती है। यह ट्रेजडी या 'ट्रेजिक विज़न' है। कभी-कभी कुछ लोग कहते हैं कि प्रेमचन्द ने दार्शनिक पात्र के रूप में पैदा किया–मेहता और वह मेहता, 'गोदान' के मेहता के उत्तर वाक्यों को लेकर कुछ लोग कभी-कभी कहते हैं कि शायद मेहता के माध्यम से प्रेमचन्द कह रहे हों लेकिन मेहता के प्रति प्रेमचन्द ने जो विडम्बना का रुख अपनाया है वह पूरा-का-पूरा समर्थन नहीं करता है बल्कि मालती और मेहता के सभी सम्बन्ध जिस विडम्बनापूर्ण स्थिति में पैदा होते हैं, तमाम नैतिकताओं को चुनौती देते हुए प्रेमचन्द क्या उस हद तक मेहता के...। लेकिन उन विचारों में भी आभास मिल जाता है उदाहरण के लिए 'मैं प्रकृति का पुजारी हूँ और मैं मनुष्य को उसके प्राकृतिक रूप में देखना चाहता हूँ जो ख़ुश होने पर दिल खोल कर हँसे और जो नफ़रत भी कर सकता हो और क्रोध आने पर मार भी सकता हो।' यानी शुक्ल जी जब कहते थे कि लोभियों का दमन लोभियों के दमन से किसी प्रकार कम नहीं होता है इसलिए अपनी मनोवृत्तियों का दमन करके जो मनुष्य नहीं बल्कि देवता हो जाना चाहते हैं। प्रेमचन्द जिस प्राकृतिक का भाव आने पर उमड़ पड़ता हो और क्रोध आने पर जो मनुष्य के प्रेम कि मार भी डालता हो। हो सकता है कि उस प्राकृतिकवाद का सब कुछ रूप प्रेमचन्द में हो लेकिन ज़रूरी नहीं है कि सारा-का-सारा हम उसी रूप में ग्रहण करें।

प्रेमचन्द की समग्र जीवन दृष्टि को जैसा मैंने कहा कि एक दार्शनिक ने कहा कि 'नहीं है'। साहित्य के सन्दर्भ में हम जानते हैं कि अनेक रचनाकार व्यवस्थित दार्शनिक नहीं होते और प्रेमचन्द नहीं थे। और यह कोई दोष नहीं है और यह ज़रूरी भी नहीं कि रचनाकार की इस प्रकार सुसंगत बनी बनायी दृष्टि हो। कभी-कभी कला के लिए बाधक होती है और कभी-कभी वरदान। नर्वणे ने उस सिलसिले में आश्चर्यजनक रूप से; मैं जानता हूँ, आप लोगों ने शायद वह पुस्तक न देखी हो और देखी भी हो तो वात्स्यायन जी पहले से ही कहते चले आ रहे हैं–प्रेमचन्द की जीवन-दृष्टि को किस रूप में परिभाषित किया जाये। आश्चर्यजनक रूप से दोनों

आदमी एक ही बात कहते हैं। नर्वणे ने कहा है कि प्रेमचन्द के समस्त पात्रों और उपन्यासों में रंगभूमि को श्रेष्ठ मानते हैं–गोदान से भी। और उसमें भी सूरदास के चरित्र को होरी से बेहतर मानते हैं। उन्होंने कहा है और दोनों का अन्तर बताया है–बड़े विस्तार से कि सूरदास का संघर्ष होरी के संघर्ष से किसी भी प्रकार कम नहीं है। होरी का तो परिवार है, सूरदास का तो परिवार भी नहीं है। सूरदास की वाणी में हमें कभी-कभी कबीर की वाणी का आभास मिलता है। निष्कर्ष निकाला है उन्होंने कि 'रंगभूमि' का सूरदास यदि आधुनिक भारत का बोधिसत्व है तो गांधी आधुनिक भारत के बुद्ध हैं। यह बुद्ध और बोधिसत्व–याद रखें; महाकरुणा की ओर संकेत करते हैं; वात्स्यायन जी ने प्रेमचन्द की दृष्टि को परम कारुण्य के रूप में रखा था और करुणा और कारुण्य कह करके प्रेमचन्द को निश्चय ही अपनी भारतीय परम्परा के साथ जोड़ कर वात्स्यायन जी भी रखने की कोशिश करते हैं और नर्वणे उसी के साथ बोधिसत्व और बुद्ध का नाम लेकर के स्थापित भी करने की कोशिश कर रहे थे। प्रेमचन्द यदि करुणा की महान परम्परा में हैं तो प्रेमचन्द का गौरव ही बढ़ता है। कोई घटता नहीं है। लेकिन है कि नहीं, वे इस करुणा की परम्परा को हम अपने आदिकाल से मानते हैं और वाल्मीक का–

मा निषाद प्रतिष्ठा स्वमगम, शाश्वती समा।
यत् क्रौंच मिथुना देकम् अवधी: काम मोहितम्॥

इसे करुणा कहते समय हमें नहीं भूलना चाहिए कि इस करुणा के मूल में अन्याय के विरुद्ध यदि बहुत बड़ा क्रोध तथा शाप छिपा हुआ है। प्रेमचन्द की करुणा यदि वह पानी मिली हुई 'गैरिक वसना करुणा' है जो कुछ लोगों की वाणी हुआ करती थी तो यह जो संन्यासी और गैरिक वसना करुणा, यह नहीं है प्रेमचन्द में और उसे देखना चाहते हो तो करुणा का आधार वह शाप होना चाहिए जो अन्यायी व्याघ्र को दिया था। भारतीय कारुण्यबोध, यदि वात्स्यायन जी ने उसको व्याख्यायित नहीं किया लेकिन आगे चलकर के उन्होंने संवेदना शब्द के द्वारा उस करुणा को सपाट कर दिया जिसमें क्रोध के लिए, शाप के लिए, सात्विक क्रोध के लिए स्थान नहीं था। वह संवेदना कम-से-कम उस क्रोध को आत्मसात नहीं करती।

होरी के बारे में जो भी कहा जाये लेकिन रंगभूमि का सूरदास–प्रेमचन्द ने टिप्पणी की है कि सूरदास देवता नहीं था, साधु नहीं था, महात्मा नहीं था और लोगों की तरह जो अनेक दोष थे उस पात्र में, जो अनेक छिद्र थे, एक ही गुण या जो समस्त दोषों का मार्जन कर देता था और वह यह कि अन्याय उससे सहा नहीं

जाता था। यह सूरदास का; 'रंगभूमि' के सूरदास की परिकल्पना का सबसे बड़ा गुण, मानवीय गुण अन्याय का प्रतिरोध अपने विरुद्ध होने वाले अन्याय का नहीं, कहीं किसी के विरुद्ध होने वाला अन्याय हो। सुभागी के साथ अन्याय हुआ और सूरदास ने अपनी जान लड़ा दी। इसकी परवाह किये बिना कि स्वयं सुभागी के साथ नाजायज सम्बन्ध होने का आरोप पूरा मुहल्ला लगा रहा था, बावजूद इसके सूरदास ने सुभागी का पक्ष लिया। ऐसा लगता है मित्रो, कि इस करुणा की व्याख्या करते समय प्रेमचन्द में संवेदना शब्द एक चरण शायद हो लेकिन प्रेमचन्द के उस कारुण्य का पूरा भाष्य नहीं था, वह आत्मा नहीं थी और उसके मूल में कहीं-न-कहीं यदि है–संघर्ष के बिना प्रेमचन्द की जीवन दृष्टि की व्याख्या नहीं की जा सकती है और इसे प्रेमचन्द ने कला के सन्दर्भ में कहा है–'कहानी-कला' शीर्षक निबन्ध प्रेमचन्द ने लिखा है और 'कहानी कला' के सिलसिले में एक विचित्र बात उन्होंने कही है–'शक्ति संघर्ष में ही है और संघर्ष में ही साहित्य उत्पन्न होता है।' ध्यान रखें कि प्रेमचन्द यह बात कहानी-कला के सिलसिले में कह रहे हैं कि 'शक्ति संघर्ष में ही है और संघर्ष से ही साहित्य उत्पन्न होता है।' प्रेमचन्द के पूरे साहित्य की जीवन-दृष्टि यदि है तो–अन्याय के विरुद्ध संघर्ष और इस संघर्ष के पक्ष और विपक्ष दोनों के प्रति जो दृष्टिकोण बनता है। संवेदना शत्रु के प्रति नहीं है, संवेदना मित्र के प्रति है, मित्र-वर्गों के प्रति है। जो सहयात्री हो सकते हैं, उनके साथ है और जहाँ यह संवेदना कलाकार के रूप में व्यक्त करते हैं, वह अन्य पात्रों को जिसे मैं कहूँ कि वह कलादर्श के दूसरे नियम है जहाँ वे 'गोदान' में राय साहब को भी सहानभूति देते दिखाई पड़ते हैं, मेहता को भी, खन्ना को भी, तंखा को भी, दुलारी सहुआइन को भी, सिंगुरी सिंह को भी, दातादीन को भी, मातादीन को भी। इसलिए उस संवेदना को हम शीघ्र ही अगर मानवीय और नैतिक परिभाषा में व्यक्त करने की कोशिश करेंगे तो कठिनाई होगी।

यहाँ मैं यह भी कहूँ कि इसलिए 'करुणा बनाम संघर्ष' में वात्स्यायन जी इस पर और प्रकाश डालें, दूसरे मित्र भी प्रकाश डालें। इसकी व्याख्या की जानी चाहिए कि इस मूल में करुणा की, संघर्ष की भावना है या कोई और है। मैं इसे संघर्ष मानता है और करुणा उस संघर्ष से उत्पन्न उसका एक आयाम है लेकिन मूल भाव वह नहीं है। यहाँ एक और भी उल्लेखनीय बात है और वह यह कि इस दृष्टि को जब हम व्याख्यायित करते हैं तो उसके साथ यह भी कल कहा गया और दूसरे लोगों ने इसके बारे में कहा कि यह नैतिक दृष्टि है, राजनैतिक नहीं, सामाजिक नहीं और यह भी कहा गया कि साहित्य में राजनैतिक, सामाजिक, आर्थिक आदि दृष्टियाँ नैतिक रूप

में ही व्यक्त होती हैं। मैं इसे रिडक्सिनज़्म के अलावा और कुछ नहीं कह सकता। दृष्टि एक है : जिसके कई आयाम होते हैं, राजनैनिक भी होंगे, सामाजिक भी होंगे, आर्थिक होंगे, नैतिक हो सकते हैं, कलात्मक साहित्यिक सौन्दर्य बोध भी हो सकते हैं। यदि सभी दृष्टियों को हम नैतिक दृष्टि में निक्षेप करें तो एक दूसरे प्रकार का रिडक्सिनज़्म होगा और वहीं एक दूसरी कठिनाई होती है कि नैतिक दृष्टि कहना ही पर्याप्त नहीं है। नैतिकता नैतिकता में भी अन्तर होता है। शोषक की नैतिकता वही नहीं होती जो शोषित की नैतिकता हुआ करती है राय साहब की जो नैतिकता है वही नैतिकता होरी की नहीं है। जनसेवक भी धार्मिक आदमी है, उसकी वही नैतिकता नहीं है जो अन्धे भिखारी सूरदास की नैतिकता है।

इसलिए जैसे ही हम नैतिक दृष्टि कहते हैं तो तत्काल सवाल होता है कि कोई अखण्ड अविभाज्य नैतिक दृष्टि नहीं हुआ करती है। एक वर्ग विभक्त समाज में नैतिकताओं में भी संघर्ष होता है, द्वन्द्व होता है और विभिन्न प्रकार के नैतिक मूल्य टकराव में आते हैं। प्रेमचन्द का साहित्य उन नैतिक मूल्यों के टकराव का मार्मिक स्थल है। जहाँ अतीत के मूल्य वर्तमान से टकराते हैं, जहाँ भविष्य का स्वप्न वर्तमान यथार्थ से टकराता है और उनके साथ जुड़े हुए आर्थिक मूल्य भी, राजनैतिक मूल्य भी, नैतिक मूल्य भी। इसलिए नैतिक मूल्य कहकर के, संघर्ष को हम नैतिक आधार देकर के, हम भले ही प्रभामण्डित करना चाहें लेकिन राजनैतिक और आर्थिक स्तरों या उस आयाम का निषेध करके हम मनुष्य के बहुत बड़े भाग का अपमान कर रहे हैं। भूख के लिए मरते हुए किसान में रोटी के सवाल को नैतिक कहके हम भले ही एक प्रभामण्डल कायम कर दें लेकिन उसका संघर्ष तो राजनैतिक और आर्थिक संघर्ष से ही दूर होगा। इसलिए समस्त प्रश्न को नैतिक प्रश्न का रूप दे करके और मैं कहना चाहूँगा कि इस देश के इतने बड़े नैतिकतावादी गांधी ने भी रोटी के सवाल को केवल नैतिक ही नहीं माना था, रोटी के सवाल को बहुत ही व्यावहारिक और यथार्थवाद के सवाल पर भी उतरकर देखा था। यदि कोई साहित्यकार केवल समस्त संघर्ष को ही नैतिक संघर्षों का रूप देता रहेगा तो एक 'एथिक्स' की किताब ही वह लिखेगा और उसका सारा-का-सारा यथार्थ बहुत ही पतला होगा, अमूर्त होगा। हो सकता है कि वह दार्शनिक मात्र हो जाये लेकिन यथार्थ अपनी समस्त जटिलता और पेचीदगी में व्यक्त नहीं हो पायेगा। ऐसे नैतिक संघर्ष की गाथाएँ लिखी हैं लोगों ने। 'कामायनी' का उत्तरार्द्ध इसी नैतिक द्वन्द्व के कारण अमूर्त हुआ है लेकिन होरी का यथार्थ नैतिकता के एक आयाम लेकिन अन्य आयामों के समेटने के कारण 'गोदान' ज़्यादा बेहतर यथार्थ को समझता है 'कामायनी' के उत्तरार्द्ध की अपेक्षा।

इसलिए दृष्टि पर विचार करते हुए हमें ज़रूरी है जितना कि केवल नैतिकता ही एक मात्र आयाम नहीं है।

इस क्रम में एक और बात है और वह यह कि 'दृष्टि और कला' के बीच सम्बन्ध क्या होता है और अन्तिम निर्णायक प्रश्न यही है। इसी पर अपनी बात कहकर मैं समाप्त करूँगा।

ऐसा मुझे लगता है और स्वयं वात्स्यायन जी के कथन की 'शाश्वती' नाम की एक पुस्तक है और मैं वात्स्यायन जी का सक्रिय पाठक हैं। वात्स्यायन जी ने उसमें–'शाश्वती' में यथार्थ पर विस्तार से विचार किया है। उपन्यास पर भी विस्तार से विचार किया है। उन्होंने लिखा है कि एक जीवन, असम्बद्ध, अनायास लेकिन खुले छोरों वाला है। उपन्यास पूरा और बन्द छोरों वाला है। क्योंकि वह कलाकृति है और दृष्टि भी इसी प्रकार सम्पूर्ण और बन्द छोरों वाली है। आगे उन्होंने जो प्रश्न उठाया है कि एक तो यथार्थ जो खुले छोरों वाला है और उपन्यास कला रूप के नाते बन्द छोरों वाला है कैसे दोनों के बीच संगति हो, यह कलाकार की बहुत बड़ी समस्या है और उस कलाकार की और भी होती है जो जीवन दृष्टि भी उसमें डालना चाहता है क्योंकि जीवन दृष्टि स्वयं बन्द छोरों वाली है। अर्थात् जीवन दृष्टि यथार्थ के लिए बाधक है। और आगे उन्होंने इसलिए यथार्थ के सम्बन्ध में, कि जहाँ यथार्थ पहले से ही जान लिया गया है वहाँ आप रियलिस्ट होने का दावा करते हैं अर्थात् यथार्थ के बारे में पहले से बनी हुई धारणा लेकर के चलने वाला आदमी यथार्थ नहीं हो सकता, यथार्थवादी तो वह होगा जो यथार्थ को खुला हुआ मुक्त माने और उसे ग्रहण करने का प्रयत्न करें। सवाल यह है कि यह जो खुला हुआ यथार्थ है उसे केवल अनुभववाद के आधार पर हम ग्रहण करेंगे या एक दृष्टि लेकर चलेंगे। अन्तर जहाँ यथार्थ से होगा, दृष्टि को बदलेंगे, छोड़ेंगे, तोड़ेंगे फिर यथार्थ को ग्रहण करेंगे।

कला रचना का मेरा अनुभव प्रेमचन्द के यहाँ कला का सारतत्त्व है। दृष्टि और यथार्थ इन दोनों की डाइलेक्टिक, इन दोनों के 'तनाव' में ही उत्कृष्ट कला होती है। जहाँ दृष्टि केवल होती है और यथार्थ उस पर फिट किया जाता है, यथार्थ दृष्टि का अनुवाद हुआ करता है वहाँ इकहरी रचना होती है। जहाँ तथाकथित यथार्थ को खुले रूप में व्यक्त करने के नाते जब हम अग्रसर होते हैं तो ऐसा लेखक एक विशेष प्रकार का दर्शन–अनुभववाद–इम्पीरिसिज़्म इम्पीरिकल नहीं–और साहित्य में आमतौर पर प्रकृतिवादी या नैचुरलिज़्म का शिकार हुआ करता है। इसलिए कला-रचना में दृष्टि का निषेध करके कि दृष्टि सम्पूर्ण होती है, इसलिए वह बाधक होती है और इसलिए उपन्यास भी यथार्थ के लिए बाधक होता है क्योंकि वह स्वतः सम्पूर्ण

होता है, यह जो दिखाने की कोशिश की गयी है–यह द्विभागिता है। मैं समझता हूँ कि प्रेमचन्द की जीवन दृष्टि के विपरीत है, थी भी और है ही। निराला के भी विपरीत थी। दो बड़े लेखकों के निश्चय ही विरुद्ध थी और आधुनिक काल में गजानन माधव मुक्तिबोध के भी विरुद्ध है। यह टकराहट एक ओर दृष्टि और उपन्यास की बन्द विधा और दूसरी ओर मुक्त यथार्थ और इन दोनों को द्विभागिता के रूप में देखना और दूसरा दोनों को अन्त:प्रवेश, अन्त:संघर्ष और इस संघर्ष के माध्यम से अधिक-से-अधिक यथार्थ को ग्रहण करना और दृष्टि का विस्तार करते हुए चलना–यह दूसरी चीज़ है। मुझे लगता है कि प्रेमचन्द की कला का रहस्य वह है जो इसीलिए प्रेमचन्द उपन्यास की विधा को तोड़ते हुए चलते हैं। प्रेमचन्द के उपन्यास यूरोपीय यथार्थवादी उपन्यासों के रूप विधान को लेकर के नहीं चलते। दृष्टि और यथार्थ का यही द्वन्द्व टॉल्सटॉय के 'कज्जाक' जैसे छोटे से उपन्यास की रचना करता है और उस ढीले-ढाले आकार वाले बेइन्तहा हाथ-पैर फैलाने वाले 'वार एंड पीस' का भी निर्माण करता है। प्रेमचन्द की यही दृष्टि और यथार्थ का द्वन्द्व 'निर्मला' की भी रचना करता है। और प्रेमचन्द की दृष्टि और यथार्थ का यह द्वन्द्व और तनाव 'रंगभूमि' का भी निर्माण करता है, 'गोदान' का भी निर्माण करता है, 'प्रेमाश्रम' का भी निर्माण करता है। इसलिए इस कला को दृष्टि और यथार्थं दोनों के तनाव के रूप में देख सकते हैं और जो मैं कहूँगा कि आज के स्वस्थ सन्दर्भ में इस पूरी चीज़ को रचना की सम्भावनाओं को घटा करके देखते हुए चलें। मुझे लगता है कि वात्स्यायन जी जहाँ से बात कर रहे हैं, वहाँ यथार्थ से मुक्त हो करके दृष्टि एक ऐसी स्वत: सम्पूर्ण क्रिया के रूप में विकसित हो रही है जहाँ कला स्वायत्तता का रूप ग्रहण करती है। कदाचित् वात्स्यायन जी का यह निष्कर्ष, मैं कह रहा हूँ–कदाचित् उनके स्वयं अपने रचनाधर्म के लिए पैदा हुआ हो जो उस रचनाधर्म की सीमाओं और शक्ति की ओर भी संकेत करता है। लेकिन दूसरा एक मार्ग है और मैंने कहा कि वह मार्ग प्रेमचन्द का है, वह मार्ग निराला का है, वह मार्ग मुक्तिबोध का है, यह मार्ग दूसरा है। उस मार्ग को देखते हुए मैं यह कहूँगा कि वहाँ कला की परिभाषा और है।

प्रेमचन्द का प्रसिद्ध निबन्ध जिसे बार-बार लोगों ने पढ़ा होगा–लखनऊ के प्रगतिशील लेखक संघ के अध्यक्ष पद से भाषण देते हुए उन्होंने कहा था कि मैं उपयोगितावाद का क़ायल हूँ। और कला नाम था और है–संकुचित रूपपूजा का। आप मतभेद रख सकते हैं लेकिन कला नाम के साथ जुड़ी हुई यह पूरी ऐतिहासिक परम्परा सौ साल से कलावादियों की प्रेमचन्द के सामने स्पष्ट थी। आप प्रेमचन्द के उपयोगितावाद को स्थूल कह सकते हैं। सम्भव है आप उसे वेन्थमाइट

यूटेलिटेरियनिज़्म से जोड़कर देख सकते हैं लेकिन प्रेमचन्द ने उस उपयोगितावाद को कि कला उस संकुचित रूपपूजा का नाम है और इसका गहरा सम्बन्ध एक परोपजीवी उपभोक्ता वर्ग से है जो उत्पादन के श्रम से दूर है। इसलिए प्रेमचन्द कहते हैं कि एक ही चीज़ जो कला के 'वाद' से मुक्त है, उपयोगितावादी मानदण्ड है, प्रेमचन्द कहते हैं कि हमें सौन्दर्य की परिभाषा बदलनी पड़ेगी। प्रेमचन्द को मैं कहूँगा कि एक विशेष प्रकार के उपभोक्ता वर्ग की जड़ीभूत सौन्दर्यानुभूति के लोग प्रेमचन्द के उस सौन्दर्य बोध को और सौन्दर्य की परिभाषा को नहीं समझ सकते हैं जिसके माध्यम से प्रेमचन्द ने सौन्दर्य की परिभाषा बदलने की बात कही थी और कहा था कि एक बनी-ठनी रूपवती उच्चवर्ग की महिला में सौन्दर्य निश्चय ही होता होगा लेकिन सौन्दर्य का एक दूसरा मानदण्ड है जो भूख में होता है, जो संघर्ष में होता है, जो मेड़ पर बैठी हुई मज़दूरिन में हुआ करता है। इसलिए यदि प्रेमचन्द बताने की कोशिश करते हैं–सौन्दर्य में भी वर्गभेद की उपयोगी और उत्पादक वर्ग के अनुसार सौन्दर्य की परिभाषाएँ भिन्न हुआ करती हैं। प्रेमचन्द्र में इसीलिए, जो कुछ लोगों को, उपन्यासों में वह कला नहीं दिखाई पड़ती है जो दूसरों को दिखाई पड़ती है।

जैनेन्द्र ने प्रेमचन्द के बारे में लिखा कि स्पष्टता के मैदान में प्रेमचन्द बड़ी-सी-बड़ी बात को बड़े उलझन के अवसर पर कुछ इस तरह सुलझा कर कह जाते हैं कि मुश्किल-से-मुश्किल बात हमारे रोज़मर्रा के घरेलू जीवन की जानी-पहचानी चीज़ हो जाती है। उनकी बातों में कुछ ऐसा अनुभव का मर्म भरा होता है कि आदमी उसे कण्ठस्थ कर लेना चाहता है। उनकी बात स्पष्ट, दो टूक निर्णायक होती है। और उनकी क़लम सब जगह पहुँचती है, अँधेरे में भी धोखा नहीं देती। क़लम पकड़ने वाले बन्धु, छाती पर हाथ रख कर के देखें कि हमारी क़लम सचमुच किस हद तक इस दायित्व का निर्वाह करती है कि अँधेरे-से-अँधेरे में भी धोखा नहीं देती है। यहाँ दिनदहाड़े उजाले में धोखा देने वाले लोग हैं।

इसलिए प्रेमचन्द की कला की यह सरलता, सादगी, चोट करने वाली, ये जो बेबाकपना, ये सादगी, सरलता, ईमानदारी, सच्चाई जो यथार्थबोध था और क्या इसके पीछे कोई दृष्टि नहीं है? किन्तु यह कला है। जैनेन्द्र जी ने जिस कला की ओर संकेत किया है, इस कला के पीछे एक जीवन-दृष्टि है। यथार्थ को जिसने सुलझाया है, उलझनों को सुलझाकर जिसने आसान किया है। उस आदमी की भाषा सरल होती है। उसकी कला साफ़-सुथरी पारदर्शी हुआ करती है। जो स्वयं दृष्टिकोण में उलझा होता है जिसको पक्ष और विपक्ष को चुनने में जो डाँवाँडोल रहा करता है ऐसा डाँवाँडोल आदमी उलझी हुई भाषा लिखेगा, उलझा हुआ उपन्यास लिखेगा,

दुनिया भरके ज़मीन-आसमान के कुलाबे मिलायेगा और सब पढ़ जाने के बाद कोई तत्त्व उसमें नहीं बचेगा। इसलिए प्रेमचन्द की ये जो साफगोई है, यह सपाटता नहीं है। इस साफगोई के पीछे सुलझी हुई साफ़ जीवन-दृष्टि है जिसमें लोगों को दर्शन की ऊँचाई और उदात्तता नहीं मिलती है लेकिन वह ज़्यादा सही है। ज़मीन के क़रीब उस किसान की सच्चाई है। इसलिए प्रेमचन्द कला वाले सन्दर्भ में जब किसानों का नाम लेते हैं तब मैं कहना चाहूँगा कि प्रेमचन्द को जीवन-दृष्टि उस भारतीय किसान–औसत भारतीय किसान की थी जिसकी दृष्टि निश्चय ही बहुत बुलन्दियों को नहीं छूती लेकिन उस किसान की तरह से ज़मीन की पकड़ और बहुत यथार्थवादी होता है और ठोसपन होता है। उसमें क्षितिज के पार आँकने वाली ऊँचाइयाँ तो नहीं होती हैं लेकिन निश्चय ही एक दूसरा आयाम है–सच्चाई का, एहसास का। ऐसे विकास में वे ऐसे चिन्तक होते हैं जिनका एक-न-एक निश्चित उद्‌देश्य होता है। उस क्रम में लोगों ने कहा है कि प्रेमचन्द की जीवन दृष्टि जैसे नहीं है उनकी कला में भी पोयट्री और लिरिकल एलीमेंट नहीं है। काव्यात्मकता नहीं है, गीतात्मकता नहीं है–नर्वणे जी ने कहा है, वात्स्यायन जी ने भी कहा है, निर्मल जी भी कहते हैं। इसलिए प्रेमचन्द में काव्यात्मकता का अभाव होता है, गीतात्मकता का अभाव होता है जो शायद उनकी दृष्टि में उस कला का बहुत बड़ा भारी रहस्य हुआ करता है। इसीलिए प्रेमचन्द में प्रकृति के प्रति वह अनुराग नहीं है, जो अपने ज़माने के साहित्यकारों में अनेक लोगों में मिलता था और दूसरे लोगों में भी मिलता है।

मित्रो, जहाँ तक इस प्रकृति प्रेम और गीतात्मकता का सवाल है, इस गीतात्मकता के भी कई रूप हैं। शुक्ल जी ने भारतेन्दु के बारे में लिखा है कि वे दस तरह के लोगों में बैठने वाले आदमी थे, प्रकृति से कोई बहुत अनुराग उनको नहीं था। शुक्ल जी स्वयं बड़े प्रकृति प्रेमी थे, इसमें जो प्रकृति प्रेम होता है, कई तरह का होता है। उपन्यासकारों, कथाकारों में बड़े ही ललित लुभावन मनोहर रूप में कविता की भाषा में भी व्यक्त होता है। शायद वहाँ गुण भी होता हो। प्रेंमचन्द, ऐसा नहीं कि प्रकृति के प्रति उनकी दृष्टि जाती ही नहीं। लेकिन जिस रूप में जाती है उसका एक उदाहरण है होरी, चैत के महीने में फ़सल कट रही है और उस चैत का थोड़ा-सा वर्णन प्रेमचन्द करते हैं– 'हिया जरत रहत दिन रैन।' सावन उनको पसन्द था कि नहीं था 'शरद की वह गुनगुनी नवम्बर वाली धूप जो जारजेट के पल्लू की तरह उँगलियों में लिपटती है' शायद उसका ज्ञान नहीं था लेकिन इस चैत वसन्त में जहाँ जो 'अंगारन के पुंज हैं पेड़-पेड़ पर' वहाँ–'हिया जरत रहत दिन रैन।' प्रकृति को होरी देखता है लेकिन किस रूप में? सवाल यह है कि इस प्रकृति को कौन लोग कहाँ से, किस ज़मीन

से देख रहे थे? उस किसान की नज़र से प्रेमचन्द देख रहे थे और उसका उल्लेख उन्होंने अपने लखनऊ वाले भाषण में किया है कि एक वातावरण में सम्भव है कि यह काली-काली मेघमाला बहुत सुन्दर लगे लेकिन फ़सल के दिनों में अगर उसमें ललाई बहुत अच्छी मालूम पड़े लेकिन फ़सल आने वाली हो और इस मेघमाला में अगर ललाई दिखी तो फिर वज्रपात ही हो जायेगा। किसान का दिल इसे पसन्द नहीं कर सकता है। इसलिए प्रेमचन्द प्रकृति को देखते हैं लेकिन इसी भारतीय किसान की दृष्टि से।

जहाँ तक काव्यात्मकता और गीतात्मकता का सवाल है, मैंने कहा कि गीतात्मकता के कई रूप हैं। रमणीय मनोहर, कमनीय, कोमल प्रकृति और इसका वर्णन ही काव्यात्मकता और गीतात्मकता नहीं है। जो कर्कश, कठोर–यह भी और इसको भी समझना और ग्रहण करना वहाँ भी काव्यात्मकता है, वहाँ भी गीतात्मकता है। निराला के 'बादलराग' में गीतात्मकता और काव्यात्मकता दोनों रूप हैं। गर्जन का भी एक रूप है और मधुर-मधुर रोर का भी। इसलिए काव्यात्मकता और गीतात्मकता के रूप में देखें तो मुझे प्रसंगवश याद आ रही है और आश्चर्य मुझे हुआ, निश्चय ही प्रेरणा तो वहाँ से मिल गयी–उपन्यासों में प्रेमचन्द दिखाते हैं काव्यात्मकता। 'गोदान' में मेहता और मालती, जब काफ़ी भ्रम दूर हो गये थे तो अन्तिम दिनों में अचानक नदी के किनारे पहुँचे; तो वर्णन पढ़ा होगा कि सहसा बच्चे की तरह से तय करते हैं कि चलो एक फूस की नाव बनायें और उसमें बैठें और पार हों और किस तरह प्रेमचन्द वर्णन करते हैं कि दोनों नाव बनाते हैं फिर जाने की कोशिश करते हैं और अन्त में किनारे लगाने के बाद उस दिन फ़ैसला होने वाला था, मालती से उस दिन पूछने वाले थे कि तुम मुझसे विवाह करोगी कि नहीं और नाव किनारे लगी और पूरे बालपन, भोलेपन का वर्णन करते हुए प्रेमचन्द आख़िर में जैसे मोहभंग तोड़ते हुए कहते हैं, मालती कहती है कि 'विवाह नहीं होगा।'

आप याद रखें, प्रेमचन्द के यहाँ इस तरह बच्चों की तरह नाव बनाना–दो प्रेमी युगल मध्यवर्गीय हैं। वात्स्यायन जी के 'नदी के द्वीप' में भी एक ऐसा प्रकरण आता है। यमुना के किनारे रेखा और भुवन भी एक नाव बनाते हैं। निश्चय हो कलात्मकता और काव्यात्मकता में परवर्ती शिल्प में परिष्कार हुआ। निश्चय ही वह भाषा में बहुत सारी स्थिति है लेकिन वह जो एक काव्यात्मक स्थिति है और दोनों के ट्रीटमेंट भी अलग-अलग हैं। उसके बाद भी वे कैशोर्य भावुकता में रेखा भुवन लिपटे रहते हैं और मालती और मेहता उस कैशोर्य भावुकता से मुक्त होकर के दूसरी दिशा में

अग्रसर होते हैं। अन्ततः इसलिए काव्यात्मकता और नर्वणे ने अद्‌भुत उदाहरण दिया है, कहा है कि रवीन्द्रनाथ की 'शेषेर कविता' में जैसी काव्यात्मकता है, 'श्रीकान्त' के नदी वाले वर्णन में जैसी गीतात्मकता प्रेमचन्द में उस प्रकार नहीं मिलती है। 'शेषेर कविता' रवीन्द्रनाथ का दो कौड़ी का उपन्यास है। बौद्धिक चर्चा-विचार बहुत ज़्यादा है। उपन्यास के रूप में 'शेषेर कविता' रवीन्द्रनाथ की उत्तम कृतियों में नहीं है, बंगाल में भी नहीं है। उसमें काव्यात्मकता का गुण ले आकर रवीन्द्रनाथ ने क्या खोया है, यह नर्वणे को नहीं मालूम है। निश्चय ही श्रीकान्त का यह वर्णन जो रात को चन्द्रनाथ के साथ वर्णन करते हैं, अद्‌भुत वर्णन है, उसमें कोई शक नहीं है लेकिन इस एक वर्णन के अलावा कुल मिलाकर श्रीकान्त में उस औपनिवेशिक भारत की दासता से मुक्त होने वाले संघर्ष का प्रतिबिम्ब श्रीकान्त है या 'प्रेमाश्रम', कमज़ोर उपन्यास है प्रेमचन्द का या 'रंगभूमि' है या 'गोदान' है? एक काव्यात्मकता के लिए कलाकर कितनी बड़ी चीज़ खोता है और उस काव्यात्मकता को खो करके कलाकार कितना बड़ा एहसास प्राप्त करता है–इन दोनों को समूचे समग्र रूप में देख करके, जाँचने और आँकने की ज़रूरत है।

इसलिए काव्यात्मकता, कलात्मकता, गीतात्मकता, प्रकृतिप्रेम आदि मार्जिनल चीज़ों को लेकर और जिसे कहें कि 'टोटलिटी' में देखते हुए हम उपन्यास की आलोचना का एक ग़लत रास्ता तो दिखा ही रहे हैं, मैं कहूँगा कि स्वयं कविता की आलोचना का भी अहित कर रहे हैं और क्षति कर रहे हैं।

इसलिए प्रेमचन्द की दृष्टि और कला को पहचानने के लिए, उस दिशा में कुछ विचार मैंने आपके सामने रखे हैं। सम्भव है विचार करते के क्रम में मित्र लोग, बन्धुलोग बराबर ध्यान रखें प्रेमचन्द की चर्चा करते समय कि हमें आज भी जिस माहौल में उन रचनात्मक सम्भावनाओं को सामने रखते हुए इस पूरी चीज़ पर विचार करना है। केवल अतीत की जुगाली करने के लिए अथवा पक्षधरता करने के लिए नहीं।

रणनीति की कुशलता

•

विष्णुकान्त शास्त्री

नामवर जी पर लिखना मेरे लिए सहज काम नहीं हैं। पिछले तेंतीस वर्षों का जीवन्त सम्बन्ध अपनी समग्रता में मेरे सम्मुख मूर्त हो उठा है। आरम्भिक औपचारिक परिचय, भावोष्ण विचार-विमर्श, बल्कि वाद-विवादों के माध्यम से कब अन्तरंग आत्मीयता में बदल गया, अपने तमाम विरोधों के बावजूद, नहीं कह सकता। ऐसा हो सका, इसका सबसे बड़ा कारण यह था कि विरोध वैचारिक स्तर पर था, वैयक्तिक स्वार्थों के धरातल पर नहीं और हम दोनों एक दूसरे को स्वीकारते समय हृदय से अधिक जुड़े थे, इस अन्तर्निहित सहमति के साथ कि बुद्धि के स्तर पर अलग-अलग मतों का पोषण करने के लिए हम दोनों स्वतन्त्र हैं। हम दोनों के लिए यह बन्धुत्व प्रीतिकर और स्फूर्तिप्रद रहा है। यह ठीक है कि प्रतिभा, विद्वत्ता, क्षमता और आयु में ज्येष्ठ होने के कारण वे दाता रहे और मैं ग्रहीता किन्तु उन्होंने इतने सहज भाव से दिया कि लेते हुए मुझे कभी हीनता का बोध नहीं हुआ। मेरे उत्पातों को बड़े भाई की गरिमा के साथ वे क्षमा करते रहे, बल्कि उकसाते रहे कि मैं वाणी और लेखनी के द्वारा उनके मतों के विरुद्ध भी अपने मत प्रकट करता रहूँ। ऐसे विरोधी, सहयोगी, बहुआयामी, मसृण भावपूर्ण सम्बन्ध को शब्दों में बाँध पाना सम्भव नहीं है, फिर भी चेष्टा कर रहा हूँ क्योंकि 'जो असम्भव है उसी पर आँख मेरी।'

नामवर जी से मेरा परिचय हुआ नवम्बर '54 में। बी.ए. में उनके विद्यार्थी श्रीनारायण पाण्डेय एम.ए. में मेरे छात्र थे। वे ही परिचय के सेतु बने। वे नामवर जी के अध्यापन की बहुत प्रशंसा करते थे। बनारस मेरे पुरखों का नगर है। जब, तब (सुविधा मिलते ही) मैं वहीं जाता रहता हूँ। नवम्बर '54 में भी गया हुआ था। वहीं अचानक श्रीनारायण से भेंट हो गयी। वे आग्रहपूर्वक मुझे नामवर जी से मिलाने ले गये। स्वस्थ, छरहरे, तेजस्वी, हँसमुख, नवयुवक नामवर मुझे अच्छे लगे और उनसे

बातचीत तुरन्त जम गयी। मैं उसी दिन कलकत्ता लौटने वाला था, देहरादून एक्सप्रेस से, किन्तु बतरस ने ऐसा प्रलुब्ध किया कि मैंने वह गाड़ी छोड़ दी। उनकी विद्वता और मीठे स्वभाव की स्निग्ध छाप उसी दिन मुझ पर पड़ गयी।

यह परिचय घनिष्ठता में बदल गया, '56 के जून-जुलाई के उन सात दिनों में, जब प्राय: प्रतिदिन 5, 6 घण्टे हम लोग साथ रहे। कलकत्ता विश्वविद्यालय के हिन्दी विभाग, बंगीय हिन्दी परिषद्, हिन्दी नाट्य परिषद्, अपर इंडिया एसोसिएशन, पन्त छात्र निवास तथा हबड़ा की एक संस्था में उनके और मेरे व्याख्यान साथ-साथ होते रहे। हम लोग मंचों पर टकराते रहे और जीवन में निकट से निकटतर आते रहे। नामवर ने कलकत्ते के हिन्दी प्रेमियों को अपनी प्रतिभा और वाक्‌पटुता से मोह लिया और उसके बाद वे बार-बार कलकत्ते के साहित्यिक कार्यक्रमों में बुलाये जाते रहे। हम लोगों ने बहुत ही स्नेहपूर्वक 3-7-76 को उन्हें विदा दी। निश्चय ही नामवर जी भी हम लोगों की आन्तरिकता से पुलकित हुए होंगे, तभी तो काशी पहुँचते ही 5-7-76 को अपने पत्र में उन्होंने लिखा, 'आदरणीय भाई विष्णुकान्त जी, आपकी शुभकामनाओं से कल दोपहर सकुशल काशी पहुँच गया। जिस आत्मीयता से आपने मुझे अपनाया वह मेरे जीवन की मधुर स्मृतियों में से एक है। विचार-विनिमय से जो मानसिक स्फूर्ति मिली उसकी तो बात ही क्या? आशा है, हम लोगों का यह सम्बन्ध आगे चलकर और भी प्रेरणादायक होगा।' मैं उन्हें अपना अग्रज मान चुका था, अतः वे मुझे 'आदरणीय' लिखें, यह मुझे स्वीकार नहीं था। मेरे प्रतिवाद पर 19-7-76 को उन्होंने लिखा, 'प्रिय भाई विष्णुकान्त जी, लीजिए अब तो ख़ुश हैं। क्या बताऊँ, आपको आपके पिताजी से अलग करके देख ही नहीं पाता इसीलिए पिछली बार 'आदरणीय' लिखा था। और कोई बात नहीं थी। इस पर लगाइए वह चिरपरिचित ठहाका।' और इस तरह उन्होंने मुझे अपना अनुज स्वीकार कर लिया।

उसके बाद नामवर जी जब-जब कलकत्ते आये या मैं काशी-दिल्ली गया, हम लोग मिलते रहे, बहस करते रहे, गपशप करते रहे और विरोध के बावजूद एक दूसरे को सराहते रहे। हम लोगों को आत्मीयता के पाश में आबद्ध करने के कई सूत्र थे, हिन्दी थी, प्राध्यापन था, कविता थी, रामचन्द्र शुक्ल और हजारीप्रसाद द्विवेदी थे और सर्वोपरि था बनारस। वे तो बनारस के हैं ही, मैं अपने को 'निकला हुआ बनारसी' मानता हूँ। वे कम्युनिस्ट हैं और मैं संघी, फिर भी हम लोग एक दूसरे को काफ़ी हद तक न केवल सहते रहे हैं बल्कि स्वीकारते भी रहे हैं। यदि मुझे उनके साथ प्रगतिशील लेखकों की गोष्ठियों-सभाओं में जाने में कभी एतराज नहीं रहा तो वे भी मेरे साथ संकटमोचन के दर्शन करने और प्रसाद पाने में कभी संकुचित

नहीं हुए। यह तो मुझे बहुत बाद में पता चला कि वे मेरे गुरु स्वामी अखण्डानन्द सरस्वती के पारिवारिक शिष्य हैं और अब भी उनके चरण छूने, प्रवचन सुनने और उनकी पुस्तकों का पारायण करने में द्विधाबोध नहीं करते। रामविलास जी के बाद मार्क्सवादियों में तुलसीदास को इतनी गम्भीरता से पढ़ने-समझने वाला कोई दूसरा है, मुझे नहीं मालूम। धोती-कुर्ता और भारतीय रहन-सहन भी हम दोनों की साझी विरासत है। अत: हम दोनों का सौहार्द उतना आश्चर्यजनक नहीं है, जितना माना जाता है।

नामवर के समान प्रभावी वक़्ता इस समय हिन्दी में दो-चार ही होंगे। विरोधियों के वाग्वाणों को झेलते हुए भी बिना उत्तेजित हुए युक्तियुक्त ढंग से अपने कथ्य को उदाहरणों द्वारा पुष्ट करते हुए कहना वे अच्छी तरह जानते हैं व्याख्यान के आरम्भ में ही श्रोताओं को आकृष्ट करने के लिए मनोरंजक बात या चुटीला शेर भी वे बहुत कुशलता के साथ सुनाते हैं। उनके दिये हुए उद्धरण इतने सटीक और प्रासंगिक होते हैं कि वे सुनने वालों के चित्त में चुभ जाते हैं। मँजी हुई भाषा में उनकी स्फीत अनायास प्रवहमान वाग्धारा श्रोताओं को अपने साथ बहा ले जाती है। केवल भाषण कौशल ही नहीं, विस्तृत अध्ययन और विचारों की स्पष्टता तथा दृढ़ता भी उनकी वक़्तृता के प्रभावशाली तत्त्व हैं। यह बात और है कि रणनीति के चलते वे कभी-कभी श्रोताओं को दृष्टिगत रखकर अपने कथन की अर्थच्छायाओं को बदल दे सकते हैं। अपनी समझ और अनुभव के आधार पर यह भी कहना चाहूँगा कि यह पिछली विशेषता उन्होंने सम्भवत: दिल्ली में जाकर अर्जित की है।

नामवर कलकत्ते आते हैं तो वे अंग्रेज़ी पुस्तकों की दुकानों में काफ़ी समय बिताते हैं। रूपा एंड कं., ग्रैंड होटल के नीचे और पार्क स्ट्रीट की किताबों की दुकानें, लाइटहाउस के सामने की पंक्तिबद्ध किताबों की दुकानें (राजेन्द्र यादव के शब्दों में ज्ञान गली) उनके प्रिय आखेट-स्थल हैं। पिछली दो बार से वे मिर्ज़ा ग़ालिब स्ट्रीट की 'सीबल' नामक दुकान में भी जाते रहे हैं। पश्चिम के नवीनतम साहित्यिक आन्दोलन और आलोचना प्रकारों से जैसा प्रगाढ़ परिचय उनका है, वैसा कम हिन्दी आलोचकों का होगा। यह खेद की बात है कि कुछ लोगों की दृष्टि में उनका यह गुण भी दोष ही है।

'56 से '61 तक नामवर जी जल्दी-जल्दी कई बार कई साहित्यिक समारोहों में सम्मिलित होने के लिए कलकत्ते आये। उन दिनों के कलकत्ते में हिन्दी के विद्वानों और साहित्यकारों में प्रमुख थे, आचार्य ललिताप्रसाद सुकुल, प्रो. कल्याण मल लोढ़ा, लक्ष्मीचन्द्र जैन, भँवरलाल सिंघी, मोहनसिंह सेंगर, कृष्णाचार्य, राजेन्द्र

यादव, छेदीलाल गुप्त, अवधनारायण सिंह, शिवनारायण शर्मा, चन्द्रदेव सिंह आदि। लेखिकाओं में प्रतिभा अग्रवाल, मन्नू भंडारी, किरण जैन, पुष्पलता शर्मा आदि उभर रही थीं। सहमति-असहमति की बात अलग है, नामवर जी ने सब के मन में अपने लिए स्नेह-सम्मानपूर्ण स्थान बना लिया था। '56 के अन्त तक उन्हें डॉक्टरेट मिल गयी थी। 'हिन्दी के विकास में अपभ्रंश का योग' तथा 'छायावाद' उनकी प्रतिष्ठित पुस्तकें थीं और उनके निबन्ध सम्मान के साथ पढ़े जाते थे। प्रगतिवाद के समर्थक होने के साथ-साथ वे साहित्य में आधुनिकता का स्वागत करते थे। अतः कट्टर प्रगतिवादियों की तुलना में उन्हें नयी कविता, नयी कहानी आदि के पक्षधर अधिक पसन्द करते थे। बाद में तो कट्टर प्रगतिवादियों ने खुलकर उन पर रूपविधान का पक्षपाती होने का आरोप लगाया था। अतः जब 29, 30 अगस्त '59 को श्री शिक्षायतन कॉलेज में सुश्री पुष्पलता शर्मा (बाद में पुष्पा भारती) के उद्योग से 'हिन्दी साहित्य में आधुनिकता बोध 'पर अखिल भारतीय विचार गोष्ठी का आयोजन हुआ तो अज्ञेय, देवराज, धर्मवीर भारती के साथ नामवर सिंह भी आमन्त्रित किये गये थे। मुझे जिस प्रकार संकीर्ण मार्क्सवादियों का विचार नियन्त्रण अनुचित लगता था उसी प्रकार अति आधुनिकता के नाम पर समाज विमुखता और अतिशय व्यक्तिवादिता भी अखरती थी। मेरी यह मान्यता भी थी (और है) कि भारत में आधुनिकता नकल के रूप में अपनी परम्परा से कटकर नहीं, उसके विकासक्रम का अंग बनकर आनी चाहिए। पहले दिन इन चारों विद्वान साहित्यकारों के व्याख्यान हुए। दूसरे दिन स्थानीय व्यक्तियों की प्रतिक्रिया आमन्त्रित की गयी। मैंने अपनी बात निर्भीकतापूर्वक बल्कि कुछ आक्रामक मुद्रा में उन चारों वक़्ताओं के वक़्तव्यों के सन्दर्भ में रखी। मुझे यह देखकर सुखद आश्चर्य हुआ कि श्रोताओं ने मेरी अधिकांश बातों का और सबसे अधिक इस आरोप का विपुल समर्थन किया कि इन वक़्तव्यों में उलझनें इतनी थीं कि आधुनिकता की अवधारणा अस्पष्ट ही रह गयी। मेरे व्याख्यान के बाद उत्तर देने के लिए नामवर खड़े हुए और अपने बाँके अन्दाज में उन्होंने यह शेर पढ़ा।

मेरी हिम्मत देखिए, मेरी तबियत देखिए,
जो सुलझ जाती है गुत्थी फिर से उलझाता हूँ मैं

मुशायरा लूट लेना प्रचलित मुहावरा है। उसी के अनुकरण पर कहा जा सकता है कि यह शेर पढ़कर उन्होंने उस दिन सभा को लूट लिया। यह भी लिख रखूँ कि उस दिन के अपने व्याख्यान के कारण मुझे अज्ञेय और भारती जी का भी समादरपूर्ण स्नेह प्राप्त हुआ।

'58 के दिसम्बर या '59 की जनवरी में नामवर जी ने कम्युनिस्ट पार्टी के उम्मीदवार के रूप में लोकसभा का एक उपनिर्वाचन लड़ा। वे चुनाव में हारे, मुझे इसकी तकलीफ़ नहीं हुई क्योंकि वह हार कम्युनिस्ट पार्टी के उम्मीदवार की थी किन्तु जब पता चला कि इसके चलते उन्हें काशी विश्वविद्यालय छोड़ देना पड़ा तो मुझे बहुत कष्ट हुआ। अगस्त '59 से जब उन्हें सागर विश्वविद्यालय में काम मिल गया तो आश्वस्त हुआ किन्तु सम्भवत: एक वर्ष बाद ही उन्हें यहाँ से भी छुट्टी मिल गयी। इसके बाद करीब दस वर्षों तक मुक्त लेखन या सम्पादन ही उनकी नियति रही। नामवर जैसा प्रतिभाशाली और योग्य प्राध्यापक इतने लम्बे कालखण्ड तक किसी विश्वविद्यालय में स्थान नहीं पा सका यह हमारी व्यवस्था के लिए लज्जा की बात है। इसी बीच आचार्य ललिताप्रसाद सुकुल के देहावसान के बाद श्रद्धेय कल्याणमल जी लोढ़ा कलकत्ता विश्वविद्यालय के हिन्दी विभागाध्यक्ष बने। वे भूमा अर्थात् विराट के उपासक हैं। अत: अपनी विभागाध्यक्षता के पहले ही वर्ष उन्होंने भारतीय हिन्दी परिषद् का अधिवेशन 29, 30, 31 दिसम्बर '61 को कलकत्ता में आमन्त्रित किया। इस अधिवेशन की प्रमुख विचार गोष्ठी में हिन्दी साहित्य के इतिहास लेखन की समस्याओं पर विचार करने का निश्चय हुआ था। नामवर जी के कई अच्छे लेख इस विषय पर प्रकाशित हो चुके थे। लोढ़ा जी से मैंने आग्रह किया कि इस गोष्ठी का विषय-प्रवर्तक वे नामवर जी को बनायें। वे भी नामवर जी के प्रशंसकों में हैं। उन्होंने तदनुरूप प्रस्ताव कर दिया। लोढ़ा जी इस अधिवेशन की स्वागत समिति के स्वागत मन्त्री यानी कर्ता, धर्ता, विधाता थे। उन्होंने मुझे इसका संगठन मन्त्री बनाया था और इसी हैसियत से अधिवेशन सम्बन्धी निर्णयों के लिए विचार-विमर्श करने के हेतु मुझे परिषद् के अधिकारियों की बैठक में भाग लेने के लिए दिल्ली भेजा था। अधिवेशन की अध्यक्षता डॉ. नगेन्द्र करने वाले थे। वे और इलाहाबाद के मित्र इस प्रस्ताव से प्रसन्न नहीं थे। मैंने कहा कि नामवर जी मार्क्सवादी दृष्टि से हिन्दी साहित्य का इतिहास लिख रहे हैं। हमें उनके विचारों को सुनना चाहिए और प्रयोजन हो तो उनके अतिरेकों का खण्डन करना चाहिए किन्तु नामवर जी को हिन्दी के विद्वानों के समक्ष अपनी बातों को रखने का सुयोग अवश्य देना चाहिए। मैं कृतज्ञ हूँ कि परिषद् के अधिकारियों ने मेरा अनुरोध मान लिया।

नामवर जी की सहमति प्राप्त करने के लिए लौटते समय मैं बनारस उतर गया। वे मेरे प्रस्ताव से प्रसन्न हुए। उन्होंने इस बात पर आश्चर्य भी प्रकट किया कि दिल्ली-इलाहाबाद के मित्र मेरे नाम पर कैसे सहमत हो गये? बहरहाल उनका विषय प्रवर्तन सन्तुलित रहा। असहमति प्रकट करने वाले भी संयत रहे। डॉ. नगेन्द्र ने

सभापति पद से कहा कि नामवर जी के विषय प्रवर्तन से वैचारिक रक्तपात होने की मुझे आशंका थी किन्तु सन्तोष की बात है ऐसा नहीं हुआ। नामवर जी की उपलब्धि से मुझे हार्दिक हर्ष हुआ।

रात को भी अतिथियों को स्टेशन से लाने तथा प्रबन्ध सम्बन्धी दौड़-धूप के कारण मुझे सर्दी लग गयी और मेरा गला बहुत ख़राब हो गया। फिर भी मैं काम करता ही रहा। बनारस लौटकर 5-1-62 को नामवर जी ने पत्र लिखा, 'शास्त्री भगवान, क्षमा कीजिए, आते समय आपको पकड़ कर मिल नहीं सका और विधिवत् विदा न ले पाया। कुछ विवशता ही ऐसी थी। बहरहाल, यह तो लिखिए कि गले की हालत अब कैसी है। जिस स्थिति में आपको देख आया था उस पर मुझे अभी तक रोष है। इस तरह भूत की भाँति काम नहीं किया जाता। आप धन्य हैं...ख़ैर, बहुजन हिताय...यह भी क्षम्य है। आप अब कृपा कर दो सप्ताह पूर्ण विश्राम लें। बड़े भैया से मैं कह आया हूँ और कृपया भारती की माँ को यह कार्ड दिखा दें ताकि आपको वे कड़े अनुशासन में पूर्ण स्वस्थ होने तक विस्तरबद्ध रख सकें।' इस पत्र के एक-एक शब्द से बड़े भाई की ममता उजागर होती है।

बहस मेरे लिए करना या व्याख्यान देना जितना सहज रहा है, उतना ही कठिन रहा है लिखना। शुरू-शुरू में तो मैं लिखता ही नहीं था, बाद में भी लिखने से यथासम्भव कतराता रहा। अगस्त '61 में एक दिन राजेन्द्र यादव और नामवर जी मुझ पर पिल पड़े कि मैं जमकर लिखता क्यों नहीं हूँ। उन लोगों का कहना था कि जो कुछ व्याख्यानों में बोलता हूँ, उसे ही लिख दूँ तो काफ़ी अच्छा लेख हो जायेगा! फिर लिखने में क्यों इतना संकोच करता हूँ। मैंने अपराधी के से स्वर में कहा, मुझे बराबर यही लगता रहता है कि किसी विषय पर अच्छा लेख लिखने के लिए उसका जितना ज्ञान होना चाहिए उतना मुझे नहीं है, अत: नहीं लिखता। बोलना और बात लिखना और बात है। बाबूजी से सुनी हुई संस्कृत की कहावत भी उन लोगों को सुनायी, 'शतं वद, मा लिख'। (बोलो भले ही सौ बात, पर लिखो मत एक भी!) राजेन्द्र यादव बोले; 'ये सब फालतू बातें छोड़िए, असली बात यह है कि आप अपने को 'कमिट' करना नहीं चाहते। बोली हुई बात तो हवा में उड़ जाती है, उससे आप कन्नी भी काट सकते हैं, पर लिखी हुई बात से आप नहीं मुकर सकते, इसीलिए नहीं लिखते।' मैंने कहा; 'मैंने कब अपनी किसी कही हुई बात को नकारा है और फिर मेरी भूमिका के बारे में किसको सन्देह है। मैं जो मानता हूँ, उसे डंके की चोट पर कहता हूँ और उनका परिणाम भोगने के लिए तैयार रहता हूँ। क्या यह 'कमिट' करना नहीं है?' नामवर जी बोले, 'असल में आपका सुखी जीवन आपको

डुबो रहा है! भरा-पूरा गृहस्थ जीवन है, विश्वविद्यालय के प्राध्यापक का काम है, अभिव्यक्ति की आवश्यकता की पूर्ति व्याख्यानों से हो जाती है, लोकेषणा की तृप्ति अध्यक्ष, प्रधान अतिथि, प्रधान वक़्ता बनकर कर लेते हैं; अतः लिखने का कष्ट आप क्यों स्वीकार करें। लेकिन याद रखिए, न केवल स्थायित्व लेखन में है, बल्कि विचारों में कसावट और स्पष्टता भी लेखन से ही आती है। आपको नियमित रूप से लिखना ही चाहिए।

मैं सचमुच आभारी हूँ अपने कुछ गुरुजनों एवं नामवर, धर्मवीर भारती तथा कुछ अन्य सम्पादक मित्रों का, जिन्होंने कोंच-कोंच कर मुझसे थोड़ा-बहुत लिखवा ही लिया। बात अभी नामवर जी की चल रही है अतः उन्हीं पर अपने को केन्द्रित रखूँ। कतराते रहने पर भी कभी-अभी अरदब में पड़कर मुझे कुछ-न-कुछ लिखना ही पड़ता था। '56 से '66 के बीच नामवर जी को मैंने अपने कई लेख सुनाये। मैंने बार-बार पाया कि वे लेख धैर्य और ध्यान के साथ सुनते और अच्छे रचनात्मक सुझाव देते। '67 में 'आलोचना' के सम्पादक हो जाने के बाद तो वे आग्रहपूर्वक मुझसे लेख मँगवाते और सराह-सराह कर छापते। आत्म विज्ञापन के लांछन का ख़तरा उठाकर भी उनके कुछ पत्रांश उद्धृत कर रहा हूँ, सिर्फ़ यह दिखाने के लिए कि मेरे लेखन-संकोच को तोड़ने के लिए वे प्रशंसा की किस सीमा तक जा सकते थे! 'हिन्दी का नया नाटक साहित्य' शीर्षक मेरा लेख पाकर उन्होंने 26-6-68 के पत्र में लिखा, 'लेख मिल गया, पढ़ भी लिया और कहीं क़लम लगाने की गुंजाइश नहीं दिखी। इसी अंक में देने की कोशिश कर रहा हूँ। 'ज्ञानोदय' में परवेज साहब पर आपका लेख देखा। बहुत-बहुत अच्छा लगा। इतनी आत्मीयता से आप ही लिख सकते थे, शेरों का चुनाव भी ख़ूब किया है।'

'स्वच्छन्दतावादी समीक्षक नन्ददुलारे वाजपेयी' शीर्षक मेरे लेख पर 6-6-69 के पत्र में उनकी प्रतिक्रिया थी, 'आपका लेख मिला। प्रीतिकर विस्मय हुआ। वाजपेयी जी पर इतना सुविचारित निबन्ध अभी तक मैंने नहीं पढ़ा था। बहुत डूब कर आपने यह निबन्ध लिखा है। बहुत-बहुत बधाइयाँ! अगले ही अंक में प्रकाशित कर रहा हूँ। इसे प्रकाशित करके 'आलोचना' गौरवान्वित होगी।' 11-6-69 को ही उन्होंने उस पर दूसरा पत्र लिखा, 'आपका वाजपेयी जी वाला लेख सचमुच बहुत अच्छा है। मैंने मुँह देखी नहीं कही थी। 'अच्छा' से मेरा मतलब 'सन्तुलित आलोचना' से है। एक ओर आपके भावावेश को याद करता हूँ और दूसरी ओर इस निबन्ध के विवेचन में प्रीतिकर ठण्डापन देखता हूँ तो आश्चर्य होता है। इसीलिए मुझे आपके निबन्ध की भाषा बहुत अच्छी लगी। आज बहुत कम लोग ऐसी साफ़,

सुथरी और संयत हिन्दी लिख रहे हैं। आप और लिखिए। उन्हीं पर लिखिए जो आपको प्रिय लगे हों।' उनके आग्रह पर मैंने डॉ. रामविलास शर्मा कृत 'निराला की साहित्य साधना' की समीक्षा लिख भेजी। उसे पाते ही 1-7-69 को उन्होंने लिखा, 'आपकी 'निराला की साहित्य साधना' की समीक्षा ने तो मुझे धर्मसंकट में डाल दिया। आपकी यह समीक्षा इतनी अच्छी है कि मैं उसे 'आलोचना' के इसी अंक में देना चाहता हूँ, उधर आपका आ. वाजपेयी जी वाला लेख प्रेस में दे चुका हूँ। आप ही बतलाइए क्या करूँ? कायदे से आपका एक ही लेख इस अंक में हो सकता है। आप अनुमति दें तो आ. वाजपेयी जी वाला लेख इस अंक में रोक लूँ। वैसे भी अगस्त में आ. वाजपेयी जी की पुण्यतिथि पड़ेगी और उसी अवसर पर उसे प्रकाशित करना ठीक रहेगा? ठीक? आपका गद्य इतना प्रौढ़ हो चला है कि बधाई दिये बिना नहीं रह सकता 'लांछना ईंधन' वाले गीत की व्याख्या आपकी ही सही लगती है। डॉ. शर्मा की कुछ त्रुटियों की ओर केवल आप ही संकेत कर सकते थे।' अधिक उद्धरण देना अनावश्यक है। मैं ख़ूब अच्छी तरह जानता हूँ कि ये अभिमत समीक्षा नहीं हैं, अनुज-मित्र को दिये गये प्रोत्साहन हैं। फिर भी इनमें मेरे प्रति नामवर जी की सद्भावना तो छलकती ही है। मेरे लिए वह भी कम मूल्यवान नहीं।

अगस्त '60 से अक्टूबर '70 तक नामवर जी बेकारी या अर्ध बेकारी से जूझते रहे। एक असाधारण प्रतिभा वाला व्यक्ति जब अपने से बहुत कम योग्यता वालों की चाटुकारिता या तिकड़म के बल पर ऊँचे-ऊँचे ओहदे पर प्रतिष्ठित होते देखे तो उसका मर्माहत या विक्षुब्ध हो उठना स्वाभाविक है। इस अवधि में नामवर जी ने जैसी मानसिक यन्त्रणाएँ झेली होंगी, उनका मैं अनुमान ही कर सकता हूँ। यह ठीक है कि इस बीच भी कई बार मैं उनसे काशी, दिल्ली में मिला पर अपनी व्यक्तिगत स्थिति के बारे में उन्होंने मुझसे कभी कुछ नहीं कहा। उनका स्वाभिमान इसकी इजाज़त नहीं देता था। फिर भी इस कालखण्ड में उनसे हुई कुछ भेंटों को मैं भुला नहीं पाया हूँ।

16 अप्रैल '62 को मैं काशी में उनके घर पर उनसे मिला। उन दिनों वे प्रति मास हिन्दी की नयी कहानियों पर लेख लिख रहे थे और उनकी वे समीक्षाएँ चर्चा का विषय बनी हुई थीं। विष्णु प्रभाकर की कहानी 'धरती अब भी घूम रही हैं' की उनकी आलोचना से मैं सहमत नहीं था। मेरा कहना या भावुकता को दोष मानना या सेंटिमेंटलिज़्म का पर्याय मानना ग़लत है, वह तो अतिशय या विकृत भावुकता है। संवेदन और विवेक के आधार पर टिकी भावुकता तो मनुष्यता का अपरिहार्य अंग है। मैंने उन्हें भागवत के सम्बन्ध में प्रचलित श्लोक भी सुनाया जिसमें कहा गया है

कि भावुकों को आजीवन भागवत रसामृत का पान करते रहना चाहिए। अचानक मुझे लगा कि नामवर बहस में दिलचस्पी नहीं ले रहे हैं। वे अस्वाभाविक रूप से कम बोल रहे थे कुछ बीमार, कमज़ोर और खिन्न भी लग रहे थे। मैंने बहस बन्द कर दी। मुझे मालूम था कि उन्हें सिनेमा देखना अच्छा लगता है। कलकत्ते में भी हम लोगों ने कुछ फ़िल्में साथ देखी थीं। मैं उन्हें पकड़कर अपने साथ सिनेमा ले गया।

पुराना श्लोक है कि यदि भोजन, वस्त्र और निवास अर्थात् जीविका के साधन अव्यवस्थित हों तो काशी भी अपवित्र और गंगा भी अंगारवाहिनी लगती है। नामवर जी उन दिनों वैसी मन:स्थिति से गुज़र रहे हों तो कोई आश्चर्य नहीं। काशी में अपने लिए सम्भावना न देखकर ही कम्युनिस्ट नेता योगेन्द्र शर्मा का अनुरोध स्वीकार कर 'जनयुग' के सम्पादक के रूप में दिल्ली आये होंगे। 'जन-युग' जैसी पत्रिका का सम्पादन उनके लिए प्रीतिकर रहा होगा, यह मानना कठिन है। वे राजकमल प्रकाशन के साहित्यिक सलाहकार के पद पर आसीन हुए किन्तु उनके प्रबल विरोधियों के दबाव के कारण उन्हें उस पद से हटा दिया गया। 'आलोचना' के सम्पादक के रूप में उन्हें कुल तीन सौ रुपये प्रतिमास मिलते थे। कई वर्षों तक सम्भवत: वहीं उनकी बँधी आमदनी थी। दिल्ली में व्यक्ति की नहीं कुर्सी की इज़्ज़त होती है। और कुर्सियाँ नामवर के विरुद्ध थीं। न ऊँची कुर्सी, न अर्थबल फिर भी नामवर झुके नहीं। सच कहा है भगवती बाबू ने–दोस्त एक भी नहीं जहाँ पर सौ दुश्मन जान के। उस दुनिया में बड़ा कठिन है चलना सीना तान के।' इतना जोड़ना चाहता हूँ कि दिल्ली में तो बहुत ही कठिन है। उन संघर्ष भरे दिनों में भी मैं नामवर जी से कई बार दिल्ली में मिला। तीमारपुर के उनके निवास स्थान भी गया। वहीं मैंने उनके साथ भोजन भी किया।

स्पष्ट था कि नामवर दिल्ली आकर सुखी नहीं हुए। वहाँ उन्हें झेलना पड़ा कुचक्री वातावरण, गलाकाट स्पर्धा, सरकारी, विदेशी दूतावासों एवं पूँजीवादी श्रोतों से बहते प्रलोभनों की धारा, संग्रही और प्रदर्शनशील मनोवृत्ति, सर्वोपरि क्रूर, कठिन विरोध! ऐसे में कोई कैसे सुखी रह सकता है। किन्तु विरोधियों के सामने झुक जाना या हार मान लेना उनकी 'ठकुराई' के प्रतिकूल था। वे भी पूरी ज़िद के साथ जूझते रहे। उन्होंने भी अपना गुट बनाया और वे एक अन्तरंग वृत्त में 'नेताजी' पुकारे जाने लगे। योगेन्द्र शर्मा जी के प्रति वे आन्तरिक श्रद्धा रखते थे। मुझसे उन्होंने बड़े भावुकतापूर्ण क्षणों में कहा था, 'शास्त्री भगवान, योगेन्द्र शर्मा ने मुझे चिताया था कि हम लोग देहात के आदमी हैं, दिल्ली की चकाचौंध में इसे भूलना नहीं चाहिए। जो हम अपने बूते पर नहीं कर सकते वह हमें नहीं करना चाहिए। दिल्ली की पार्टियों में

विशेषत: विदेशी दूतावासों की पार्टियों में पानी की तरह शराब बहती है। यह मुफ़्त की शराब आदमी को कहीं का नहीं रहने देती। चाट पड़ जाने पर आदमी शराब के लिए ईमान बेच देता है। विदेशी दूतावास वाले मुफ़्त में शराब पीने के लिए पहुँच जाने वालों से घृणा करते हैं, पर उन्हें शराब पीने के लिए उकसाते हैं। मैंने अपनी आँखों से उर्दू-हिन्दी के कई विद्रोही और प्रगतिशील कवियों-लेखकों को शराब पीकर धुत्त होते और बदतमीजी करते देखा है। विदेशी दूतावास वाले मित्रता प्रदर्शन करने के लिए विदेशी शराबों की बोतलें भेंट करते हैं। जब मैं अस्वीकार करता हूँ तो वे लोग कहते हैं, रख लीजिए, किसी और को ऑबलाइज कर दीजिएगा। मैं इसे बहुत गिराने वाली घुस समझता हूँ, क्यों लूँ और क्यों किसी को ऑबलाइज करूँ। मुझे लगा कि शराब पीने वालों के लिए नामवर जी के मन में उतनी घृणा नहीं है, जितनी मुफ़्तखोरों के प्रति है।

उन्होंने मुझे यह भी बताया था, 'दिल्ली में बसते समय मैंने तीन नियम बनाये थे जिनका पालन मैं निष्ठापूर्वक कर रहा है। एक तो मैं कभी नहीं भूलता कि मैं गाँव का आदमी हूँ और मुझे गाँव का आदमी रहना है, राजधानी का आदमी नहीं बन जाना है, दूसरे किसी विदेशी दूतावास में किसी भी प्रकार की नौकरी नहीं करनी है, न किसी प्रोफ़ेसर या प्रकाशक का पुछल्ला बन कर रहना है, तीसरे शराब नहीं पीनी है।' उन दिनों वे जिस प्रकार जी रहे थे, उसे मैं तपस्या से कम नहीं मानता। किताबों से लदा हुआ एक छोटा-सा कमरा, एक खाटनुमा चौकी, जो लिखने-पढ़ने और सोने के सम्मिलित काम में आती थी, बेंत की बनी दो साधारण सोफानुमा कुर्सियाँ, भोजन बहुत साधारण, वस्त्र वही धोती, कुर्ता, जाकेट, चादर, बस पर चढ़ना या पैदल चलना। किन्तु ठसक वही बड़े-बड़ों के छक्के छुड़ा देने वाली।

19 फरवरी '68 को वे मुझे टी हाउस में मिल गये। कुछ उत्तेजित से लगे। पता चला, गोर्की स्मृति सभा से आ रहे हैं। वहाँ डॉ. मुल्कराज आनन्द ने जो भाषण दिया था, उससे असन्तुष्ट थे। उनका कहना था, आज के हिन्दी लेखक यदि गोर्की का प्रभाव ग्रहण नहीं करते तो कोई गुनाह नहीं करते। उससे अधिक आपत्ति की बात यह है कि वे तुलसी और प्रेमचन्द का भी प्रभाव ग्रहण नहीं कर रहे हैं। आज के रूसी लेखक भी गोर्की की तरह नहीं लिख रहे हैं। लेखन पद्धति या तात्कालिक समस्याओं के प्रति गोर्की की रायें महत्त्वपूर्ण नहीं हैं। उनमें परिवर्तन हो सकते हैं। बड़ी चीज़ उनकी वह दृष्टि है जिसके अनुसार उन्होंने कहा था, मेरे लिए अच्छी-से-अच्छी पुस्तक से ख़राब-से-ख़राब आदमी ज़्यादा महत्त्वपूर्ण है। इस मानववाद

को उभारने की आवश्यकता आज भी है। पर वह केवल अनुकरण से सम्भव नहीं है। जब अपने ही खेमे में वे बड़े-बड़ों से टकराते रहते थे तो दूसरे खेमों के शीर्षस्थ व्यक्तियों को भी कैसे बख़्श सकते थे।

फिर भी यह परिवेश कई दृष्टियों से उन्हें क्षतिग्रस्त कर रहा था। उनका बहुत-सा समय दलबन्दी करने में, शत्रुओं के प्रहार रोकने में और उन पर प्रहार करने में नष्ट हो रहा था। उनका लेखन भी इससे प्रभावित हो रहा था। एक तो यात्रा में वे बहुत कम लिख पा रहे थे और जो लिख भी रहे थे, उसमें विवादी स्वर प्रमुख होता जा रहा था। विवाद में जयी होना प्रमुख हो जाता है, न्याय, औचित्य आदि मूल्य गौण हो जाते हैं। नामवर जी मानें या न मानें बहुत बार उनके लेखन से ऐसा प्रतीत होता है कि वे किसी को गिराने के लिए किसी दूसरे को हथियार बनाकर उठाते हैं। बहुत तेज़ अन्तर्दृष्टि और बौद्धिक विश्लेषण के बावजूद उनके निष्कर्ष अभिप्राय-प्रेरित प्रतीत होते हैं। हो सकता है कि यह मेरा भ्रम हो, पर जो मुझे लगता है, मैं वही कह सकता हूँ। कम्युनिस्ट चिन्तन और व्यवहार में स्ट्रैटेजी या रणनीति की बहुत प्रमुखता है। एक ओर नामवर जी की व्यक्तिगत परिस्थितियाँ दूसरी ओर उनका शिविरबद्ध संस्कार दोनों से मिली प्रेरणा के कारण सम्भव है कि वे क्रमशः रणनीति को वरीयता देने लगे हों। उनके विरोधी ही नहीं, उनके अपने खेमे के लोग भी उन पर यह आरोप लगाते सुने जाते हैं कि वे अपने श्रोताओं-पाठकों की प्रतिक्रियाओं को ध्यान में रखकर अपने मन्तव्यों में सुविधापूर्वक काट-छाँट करते रहते हैं। इससे उनकी विश्वसनीयता को क्षति पहुँची है।

अक्टूबर '70 में ये जोधपुर विश्वविद्यालय के हिन्दी विभाग के अध्यक्ष नियुक्त हुए। चार वर्षों बाद ही वे जवाहरलाल नेहरू विश्वविद्यालय के भाषा विभाग के प्रोफ़ेसर बनकर दिल्ली आ गये। उसके बाद वे व्यवस्था से अधिकाधिक जुड़ते और प्रभावशाली होते चले गये। निम्नलिखित दो प्रसंगों के द्वारा उनकी स्थिति में आये परिवर्तन को रेखांकित किया जा सकता है। जनवरी '75 में प्रथम विश्व हिन्दी सम्मेलन के अन्तर्गत कमलेश्वर-भारती द्वारा संचालित युवा लेखक गोष्ठी के आरम्भ में क्षोभ प्रदर्शन करने वाले युवा लेखक और विद्यार्थी जवाहरलाल नेहरू विश्वविद्यालय और काशी हिन्दू विश्वविद्यालय से सम्बद्ध थे। व्यवस्थापकों को सन्देह था कि महत्त्वपूर्ण स्थिति न पाने के कारण नामवर जी ही इन युवाओं को भड़का रहे हैं। नामवर जी परेशान हो गये थे सफ़ाई देते-देते कि मैं इस प्रदर्शन के पीछे नहीं है। अक्टूबर '83 में आयोजित तृतीय विश्व हिन्दी सम्मेलन के प्रमुख प्रबन्धकों में नामवर जी भी थे। दुर्भाग्य से उसमें अत्यधिक दुर्व्यवस्था के कारण

बहुत से विद्वान बहुत विक्षुब्ध हुए। मैंने देखा कि मार्क्सवादी विद्वानों का क्षोभ सबसे अधिक नामवर जी के विरुद्ध उबल रहा था क्योंकि प्रबन्धकों में उस खेमे का प्रतिनिधित्व नामवर जी ही कर रहे थे।

कई अखिल भारतीय विचार गोष्ठियों में भी नामवर जी से सैद्धान्तिक प्रश्नों पर मेरी दिलचस्प नोक-झोंक हुई है। सब की चर्चा करना सम्भव नहीं है। सिर्फ़ एक का उल्लेख कर रहा हूँ, उसकी रोचकता के कारण। 1 जनवरी '75 को कुम्भ के अवसर पर प्रयाग में 'कबीर स्मृति समारोह' का आयोजन किया गया था। अध्यक्ष थे आचार्य हजारीप्रसाद द्विवेदी, विषय प्रवर्तक थे डॉ. नामवर सिंह। लगता है किसी कारण से नामवर जी द्विवेदी जी से क्षुब्ध थे उस दिन। फिर कबीर के सम्बन्ध में नामवर जी की अपनी मान्यता भी थी जो द्विवेदी जी की मान्यता से भिन्न थी। उन्होंने कटाक्षपूर्ण शब्दों में कहा, 'जिस तरह रवीन्द्रनाथ ने कबीर के 100 पदों का अनुवाद कर उन्हें रहस्यवादी कवि (यानी इनफीरियर रवीन्द्रनाथ!) के रूप में उपस्थित किया है, उसी तरह मेरे गुरुवर आचार्य हजारीप्रसाद द्विवेदी ने अपने समय के अक्खड़-फक्कड़ कवियों से प्रभावित होने के कारण कबीर को फक्कड़ और मस्तमौला बताया। स्मरणीय है कि द्विवेदी जी के समसामयिक फक्कड़ कवि नवीन 'कुंकुम' में कह चुके थे 'एक हिलोर इधर से आये, एक हिलोर उधर से आये, माता की छाती का अमृतमय पय कालकूट हो जाये।' दूसरे अलमस्त कवि भगवती बाबू ने 'हम दीवानों की क्या हस्ती, हैं आज यहाँ कल वहाँ चले' में इसी प्रकार की भावना व्यक्त की है। कबीर ऐसे फक्कड़ नहीं थे, वास्तव में वे क्रान्तिकारी विद्रोही कवि थे। पत्थर की तरह उनके कठोर व्यक्तित्व को अनदेखा कर द्विवेदी जी ने उन्हें भी दलित द्राक्षा की तरह अपने को निचोड़ कर समर्पित हो जाने वाले भावुक भक्त की तरह ही अंकित किया है...आदि, आदि!' मैंने उत्तर दिया था, 'पत्थर कलेजे वाले कबीर को यदि पत्थर ही समझें तो यह भी उनकी अपनी दृष्टि का परिणाम है। कबीर की उक्ति 'जिन हरि जैसा जाणिया तिन कूँ तैसा लाग' स्वयं कबीर पर भी लागू होती है। कबीर निश्चय ही रूढ़ियों के उग्र विरोधी...और इस दृष्टि से विद्रोही कवि थे किन्तु क्या यही उनका सर्व प्रमुख परिचय है। 'लागी चोट मरम की, गयी कलेजा छाँणि' 'मेरा मुझमें कुछ नहीं जो कुछ है सो तेरा', 'कबीर कूता राम का मुतिया मेरा नाऊँ', कहने वाले कबीर के लिए यह कहना ग़लत कैसे है कि उन्होंने दलित द्राक्षा की तरह निचोड़ कर अपने को प्रभु को अर्पित कर दिया था। इसको न मानने वालों से डरना ही चाहिए क्योंकि ऐसों से 'अनभै साँच' की दुहाई देने वाले

कबीर भी डरते थे। उन्होंने स्पष्ट कहा है, 'हरिजस सुनहिं न हरि गुन गावहिं। बातन ही असमान गिरावहिं। ऐसे लोगन को का कहिए। जे हरि किये भगति ते बाहिज तिन थे सदा डराने रहिए।' सुनने वालों को मजा आ गया। नामवर जी भी मुस्कुरा पड़े। द्विवेदी जी उस दिन इस विषय पर कुछ नहीं बोले किन्तु दूसरे दिन पन्त जी, महादेव जी, रामकुमार जी की उपस्थिति में उन्होंने एक पद सुनाया, जिसकी आरम्भिक पंक्तियाँ थीं...

सन्तो लगा कुम्भ का मेला,
एक हिलोर इधर से आयी, एक हिलोर उधर से आयी,
फँसा भँवर में चेला।

और कुछ कहना आवश्यक नहीं रह गया।

ऐसा भी नहीं है कि हम लोग मंचों पर बराबर टकराते ही रहे हों। बहुत बार बहुत से मुद्दों पर हम लोगों ने एक दूसरे का समर्थन भी किया है। विस्तारभय से केवल दो ही प्रसंगों की चर्चा कर रहा हूँ। अगस्त '83 में पटना विश्वविद्यालय के तत्त्वावधान में 'लोकचेतना और हिन्दी साहित्य' पर सप्तदिवसीय गोष्ठी आयोजित हुई। श्री नन्दकिशोर नवल के नेतृत्व में वहाँ के मार्क्सवादी प्राध्यापक मित्र यही सिद्ध करने पर तुले हुए थे कि लोकचेतना का अर्थ केवल श्रमिक कृषक वर्ग की चेतना ही हो सकता है और उसी वर्ग की चेतना को उजागर करने वाले लेखक कवि लोकचेतना सम्पन्न माने जा सकते हैं। मैंने भारतीय परम्परा के मान्य ग्रन्थों से उद्धरण देते हुए लोक को ऐसे अविभक्त समस्त समाज का प्रतिनिधित्व करने वाला शब्द बताया जो साधु और वेद के समानान्तर सामान्यजन का वाचक है, विद्या, बुद्धि, सत्ता आदि की दृष्टियों से अभिजन सिद्ध होने वालों का नहीं। मोटे तौर पर उसे साधारण जनता कहा जा सकता है। हिन्दी के राष्ट्रीयतावादी लेखकों-कवियों में भारतेन्दु से दिनकर तक निश्चय ही व्यापक लोकचेतना मिलती है। प्रगतिवादी लेखकों-कवियों में उनका एक विशिष्ट (और इस दृष्टि से सीमित) रूप भी परिलक्षित किया जा सकता है किन्तु उन्हीं तक लोकचेतना को सीमित कर देना संकीर्ण दृष्टि का पक्षपात मात्र है। नयी कविता के कुछ कवि भी (यथा भवानीप्रसाद मिश्र) और नवगीतकार भी लोकचेतना से समृद्ध हैं। मार्क्सवादी मित्रों का इससे क्षुब्ध होना स्वाभाविक था। नामवर जी उस दिन की गोष्ठी में नहीं आये थे। उन्हें इस मतभेद की सूचना ज़रूर मिली होगी। मुझे तथा अन्यों को भी इससे आश्चर्ययुक्त हर्ष हुआ कि अपने मार्क्सवादी मित्रों से असहमति प्रकट करते हुए उन्होंने भी लोक शब्द का अर्थ वर्गों में अविभक्त समाज

ही किया। ग्रामणी के शब्दों में उन्होंने उसे 'नेशनल पापुलर' का समर्थक बताया। अत: लोकचेतना पर केवल मार्क्सवादी लेखकों का एकाधिकार नहीं माना। मैंने उन्हें भूरि-भूरि बधाइयाँ दी थीं उस दिन।

इसी तरह भोपाल में 'भारत भवन' की ओर से जनवरी 1887 में 'आलोचक समवाय' का आयोजन किया गया था। 'आलोचना परम्परा और इतिहास' पर आलेख तैयार करने के लिए कहा गया था। मैंने उसका अर्थ आलोचना की परम्परा और इतिहास समझ कर अपना लेख लिखा था, जबकि आयोजकों का अभिप्राय था 'परम्परा और इतिहास से आलोचना का रिश्ता'। स्पष्टत: इस अर्थ-विभ्राट के कारण मेरा लेख हल्का पड़ गया और मुझे इसका बहुत खेद हुआ। मैंने अपनी पीड़ा नामवर जी को सुनायी। उन्होंने बहुत प्रेमपूर्वक कहा, 'अरे, आप परेशान न हों। आपने विषय को जिस अर्थ में समझा उसकी सम्भावना उसके शीर्षक में थी। कोई महत्त्वपूर्ण नाम छूट न जाये, इस चिन्ता के कारण आपने नाम कुछ उदारतापूर्वक गिना दिये। नाम कम होते तो अच्छा होता। पर ऐसा तो होता ही रहता है। आपको वाणी का वरदान मिला है। आप अवशिष्ट दिनों में फिर बोलिए। सभी मित्र आपकी क्षमता को जानते हैं। आप व्यर्थ दुखी न हों।' मुझे उनके सद्भाव ने बहुत बल दिया।

संयोग से उसी दिन 'आलोचना और राजनीति' पर जो लेख पढ़ा गया, उसमें नामवर जी पर सीधे और अश्लील ढंग से हमला किया गया था। 'आलोचना' पत्रिका के सम्पादक से रूप में उन पर हिन्दी आलोचना में पक्षपात, विभ्रम आदि फैलाने का आरोप लगाया गया था। मैंने उस पर प्रतिक्रिया व्यक्त करते हुए कहा था कि केवल नामवर जी और उनकी पत्रिका 'आलोचना' को दोष देने से क्या होगा, दूसरे बहुतेरे सम्पादक भी अपनी-अपनी पत्रिका के माध्यम से अपनी विचारधारा को आगे बढ़ाने को उचित-अनुचित चेष्टा करते रहते हैं। अपने मत के प्रचार का हक सबको है; बुराई तब उपजती है जब उसके लिए छल कपट, प्रलोभन या आतंक से काम लिया जाय, आलोचना और राजनीति के रिश्ते को भी ठीक-ठाक समझना चाहिए। मैं सक्रिय राजनीति में लिप्त हूँ और आलोचना भी लिखता हूँ। वोट मैं अपनी ही पार्टी को देता हूँ लेकिन कविता सब पार्टियों और विश्वासों के कवियों की पढ़ता हूँ, जो अच्छी होती हैं, उन्हें सराहता भी हूँ, याद भी करता हूँ। राजसत्ता के प्रलोभन और आतंक से मुक्त रहकर साहित्य की आलोचना करते समय प्रशस्त राजनीतिक दृष्टि का उपयोग तो करता हूँ किन्तु उसे सर्वग्रासी नहीं बनने देता। बात ईमानदारी से कही जायेगी तो विरोधी भी उसका सम्मान करेंगे। राजेन्द्र यादव ने एक बार मुझसे बड़ा अटपटा प्रश्न पूछा था, यह कैसे सम्भव है कि आपके लेख 'धर्मयुग' और 'आलोचना' दोनों में छपते रहते हैं। इसका जवाब इसके अतिरिक्त और क्या हो

सकता है कि धर्मवीर भारती और नामवर सिंह दोनों कई बातों में मुझसे असहमत होते हुए भी यह समझते हैं कि मैं अपनी बात ईमानदारी के साथ युक्तियुक्त ढंग से कह पाता हूँ। उन दोनों सम्पादकों के विवेक के प्रति मैं कृतज्ञ हूँ।

बाहर निकला तो नामवर जी ने मुझे सबके सामने गले लगा लिया और मुक्त कण्ठ से मेरे वक्तव्य की प्रशंसा की। वे अपने खेमे के मित्रों की आपत्ति के बावजूद उस गोष्ठी में आये थे। और सम्भवत: इसीलिए अपने से अधिक मर्माहत हुए थे। मुझे आन्तरिक सन्तोष हुआ कि मेरे वक्तव्य से उनकी पीड़ा कुछ कम हुई।

1857 के स्वाधीनता संग्राम और हिन्दी के नवजागरण पर पड़े उसके प्रभाव के प्रश्न पर हम दोनों जनवरी 1987 में सरदार पटेल विश्वविद्यालय आनन्द की विचार गोष्ठी में विरोधी मत व्यक्त कर चुके थे। उसके बाद 'आलोचना' (79) के अग्रलेख में नामवर जी ने विस्तारपूर्वक डॉ. रामविलास शर्मा की इस स्थापना का खण्डन किया कि 1857 के स्वाधीनता संग्राम से ही हिन्दी नवजागरण का आरम्भ होता है। मुझे लगा कि न केवल नामवर जी, बल्कि अन्य मार्क्सवादी आलोचक भी रामविलास जी की राजनीतिक दृष्टि से असहमत होने के कारण 1857 के स्वाधीनता संग्राम का महत्त्व कम कर हिन्दी नवजागरण को उसके दाय से वंचित कर देना चाहते हैं, जो सरासर अन्याय हैं। मैंने नामवर जी के तर्कों को उन्हीं के अपने पूर्व व्यक्त मतों के विरुद्ध दिखाकर तथा तथ्यों के आधार पर अस्वीकार्य बताकर यह प्रतिपादित करने की चेष्टा की कि 1857 का प्रभाव निश्चय ही हिन्दी नवजागरण पर पड़ा है, उसे केवल बँगला नवजागरण का अनुकरण बताना अनुचित है। यह लेख 'धर्मयुग' के 10 और 17 मई 1987 के अंकों में प्रकाशित हुआ है। इसके पहले मैंने उनके मतों का विस्तृत खण्डन लेख के रूप में नहीं किया था। मुझे इस का हर्ष है कि इसके बावजूद हम लोगों के सम्बन्ध में दरार नहीं पड़ी। वैचारिक मतभेद तो पहले भी था, आगे भी रहेगा किन्तु उनके वैयक्तिक स्नेह का अधिकारी मैं अब भी हूँ मैं अभी-अभी 20 जुलाई 87 को जवाहरलाल नेहरू विश्वविद्यालय में उनसे लम्बी गपशप करके आया हूँ। वे अपने पक्ष पर अडिग हैं, सिर्फ़ लोकसाहित्य सम्बन्धी मेरी स्थापना उन्होंने स्वीकार की, मेरे लिए यही बहुत है। उनका स्नेह मेरी बहुत बड़ी सम्पदा है।

फिर भी, उनके नाराज होने का ख़तरा उठाकर भी। एक बात कहूँगा, मुझे लगता है कि अब वे काफ़ी मात्रा में 'राजधानी के व्यक्ति' बन गये हैं, गाँव के आदमी उसी मात्रा में अब वे नहीं रहे। योगेन्द्र शर्मा जी को जो वचन उन्होंने दिये

थे, क्या वे उसका पूरी तरह पालन कर रहे हैं। मैं मानता हूँ कि आंशिक सही, यह विचलन उन्हें क्षतिग्रस्त कर रहा है। 1952 से वे सोच रहे हैं कि 'हिन्दी साहित्य का इतिहास' मार्क्सवादी दृष्टि से लिखना है, उसके लिए अच्छी प्रतिनिधि कविताओं का सहयोगी संकलन तैयार करना है किन्तु सम्भवतः रणनीति के चक्कर में पड़कर ही इसके लिए वे समय नहीं निकाल पा रहे हैं। भगवान की कृपा से वे शतायु हों पर अब कठिन परिश्रमयुक्त चिन्तन-मनन-लेखन के लिए अधिक समय उनके पास नहीं है। अपनी प्रतिभा का रचनात्मक प्रयोग कर वे हिन्दी को अपना सर्वोत्तम दे जा सकें, प्रभु से मैं यह प्रार्थना करता हूँ। अभी तक अपनी क्षमता का एक छोटा अंश ही वे ग्रन्थों के रूप में दे पाये हैं। भगवान की कृपा से वे अब 'दलित द्राक्षा' की तरह अपने को निचोड़ कर हिन्दी और हिन्दुस्तान को अपने को अर्पित कर सकें, मेरी यही मंगलकामना है।

नामवर से बहस करना, नामवर को पढ़ना, नामवर से सीखना, नामवर का खण्डन-मण्डन करना, नामवर को बड़े भाई के रूप में पाना मेरे जीवन की विशिष्ट उपलब्धियाँ हैं। राम करें, हम लोगों का सम्बन्ध अन्तिम साँस तक इसी आत्मीयता के साथ निभता रहे।

मार्क्सवादी आलोचना : नये क्षितिज और नामवर सिंह

•

परमानन्द श्रीवास्तव

हिन्दी में मार्क्सवादी आलोचना या एक सीमित अर्थ में ही सही; मार्क्सवादी सौन्दर्यशास्त्र का विकास डॉ. रामविलास शर्मा के बाद नामवर सिंह में ही अधिक स्पष्ट रूप में दिखाई देता है। शिवदान सिंह चौहान जैसे महत्त्वपूर्ण मार्क्सवादी या प्रगतिशील आलोचक या तो चुप हो गये हैं या अपने ऐतिहासिक महत्त्व के कारण ही बहुत कुछ 'सन्दर्भ' होकर रह गये हैं। अमृतराय की हाल में प्रकाशित पुस्तक 'विचारधारा और साहित्य' उनके चिन्तन की तीक्ष्णता से तो परिचित कराती है, पर मार्क्सवादी सौन्दर्यशास्त्र या मार्क्सवादी आलोचना जिस विशिष्ट अर्थ में साहित्य -विश्लेषण, साहित्य-विवेक या साहित्यिक-मूल्यांकन की एक पद्धति भी है, उसे समझने में हमारी कोई सहायता नहीं करती। आज के साहित्यिक आलोचनात्मक परिदृष्टि में नामवर सिंह की सक्रिय उपस्थिति का अपना ख़ास अर्थ और महत्त्व है। साहित्य और साहित्य की आलोचना के बारे में नामवर सिंह की कुछ निश्चित मान्यताएँ (या कहना चाहें, पूर्वग्रह) हैं जिनके चलते वे निरन्तर विवाद में रहे हैं। जो आलोचना प्रकृति से हो संवादधर्मी है, वही विवादों को भी जन्म दे सकती है। जिनके लिए आलोचना स्वयमालाप या स्वगतभाषण है, निष्पक्षता या तटस्थता के बावजूद उनसे आलोचना को कुछ हासिल होने वाला नहीं है। आज भी ऐसे स्वगत चिन्तन को आत्मपीड़ा का बोझिल दर्दनाक रूप देने वाले मार्क्सवाद-विरोधी आलोचक कम नहीं हैं; जिनके लिए साहित्य एकान्त विचार-विलास है और जिन्हें शेष दुनिया की कोई ख़बर नहीं। उनके स्थायित्व की कसौटी यही हो सकती है कि उनका आलोचनात्मक शब्द लिखे जाने के साथ ही अप्रासंगिक हो उठता है।

नामवर सिंह की आलोचना विवाद-ग्रस्त है, प्रासंगिकता को चरम मूल्य न मानकर वह प्रासंगिक भी है और कालजयी होने की सम्भावना भी वहीं है। नामवर सिंह मार्क्सवादी आलोचना को समृद्ध करने वाले आलोचक भी हैं और उसे चुनौती देने वाले आलोचक भी। कुत्सित समाजशास्त्र और पतनोन्मुख कलावाद के विरुद्ध नामवर सिंह का संघर्ष सुपरिचित तथ्य हैं।

साहित्य के अध्ययन के प्रति मार्क्सवादी दृष्टिकोण 'द्वन्द्वात्मक भौतिकवाद' की स्वीकृति पर आधारित हैं। विशेष रूप से साहित्येतिहास के अध्ययन के सन्दर्भ में द्वन्द्वात्मक प्रणाली के उपयोग की विशेषताओं को रेखांकित करते हुए नामवर सिंह ने स्वीकार किया है कि यह दृष्टि वस्तु, व्यक्ति, घटना और विचार को अन्य वस्तुओं, 'व्यक्तियों, घटनाओं और विचारों के अविभाज्य प्रसंग में देखने में सहायक है। वह वस्तुओं, व्यक्तियों, घटनाओं और विचारों को गतिशील परिवर्तनशील और क्रमबद्ध रूप में देख पाती हैं। वह विकास क्रम को ऊर्ध्वोन्मुख और अग्रसर रूप में देखने के साथ ही वस्तुओं, व्यक्तियों, घटनाओं और विचारों में निहित असंगति या अन्तर्विरोध को पहचानने में सक्षम है। पर यहीं नामवर सिंह साहित्य के अध्येता या समीक्षक को संकेत करते हुए कहना चाहते हैं–साहित्य के भी अपने नियम हैं। रूपतत्त्व सम्बन्धी विशेषताएँ न जानें तो भौतिकवाद का सामान्य सिद्धान्त कोई मदद नहीं करेगा। 'अपने नियम' के बारे में भ्रम न हो, इसलिए वे यह भी स्पष्ट करना चाहते हैं कि 'साहित्य तथा उसके नियमों की जड़ें स्वयं साहित्य में ही नहीं हैं, बल्कि उसके बाहर हैं और बाहर का अर्थ है–वातावरण, परिस्थिति और समाज।' (इतिहास और आलोचना, पृ. 143)।

मार्क्सवादी आलोचना के सन्दर्भ में नामवर सिंह के योगदान पर विचार करते हुए आरम्भ में ही स्वीकार कर लेना चाहिए कि सिद्धान्त प्रतिपादन या दर्शन नामवर सिंह का अपना क्षेत्र नहीं है। रेने वेलेक और एफ.आर. लीविस के बीच की प्रसिद्ध साहित्यिक बहस पाठकों के ध्यान में हो तो उन्हें लीविस के अपने दृष्टिकोण की याद दिलाते हुए कहा जा सकता है कि नामवर सिंह लीविस की ही तरह सिद्धान्तशास्त्री न होकर साहित्यिक आलोचक हैं जिनके लिए आलोचना आस्वाद भी है, सार्थक विश्लेषण और मूल्यांकन भी। इस दृष्टि से आलोचना एक संश्लिष्ट व्यापार है। नामवर सिंह साफ़-साफ़ कहना चाहते हैं कि 'आलोचना का काम प्रतिमानों को सूत्रबद्ध करना नहीं है। वह दार्शनिकों का काम है।' नामवर सिंह को यह स्वीकार करने में झिझक नहीं कि हिन्दी की मार्क्सवादी आलोचना मुख्य रूप से काव्य-समीक्षा है। नामवर सिंह जहाँ लूकाच को आदर्श मानते हैं, वहीं लीविस को

भी। लूकाच के सम्बन्ध में वे कहते हैं, 'लूकाच का विकास भी क्रमशः व्यावहारिक आलोचनाएँ करते हुए, अन्त में मार्क्सवादी सौन्दर्यशास्त्र के निर्माण की दिशा में हुआ, मैं उन्हीं का अनुसरण कर रहा हूँ। मुझे यही रास्ता सही लगता है।' लूकाच के पाठक जानते हैं कि वे विश्लेषण की निश्चित पद्धति से गुज़र कर ही वस्तुपरक निष्कर्षों तक पहुँचने के पक्ष में रहे हैं। दूरगामी दार्शनिक बोध और राजनीतिक चेतना के आलोक में रचना का घनिष्ठ पाठ ही उनके आलोचनात्मक विश्लेषण का मुख्य आधार रहा है। मार्क्सवाद-विरोधी लीविस से बारे में नामवर सिंह को यह स्वीकार करते हुए संकोच नहीं–'मुझे साहित्य के प्रति लीविस की एकनिष्ठ गम्भीरता ने आकृष्ट किया जिसमें गहरा नैतिक बोध है, ठोस कृतियों पर सतत एकाग्र दृष्टि है, किसी प्रलोभन से भ्रष्ट न होने वाली अविचल निष्ठा है और है चौतरफ़ा विरोधी वातावरण के बीच निरन्तर संघर्ष करने वाला एक व्यक्तित्व।'

लीविस की आलोचना की मुख्य प्रतिज्ञा ही रही है, रचना के घनिष्ठ पाठ के आधार पर रचनात्मक मूल्य की पहचान। आलोचनात्मक निष्ठा के बावजूद अन्तर्विरोध लूकाच के यहाँ भी है और लीविस के यहाँ भी। नामवर सिंह की आलोचनात्मक विचारधारा में भी फाँक या अन्तर्विरोध दिखाने के लिए दूर जाने की ज़रूरत नहीं है। जिन मान्यताओं को वे बार-बार दुहराते हैं उन्हीं में अन्तर्विरोध लक्ष्य किये जा सकते हैं। कठिनाई इसके आगे है। अन्तर्विरोध कहीं केवल सामान्य दुर्बलता, दुविधा अथवा अनिश्चय के सूचक हो सकते हैं और कहीं वे गहरी अन्तर्दृष्टि के संकेत होते हैं। नामवर सिंह के गहरे साहित्यिक आलोचनात्मक विवेक में इन अन्तर्विरोधों की स्थिति दूसरे प्रकार की है। साहित्य के स्वधर्म, सहित्य की स्वकीय विशिष्टता या साहित्य की सापेक्ष स्वायत्तता पर बल देते हुए तथा आलोचना-सम्बन्धी रूपगत अवधारणाओं का उपयोग करते हुए भी नामवर सिंह कलावाद या रूपवाद के ख़तरों के प्रति उतने ही सचेत हैं जितने आचार्य रामचन्द्र शुक्ल। मार्क्सवादी आलोचना के सिद्धान्तों को सूत्रबद्ध करने से इनकार उनकी दृष्टि में मार्क्सवादी आलोचना की अन्तःप्रकृति के अनुरूप ही है। विचारधारा और साहित्य के आपसी सम्बन्धों के बारे में विचार करते हुए वे कहते हैं, 'किसी साहित्यिक कृति के मूल्यांकन में राजनीतिक विचार हमेशा निर्णायक नहीं होता। लेखक की राजनीति, उसकी सम्पूर्ण जीवन-दृष्टि या विश्वदृष्टि नहीं है, वह उस विश्वदृष्टि का एक अंश है जिसमें लेखक का सौन्दर्य बोध निर्धारित होता है और जिसकी अभिव्यक्ति स्वयं साहित्यिक कृति है। किसी कृति के अन्दर लेखक की राजनीति तथा चित्रित जीवन-यथार्थ में कभी-कभी अन्तर्विरोध भी होता है।' कहने की ज़रूरत नहीं कि यह विवेक ही नामवर सिंह की व्यावहारिक आलोचना-दृष्टि को अनुशासित करता है और व्यावहारिक आलोचना ही उनका प्रमुख कार्य-क्षेत्र है।

नामवर सिंह की आलोचना के सारे औज़ार मार्क्सवादी न हों, उनकी दृष्टि में महत्त्वपूर्ण है उन रूपवादी अवधारणाओं के इस्तेमाल का ढंग यानी वह समग्र पद्धति जिसके अन्दर इन अवधारणाओं या ग़ैरमार्क्सवादी औज़ारों का इस्तेमाल किया जाता है। नामवर सिंह की आलोचना का परिप्रेक्ष्य मार्क्सवादी है, पद्धति निजी। इससे यह भ्रम नहीं होना चाहिए कि उनके सभी साहित्य-सम्बन्धी निर्णय व्यक्तिगत अभिरुचि तथा पूर्वाग्रह से प्रभावित हैं। अभिरुचि का भी निरन्तर परीक्षण नामवर सिंह की आलोचनात्मक निष्ठा का विषय रहा है। नामवर सिंह जब अपनी आलोचना- दृष्टि को '56 के बाद' विशिष्टि ऐतिहासिक समय-सन्दर्भ से जोड़ना चाहते हैं तो उनका ध्यान मार्क्सवादी विचारधारा के भीतर घटित नये प्रस्थान की ओर जाता है जब साहित्य और कला को विचारधारा मात्र कहना सम्भव नहीं रह गया और साहित्य और समाज, साहित्य और राजनीति के सम्बन्धों की जटिलता का अहसास ज़्यादा हुआ। इसके आगे ही यह सम्भव हुआ कि मार्क्सवादी आलोचना साहित्य के स्वरूप-विश्लेषण में तथा लेखक की विचारधारा और सर्जनात्मक कृति के सम्बन्ध के विवेकपूर्ण विश्लेषण में भी अधिक सूक्ष्म और सक्षम सिद्ध हुई। नामवर सिंह रचना को जाँचने का काम सौन्दर्यशास्त्री की दृष्टि से करते हैं और वे मानते हैं कि कला की शर्तें जीवन की शर्तों के अतिरिक्त भी होती हैं। इसे मार्क्सवादी दृष्टिकोण से विचलन नहीं मानना चाहिए। नामवर सिंह के तर्क के अनुसार सौन्दर्य-शास्त्र मार्क्सवाद के मूल में है उसका बाईप्रोडक्ट नहीं है, फोकट का माल नहीं है। प्रमाण हैं लूकाच–जो सौन्दर्यशास्त्र की दुनिया में ही राजनीतिक और दार्शनिक संघर्ष करते आये हैं। नामवर सिंह की व्यावहारिक-साहित्यिक आलोचना में ही उनके बृहत्तर संघर्ष की झलक मिल जाती है। 'वस्तु और रूप में द्वन्द्वपूर्ण तनाव'–यह सूत्र मार्क्सवादी सौन्दर्यशास्त्र से ही लिया गया है जो साहित्य के रूप-विश्लेषण में नामवर सिंह को सबसे अधिक उपयोगी जान पड़ता है। जहाँ अक्सर मार्क्सवादी आलोचना में मान्यताओं की घोषणा पहले की जाती है और रचना का मूल्यांकन उन्हीं मान्यताओं पर बल देते हुए किया जाता हैं। नामवर सिंह अपनी पद्धति की विशिष्टता इसी रूप में सुरक्षित रखना चाहते हैं–'रूपविश्लेषण से अतर्वस्तु के विश्लेषण की ओर और अन्त में समग्रतः मूल्य निर्णय।' उनके अनुसार मार्क्सवादी सौन्दर्यशास्त्र के विकास की सम्भावना इसी दिशा में है। जिन्हें नामवर सिंह के ऐसे तर्क मार्क्सवादी आलोचना के अपने आधारों का अतिक्रमण मात्र जान पड़ते हैं, उनसे नामवर सिंह कहना चाहते हैं–मार्क्सवादी साहित्य दृष्टि बराबर ही कविता की सापेक्ष स्वतन्त्रता पर बल देती रही है। हिन्दी से और उदाहरण लें तो मुक्तिबोध के अलावा, जिनका मत 'कविता

के नये प्रतिमान' में उद्धृत है, डॉ. रामविलास शर्मा के 'आस्था और सौन्दर्य' में भी यही मान्यता व्यक्त की गयी है। वस्तुतः यही वह आधार है जिससे वे एक ओर शुद्ध कविता के समर्थक रूपवादी आलोचकों से लोहा लेते रहे हैं और दूसरी ओर कविता को समाज का पर्याय मानने वाली स्थूल समाज-शास्त्रीय आलोचना से संघर्ष करते रहे हैं।' (कविता के नये प्रतिमान, द्वितीय संस्करण की भूमिका) महत्त्वपूर्ण सच्चाई यह है कि गहरा साहित्यिक विवेक ही नामवर सिंह के सार्थक मूल्य-निर्णय की प्रेरणा है। वैचारिक संघर्ष में अपना पक्ष चुनते हुए भी नामवर सिंह इस 'साहित्यिक विवेक' पर ही अधिक भरोसा करते हैं। मार्क्सवादी आलोचना जहाँ कई बार मूल्यबोध के स्थिर रूप अथवा प्रणाली को ही स्वीकार कर पाती है, नामवर सिंह मूल्यबोध के अभ्यस्त रूप या प्रणाली को भेदकर या विचलित करते हुए नये अर्थ और मूल्य के आविष्कार में रुचि दिखाते हैं। आलोचना नामवर सिंह की दृष्टि में विश्लेषण ही नहीं, मूल्यांकन भी है पर वे इसके लिए उत्सुक जान पड़ते हैं कि कोई कृति किसी विशेष दौर में एक सर्वथा नयी ऐतिहासिक सम्भावना से, नये अर्थ से सम्पन्न हो सकती है। मूल्यांकन से पहले उसके प्रति ही ऊपरी पर्युत्सुकता तथा मुक्त दृष्टि ज़रूरी है। कृति के सौन्दर्य मूल्य और उसकी ऐतिहासिकता में एक द्वन्द्वमूलक सम्बन्ध भी होता है। नामवर सिंह उसके प्रति भीग हरी सजगता का परिचय देते हैं।

जिन साहित्यक निर्णयों के लिए नामवर सिंह सबसे अधिक विवादास्पद रहे हैं और जिन्हें लेकर मार्क्सवादी विचार क्षेत्र में सबसे कठोर आपत्तियाँ की गयी हैं, उनमें एक है–निर्मल वर्मा का मूल्यांकन। सुपरिचित तथ्य है कि 'परिन्दे' नाम से प्रकाशित निर्मल के पहले कहानी संग्रह की समीक्षा नामवर सिंह ने मुक्त हृदय से की थी और अपनी आस्वाद-क्षमता के बल पर कहानी में प्रभाव की गहराई, चरित्र-वातावरण-कथानक आदि के कलात्मक रचाव, राग-धर्म (हार्मनी) की पहचान, अनाशक्ति या तटस्थता और कलात्मक संयम की ओर इशारा करते हुए 'परिन्दे' को 'नयी कहानी' का पहला संग्रह कहा था। इस समीक्षा में नामवर सिंह की कई स्थापनाएँ विवादास्पद हो सकती हैं। जैसे : 'चरित्र वहीं याद आते हैं, जहाँ भाव कमज़ोर होता है और शिल्प प्रबल, जहाँ कहानी के ढाँचे में दरार रहती है।' इस निर्णय को प्रेमचन्द की ही महत्त्वपूर्ण कहानियों पर लागू करना चाहें तो कठिनाई होगी–'नयी कहानी' वाले दौर की उन कहानियों की बात अलग है जिनमें चरित्र का मतलब था–एक आदर्श भावपूर्ण सृष्टि जो भावुकता जगाने में कामयाब थी, पर यथार्थ की जीवित पहचान कराने में विफल। नामवर सिंह अपनी 'दृष्टि' का प्रमाण वहाँ देते हैं जहाँ वे 'डायरी का खेल' की बिट्टो की जीवनशक्ति और मृत्यु से संघर्ष

को लक्ष्य कर कहते हैं–'जीवन की यह लालसा एक ओर मृत्यु की भयंकरता को उग्र करती है तो दूसरी ओर अजेय जीवनशक्ति का भी आभास दिलाती है। इसी प्रकार घोर-से-घोर निराशा की स्थिति में भी निर्मल स्थिति का अतिक्रमण करने का प्रयत्न करते हैं।' निर्मल वर्मा का मार्क्सवाद-विरोध इन दिनों काफ़ी प्रकट है। उनकी विचारधारा की सीमाएँ तथा अन्तर्विरोध भी प्रकट हैं। नामवर सिंह की निर्मल वर्मा से असहमति जिन ख़ास मुद्दों पर हैं, उनसे समकालीन साहित्य-जगत् के पाठक परिचित हैं। पर आज भी, विचारधारा से तीखी असहमति के बावजूद, जहाँ ज़रूरी जान पड़ता है नामवर सिंह निर्मल वर्मा की कलात्मक संवेदना को स्वीकृति देने में हिचकते नहीं हैं, यद्यपि वे यह भी बता पाने में सक्षम हैं कि मार्क्सवाद-विरोध के प्रति निर्मल के आत्यन्तिक उत्साह ने स्वयं उनकी रचनात्मकता के लिए कहाँ संकट पैदा किया है! नामवर सिंह के साहित्यिक विवेक की जाँच मुक्तिबोध, रघुवीर सहाय और श्रीकान्त वर्मा के काव्यसंसार के मूल्यांकन के आधार पर ही नहीं, जिसकी काव्यानुभूति की बनावट सूक्ष्म या जटिल है, नागार्जुन और त्रिलोचन के आधार पर भी की जानी चाहिए–जिनकी सरलता या साधारणता चकित करने वाली है और एक अर्थ में बहुस्तरीय है। बल्कि नामवर सिंह की साहित्यिक समझ और संवेदना की ठीक-ठीक पहचान के लिए हिन्दी आलोचना की परम्परा से उनके मूल्यांकन को भी आधार बनाना चाहिए जिसके अन्तर्गत वे आचार्य शुक्ल, आचार्य हजारीप्रसाद द्विवेदी और डॉ. राम विलास शर्मा के आलोचनात्मक योगदान पर विवाद करते हैं। मार्क्सवाद में आस्था रखने वाले अनेक लेखकों-पाठकों की राय में नामवर सिंह नवीनता या आधुनिकता के प्रति एक तरह के 'आब्सेशन' (obsession) का परिचय देते हैं। जब विस्तृत परिप्रेक्ष्य में नामवर सिंह की आलोचना का पूर्वाग्रहरहित मूल्यांकन किया जायेगा, तभी पता लगेगा कि परम्परा और नवीनता के रिश्तों की समझ उनमें कितनी साफ़ और सही है। तभी तो किसी को उनकी आलोचनात्मक प्रतिभा सहज स्वेच्छाचारी जान पड़ती है, कोई उनके पूर्वानुमानों को लेकर चिन्तित है, किसी को उनके मार्क्सवादी होने पर आपत्ति है, किसी अन्य को उनके ठीक से मार्क्सवादी न होने पर एतराज है। ज़रूरी यह है कि नामवर सिंह की आलोचना पर कोई निर्णय देने से पहले, मार्क्सवादी आलोचना में उनका स्थान निर्धारित करने के पहले, उनके विकासक्रम को, साथ ही विकास की दिशा को, लक्ष्य किया जाये। क्या यह बताने की ज़रूरत है कि मार्क्सवाद ही वह विचारधारा है जिसमें द्वन्द्वात्मक विकास की सम्भावना बराबर बनी रहती है। ख़ुद नामवर सिंह के अनुसार, 'यही

वह सक्रिय गतिशील विचार व्यवस्था है जो स्थिर रूप से निश्चित किये जाने वाले अर्थ को चुनौती देने में सक्षम है।' एक आलोचक-प्रतिभा के विकास में रुचि या विचार-परिवर्तन का अपना महत्त्व होता है और उसके कारण अधिक सूक्ष्म होते हैं। मार्क्सवादी आलोचनात्मक चिन्तन में भी वस्तु-रूप, आधार-अधिरचना, परिवेश -मूल्य, उत्पादक-उत्पाद्य जैसी अवधारणाएँ शुरू में ही स्थिर नहीं कर दी गयी हैं। लेकिन इन अवधारणाओं में अर्थ का बदलना या विकसित होना एक निश्चित परिप्रेक्ष्य से जुड़ा होता है। नामवर सिंह के आलोचनात्मक चिन्तन और पद्धति के विकास को भी परिप्रेक्ष्य से अलग करके नहीं देखा जा सकता।

'कहानी : नयी कहानी', 'छायावाद', 'कविता के नये प्रतिमान'–पुस्तकों में नामवर सिंह की आलोचना-दृष्टि को प्रत्यक्ष करने वाले विचार-सूत्र मिल जायेंगे जिनकी सार्थकता मार्क्सवादी आलोचना के दायरे में आँकी जा सके या जो मार्क्सवादी आलोचना के लिए आसुविधाजनक होते हुए भी पुन: विचारणीय माने जायें। कहानी की आलोचना की ओर नामवर सिंह सहज इसलिए नहीं आकृष्ट हुए कि उन्हें पाठ-विश्लेषण के बहाने कहानी-समीक्षा की नयी पद्धति विकसित करने की ज़रूरत महसूस हुई–वे इसलिए भी कहानी के निकट गये कि 'हिन्दी कविता की अपेक्षा कहानी में स्वस्थ सामाजिक शक्ति कहीं अधिक है और आज उपन्यास की तरह कहानी सामाजिक परिवर्तन के लिए ज़ोरदार साहित्यिक शस्त्र का काम कर रही है।' (कहानी : नयी कहानी : पृ. 22) जिनकी दिलचस्पी सिर्फ़ पाठ-विश्लेषण में है, वे साहित्य को सामाजिक परिवर्तन का हथियार नहीं मानते। मार्क्सवादी दृष्टि का प्रमाण देने के लिए समूचे आलोचनात्मक विश्लेषण को सिद्धान्तों में घटाकर देखना ज़रूरी नहीं हैं। मार्क्स-लेनिन के साक्ष्य के अभाव में भी नामवर सिंह के आलोचनात्मक विश्लेषण का वैचारिक आधार जाना जा सकता है। कहानी या कहानीकार की सार्थकता को मूल्य के रूप में परिभाषित करते हुए जब नामवर सिंह कहते हैं– कहानीकार की सार्थकता इस बात में है कि वह अपने युग के मुख्य सामाजिक अन्तर्विरोध के सन्दर्भ में अपनी कहानियों की सामग्री चुनता है। ऐतिहासिक विकास के दौरान विरोधी शक्तियों के संघर्ष के फलस्वरूप जीवन के नये-नये क्षेत्र खुलते चलते हैं; पिछले युग की दबी हुई शक्तियाँ उभर आती हैं और उभरी हुई शक्तियाँ दब जाती हैं; गौण प्रधान हो जाता है और प्रधान गौण। इस प्रकार सामाजिक अन्तर्विरोध का रूप ही नहीं बदलता, बल्कि उसमें भाग लेने वाली अथवा भाग न भी लेने वाली किन्तु भाग बनने वाली हर सामाजिक इकाई के भीतर अन्तर्विरोध के रूप भी बदल जाते हैं।'–उनके विश्लेषण का वैचारिक आधार अज्ञात नहीं रहता।

गूढ़ प्रतीकवाद या अतिरिक्त सांकेतिकता से कहानी के सर्वथा विचारशून्य होने का भारी ख़तरा है–यह बात रूपवादियों की समझ में आने वाली नहीं है। नामवर सिंह कहानी से 'प्रभावान्विति की ही अकेली माँग नहीं करते–'ज़िन्दगी की मांसलता और छोटी-छोटी बातों के ब्योरे में बिखरी हुई ठोस वास्तविकता के चित्रण' की माँग भी करते हैं। बेशक, नामवर सिंह उन अनेक कहानियों के अन्त:संगठन या सौन्दर्य-मूल्य पर भी स्वीकृति की मुहर लगाते हैं जिन्हें मार्क्सवादी विचार या दृष्टि से कुछ लेना-देना-नहीं है। वहीं उनका साहित्यिक विवेक ही निर्णायक होता है। साहित्यिक विवेक को मुक्त रखने वाली तटस्थता से नामवर सिंह को परहेज नहीं। वे जिस तरह की निष्पक्षता के विरुद्ध हैं, उसका सन्दर्भ भिन्न है। कहीं वे कहते हैं।–'जो विरोध धाराओं के संघर्ष से घबड़ाकर निष्पक्षता में विश्राम करना चाहता है वह प्रवाह पतित होकर अनजाने ही इतिहास विरोधी धारा में जा पड़ता है।' कहा जा सकता है कि नामवर सिंह विशेष अर्थ में अपने साहित्यिक विवेक के ही पक्षधर हैं। सामाजिक वास्तविकता और आन्तरिकता को लेकर उनके मन में कोई सुविधा नहीं है। उनके अनुसार 'सामाजिक वास्तविकता में प्रवेश करने पर ही हम अपने मन में भी प्रवेश करते हैं।' अनुभूति की आन्तरिकता का निषेध नामवर सिंह के यहाँ नहीं है। उनकी समझ इस बारे में जरूर साफ़ है कि अनुभूति अपने आप में 'वास्तविकता नहीं है, बल्कि वास्तविकता-सम्बन्धी भावना है। इसीलिए वह वास्तविकता का एक अंश अथवा पहलू है।' (इतिहास और आलोचना, पृ. 53)

उषा प्रियंवदा की कहानी 'वापसी' का 'अकेलापन' किस अर्थ में 'सामाजिक' है, इसकी व्याख्या करने के लिए नामवर सिंह ने मार्क्स के विचारों को ही आधार बनाया है। 'गरज कि 'वापसी' का अकेलापन सारे समाज का भले ही न हो, किन्तु वह 'सामाजिक' तो है ही। अकेलापन, ज़ाहिर है कि व्यक्ति को ही महसूस होता है किन्तु यह व्याधि तो सामाजिक ही कही जायेगी–उसी प्रकार जैसे असामाजिकता भी सामाजिक व्याधि है। आधुनिक समाज में बढ़ती हुई विच्छिन्नता (एलिएनेशन) की चर्चा मार्क्स ने भी की है जिसका एक रूप अकेलापन भी है, किन्तु इससे मार्क्स को कोई व्यक्तिवादी या असामाजिक नहीं कहता।' अपने साहित्यिक विवेक या अन्तर्दृष्टि के आधार पर ही नामवर सिंह लक्ष्य कर सके हैं कि 'रचनात्मक साहित्य का कोई भी अनुभव-सत्य इस अर्थ में तो अतिशयोक्तिपूर्ण होता ही है कि जीवन में पूर्णत: वह कहीं नहीं मिलता, किन्तु रचना की अपनी तर्क-प्रक्रिया के द्वारा लेखक किसी सामान्य तथ्य की परिणति ऐसी पूर्णता में करता है कि वह हमारे

जीवन-सम्बन्धी राग-बोध का मूल्यवान अंग बन जाता है।' प्रेमचन्द की प्रसिद्ध कहानी 'कफ़न' में यथार्थ के संश्लिष्ट उपयोग का मर्म जिनके लिए अब तक पहेली है, उन्हें नामवर सिंह की इस स्थापना पर विशेष ध्यान देना चाहिए। नामवर सिंह उपर्युक्त टिप्पणी में जाने-अनजाने उसी सौन्दर्य मूलक भाँति (Aesthetic Illusion) की ओर संकेत कर रहे हैं जिसकी स्वीकृति परवर्ती मार्क्सवादी चिन्तन और सौन्दर्यशास्त्र में स्पष्ट दिखाई देती है। कहानी का पाठ-विश्लेषण ही नहीं, उसके बहाने कहानी की अन्तर्वस्तु, अर्थ और परिप्रेक्ष्य की पूरी व्याख्या नामवर सिंह की कहानी–समीक्षा को उल्लेखनीय तथा महत्त्वपूर्ण बनाती है। रघुवीर सहाय की कहानी 'मेरे और नंगी औरत के बीच' की अनुभव-वस्तु का विश्लेषण करते हुए नामवर सिंह उस 'मानवतावाद' को रेखांकित कर सके हैं जो 'इसी पूँजीवादी युग से अमानवीय सामाजिक सम्बन्धों के तीखे बोध से पैदा हुआ है।' ज़ाहिर है व्यावहारिक विश्लेषण में नयी समीक्षा की रूपगत अवधारणाओं का इस्तेमाल करने के बावजूद नामवर सिंह की मूल दृष्टि मार्क्सवादी है। नयी समीक्षा के आलोचनात्मक पद या शब्द भी उनके यहाँ ठीक उन्हीं अर्थों के द्योतक नहीं हैं जो नये समीक्षकों द्वारा निश्चित किये गये हैं।

'छायाचित्रों में निहित सामाजिक सत्य' का उद्घाटन करने के उद्देश्य से लिखी गयी नामवर सिंह की पुस्तक 'छायावाद' एक महत्त्वपूर्ण काव्यान्दोलन का अपने ढंग का अकेला सुसंगत अध्ययन है जिसमें छायावादी कल्पना को स्वाधीनता संघर्ष से जोड़कर देखा गया है और छायावादी कवि की आत्माभिव्यक्ति की आकांक्षा को आत्म-प्रसार की आकांक्षा के रूप में परिभाषित किया गया है। नामवर सिंह कदाचित् छायावाद के पहले समीक्षक हैं जो प्रकृति की विराटता के बोध को वैज्ञानिक चेतना के नये सम्पर्क से सम्बद्ध करके देखते हैं, छायावादी सौन्दर्यबोध के पीछे स्त्री-पुरुष-सम्बन्धों में सक्रिय नयी नैतिकता की पहचान कर पाते हैं। नामवर सिंह का यह निष्कर्ष नयी दृष्टि का फल है : छायावाद ने प्रत्यक्ष रूप से भी समकालीन राष्ट्रीय आन्दोलन को प्रतिबिम्बित और प्रभावित करने में महत्त्वपूर्ण कार्य किया। यह दृष्टि डॉ. रामविलास शर्मा के यहाँ भी मिलेगी। नामवर सिंह की विशिष्टता का एक पहलू यह है कि वे छायावादी कल्पना की नवीनता और स्वाधीनता की व्याख्या के साथ छायावादी कविता की भाषिक संवेदना, रूपविन्यास छन्द-संगीत के बारे में भी नयी दृष्टि से विचार कर सके हैं। यहाँ पुनः नामवर सिंह के अचूक काव्यविवेक का महत्त्व स्वीकार करना पड़ता है। 'पन्त के शब्द अरूप और वायवी अधिक हैं क्योंकि वे अपना प्रधान थे। प्रसाद के शब्द मधु की तरह प्रगाढ़ अधिक हैं, क्योंकि

वह गहन अनुभूतियों के कवि थे। निराला के शब्द अनेक प्रकार के हैं क्योंकि उनमें प्रवृत्ति-बहुलता है–कहीं उनकी पदावली विराटता का बोध कराती है–कहीं विद्रोह का और कहीं गाढ़ता का।' इस प्रकार के सूक्ष्म विवेक से नामवर सिंह प्रमाणित कर सके हैं कि मार्क्सवादी आलोचक साहित्य के रूपविवेक में भी पीछे नहीं हैं। निराला के अकेलेपन पर नामवर सिंह की टिप्पणी ध्यान देने योग्य है– 'निराला का अकेलापन भी एक युद्ध-रत सेनानी का अकेलापन है। अपने जीवन के छोटे से संघर्ष के माध्यम से ही वे समाज के व्यापक संघर्ष का अनुभव कर रहे थे। उन्हें साहित्य में जो संघर्ष करना पड़ा, वह सामाजिक संघर्ष की छाया थी।' (छायावाद, पृ. 141) 'मैंने/मैं शैली/अपनाई' पंक्ति में 'मैं शैली' की व्याख्या करते हुए नामवर सिंह कहते हैं–'इस निजता और आत्मीयता के पीछे आधुनिक युवक का पूरा व्यक्तित्व है जो अपने को सीधे-सीधे अभिव्यक्त करने की सामाजिक स्वाधीनता चाहता है।' प्रत्यक्ष है कि नामवर सिंह का साहित्यिक सौन्दर्यशास्त्र भी अधिक व्यापक सामाजिक चिन्ता की ज़मीन पर स्थित है। जहाँ छायावाद में निहित गहरी सामाजिकता को उन्होंने स्वीकृति दी है वहीं छद्म छायावादी संस्कारों या पूर्वाग्रहों का निरन्तर विरोध किया है। परम्परा से ग्रहण और त्याग का यह विवेक मार्क्सवादी आलोचना दृष्टि का अतिक्रमण नहीं है।

नामवर सिंह की प्रसिद्ध पुस्तक–'कविता के नये प्रतिमान'–जिसे नयी समीक्षा की रूपवादी पद्धति के निकट माना जाता है और जिस पर प्रख्यात मार्क्सवादी आलोचक डॉ. रामविलास शर्मा की कठोर आपत्तियाँ उनकी विवादास्पद पुस्तक 'नयी कविता और अस्तित्ववाद' में दर्ज हैं, नामवर सिंह के स्वतन्त्र साहित्यिक विवेक और मार्क्सवादी आलोचना-दृष्टि के बाहर की सृष्टि नहीं है। अगर–ग्राम्शी की मार्क्सवादी आलोचना को निजी या वैयक्तिक होने की छूट है तो यही छूट–नामवर सिंह को क्यों नहीं दी जा सकती। मार्क्सवादी आलोचना ऐसी निजी वैयक्तिक छूटों की वजह से सम्पन्नतर हुई है और उसे अपने विकासक्रम में निरन्तर नये औज़ार प्राप्त होते रहे हैं। यह बात–ग्राम्शी, लूकाच, वाल्टर बेंज़ामिन की महत्त्वपूर्ण कृतियों के आधार पर इतिहास का सच बन चुकी है। विशुद्ध कलावाद और रूपवाद के क्षेत्र में नयी बौखलाहट कुछ यों ही नहीं है। उनके प्रवक़्ता यह देखकर हतप्रभ है कि उनकी ज़मीन पर भी मार्क्सवादी आलोचना ने जो वर्चस्व हासिल किया है वह व्यापक साहित्यिक-सामाजिक संघर्ष का ठोस परिणाम है। 'कविता के नये प्रतिमान' पर विचार करते हुए नामवर सिंह की इस स्वीकारोक्ति को नज़रअन्दाज

नहीं किया जा सकता–'यदि हिन्दी में शुक्ल-द्विवेदी-शर्मा की आलोचनाएँ मेरे लिए एक परम्परा को अहमियत रखती हैं तो दूसरी परम्परा पश्चिम की लगभग एक सदी से विकसित होने वाली मार्क्सवादी आलोचना है जो मेरा अमूल्य रिक्थ है। इसमें स्वयं मार्क्स, एंगिल्स, लेनिन के अलावा सबसे उल्लेखनीय नाम ग्राम्शी, लूकाच वाल्टर बेंज़ामिन के हैं।' यह ज़रूर है कि नामवर सिंह–जिसे परम्परा कहते हैं उसके प्रति भी एक सजग आलोचनात्मक दृष्टिकोण अपनाना उन्हें ज़रूरी जान पड़ता है। शुक्ल जी यदि कबीर को पूरी तरह नहीं स्वीकार कर पाते तो नामवर सिंह इसके लिए शुक्ल जी के ही छायावादी संस्कारों को ज़िम्मेदार ठहराते हैं, जो छायावाद-विरोध के बावजूद शुक्ल जी की सीमा बन गये। प्रयोगशील नयी कविता में छायावादी संस्कार पहचानने के लिए वे यही आलोचनात्मक दृष्टिकोण अपनाते हैं। जैसा नामवर सिंह स्वीकार करते हैं इस आलोचनात्मक विवेक के पीछे मुक्तिबोध की प्रेरणा है जिन्होंने यह लक्ष्य किया था कि यथार्थ-दर्शन से उत्पन्न होने वाली कुण्ठा रोमांटिक ढंग की सौन्दर्याभिरुचि में मुँह छिपाने की कोशिश कर रही हैं। डॉ. रामविलास शर्मा के काव्य-विवेक की सीमा उन्हें यह जान पड़ती है कि उनके यहाँ 'प्रयास कविता को कविता' के रूप में पढ़ने का उतना नहीं है जितनी कविता को 'दस्तावेज़' या 'वक़्तव्य' के रूप में।' (कविता के नये प्रतिमान, पृ. 42) कविता को कविता के रूप में देखने की माँग अंग्रेज़ी की 'नयी समीक्षा' (न्यू क्रिटिसिज़्म) के निकट की माँग हो, इससे नामवर सिंह को ख़ास उलझन नहीं होती। कविता-कविता न हो, तो महज सन्देश या राजनीतिक प्रतिबद्धता के नाम पर वे उसे किसी तरह की छूट देने के पक्ष में नहीं हैं। 'कविता के नये प्रतिमान' के दूसरे संस्करण की भूमिका में नामवर सिंह स्वीकार करते हैं कि 'मार्क्सवादी आलोचना के इस–रूप तिरस्कार की क्षतिपूर्ति के लिए ही 'कविता के नये प्रतिमान' में काव्य के–रूप-पक्ष पर अतिरिक्त बल दिया गया है।' रूपवाद से संघर्ष के लिए रूप-पक्ष पर अतिरिक्त बल देने की दलील डॉ. नामवर सिंह को बहुतों की दृष्टि में अविश्वसनीय बनाती है, यद्यपि अपने आलोचनात्मक व्यवहार से नामवर सिंह ने प्रमाणित किया है कि रूपतत्त्व की समीक्षा का अर्थ उनके लिए उतना सीमित, संकीर्ण अथवा व्याकरण-बद्ध नहीं है जिसकी आशंका 'नयी समीक्षा' से कठोर आग्रहों को देखते हुए बनती है।–कविता के अन्तर्ग्रन्थन सम्बन्धी निश्चित मूल्य, कविता की सापेक्ष स्वतन्त्रता का उल्लेख–करते हुए नामवर सिंह को इसकी परवाह बिलकुल नहीं है कि उन्हें रूपवादी कहा जायेगा। देखने की चीज़ यह है कि नामवर सिंह का रूपविवेक मूल्यविवेक में सहायक है अथवा उसका विरोधी है। मुक्तिबोध के 'कामायनी' सम्बन्धी मूल्यांकन

या मुक्तिबोध की प्रसिद्ध तथा महत्त्वपूर्ण लम्बी कविता 'अँधेरे में' के बारे में नामवर सिंह का अपना विश्लेषण तथा मूल्यांकन इसका उदाहरण है कि नामवर सिंह का रूप-विवेक मूल्यरहित या परिप्रेक्ष्यविहीन नहीं है। यथार्थवादी दृष्टिकोण के अन्तर्गत यथार्थवादी शिल्प के औचित्य की व्याख्या करते हुए नामवर सिंह ने 'अँधेरे में' के नाटकीय द्वन्द्व, फैंटेसी के उपयोग, दुःस्वप्न के कथालोक; संरचनागत विशिष्टता, परिप्रेक्ष्यबोध, अभिव्यक्ति की खोज, जैसे विषयों पर जो टिप्पणियाँ की हैं, उन्हें सतर्क, पूर्वग्रहरहित होकर देखने की ज़रूरत है। इस प्रसंग में डॉ. रामविलास शर्मा के कठोर पूर्वग्रहों की समीक्षा भी नामवर सिंह ने तर्कसंगत ढंग से की है। 'अँधेरे में' कविता की अन्तिम पंक्तियाँ नामवर सिंह के अनुसार उस अस्मिता की खोज की और संकेत करती हैं जो आधुनिक मानव की सबसे ज्वलन्त समस्या है। 'निस्सन्देह इस कविता का मूल कथ्य है अस्मिता की खोज : किन्तु कुछ अन्य व्यक्तिवादी कवियों की तरह इस खोज में किसी प्रकार की आध्यात्मिकता या रहस्यवाद नहीं, बल्कि गली-सड़क की गतिविधि, राजनीतिक परिस्थिति और मानव चरित्रों की आत्मा के इतिहास का वास्तविक परिवेश है।' डॉ. शर्मा जिस पूर्वग्रह के चलते इस स्थापना या व्याख्या को स्वीकार नहीं कर पाते और मुक्तिबोध के समूचे विश्लेषण को भावग्रस्त दिखाते हैं उसके सम्बन्ध में नामवर सिंह अपनी ओर से विशेष न कहकर मुक्तिबोध के ही इस कथन की याद दिलाना चाहते हैं : 'दृष्टि रोमांटिक होने मात्र से भावना का ज्ञानात्मक आधार कमज़ोर नहीं होता। ज्ञानात्मक आधार कमज़ोर तब होता है जब कवि समाज को प्राप्त अद्यतन ज्ञान की उपेक्षा कर अद्यतन ज्ञान द्वारा सम्प्रेरित भावनाओं से दूर हटकर केवल अपने ऐकान्तिक निविड़ लोक में ही विचरण करता है। ज्ञान का अर्थ केवल वैज्ञानिक उपलब्धियों का बोध ही नहीं है, वरन् समाज की उत्थानशील तथा ह्रसोन्मुख शक्तियों का बोध भी है।' जिन्हें नामवर सिंह का समूचा विश्लेषण शुद्ध साहित्यिक मूल्यों का पोषक जान पड़ता है उनका ध्यान 'परिवेश और मूल्य' निबन्ध के इस स्पष्ट कथन की ओर जाना चाहिए–'शुद्ध साहित्यिक मूल्यों की स्थिति जितनी भ्रामक है उतनी ही भ्रामक हैं कविता के स्वतः सम्पूर्ण संसार को सत्ता'(कविता के नये प्रतिमान, पृ. 228) 'अस्मिता', 'अलगाव', 'आत्मनिर्वासन' जैसे शब्द अस्तित्ववादी चिन्तकों के यहाँ भी इस्तेमाल हुए हैं पर वे मार्क्सवादी चिन्तन के बाहर के शब्द नहीं हैं–यहाँ उन्हें भिन्न अर्थ–नया अर्थ देने की कोशिश की गयी है। शब्दों को नया अर्थ देने के लिए भी कठिन वैचारिक संघर्ष की ज़रूरत होती है। कहने की ज़रूरत नहीं कि मार्क्सवादी आलोचना इसी कठिन वैचारिक संघर्ष से विकसित हुई है। यह ज़रूर है कि नामवर सिंह–विचारधारा की

अपेक्षा अपने काव्यविवेक पर कहीं अधिक भरोसा करते हैं। कवि की विचारधारा को भी वे काव्य-फल के सन्दर्भ में ही जाँचना चाहते हैं। अपनी विचारधारा के अनुसार वे मुक्तिबोध को उन कवियों से अलग ज़रूर कर लेते हैं जो अस्मिता की खोज आत्मपरक ढंग से करके सन्तुष्ट हो लेते हैं, पर भीतर और बाहर के यथार्थ को गहरा अन्तर्गठन देने वाले कवि मुक्तिबोध के व्यापक असन्तोष की जाँच के लिए वे 'काव्यानुभूति की बनावट' को ही मुख्य मुद्दा बनाते हैं। 'कविता के नये प्रतिमान' में यह बात ज़रूर ध्यान देने की है कि नामवर सिंह जिन आलोचनात्मक शब्दों को अपना आधार या औज़ार बनाते हैं वे नयी समीक्षा-पद्धति के निकट के शब्द हैं जैसे : संरचना की सघनता, 'भावों की बिडम्बनानिर्मित जटिलता' आदि। पर उनके यहाँ इन शब्दों की जो ख़ास अर्थवत्ता है वह अपने समय और परिवेश की रचनाशीलता या रचना-सक्रियता के मेल में है। इधर प्रगतिशील यथार्थवादी कविता-धारा की पुन:प्रतिष्ठा वाले दौर में नागार्जुन, त्रिलोचन जैसे कवियों पर विचार करते हुए भी नामवर सिंह काव्यमूल्य वाले मुद्दे को ही महत्त्वपूर्ण बताते हैं। अवश्य ही, यहाँ–दृष्टि या विचारधारा का प्रश्न भी महत्त्वहीन नहीं माना गया है।

नागार्जुन के यहाँ अत्यन्त सपाट दिखने वाले वर्ण में काव्यत्व कहाँ है? उसकी पहचान के लिए नामवर सिंह ने जो कविताएँ चुनी हैं उन पर कुछ टिप्पणियाँ ध्यान देने योग्य हैं। नामवर सिंह अपने सूक्ष्म सजग काव्यविवेक के बल पर देख सके हैं कि 'जो वस्तु औरों की संवेदना को अछूती छोड़ जाती है, वही नागार्जुन के कवित्व की रचना–भूमि है।' 'नेवला', 'लालू साहू', 'पैने दाँतों वाली', 'कटहल' जैसी कविताओं के अत्यन्त साधारण दिखते काव्य विधान में नागार्जुन के अपूर्व काव्यात्मक साहस की पहचान मार्क्सवादी दृष्टि या विचारधारा का ही फल है। जहाँ यह दृष्टि नहीं है वहाँ सुरुचि की संकीर्ण सीमाएँ पूरे काव्यबोध पर हावी हैं। उन सीमाओं से ग्रस्त नागर मन का सौन्दर्यबोध 'प्रभु तुम कर दो वमन/होगी मेरी क्षुधा का शमन' जैसी पंक्तियों का सामना नहीं कर पाता, जिनके लिए नामवर सिंह साहसपूर्वक कह सके हैं : ...नागार्जुन पहले कवि हैं जिन्होंने सामाजिक-राजनीतिक सन्दर्भ में वीभत्व को एक नयी शक्ति प्रदान की है।' (भूमिका, नागार्जुन, प्रतिनिधि कविताएँ) नागार्जुन की 'मन्त्र' कविता को 'कुकुरमुत्ता' के समकक्ष बताते हुए वे लिखते हैं : 'यदि निराला की 'कुकुरमुत्ता' सन् 40 की मन:स्थिति की ऐतिहासिक दस्तावेज़ हैं तो 69 की मन:स्थिति को सशक्त बाणी नागार्जुन की 'मन्त्र' कविता में कहा जा सकता है कि ऐतिहासिक वास्तविकता की पहचान के साथ ही साधारण

में असाधारण की पहचान का यह नया काव्यविवेक पैदा हुआ है। यहाँ भी कवि की गहरी ऐन्द्रिकता और सूक्ष्म सौन्दर्यदृष्टि पर विचार किया गया है लेकिन समय और परिवेश की तीखी चेतना या संलग्नता को दरकिनार रखकर नहीं। व्यंग्य की विदग्धता 'तात्कालिक' जान पड़ने वाली कविताओं को 'कालजयी' बना जाती है यह देखने के लिए नामवर सिंह के नागार्जुन-सम्बन्धी मूल्यांकन की ओर आज की कविता के पाठकों का ध्यान जाना चाहिए। 'त्रिलोचन साधारण के असाधारण कवि हैं'–नामवर सिंह की इस महत्त्वपूर्ण स्थापना के निहितार्थों पर भी ध्यान देना चाहिए। नामवर सिंह 'दृष्टि' या 'विचारधारा' के बल पर ही लक्ष्य कर सके हैं कि आतंक आधुनिकता या आधुनिकतावाद का ही नहीं है, पश्चिम के मोहभंग से फूटे, भारतीयता के नये पुनर्वास का भी है। त्रिलोचन इस दुहरे आतंक को विचलित करने वाले, चुनौती देने वाले, छिन्न-भिन्न करने वाले कवि हैं–यह काव्यविवेक परिप्रेक्ष्यविहीन नहीं है। 'अरधान' के सानेटों में त्रिलोचन कहाँ महाकाव्योचित्त प्रतिभा का आभास करा सके हैं, कहाँ विराटता और गरिमा के बीच मनुष्य की त्रासदी की झलक दे सके हैं, यह पहचान शुद्ध कविता का मामला है भी नहीं, शुद्ध कविता का आग्रह जहाँ बहुत प्रबल है, वहाँ त्रिलोचन की गिनती कवियों में है ही नहीं। डॉ. रामस्वरूप चतुर्वेदी द्वारा लिखा गया नया साहित्यिक इतिहास इसका उदाहरण है। त्रिलोचन की कविता का भी अपना समय और ऐतिहासिक परिवेश है–यह बताने के लिए नामवर सिंह लिखते हैं : 'त्रिलोचन निरे लोक-कवि नहीं हैं, न गाँवों की प्रकृति और समाज के स्थिर रूप के चितेरे मात्र। न त्रिलोचन की प्रकृति वैदिक युग की है, न उनका समाज मध्ययुगीन गाँव। उनकी कविता का भारत रामचन्द्र शुक्ल, प्रेमचन्द और गांधी के बाद का भारत है और इस भारतीयता में उन पूर्व पुरुषों से कम बौद्धिक ऊर्जा नहीं है।' नामवर सिंह जानते हैं कि इतिहास को ठीक-ठीक जानने के लिए स्मृतिजीवी होना काफ़ी नहीं है, आगे देखना भी ज़रूरी है। नामवर सिंह की आलोचना का मर्म 'दूसरी परम्परा की खोज' की भूमिका के पहले ही वाक्य में निहित है : 'परम्परा के समान ही खोज भी एक गतिशील प्रक्रिया है।'

'दूसरी परम्परा की खोज' पुस्तक की भूमिका में नामवर सिंह ने स्पष्ट कहा है : 'यह प्रयास परम्परा की खोज का ही है, सम्प्रदाय-निर्माण का नहीं। पर इस पुस्तक को लेकर जो अनावश्यक पूर्वग्रहप्रेरित विवाद चला, वह सम्प्रदायनिर्माण की ग्रन्थि या कुण्ठा को लेकर ही। यह दुर्भाग्यपूर्ण है कि इस विवाद में मुख्य हिस्सेदारी निभायी प्रख्यात मार्क्सवादी समीक्षक डॉ. रामविलास शर्मा ने। 'लोकजागरण और

हिन्दी साहित्य' (सं. रामविलास शर्मा) पुस्तक की लम्बी भूमिका उदाहरण है कि कठिन पूर्वग्रह किस प्रकार सन्तुलित निर्णय-विवेक को प्रभावित करते हैं। वैचारिक संघर्ष मार्क्सवादी आलोचना के मूल में है पर तथ्यों के सर्वथा अन्यथाकरण की छूट मार्क्सवादी आलोचना में नहीं दी जा सकती। सनेही निराला से और मिश्रबन्धु हजारीप्रसाद द्विवेदी से अधिक प्रगतिशील थे–यह तथ्य नहीं, कठिन वैयक्तिक पूर्वग्रह है।' सम्भव है ऐसे पूर्वग्रह नामवर सिंह की आलोचना में भी मौजूद हों...उन पर विचार किया जाना चाहिए। वे डॉ. शर्मा की आलोचना–दृष्टि को बाधित करते हों, तो यहाँ भी उनकी ओर संकेत करना ज़रूरी हो जाता है।

नामवर सिंह यदि हजारीप्रसाद द्विवेदी में इतिहास बोध का उदय देख पाते हैं, तो इसके पीछे सुनिश्चित तर्क हैं। यहाँ वे रवीन्द्रनाथ की प्रेरणा का महत्त्व कम करके नहीं आँकते। 'द्विवेदी जी ने कम-से-कम हिन्दी को रवीन्द्रनाथ की प्रेरणा से वह दिया जो उनसे पहले किसी ने नहीं दिया था। मिसाल के लिए कबीर का क्रान्तिकारी रूप। कबीर के माध्यम से जाति-धर्मनिरपेक्ष मानव की प्रतिष्ठा का श्रेय तो द्विवेदी जी को ही है। एक प्रकार से यह दूसरी परम्परा है।' (दूसरी परम्परा की खोज, पृ. 15) द्विवेदी जी ने रवीन्द्रनाथ से जो सबसे महत्त्वपूर्ण खोज प्राप्त की वह है, विश्व दृष्टि। इस पर बहस हो सकती है कि द्विवेदी जी शुक्ल जी की परम्परा के आलोचक हैं या नहीं। यह मानने का भी अपना औचित्य हो सकता है कि शुक्ल जी में ही कम-से-कम दो परम्पराएँ हैं, जिस प्रकार निराला में ही दो परम्पराएँ हैं! पर नामवर सिंह की यह मान्यता अकाट्य है कि द्विवेदी जी ने 'हिन्दी साहित्य की लोकोन्मुख प्रगतिशील परम्परा का विकास किया है।' यहाँ आग्रहपूर्वक द्विवेदी जी को प्रगतिशील परम्परा में महत्त्वपूर्ण सिद्ध करने के लिए उनके अन्तर्विरोधों की उपेक्षा करने की ज़रूरत नहीं है। अन्तर्विरोध कहीं नहीं हैं!–भारतेन्दु में हैं, निराला में हैं, मुक्तिबोध में हैं, रामविलास शर्मा और नामवर सिंह में भी हैं। जैसा पहले कहा जा चुका है–अन्तर्विरोध गहरी अन्तर्दृष्टि के संकेत भी होते हैं। नामवर सिंह की यह पहचान अचूक है कि द्विवेदी जी ने अपने समय के इतिहास में हस्तक्षेप करते हुए अपने समय का इतिहास बनाते हुए, एक तरह से देखा जाये तो अपने समय का इतिहास जीते हुए महत्त्वपूर्ण स्थापनाएँ की हैं। उनका एक निष्कर्ष महज अनुमान से अधिक अर्थ रखता हैं : 'कबीर की इस अभूतपूर्व और अभिनव कवि-प्रतिभा को ध्यान से देखें तो स्पष्ट हो जायेगा कि यह द्विवेदी जी के मनोवांछित विद्रोही कवि की अपनी कल्पसृष्टि है, जिस पर बहुत हद तक चौथे दशक के फक्कड़पन की गहरी छाप है। (दूसरी परम्परा की खोज, पृ. 47) द्विवेदी जी की मान्यताओं

से गुज़रकर नामवर सिंह ने अनुभव किया है कि 'मध्ययुग के भारतीय इतिहास का मुख्य अन्तर्विरोध शास्त्र और लोक के बीच का द्वन्द्व है, न कि इस्लाम और हिन्दू धर्म का संघर्ष।' नामवर सिंह देख सके हैं कि किस प्रकार द्विवेदी जी ने शुक्ल जी की लोकधर्म-सम्बन्धी व्याख्या को आगे बढ़ाया और विद्रोह को उसका प्राणतत्त्व स्वीकार किया। उन्होंने अनुभव-सम्मत विवेकवाद को लोकधर्म का सहज स्वभाव माना। नामवर सिंह की आलोचनादृष्टि की विशिष्टता इस बात में है कि वे असुविधाजनक तथ्यों या सन्दर्भों को नज़रअन्दाज नहीं करते। उनके शब्द हैं : 'किन्तु साहित्य की प्राणधारा के साथ एक समस्या यह उठती है कि प्राणधारा के अन्तर्गत अनेक अन्तर्धाराएँ होती हैं जिनमें परस्पर सहभाव के साथ कभी-कभी टकराव की भी सम्भावना होती है।' भक्ति आन्दोलन और भक्त कवियों के विवेचन में वे द्विवेदी जी को इसलिए महत्त्व देते हैं कि उनकी दृष्टि में 'निर्गुण भक्ति के कवियों के सामाजिक विचार अधिक प्रगतिशील थे।' शुक्ल जी के विचारों के साक्ष्य पर नामवर सिंह सीधे-सीधे कह पाते हैं : 'शुक्ल जी का 'लोकधर्म' बहुत कुछ 'वर्णाश्रमधर्म' ही है।' यहाँ इरादा शुक्ल जी को ग़ैर-प्रगतिशील सिद्ध करने का नहीं है, उन संस्कारों को समझने का ही है जिनके भीतर शुक्ल जी की साहित्यिक संवेदना का विकास हुआ। शुक्ल जी को प्रगतिशील परम्परा के लिए आदर्श और महत्त्वपूर्ण बताने के लिए नामवर सिंह ने कम महत्त्वपूर्ण तर्क नहीं दिये हैं। वस्तुत: महत्त्वपूर्ण है वह दृष्टि जो एक तथ्य की व्याख्या के लिए सम्यक परिप्रेक्ष्य सामने लाती है। 'लोकधर्म' के सन्दर्भ में नामवर सिंह की यह टिप्पणी महत्त्वपूर्ण है : 'इस प्रकार 'लोकधर्म' साधारणजनों के विद्रोह की विचारधारा है। इसे 'लोकधर्म' कहने का एक कारण तो यह है कि यह उच्च वर्गों के 'शास्त्र' के समान सूक्ष्मातिसूक्ष्म तर्क-पद्धति से सम्पन्न तथा व्यापक विश्वदृष्टि के रूप में विकसित कोई सुसंगत और सुव्यवस्थित 'विचार प्रणाली' नहीं है। दूसरा कारण यह है कि यह पूँजीवादी समाज के बीच निर्मित किसी एक सुनिश्चित वर्गचेतन वर्ग की विचार प्रणाली नहीं, बल्कि सामन्ती युग के असंगठित किसानों और दस्तकारों के विविध वर्गों, उपवर्गों की मिली-जुली भावनाओं का पुंज है। शास्त्रवंचित विविध दलित जातियों और जनसमूह की मानसिक अभिव्यक्ति होने के कारण इस 'लोकधर्म' का अव्यवस्थित और अनिश्चित होना अनिवार्य है और इसलिए उच्चवर्गों के शास्त्र की तुलना में वह हीनतर भी प्रतीत हो सकता है किन्तु सिर्फ़ इसीलिए वह महत्त्वहीन नहीं हो जाता।' (दूसरी परम्परा की खोज, पृ. 79-80)

नामवर सिंह को द्विवेदी जी की यह मान्यता महत्त्वपूर्ण लगती है कि साहित्य इतिहास को बनाता है। उन्हें द्विवेदी जी में वह विवेक भी आलोक में साहित्य पर

वर्ग विशेष की विचारधारा के प्रभाव की जाँच की जा सके। द्विवेदी जी जहाँ शिष्ट परम्परा के विरोध के सम्बन्ध में पुराने भारतीय सहृदय के संस्कार का विश्लेषण करते हैं, उसकी याद दिलाते हुए नामवर सिंह इस निष्कर्ष पर पहुँचे हैं : 'यह शिष्ट सम्प्रदाय प्रभुत्वशाली वर्ग का वह बुद्धिजीवी भाग है जो साहित्यिक मान्यताओं के द्वारा पूरे समाज पर उस वर्ग की विचारधारा का प्रभुत्व कायम करता है। x x x इन विवरणों से स्पष्ट हो जाता है कि साहित्य की मान्यताएँ प्रभुत्वशाली विचारधारा का ही एक अंग हैं। इससे यह निष्कर्ष स्वभावतः निकलता है कि साहित्यिक मान्यताओं और साहित्य की परिभाषाओं के विरुद्ध संघर्ष है।' (दूसरी परम्परा की खोज, पृ. 103) नामवर सिंह के इस निष्कर्ष में यह संकेत छिपा है कि जब आचार्य शुक्ल सिद्धों योगियों के साहित्य को साहित्य न मानने के लिए शुद्ध साहित्यिकता की कसौटी का इस्तेमाल करते हैं तो इस कसौटी का वर्ग-आधार छिपा नहीं रहता।

आचार्य रामचन्द्र शुक्ल किस सीमा तक 'भौतिकवादी' थे और आचार्य हजारीप्रसाद द्विवेदी किस सीमा तक 'भाववादी' है, यह अलग से बहस का मुद्दा है। 'भौतिकवाद' और 'भाववाद' की सर्वथा शुद्ध या स्वतन्त्र कोटियाँ बनाकर उसके आलोचनात्मक निर्णयों का मूल्यांकन हम कहाँ तक कर पायेंगे, कहना कठिन है। भौतिक- वाद और भाववाद के बीच का द्वन्द्व (dialectic) गम्भीर विश्लेषण और परीक्षण का विषय है। डॉ. रामविलास शर्मा को भी स्वीकार करना पड़ा है कि साहित्य केवल विचारधारा नहीं है, उसमें भावबोध तथा इन्द्रियबोध भी शामिल है। नामवर सिंह 'छायावाद' से चलकर 'दूसरी परम्परा की खोज' तक जहाँ पहुँचे हैं उसे देखते हुए यह नहीं कहा जा सकता है कि वे मूल मार्क्सवादी दृष्टि से और साहित्य के स्वधर्म की अपनी सजग तीखी पहचान से विचलित हुए हैं। उनका हर प्रस्थान अवसरवादी है, यह वे ही कह सकते हैं जिनके लिए साहित्य सृजन या आलोचनात्मक विचार केवल तत्कालीन महत्त्व की चीज़ें हैं। नामवर सिंह ने अपने आलोचनात्मक विकास में जो प्रश्न पूछे हैं या प्रश्नों का जो समाधान ढूँढ़ा है, उसके पीछे सुसंगत वैचारिक आधार है। अपने आस्वादविवेक पर पूरा भरोसा करते हुए भी वे इस आधार को उपेक्षणीय नहीं मानते हैं। इस बारे में वे सर्वथा स्पष्ट हैं कि केवल विचारधारा से महान् साहित्य पैदा नहीं होता। इसी प्रकार वे यह भी मानकर चलते है कि साहित्य की महत्ता की महानता के नियम अज्ञात नहीं हैं। साहित्यिक कृतियों के विश्लेषण से बख़ूबी पहचाना जा सकता है कि वे किन कारणों से महत्त्व या सार्थकता अर्जित कर सकी हैं। अवश्य ही पहचान के लिए सहज विवेक और सजग दृष्टि ज़रूरी है। इतिहास का निषेध करने वाली आधुनिकतावादी कलादृष्टि

की सीमाएँ अपरिचित नहीं हैं। उन्होंने व्यवस्थित रूप से विचारधारा मात्र का निषेध करने वाली इस दृष्टि के पीछे सक्रिय अराजकतावाद, निहिलिज़्म या नकारवाद, संकीर्ण रूपवाद, अनुभूतिवाद के ख़तरों की ओर इशारा किया है जिनके विरुद्ध संघर्ष करते हुए प्रगतिशील-यथार्थवादी साहित्यधारा विकसित और प्रवहमान है। नामवर सिंह ने अपने एक व्याख्यान में ठीक ही लक्ष्य किया है कि पतनोन्मुख आधुनिकतावाद के अनेक रूपों में एक वह प्रिमिटिविज़्म भी है जो इस मान्यता की बुनियाद पर खड़ा है कि इतिहास थम गया है; रुक गया है। उत्तर आधुनिकता के नाम पर इधर के चिन्तन और साहित्यसृजन में सक्रिय सिनिकल और निहिलिस्टिक विचारधाराओं के विरुद्ध नामवर सिंह का संघर्ष मार्क्सवाद सरीखी विचारधारा और वैज्ञानिक विश्वदृष्टि का ही फल है। दृष्टि के आधार पर ही नामवर सिंह इसकी जाँच कर सके हैं कि कहाँ रहस्यवाद की भूमिका क्रान्तिकारी और किन स्थितियों में प्रतिक्रान्तिकारी या क्रान्तिविरोधी रही है। जहाँ शुक्ल जी का रहस्यवाद-विरोध उसकी क्रान्तिकारी या प्रगतिशील भूमिका की अस्वीकृति का परिणाम है वहाँ वे शुक्ल जी के वर्णाश्रम धर्म वाले संस्कारों को प्रश्नांकित करते हैं और जहाँ शुक्ल जी का रहस्यवाद विरोध प्रगतिशील-यथार्थवादी साहित्यधारा के समर्थन से प्रेरित है वहाँ वे उसे मूल्यवान तथा सार्थक ठहराते हैं। यह चयनधर्मी दृटिकोण मार्क्सवादी आलोचना की प्रकृति के अनुकूल है। परम्परा से ग्रहण और त्याग का विवेक ही यदि अनुपस्थित हो तो प्रासंगिकता की माँग 'प्रमाद' का ही रूप ले सकती है। इस ख़तरे की ओर इशारा करते हुए 'आलोचना' : '67 के अपने सम्पादकीय में नामवर सिंह लिखते हैं...अतीत को आज के लिए प्रासंगिक बनाने का सबसे वैज्ञानिक और वस्तुनिष्ठ ढंग यह है कि अपने और उनके बीच की दूरी को सुरक्षित रखा जाये और इस प्रकार पाठकों में उस आलोचनात्मक विवेक को जाग्रत रखा जाये जिससे वे अतीत की महान्-से-महान् कृति के अपने अन्तर्विरोधों के प्रति सजग रहें। दूरी अथवा अलगाव का विलोम पुराना तादात्म्य सिद्धान्त है जिससे भ्रम का ख़तरा है। अतीत की किसी कृति के साथ पूर्णतः तादात्म्य स्थापित करने के लिए उसकी ऐतिहासिकता को तो मिटाया ही जाता है, अक्सर उसके अन्तर्विरोधों को भी ख़त्म करना पड़ता है।' अन्तर्विरोध के द्वन्द्ववाद को मार्क्सवादी विचारधारा में जो स्वीकृति प्राप्त है, उसकी अलग से व्याख्या करने की ज़रूरत यहाँ नहीं है। यह मानते हुए भी कि साहित्य के प्रश्न केवल साहित्य के प्रश्न नहीं हैं, नामवर सिंह ने साहित्य के स्वधर्म की पहचान में कहीं भी उपेक्षा का रुख नहीं दिखाया है। विचारधारा और कला के द्वन्द्वात्मक सम्बन्धों की चेतना नामवर सिंह की आलोचना-दृष्टि के मूल

में है। विचारात्मक ढाँचे की मूलभूत जटिलताओं के प्रति अधिक सजग नामवर सिंह साहित्यिक सौन्दर्यशास्त्र की समस्याओं के प्रति गहरी संवेदनीयता का प्रमाण दे सके हैं। एक विचारधारा के रूप में मार्क्सवाद के ऐतिहासिक आयाम के प्रति वे जितने सचेत हैं, साहित्य की प्रकृति की अपनी जटिलताओं के प्रति उतने ही जागरूक। इस दुहरे अनुशासन का लाभ उनकी आलोचना-दृष्टि को ज़रूर ही मिला है और सहज ही आशा की जा सकती है कि उनकी आगामी कृतियाँ मार्क्सवादी सौन्दर्यशास्त्र को अधिक गुणात्मक समृद्धि दे सकेंगी। इतिहास की द्वन्द्वमूलक चेतना जहाँ आलोचक का 'विज़न' बन सके, वहीं मार्क्सवादी सौन्दर्य शास्त्र के किसी क्लासिक की उम्मीद की जा सकती है। हिन्दी में मार्क्सवादी सौन्दर्यशास्त्र के ऐसे क्लासिक की माँग नामवर सिंह से की जा रही हो तो वह अन्यथा नहीं कही जायेगी। नामवर सिंह का आलोचनात्मक गद्य वैचारिक संघर्ष की चमक से अर्थसम्पन्नता, सटीकपन और तीक्ष्णता उपलब्ध कर सका है जो अलग से विचारणीय है।

समकालीन साहित्य की गतिशील व्याख्या

•

डॉ. सुवास कुमार

1. विरासत और अपने संघर्ष की पहचान :

अनुभूति और सौन्दर्य के लिए बहुतों ने अपना दृष्टिकोण खोया है और जिनके पास कोई दृष्टिकोण ही नहीं था, उन्होंने अपनी कला भी खोयी है।

–नामवर सिंह (कहानी : नयी कहानी, पृ. 46)

रामविलास शर्मा और नामवर सिंह समकालीन हिन्दी आलोचना के दो ऐसे महत्त्वपूर्ण हस्ताक्षर हैं जिन्होंने हिन्दी साहित्य की जातीय और सांस्कृतिक विशेषताओं तथा प्रवृत्तियों का अध्ययन समाजशास्त्रीय परिप्रेक्ष्य में करके शुक्लोत्तर समीक्षा-परिदृश्य में रसवादी-भाववादी, रोमांटिक, नव-रहस्यवादी एवं तथाकथित मानवमूल्यवादी समीक्षादृष्टियों से निरन्तर लोहा लेकर उन्हें अप्रासंगिक और ध्वस्त करने की चेष्टा की।

आलोचक अनिवार्य रूप से समकालीन लेखन से टकराता, जूझता और जुड़ता है। नामवर सिंह की अधिकांश आलोचना आधुनिक और समकालीन लेखन को लेकर है। छायावाद और नयी कविता यद्यपि उनकी अलोचना के केन्द्र में रहे हैं, फिर भी कहानी जैसी विधा तथा आलोचना सिद्धान्त को लेकर भी उन्होंने काफ़ी माथापच्ची की है और तत्सम्बन्धी पुस्तकें प्रस्तुत की हैं। परम्परा, प्रयोग और प्रगतिशील चेतना के अन्तर सम्बन्धों की ख़ोज इतनी शिद्दत से करने वाला आलोचक हिन्दी में खोजने से मिलेगा। परिणामस्वरूप नामवर जी के लिए काव्य-प्रतिमान ठोस और ठस नहीं होकर पर्याप्त लचीले होते हैं जिनसे पुराने का नवमूल्यांकन और नये का स्वीकार सम्भव हो सके। वस्तु सत्य, जीवन्तता, व्यक्ति तथा जातीय जीवन की सच्ची अनुभूति, तर्कपूर्ण विरासत का ग्रहण और नवीन परिवर्तन जहाँ और जिस रूप में

मिले, वह नामवर सिंह को आकर्षित करता है। इसी से वे एक ओर यह मानते हुए भी कि प्रेमचन्द में कहानी का सब कुछ है, दूसरी ओर नये कथाकारों को सावधान भी करते हैं कि 'प्रेमचन्द आज के कथाकार के लिए मॉडल नहीं हैं–न विषयवस्तु में और न रूप विधान में।' ('आलोचना', 51-52, सम्पादकीय)।

मानव मन के समान रचना और आलोचना की गति वर्तमान से अतीत और वर्तमान से भविष्य तक की दूरी, तथ्यों, कल्पनाओं और अनुमान के सहारे तय करती रहती है। यह सिलसिला अपने आप ही सही परम्परा की पहचान करता और उसमें नये के सहीपन को जोड़ता चलता है। सच तो यह है कि इसमें सही-ग़लत भी होता चलता है। आलोचना के क्षेत्र में इसी से पुनर्मूल्यांकन की ज़रूरत पड़ती है और रचना के क्षेत्र में उसकी प्रासंगिकता निर्धारित होती है। एक भूली हुई कृति की भी कभी-कभार, इसी से, पुनर्प्रतिष्ठा होती है। एक सजग रचनाकार और आलोचक को अपनी भूल-ग़लती का एहसास होता है और वह समुचित प्रतिक्रिया व्यक्त करता है। लेकिन वे छोटे क़द के आलोचक होते हैं जो अपनी ग़लती को भी उचित ठहराने के लिए बार-बार तर्क-कुतर्क ढूँढ़ते चलते हैं और इसलिए अपने भ्रम से भी कभी मुक्त नहीं हो पाते। नामवर सिंह के अनुसार, 'मनुष्य अपने पूर्ववर्ती भ्रमों से क्रमशः मुक्त होता हुआ आगे बढ़ रहा है। मनुष्य का इतिहास 'भ्रमों' का इतिहास नहीं, बल्कि भ्रमों के विरुद्ध वास्तविकता की विजय का इतिहास है।' (इतिहास और आलोचना, पृ. 65)। अपने प्रगतिशील तत्त्वों के कारण ही परम्परा प्रासंगिक बनती है। परम्परा और प्रगतिशीलता की युगवत् पहचान नामवर सिंह के आलोचक व्यक्तित्व का महत्त्वपूर्ण गुण है। नामवर सिंह हिन्दी आलोचना के इतिहास में एक नाम नहीं, बल्कि हिन्दी आलोचना का निर्माण और विकास करने वाले नामों में से एक हैं। उनकी दृष्टि केवल ऐतिहासिक तथ्यों की ओर ही नहीं, ऐतिहासिक निर्माण की ओर भी रही है।

हिन्दी आलोचना में ऐसे पुरातनपन्थी और परम्पराभीरु आलोचकों की कमी नहीं जो लोग सामान्यतः समकालीन रचना के प्रति दो तरह से विरोधी रवैया अपनाते हैं। या तो वे हर नवीन परिवर्तन को झट से परम्परा में अन्तर्भुक्त करने को लालायित रहते हैं अथवा इस भय से कि कहीं नवीनता से परम्परा प्रदूषित न हो जाये, उसे देखते ही तिरस्कृत कर देने को तत्पर दीखते हैं। ऐसे आलोचकों से नामवर सिंह निरन्तर लोहा लेते रहे हैं। 'कविता के नये प्रतिमान' बहुत कुछ इस सिलसिले का दस्तावेज़ भी है। छायावाद और प्रयोगवाद के सन्दर्भ में रसवादी आलोचकों के आत्मपरक रोमांटिक दृष्टिकोण के अन्तर्गत अनुभूति, प्रामाणिक अनुभूति, आत्मान्वेषण, आत्म-

साक्षात्कार जैसे शब्दों की पड़ताल और विश्लेषण करते हुए नामवर सिंह ने नगेन्द्र से लेकर जगदीश गुप्त जैसे आलोचकों की तथाकथित परम्परा धर्मिता और नव्यता की पोल खोल दी। इस सन्दर्भ में उन्होंने रस-सिद्धान्त जैसे पुराने काव्यमूल्यों की भी नयी व्याख्या की अर्थात् उसे आस्वाद की प्रक्रिया अर्थ-मीमांसा से जोड़कर देखा। रस की 'सृजनात्मक भाषा के सार्थक उपयोग' के रूप में देखने का उनका प्रस्ताव परम्परा को समझने के लिए सही दिशा में चलने की समझ का ही सूचक है। यहाँ नामवर सिंह की दृष्टि का खुलापन चकित करने वाला है। उनकी 'छायावाद' पुस्तक इस विषय पर सर्वोत्तम दो-तीन पुस्तकों में से एक है। जिस सहानुभूतिशील और आशंसात्मक ढंग से वह आलोचना लिखी गयी है उससे आलोचक की दृष्टि के छाया रहस्यग्रस्त होने का ख़तरा कम नहीं था। इसी प्रकार का जोखिम उठाकर नयी कविता के समाजधर्मी रूप को जैसी सहानुभूति उन्होंने दी वह विरल है। दूसरी तरफ़ रामविलास शर्मा जैसे आलोचक नयी कविता को सन्देह की निगाहों से देखते, और कवि के रूप में स्वयं को छायावाद से जोड़ते रहे। नये लोगों की मूर्ति पहली निगाह में जिस प्रकार से परम्पराभंजक दिखाई देती थी, सम्भव है, शर्मा जी को इनसे परम्परा को बचाये रखना अनिवार्य लगा हो। मगर परम्परा कोई इतनी तुनकमिज़ाज नहीं होती, बल्कि सच तो यह है कि परम्पराभंजकों से ही परम्परा समृद्ध भी होती है। इस सच को नामवर सिंह के आलोचक ने समझा और अपनाया है। यद्यपि रामविलास शर्मा और नामवर सिंह दोनों ही शुक्लपन्थी आलोचक हैं, फिर भी कई स्तरों पर दोनों में सूक्ष्म अन्तर भी है। नामवर सिंह आचार्य शुक्ल के संघर्षमूलक काव्य वाली मूल्य-व्यवस्था को स्वीकार करते हैं और डॉ. नगेन्द्र को 'अनुभूति' से अलग शुक्ल जी के 'भाव' में वे समीक्षा की इतनी अधिक सम्भावनाएँ पाते हैं कि 'वह बेखटके तुलसीदास, निराला और मुक्तिबोध–जैसे समर्थ कवियों की जटिल से जटिल और भाव-गम्भीर कविता के औज़ार के रूप में इस्तेमाल किया जा सकता है।' (कवि. के नये प्रति., पृ. 184)। नामवर सिंह काव्यानुभूति की जटिलता को सरलीकृत करके देखने के पक्ष में नहीं हैं और यह उनकी सहृदयता का भी द्योतक है। नयी कविता और मुक्तिबोध के प्रसंग में यही बात डॉ. रामविलास शर्मा के बारे में नहीं कही जा सकती।

नामवर सिंह ने भले ही संस्कृत काव्यशास्त्र में बहुत गहरे पैठने का सबूत नहीं दिया हो, फिर भी उनका रस-सम्बन्धी चिन्तन परम्परा को सही सन्दर्भ में पहचानने की एक ज़रूरी कोशिश अवश्य है। तत्कालीन समाज में योग की महिमा के समानान्तर काव्य के सेवन की समस्या को खड़ा करके उन्होंने रस तत्त्व के

आविर्भाव की कल्पना की है। अतः योग के ब्रह्मानन्द की भाँति काव्यानन्द में भी अलौकिकत्व का आ जाना स्वाभाविक था। इसी-तरह आध्यात्मिकता का एक अंश रिचर्ड्स के मूल्य-सिद्धान्त से जुड़ा मिलता है—बावजूद युग और संस्कृति की भिन्नता के। नामवर सिंह को यह बात महत्त्वपूर्ण लगी थी कि शुक्ल जी 'रस-पद्धति' शब्द का प्रयोग करते थे, जो अधिक औचित्यपूर्ण है। डॉ. नगेन्द्र 'रस-सिद्धान्त' कहते नहीं अघाते, पर रस को पूर्ण काव्य-प्रतिमान समझना भ्रान्ति होगी। यदि उसे सरल रागात्मकता से जोड़कर देखा जाये तो उसकी सपाटता ही ज़ाहिर होगी। यदि परिवेश की जागरूकता के विलोम में रस की अवस्था मानी जाये तो रस-प्रतिमान की व्यर्थता ज़ाहिर हो जाती है। इसीलिए नामवर सिंह रस-निर्णय को अनिवार्यतः अर्थ-निर्णय से जोड़कर देखते हैं और यह चिन्तन प्रासंगिक ही नहीं, महत्त्वपूर्ण भी है।

केवल वाजपेयी और नगेन्द्र ही समकालीन काव्य के पिछड़े समीक्षक सिद्ध होते हों, ऐसा नहीं है। अज्ञेय—जैसे कवि भी जो इलियट तथा अन्य पश्चिमी आलोचकों के रूपवादी-भाववादी चिन्तन के अनुवादक अधिक समीक्षक कम थे; मगर प्रभावग्रस्त होकर अपनी रचनाओं में मूल्यों को वायवीय बनाते बताते थे बहुत प्रयत्न करके भी नयी कविता के साथ चल नहीं पाये और कविता उन्हें भी छोड़कर आगे निकल आयी। प्रयोगवादी कविता की जड़ तो छायावाद में है—इसका स्थूल और पुष्ट प्रमाण अज्ञेय की शब्द-योजना से लेकर भाव-योजना तक है। प्रयोगवाद के रूप में बहुत कुछ छायावाद के पुनर्जीवन को डॉ. नामवर सिंह अगर नहीं मानते तो इसका एक कारण नयी कविता के लिए प्रयोग के महत्त्व को स्वीकारना है। वे यह तो मानते हैं कि 'प्रयोगशील नयी कविता ने भी आरम्भिक प्रतिक्रिया के बावजूद छायावादी संस्कारों को निर्मूल करने का गम्भीर प्रयास नहीं किया।' (क. के नये प्रति पृ. 36) किन्तु इस पर विचार नहीं करते कि वह ऐसा क्योंकर करती है जबकि वह स्वयं ही छायावाद का नवोत्थान थी। वे अक्सर इसी से अज्ञेय की उधार ली हुई वैचारिक छाया को हटाने की बात टाल जाते हैं। इसी तरह नयी कविता को भीं प्रयोगवाद से अलगाकर देखना ज़रूरी था।

प्रगतिशील चेतना को नामवर सिंह 'परिवेश के प्रति जागरूकता और सामाजिक यथार्थ का अधिक गहरा बोध' मानते हैं और इससे शायद ही किसी का मतभेद हो, किन्तु अक्सर प्रगतिशील आलोचना में मतवैभिन्य की टकराहट सुनाई देती है। यहाँ तक कि रामविलास शर्मा और नामवर सिंह की समीक्षा-दृष्टियों में पर्याप्त फ़र्क़ है और इसे झुठलाने या इस पर पर्दा डालने की कोई ज़रूरत नहीं। आलोचना इससे भी समृद्ध होती है। नामवर सिंह में संघर्ष की तेज़ धार है और रामविलास शर्मा अपने

संघर्ष को साधना से दीप्त कर रहे हैं। शर्मा जी में, इसीलिए पूर्ण आदर्श का आग्रह अधिक है, जबकि नामवर सिंह में व्यावहारिकता का वैसे, निस्सन्देह दोनों ही उत्तर शती के शीर्षस्थ हिन्दी आलोचक हैं ।

2. द्वन्द्वात्मकता और द्वन्द्व :

जो लेखक पूँजीवादी व्यवस्था से सम्बन्ध नहीं रखना चाहते वे भी पूँजीवादियों की गिरफ़्त में आ जाते हैं क्योंकि उन्हें पूँजीवादियों से मतलब हो या नहीं, पूँजीवादियों को उनसे मतलब हो सकता है।

नामवर सिंह (इतिहास और आलोचना, पृ. 52)

नामवर सिंह के लिए मुक्तिबोध का वही महत्त्व है जो रामविलास शर्मा के लिए निराला का। मुक्तिबोध के कवि और समीक्षक दोनों से नामवर सिंह को बेहद प्रभावित देखा जा सकता है। मुक्तिबोध में उनकी इतनी आस्था है कि बातों को विश्लेषित करने के बजाय उसे लगभग तर्कातीत मान लेते हैं। मुक्तिबोध जब नयी पीढ़ी को स्वीकार हों तब उनकी एक भी बात भला ग़लत कैसे हो सकती है? नामवर सिंह के आलोचनात्मक लेखन में नयी कविता की कुछ सही-ठोस रचनाओं को स्थापित करने के लिए पिछली परम्परा और इसी क्रम में 'कामायनी' तथा 'उर्वशी' के नवमूल्यांकन की कोशिश करके भी उन्हें लगभग असमीक्षित ही छोड़ दिया गया है। लगता है, लेखक अनुचित रूप से इस अपूर्णता का दायित्व उन आलोचकों पर छोड़ना चाहता है, जिन्हें वह उद्धृत कर रहा है।

आधुनिक कविता के दो कवि ऐसे हैं जिन्हें नामवर सिंह के आलोचक से सम्भवतः उचित न्याय नहीं मिल सका–एक हैं दिनकर और दूसरे श्रीकान्त वर्मा और दोनों के प्रति समीक्षक का बिलकुल विपरीत रवैया रहा है। दिनकर की चुनौती को नामवर सिंह का समीक्षक साहित्य के स्तर पर नहीं झेल सका है, जबकि श्रीकान्त बर्मा को समकालीन रचना-परिदृश्य में जबरन उछालकर उन्होंने ऐसे बिन्दु पर खड़ा करने की कोशिश की, कि जहाँ से वह चुनौती देता हुआ-सा लगे। दिनकर के बारे में नामवर जी ने खुलकर ख़ुद अपनी धारणा कम ही व्यक्त की है। 'कविता के नये प्रतिमान' में तो 'कल्पना' के 'उर्वशी-विवाद' वाले समीक्षकों के दो दलों का हवाला देकर काम चला लेते हैं। अगर अपनी कहने की कोशिश करते भी हैं तो कुछ इस तरह–'उर्वशी एक काव्यकृति, है–सम्भवतः सफल एवं महत्त्वपूर्ण काव्यकृति है। इससे किसी को बहस नहीं है; बहस है तो उसके महत्त्व को लेकर।' (कविता के नये प्रतिमान, पृ. 72) आख़िर इस वक़्तव्य का क्या अर्थ है? मुक्तिबोध

ने उर्वशी-पुरुरवा के रति-कक्ष में भोंपू लगवा दिये—वे भले ही 'कामायनी' के श्रद्धा तथा अन्य सर्गों के संलापों की मनोवैज्ञानिकता को पचा गये हों। किन्तु क्या नामवर सिंह जैसे समीक्षक के लिए यह उचित नहीं था कि भोंपू वाली बात की थोड़ी अपनी ओर से भी तहकीकात कर लेते? इसी तरह 'इतिहास और आलोचना' में वे लिखते हैं—'दिनकर और नीरज के गर्जन-तर्जन में केवल फेन है। भावावेग के उस उफान में गम्भीरता कहीं नहीं है।' (पृ. 50) वस्तुत: यह एक ग़ैर-ज़िम्मेदार वक़्तव्य है। पहले तो नीरज जैसे गीतकार के साथ 'कुरुक्षेत्र', 'रश्मिरथी' और 'उर्वशी' के कवि का नाम जोड़ना उचित नहीं, फिर काव्य में भावावेग के महत्त्व का पूरी तरह अवमूल्यन करना भी उचित नहीं। दिनकर के काव्य में केवल फेन और उफान देखने वाली दृष्टि किन्हीं काव्येतर क्षेत्रों में घूम रही होगी। ऐसी ही बँधी दृष्टि का एक ठोस प्रमाण भगवतशरण उपाध्याय ने 'उर्वशी' वाली अपनी समीक्षा में दिया था।

कविता में मौन का महत्त्व अपनी जगह है (हिन्दी कविता में अज्ञेय का बड़बड़ाता हुआ 'मौन' भी तो विराजमान है।) इससे इनकार नहीं यह सच है कि आदमी की तरह कविताएँ भी इंट्रोवर्ट होती हैं मगर इसका यह अर्थ नहीं कि केवल इंट्रोवर्ट कविताएँ ही अच्छी होती हैं। रामविलास जी ने अगर दिनकर जी की भाषा में निराला के मेघमन्द्र स्वर सुने थे तो इसलिए भी कि निराला की तरह दिनकर भी एस्ट्रोवर्ट कवि हैं। यहाँ नामवर जी की निष्कर्ष-सजग आलोचना मूल के विश्लेषण से कतराकर मुक्तिबोध पर अपना सारा भार छोड़ देती है—'मुक्तिबोध ने 'उर्वशी' की जो आलोचना की है उसके पीछे नयी कविता का आत्मसजग भाव-बोध है।' (क.के न. प्र., पृ. 75) उधर शर्मा जी अपनी 'भिन्न सुसंगत मूल्य प्रणाली' व्यक्त करते हैं तो करें, नामवर जी को मुक्तिबोध का पक्ष-ग्रहण इसीलिए करना है क्योंकि 'सम्प्रति नयी पीढ़ी ने मुक्तिबोध में रचनात्मक सम्भावना का पुनरा-विष्कार कर प्रमाणित कर दिया है कि उस टकराहट में मुक्तिबोध की ही दिशा ठीक थी।' (वही)। यहाँ प्रश्न उठता है कि क्या सचमुच दिनकर को नयी पीढ़ी ने छोड़ दिया? इसका निर्धारण किस प्रकार होगा? और इसका निर्धारण भी किस प्रकार होगा कि रामविलास शर्मा और मुक्तिबोध की 'दो भिन्न सुसंगत मूल्य प्रणालियों' में किसे मार्क्सवादी मूल्य प्रणाली मानें?

दिनकर के प्रसंग में जो विश्लेषण की कृपणता है वही श्रीकान्त वर्मा के सन्दर्भ में अतिरिक्त उदारता बन जाती है। श्रीकान्त की कविताओं की क़द-काठी की नामवर जी द्वारा की गयी माप-जोख में अनपेक्षित ढिलाई बरती गयी हैं। कवित्व की

ऊब तक को यहाँ महिमामण्डित कर दिया गया है 'वन्य प्रकृति और नगर जीवन की ऊब के बीच 'अवकाश का विस्फोट' और 'यह सरल पलायन नहीं, बल्कि ऊब का कवित्व है' जैसी विरल संध्या भाषा जब समीक्षा में घुसपैठ करने लगे तो समीक्षक का इरादा ज़ाहिर होने लगता है। दरअसल श्रीकान्त वर्मा में ऐसा कुछ नहीं जो उन्हें समकालीन रचनाशीलता में कहीं से विशिष्ट बनाता हो। उनकी अपनी स्वाभाविक जगह तो कैलाश वाजपेयी और जगदीश चतुर्वेदी के बीच ही कहीं है, लेकिन नामवर सिंह उन्हें गरिमामण्डित करने में कोई कसर नहीं छोड़ते, यहाँ तक कि काव्य-कला या विचारधारा किसी को आड़े नहीं आने देते।

'कामायनी' के बहाने नामवर जी ने स्ट्रक्चर और टेक्सचर के तनाव का एक सिद्धान्त पेश करने की कोशिश की थी; जो, खेद है कि, व्यावहारिक विश्लेषण के अभाव में कुछ जम नहीं पाया। 'कामायनी' के प्रसंग में रामस्वरूप चतुर्वेदी ने वर्णन की भाषा और बिम्ब की भाषा के बीच असंगति देखी थी किन्तु मूल्य-निर्णय की असमर्थ उदारता आलोचना को कोई दिशा न दे पायी। नामवर सिंह भाषा को कथ्य से अलग करने के पक्ष में नहीं हैं और 'कामायनी' में भाषा-भाव की फाँक को स्ट्रक्चर और टेक्सचर वाले तनाव के रूप में देखते हैं। उनके अनुसार कथन और कथ्य में अन्योन्याश्रय सम्बन्ध होता है क्योंकि कथ्य को जानने का कथन के अतिरिक्त और कोई साधन नहीं। यहाँ यह स्वाभाविक प्रश्न उठता है कि क्या सचमुच हर महत्त्वपूर्ण कथ्य को उसके अनुरूप भाषा मिल जाती है? इसी प्रकार क्या हर सुन्दर भाषा को सुन्दर कथ्य अनिवार्यत: प्राप्त होता ही है? हम जानते हैं कि भाषा की सुन्दरता में तराश और सजावट की जो भूमिका रहती है, वह ज़रूरी नहीं कि कथ्य को भी महत्त्वपूर्ण बनाये ही। रूपवाद आख़िर भाषा और कथ्य का यह अलगाव भी तो है। काव्यभाषा और कथ्य का समानुपातिक तनाव हर महत्त्वपूर्ण काव्य में अनिवार्यत: मिल भी नहीं पाता। हम अक्सर देखते हैं कि कहीं कथ्य भाषा पर तो कहीं भाषा कथ्य पर हावी होती रहती है। आलोचक इस दरार को देखा-दिखा सकता है। महत्त्वपूर्ण कथ्य की कमज़ोर भाषा को सराहने के अपने ख़तरे हो सकते हैं। केवल भाषा के आधार पर काव्य का समग्र मूल्यांकन क्या सम्भव है? भाषा की असमर्थता क्या अनुभव की भी असमर्थता है? क्या भाषा और अनुभव एक हैं? क्या असुन्दर भाषा में सुन्दर कथ्य और सुन्दर भाषा में असुन्दर कथ्य सम्भव नहीं? आचार्य शुक्ल ने छायावादी काव्यभाषा की लाक्षणिकता के सौन्दर्य की प्रशंसा की थी, किन्तु छायावादी भावजगत से उन्हें उचित ही शिकायत थी क्योंकि परिवेश और व्यक्ति के द्वन्द्व से अलग होकर छायावाद आदर्श और कल्पना के संसार में रस लेता था। शुक्ल जी को 'कर्म क्षेत्र का सौन्दर्य' वहाँ कैसे मिल सकता था?

अतिसुन्दर, लयात्मक और सांगीतिक भाषा में वायवीय और भाववादी कथ्य का अप्रतिम उदाहरण निर्मल वर्मा की कहानियाँ और गद्य हैं, जो किसी ज़माने में नामवर सिंह के लिए ऑब्सेशन–जैसे थे। 'कहानी : नयी कहानी' में निर्मल वर्मा के प्रति आलोचकीय प्रशंसा इस हद तक है गोया निर्मल को स्थापित करने के निमित्त ही इस पुस्तक की रचना हुई हो। निर्मल की कहानियों के प्रसंग में अपने कथालोचन के प्रतिमानों की भी आलोचक को चिन्ता नहीं होती और वह उनमें 'जीवन की गहरी समझ और कला का कठोर अनुशासन' (पृ. 82) पाता है अर्थात् दूसरे शब्दों में कहें तो भावात्मक संयम और कलात्मक संगीत! 'निर्मल की यह 'प्रतीक्षा' इतनी विशद है कि प्रेम की कहानी में भी प्रेम भावना का अतिक्रमण कर जाती है और अपने विस्तार में सम्पूर्ण मानव-नियति का प्रश्न बन जाती है।' (वही, पृ. 80) मगर इस प्रतीक्षा की परिणति किस प्रकार से 'कव्वे और कालापानी' में होने वाली थी, इसे नामवर सिंह का तत्कालीन मुग्ध और प्रलुब्ध समीक्षक भाँप नहीं सका; जबकि निर्मल की कथा यात्रा का स्वाभाविक विकास ही 'कव्वे और कालापानी' में हुआ है। केवल नामवर जी को निर्मल की रचनाओं के उस अतिरिक्त भाववादी रिद्म का अन्दाज़ा नहीं हो सका जो भविष्य में इस कहानीकार को नवअध्यात्म की दिशा में ले जाने वाला था। शुरू से ही निर्मल में पलायन की प्रवृत्ति को तत्सामयिक आलोचकों ने ठीक ही पहचाना था और सच तो यह है कि नामवर सिंह की ही 'भविष्य दृष्टि' में खोट थी। लॉरेंस काफ्का की भाँति ही निर्मल वर्मा को भी युगान्तकारी सिद्ध करने की रो में उन्होंने भविष्यवाणी की थी–'कौन जाने, इसी तरह हिन्दी में भी जिस निर्मल को इधर पलायनवादी कहा जा रहा है, वे अन्ततः इन तथाकथित 'सामाजिक' कहानीकारों से ज़्यादा सामाजिक और बुनियादी रूप में अपने युग के सच्चे प्रवक्ता प्रमाणित हों!' (वही, पृ. 244)। नामवर जी ने राकेश, यादव और कमलेश्वर के विरुद्ध निर्मल को खड़ा करने की जो भूल की, मानो उसी के अहसास से बाद में कभी फिर कहानी पर न लिखने की तौबा ही कर ली। अगर यही वस्तुस्थिति रही हो तो क्या आश्चर्य?

3. आलोचना का मध्यमार्ग :

आस्था का शायद ही कोई आधार हो जिसमें अन्तर्विरोध न हो। जो अपने आस्था केन्द्र के अन्तर्विरोध की प्रकृति को नहीं पहचानता, उसी की आस्था टूटती है, उसी में अनास्था उत्पन्न होती है अथवा इन सबके विपरीत उसमें आस्था के स्थान पर अन्धविश्वास घर करता है। किसी पार्टी या व्यक्ति या विचार में आस्था रखना ग़लत नहीं है, ग़लत है उस पार्टी, व्यक्ति या विचार को पूर्ण अथवा आदर्श मान लेना।

–नामवर सिंह (इतिहास और आलोचना, पृ. 70)

नामवर सिंह मानते हैं कि चूँकि समकालीन रचनाशीलता जिस परिवेश से जुड़ी होती है वह रचनाकार और आलोचना दोनों का ही साझा परिवेश होता हैं, इसी के कारण आलोचक के लिए समकालीन लेखन के मूल्यांकन का काम ज़्यादा जोखिम भरा होता है। शुक्ल जी छायावाद के प्रसंग में यह जोखम उठाकर परवर्ती समीक्षकों के लिए प्रेरणा बन चुके थे। इस सन्दर्भ में नामवर सिंह विशिष्ट समझ वाले समीक्षक सिद्ध होते हैं। परिवेश और उससे जुड़ी रचना की नब्ज़ की, अन्यों की अपेक्षा अधिक सही पहचान नामवर जी में है। नयी कविता के आगमन के साथ नन्ददुलारे वाजपेयी और नगेन्द्र जैसे छायावादी दौर के समीक्षक बुरी तरह पिछड़ गये थे। यहाँ तक कि रामविलास शर्मा जैसे जागरूक समीक्षक के अन्तर्विरोध भी स्पष्ट होने लगे थे। शर्मा जी को शिवमंगल सिंह 'सुमन', गिरिजा कुमार माथुर, बच्चन, नीरज, वीरेन्द्र मिश्र आदि के गीतों की ऊपरी और शाब्दिक प्रगतिशीलता पर रीझते हुए पाकर नामवर सिंह ने अपनी दो-टूक शैली में कविताओं का विश्लेषण कर उनकी असलियत उघाड़ दी। कोई कविता केवल विषयवस्तु के कारण प्रगतिशील या प्रति-क्रियावादी नहीं हो जाती। आलोचक का काम उसके ट्रीटमेंट की तह में जाकर उसके कवित्व की परख करना होता है। जरूरी नहीं कि सैद्धान्तिक आस्था मात्र से कवित्व भी बढ़िया हो जाये।

नयी कविता के प्रसंग में सपाटबयानी, व्यंग्य, क्रीड़ा, कौतुक, विसंगति, द्वन्द्व, तनाव, संघर्ष, वस्तुनिष्ठ ईमानदारी–जैसे नये प्रतिमानों की चर्चा कर नामवर जी ने आलोचना के समाजशास्त्रीय संसार को जीवन्त बना दिया। यह सच है कि इस सिलसिले में वे उत्तरशती के दो महत्त्वपूर्ण हिन्दी समीक्षकों–विजयदेव नारायण साही और मुक्तिबोध की वैचारिकता के बीच अपना सन्तुलन साधते रहे हैं। इस बात में जो लोग नामवर जी की मौलिकता का क्षरण पाते हैं, उनकी दृष्टि नामवर जी के उस खुलेपन को नहीं सराह सकेंगी जो उन्हें रामविलास शर्मा से अलग करता है और ज़्यादा विवादास्पद भी बनाता है। बँधी दृष्टि वाले मार्क्सवादी समीक्षकों के झुण्ड में नामवर सिंह अपने पैनेपन, सकारात्मक दृष्टि, संघर्षशीलता और रचनात्मकता के कारण अलग से पहचाने जा सकते हैं। वे दिलचस्प ढंग से अपने को विपक्ष में रख लेते हैं। जब शुद्ध कविता का हल्ला मचा तब वह समाजशास्त्रीयता का पल्ला पकड़कर खड़े हुए, और जब रचना में राजनीतिक स्थूलता भरी जाने लगी तब उन्होंने रूपवाद तक को सराहा। मगर सच तो यह है कि वे रहे हमेशा बीच में ही। वे सतर्कतापूर्वक सपाटबयानी को ठेठ इतिवृत्तात्मकता से अलग करते हैं और रचनात्मकता को कवित्व और वक्तव्य के बीच कहीं से ढूँढ़ निकालते हैं। नामवर

सिंह का व्यक्तित्व इस बात को द्योतित करता है कि आलोचक को मर्मी भी होना चाहिए, केवल रूढ़ अर्थों में जीवन-धर्मी होना ही काफ़ी नहीं है। और मर्म की यह समझ और पहचान हर कहीं से उपलब्ध की जानी चाहिए। लूकाच, इलियट, ब्रैडले और लेविस केवल अपनी सामाजिक-राजनीतिक आस्था विशेष के कारण त्याज्य नहीं होने चाहिए। मुक्तिबोध और साही की बौद्धिक ईमानदारी को नामवर उन समीक्षकों के 'सतही समाधान से लाख दर्जे बेहतर' समझते हैं जो खाली राजनीतिक आस्था के धनी हैं। साही और मुक्तिबोध के शिक्षा-संस्कार भले ही 'हिन्दी की ठेठ परम्परा' से बाहर के हों, किन्तु इस बात के विश्लेषण की ज़रूरत है कि हिन्दी की माटी से इनका कैसा द्वन्द्वात्मक रिश्ता तैयार हुआ था। रामविलास शर्मा ने तो मुक्तिबोध पर बर्गशां के प्रभाव को अतिरंजित करके दिखा दिया है, जो स्थिति को स्पष्ट करने के बजाय भ्रम पैदा करता है।

नामवर सिंह की सतर्क दृष्टि जिस तरह से तथ्यों की द्वन्द्वात्मक परस्परता परखती चलती है उससे वह अनजाने ही आलोचना के मध्यमार्ग पर चलते नज़र आते हैं। दूसरों को ऐसा लग सकता है कि वे हर अतिवाद से बचते हैं, किन्तु उनके दो-टूक लहजे के खरेपन को सहज ही महसूस किया जा सकता है। प्रगतिवाद की आलोचना करते हुए वे ही लिख सकते थे कि यहाँ 'रचना विचार का पर्याय मान ली गयी और आलोचकों की इस माँग की पूर्ति में धीरे-धीरे पार्टी के राजनीतिक दस्तावेज़ों का पद्यानुवाद शुरू हुआ। विषय के रूप में सिर्फ़ किसान और मज़दूर रह गये और विषय वस्तु के रूप में आर्थिक शोषण। रूप उद्‌बोधन मात्र और भाषा के नाम पर केवल भाषण।' (लेनिन और भारतीय साहित्य, पृ. 37) बाद के दौर में भी वामपन्थी लेखकों में अधिकतर वैसे ही लोग नज़र आये जिन्हें 'साहित्य के क्षेत्र में राजनीति का अनाड़ी अनुवादक' कहा जा सकता है। नामवर सिंह अच्छी तरह समझाना चाहते हैं कि 'साहित्य को राजनीतिक चेतना से सम्पन्न बनाने का अर्थ साहित्य-सृजन और चिन्तन में राजनीतिक संघर्ष की रणनीति और कार्यनीति का अमल नहीं है।...इसलिए वामपन्थी लेखक का भी प्रयास यही होना चाहिए कि उसके दुश्मन और विरोधी भी वास्तविकता में अन्तर्दृष्टि प्राप्त करने के लिए उसकी रचना पढ़ने को विव्रश हों। यह तभी सम्भव है जब रचना इतनी वास्तविक और कलात्मक हो कि पढ़ने वाला यह कहने के लिए बाध्य हो कि कम्बख़्त लिखता ख़ूब है। वामपन्थी लेखन के आतंकवादी तेवर से यह विश्वसनीयता सम्भव नहीं है।'

(आलोचना-29 अप्रैल-जून 74)

हिन्दी वामपन्थी लेखन के द्वारा रचे गये कई मिथ को नामवर सिंह ने निर्भमता से तोड़ा है। जैसे यह समझना कि सुविधा में जीकर लिखने वाला लेखक प्रतिक्रान्तिकारी होता है, जबकि ग़रीब और फटेहाल लेखक अनिवार्यतः क्रान्तिकारी। यह समझना भी भूल है कि व्यवस्था से पद, धन और सम्मान पाने बाले लेखक व्यवस्था के पक्षधर होते हैं और जिन्हें यह हासिल नहीं होता वे ही विरोधी और क्रान्तिकारी होते हैं। इस समझ के मूल में नामवर सिंह के शब्दों में 'टुटपुँजिया मध्यवर्गीय जलन' है। एक और मिथ आम जनता को मासूम, पवित्र और महिमाशाली बनाने का है और इस भावुकता को नामवर सिंह 'रोमांटिक और अन्धलोकवादी रुझान' कहते हैं। वास्तविकता यह है कि सर्वहारा अपने आप में निष्कलुष नहीं होता, क्योंकि जन्म से ही कोई वर्ग-सचेतन नहीं होता बल्कि इस वर्ग-चेतना को उसे अर्जित करना पड़ता है। इस तरह सभी बुर्जुआ तत्त्वों को नकारना भी सही मार्क्सवाद नहीं हो सकता।

लेकिन दूसरी ओर नामवर सिंह व्यक्तिवाद और भाववाद के ख़तरों से भी वाक़िफ़ हैं। अपने तीन प्रिय वामपन्थी कवियों, मुक्तिबोध, त्रिलोचन और नागार्जुन के विषय में वे 'कविता और समाज'–विषयक आलेख (पूर्वग्रह, 63-64) में उनके प्रगीतधर्मी कवि व्यक्तित्व को इसी द्वन्द्वात्मकता में देखने की सिफ़ारिश करते हैं जो 'अपनी वैयक्तिकता में, विशिष्ट और सामाजिकता में सामान्य (हैं) व्यक्तिवादी न होते हुए भी व्यक्ति–विशिष्ट (हैं)। अपने सामाज से लड़ते हुए भी सामाजिक।'

कतिपय वामपन्थी आलोचकों ने कला और साहित्य के गुण को लोकप्रियता से जोड़ते हुए सरल, सीधे और इकहरे शिल्प की फ़रमाइश की है। जटिलता से बिदकने और सरलीकरण का पक्ष लेने से रचना का कोई भला हो जाता हो ऐसा नहीं है। सभी आलोचक जटिल शिल्प की चुनौती नहीं भूल पाते। कुछ गम्भीर क़िस्म के आलोचक जब काफ़्का को ही नहीं, ब्रेश्ट तक को खारिज करने से नहीं हिचकते तो अचरज होता है। कुछ आलोचकों की प्रवृत्ति होती है कि वे प्रस्थान बिन्दु पर मान लेते हैं कि अभिधावाची साहित्य कभी उच्च कोटि का नहीं होता, किन्तु अन्तिम निष्कर्ष में लगभग वहीं लौट आते हैं और इस क्रम में रूपवाद का आवश्यक-अनावश्यक हौवा भी कम खड़ा नहीं करते। रामविलास शर्मा जैसे समीक्षक भी जब ऐसा कहने लगे–'साधारण जनता और मुक्तिबोध की कविता के बीच यह अभिव्यक्ति बहुत बड़ी खाई है। शंकर शैलेन्द्र की कविता मजदूर ख़ूब समझते थे, सभाओं और जुलूसों में उन्हें गाते थे। मुक्तिबोध की कविता मज़दूरों के लिए तो दुरूह है ही, वे उच्चशिक्षा प्राप्त जनों, कवियों और आलोचकों के लिए भी दुरूह हैं। इस दुरूहता का एक बहुत बड़ा कारण अपना निम्न मध्यवर्गीय स्तर छोड़ने की कठिनाई है।'

(नयी कविता और अस्तित्ववाद, पृ. 177) इस विवेचन और उससे निकले निष्कर्ष का महत्त्व नहीं रह जाता अगर हम यह मद्देनज़र रखें कि शैलेन्द्र ने अपनी निम्न मध्यवर्गीय भूमि छोड़कर तथाकथित उच्चवर्गीय जीवन-स्तर में छलाँग लगायी जबकि मुक्तिबोध ने अपने को डि-क्लास करने का प्रयत्न किया। मुक्तिबोध के ऐसे जीवन आचरण पर तोहमत लगाना जँचता नहीं। शैलेन्द्र की कविताओं की सामाजिक लोकप्रियता के तत्त्व को ज़्यादा महत्त्व देना उचित नहीं क्योंकि तब 'राम की शक्तिपूजा' जैसी रचना के महत्त्व को नकारना पड़ेगा। सरलीकरण और सस्ती लोकप्रियता रचना के महत्त्व को रेखांकित नहीं कर सकती। मगर शर्मा जी इसी फीते से रचना की माप करने की जिद में बच्चन की 'बुद्ध और नाचघर' कविता में अपना पसन्दीदा व्यंग्य पाने लगते हैं और फैंटेसी को 'घटिया क़िस्म की कला' कहते हैं। दूसरी ओर नामवर सिंह फैंटेसी के प्रभाव का विवेचन करते हुए इसे वास्तव में उच्च कोटि का यथार्थ प्रस्तुत करने वाला शिल्प बताते हैं।

काव्य रूप को उनके सीमित या विशाल फलक के अनुरूप घटिया अथवा महान समझने की प्रवृत्ति भी कतिपय आलोचकों में एक प्रकार से बद्धमूल रही है। जिस प्रकार प्रगीत से प्रबन्ध को श्रेष्ठतर माना जाता रहा, वैसे ही कहानी की अपेक्षा उपन्यास को भी महान समझने की ओर आलोचकों में झुकाव देखा जा सकता है। नामवर सिंह के समीक्षक की यह सिफत रही है कि उन्होंने प्रबन्ध या उपन्यास को प्रगीत या कहानी पर अकारण तरजीह नहीं दी। अपनी एक बातचीत ('उजाले में वापस' शीर्षक से पूर्वग्रह–75 में प्रकाशित) में उनका यह कहना वस्तुतः उनकी समीक्षा-दृष्टि से जुड़ा हुआ है कि 'यह सही है कि ग्रैंड और उदात्त विषयों की कविता ही अपने आप में महान नहीं होती। अति साधारण छोटी घटना, छोटा व्यक्ति, छोटा-सा दृश्य भी बड़ी घटना को जन्म दे सकता है। कवि जर्रे में भी समन्दर देख सकता और दिखला सकता है।...यह जो युवा कविता हमारे सामने आयी है कदाचित् इतनी उदात्त और विषण्ण कविता नहीं है। ज़िन्दगी यहाँ जीने लायक है। दुख-तकलीफ़ों के बीच में भी एक ख़ुशनुमा धूप दरख़्त और आसपास की जिन्दगी को लेकर आयी पाँच-छह वर्षों के आसपास लिखी गयी कविताओं को देखें तो वे झूठी नहीं हैं। एक अनुभव है और उस अनुभव का सच है जो हमारी कविता में बड़ी ताजगी के साथ आया है। यह एक तरह से कविता का मानवीय होना है...।'

रचना की मूल्यवत्ता को उसके विधात्मक कलेवर से जोड़ देने से उपजी चिन्ता ही मूलतः कविता के आलोचक नामवर सिंह को कहानी की आलोचना की ओर

ले गयी। रामविलास जी जैसे प्रखर आलोचक के द्वारा भी इस विकसनशील विधा को उपेक्षा ही मिली थी। शर्मा जी में नामवर सिंह वाली नयी रचनाशीलता को देने वाली सहानुभूति भी नहीं मिलती। नयी कहानी की आलोचना के सिलसिले में नामवर जी ने पाया कि 'हिन्दी कविता की अपेक्षा कहानी में स्वस्थ सामाजिक शक्ति कहीं अधिक है।' (कहानी : नयी कहानी, पृ. 22), कहानी सम्बन्धी इन आलोचनाओं के माध्यम से सम्भवतः हिन्दी में पहली बार 'पाठक' की प्रक्रिया तथा पद्धति बहस का विषय बनी।

'असल बात है कहानी का कहानीपन' (वही, पृ. 30) कहकर नामवर जी ने जिस चीज़ की ओर संकेत किया था वह आने वाले दशकों में कहानी-समीक्षा में सर्वाधिक आलोच्य और विवेच्य वस्तु रही। इसके महत्व को बहुत बढ़ा-चढ़ा कर प्रदर्शित किया जाये तो वह कलावाद के छोर को छूने लग सकता है, इसमें सन्देह नहीं। इसीलिए नामवर जी कहते हैं कि 'आज किसी कहानी का शिल्प की दृष्टि से सफल होना ही काफ़ी नहीं है बल्कि वर्तमान वास्तविकता के सम्मुख उसकी सार्थकता भी परखी जानी चाहिए।' (वही, पृ. 25) इस वास्तविकता की कसौटी पर ज़्यादा घिसी जाने से कभी कला के दम तोड़ देने का भी ख़तरा होता है। ऐसी हालत में क्या कहानीकार को निश्चित मूल्य-निर्णय से चलकर कला की रक्षा करनी चाहिए अथवा मूल्य निर्णय के द्वारा वास्तविक धरती पर अपनी पक्षधरता अंकित करनी चाहिए–इस प्रकार के विकल्प पैदा हो जाते हैं। निर्मल वर्मा की ओर से मोहभंग के पश्चात् आख़िर नामवर सिंह ने दूसरे विकल्प से ही अपनी सहमति प्रकट की है। 'पूर्वग्रह' 61-62 में प्रकशित एक बातचीत (वास्तविकता से जादुई वास्तविकता तक) में थोड़ी हिचक के साथ उन्होंने अपने इस मोहभंग को मानों कबूल करते हुए कहा कि 'निर्मल के 'अनिश्चय' (अपनी ओर से कोई मूल्य- निर्णय नहीं देना) को अमरकान्त की 'निश्चयता' की तुलना में ज़्यादा कलात्मक कहना ठीक नहीं है।'

4. रचनात्मक आलोचना

भाषा कवि से जिस सृजनशीलता की अपेक्षा रखती है, वही सृजनशीलता आलोचक के लिए भी आवश्यक है।

–नामवर सिंह (कविता के नये प्रतिमान, पृ. 19)

हिन्दी के ज़्यादातर समीक्षक और अधिकांश वामपन्थी समीक्षक भी इनमें शामिल हैं–इस प्रकार का ठोस और गरिष्ठ गद्य लिखने वाले रहे हैं कि पठनीयता भी आलोचना का एक महत्त्वपूर्ण और विशिष्ट गुण जैसा लगने लगी है, जबकि

इसे आलोचना की अनिवार्य शर्त होनी चाहिए। आख़िर आलोचना का काम क्या है, साहित्य (जो रमणीय होता है) के समग्र सौन्दर्य को पाठकों के लिए प्रथमतः गम्य बनाना ही तो? उत्तरशती की हिन्दी आलोचना में रमेशकुन्तल मेघ से लेकर कुमार विमल तक वाम-दक्षिण के कितने ही जाने-अनजाने ऐसे नाम हैं जिनकी आलोचना-भाषा पाठकों के पल्ले आसानी से नहीं पड़ सकती, मूल उनकी समझ में भले ही उतना कठिन नहीं हो। रामविलास शर्मा और नामवर सिंह की आलोचना-भाषा अपने-आप में पारदर्शी समझ का प्रतिमान है। असम्प्रेषणीय आलोचना भाषा का संक्रट वास्तव में उस आलोचक का अपना वैचारिक संकट होता है। उसे समझ लेना चाहिए कि उसके आलोचक व्यक्तित्व के लिए यह वैसा ही घातक है, जैसे किसी अच्छे वक़्ता की जीभ को ही फ़ालिज मार जाये।

किन्तु हिन्दी के जातीय गद्य की प्रकृति सरलता और सहजता की रही है। ख़राब गद्य लेखन को नामवर सिंह 'भाषा का रहस्यवाद' मानते हैं। अज्ञेय के लिए वे 'सायास, कृत्रिम, लद्धड़ और बेजान' विशेषणों का सटीक प्रयोग करते हैं। हिन्दी समीक्षा की परम्परा में इस प्रकार की मुर्दा भाषा नहीं जँचती, क्योंकि वहाँ सदा से वैचारिक संघर्ष जीवन्त रहा है। नामवर सिंह की भाषा में सहजता की कठिन साधना दमकती है। यह भाषा कृति की विवेचना-विश्लेषण और समीक्षा करने के साथ मानो आत्म-समीक्षा भी करती चलती है। मुक्तिबोध के सन्दर्भ में नामवर सिंह इसे ही आत्म-संघर्ष कहते हैं।

नामवर सिंह केवल रचना की आलोचना ही नहीं करते, अपनी आलोचना को भी रचते चलते हैं। उनकी आलोचनाएँ अपने में सुन्दर रचनात्मक प्रयत्न हैं। चूँकि ये सृजनात्मक कृतियों से होड़-सी लेती हैं, अतः इन्हें 'रचनात्मक आलोचना' की संज्ञा दी जा सकती है। इस सन्दर्भ में आलोचना की मूल प्रतिज्ञा से नहीं हटते हुए भी नामवर सिंह ने आलोचना के दायरे में कुछ शिल्पगत प्रयोगों तक की चेष्टा भी की है। 'कहानी : नयी कहानी' के चमत्कारपूर्ण शीर्षकों-उपशीर्षकों में जो रचनात्मक खुलापन देखा जा सकता है, उस रोचकता की ओर नामवर सिंह 'छायावाद' से ही अग्रसर थे। उनकी आलोचना अक्सर इतनी सक्रिय और व्यंजक होती है मानो अपने वर्ण्य में एकमेक होने जा रही हो। कहानी पर उनकी समीक्षा स्वयं में कहानीपन को ही समोने लगती है। पाठक को मुखातिब समीक्षक मानो कहानी ही कहने लगता है–'अगर आप जानना चाहते हैं कि इसके बाद फिर क्या हुआ तो समझिए कि कहानी शहरजाद है!' (कहानी : नयी कहानी, पृ. 113) 'नीलम देश की राजकन्या'

और 'स्वर्ग के खँडहर में' कहानियों की समीक्षा में आये ख़ुद कहानीपन को पाठक आसानी से महसूस कर सकता है।

अपनी समीक्षा में आकार-प्रकार का सन्तुलन नामवर सिंह ख़ूब साधते हैं। मूल रचना को वे उचित ही समीक्षा का वास्तविक आधार मानते हैं और इसके लिए अपनी ओर से कम-से-कम कहने का संयम उनमें है। परम्परा को पहचानने, उसे नये सिरे से परखने और उससे जुड़कर आगे चलने का प्रयास नामवर सिंह करते हैं। पुरानी पीढ़ी को उसी के निकष पर कसने और नयी पीढ़ी को नये मूल्यबोध से जाँचने की पर्याप्त नैतिकता और साहस उनमें है।

पाठक में कौतूहल उत्पन्न करके, रोचकता बरकरार रखते हुए उसे अपने पास बहा ले जाना नामवर सिंह को आता है और इसके लिए कुछ लटके भी उनके पास हैं। 'यह आकस्मिक नहीं कि', 'यह केवल संयोग नहीं कि' जैसे लटके हिन्दी आलोचना को सम्भवत: नामवर सिंह की ही देन है। ये तुरन्त फलदायी हैं। समीक्षा को विनोद और विद्रूप की मुद्रा अख्तियार करने और मनोनुकूल व्यंग्य-बाण चलाने का अवसर ये ज़रूर देते हैं किन्तु गहरी पैठ और विश्लेषण के लिए माहौल नहीं बनाने देते क्योंकि अनचाहे एक प्रकार की संक्षिप्ति और सरलीकरण की ओर ले जाते हैं।

शुक्ल जी की परम्परा में ही नामवर जी भी अकसर सूक्तियों के सहारे ज्ञान के मोती बिखेरने का सुख प्राप्त करते हैं और ऐसे मोती भरे दो-चार वाक्य किस समीक्षक में नहीं मिल जाते? किन्तु सूक्ति-निर्भर उनकी आलोचना नहीं बन पाती यह सन्तोष की बात है। 'जीवन में आचार सम्मिलित विचार ही सर्जनात्मक होते है', 'बड़ा समीक्षक वह है जो आत्मसमीक्षक भी होता है', 'सवाल मूर्तिभंजन का नहीं, फूलमालाओं से देवता के उद्धार का है' आदि पंक्तियाँ विचार को अपने में समेटती नहीं, उसे आगे की ओर उत्तेजित कर ठेलती हैं और इसी में इन सूक्तियों की सार्थकता है।

नामवर सिंह का समस्त लेखन ही स्वच्छ-प्रसन्न गद्य का अप्रतिम उदाहरण है। उन्होंने छायावाद से लेकर नयी कहानी तथा समग्र समकालीन लेखन को उपजीव्य बनाकर बहुत कुछ लिखा और कहा है, उसकी रचनात्मकता की गहरी पड़ताल की है। इसमें उन्होंने अपने सिद्धान्तों को आड़े नहीं आने दिया, क्योंकि जैसी कि उन्होंने एकाधिक बार चर्चा की है, कोई भी सिद्धान्त सहृदयता का स्थान नहीं ले सकता। बल्कि सूखे सैद्धान्तिक झगड़ों के पीछे हार्दिकता का अभाव काम करता है। साथ ही

सिद्धान्तहीनता के राजनीतिक षड्यन्त्र से भी वे बख़ूबी वाक़िफ़ हैं और सचेत भी।

वे उचित ही इस बात को अपने आलोचकीय कंसर्न का विषय बनाते हैं कि फिलहाल जो समीक्षक समकालीन रचना-परिदृश्य को लेकर लिख रहे हैं, उनकी परम्परा में कोई ख़ास दिलचस्पी नहीं रहने से दृष्टि एकांगी रह जाती है। दूसरी तरफ़ यही ख़तरा मध्यकाल पर कार्यरत अध्येता उठाते हैं, जब वे समकालीन लेखन के प्रति अरुचि-सी प्रकट करते हैं। आलोचक को अतीत और वर्तमान के बीच वैकुअम नहीं बनाने देना चाहिए, उसे तो पुल बनना चाहिए। 'महाजनो येन गतः (आलोचना–73' अप्रैल-जून 65), नामक निबन्ध में नामवर जी ने लिखा है, 'तन्मयता केवल किसी महान काव्य या उपन्यास का ही गुण नहीं है बल्कि एक कालजयी आलोचनात्मक कृति भी उसी प्रकार तन्मय करने की क्षमता रखती है'। यह तन्मयता का गुण मुक्तिबोध की 'एक साहित्यिक की डायरी' में है। ख़ुद नामवर सिंह की पुस्तकों में यह गुण कम नहीं है। उनके कालजयी होने की बात तो हम नहीं जानते, किन्तु ये पुस्तकें सम-कालीन रचना के प्रसंग में हमारे चिन्तन को अत्यधिक प्रेरित और उत्तेजित करती हैं और आलोचना की यह कोई कम बड़ी सार्थकता नहीं है।

इतिहास बोध के साथ

•

खगेन्द्र ठाकुर

अक्सर ई.एच. कार की पंक्ति उद्धृत की जाती है कि इतिहास अतीत और वर्तमान के बीच निरन्तर चलता रहने वाला संवाद है। इस समझ में एक सामाजिक प्रक्रिया है, अतीत को देखने की सामाजिक-ऐतिहासिक आवश्यकता बताने की कोशिश है और यह भी स्पष्ट है कि उस आवश्यकता का निर्धारण वर्तमान के तकाजे से होता है। लेकिन एक बात स्पष्ट होने से रह जाती है और वह है अतीत और वर्तमान के बीच निरन्तर चलते रहने वाले संवाद की दिशा। इस संवाद की दिशा क्या है? मार्क्सवादी आलोचकों ने इसका उत्तर दिया है। उस संवाद की दिशा है भविष्य। भविष्य की अपेक्षा और आकांक्षा वर्तमान की आवश्यकता और अतीत के अनुभवों के निष्कर्ष से अनिवार्यत: जुड़ी हुई है। हर बीता हुआ अथवा बीतने वाला युग आने वाले युग पर कुछ दायित्व छोड़ जाता है, कुछ अप्राप्त छोड़ जाता है जो ऐतिहासिक रूप से प्राप्य है। इसी प्राप्य को प्राप्त करने के लिए मनुष्य भविष्य की ओर कदम बढ़ाता है, ऐसे भविष्य को ध्यान में रखकर ही वह वर्तमान का पुनर्गठन करने का प्रयत्न करता है और अतीत को भी बार-बार नये सिरे से समझने की कोशिश करता है। हिन्दी आलोचना में यह काम सबसे अधिक जागरूकता से डॉ. नामवर सिंह ने किया है। इनकी ख़ूबी यह है कि अपनी समकालीन प्रवृत्तियों से दूसरे आलोचकों की तुलना में सबसे अधिक टकराते रहे हैं। जो वर्तमान से टकराने से कतराते हैं वे इतिहास की धारा से ही नहीं, मानव समाज से, अपने परिवेश से भी कट जाते हैं। इस प्रसंग में नामवर सिंह का यह कथन और इस कथन में व्यक्त इतिहास की समक्ष ध्यान देने योग्य है–'ज़ाहिर है कि भूत और भविष्य को नकार देने के बाद वे उसके अभाव के प्रेत से ग्रस्त हैं और ऐसा अक्सर होता है। भविष्य से डरने वाले के लिए वर्तमान भी भूत हो जाता है।'(इतिहास और आलोचना, पृ. 84) यह बात उन्होंने उन लोगों

को उत्तर देते हुए कही है, जो केवल साम्प्रतिक बने रहना चाहते हैं, जो कहते हैं कि 'हमें जितना दिखता है यह अन्धकार से घिरा है, लेकिन अपनी दृश्य परिधि को ही हम दिशा मानकर चलते हैं।' दृश्य परिधि को ही दिशा मान लेने वाले की दृष्टि अत्यन्त सीमित है, उसका इतिहास की विराट् एवं अनन्त प्रक्रिया से कोई लगाव नहीं होता। इसीलिए वर्तमान भी उनके लिए भूत बन जाता है, डरावना बन जाता है।

नामवर जी ने जो इतिहासबोध प्राप्त किया है, उसकी विशेषता यह है कि वह इस संसार में विकसित हुआ है और उसके विकास में जनता ने ऐतिहासिक भूमिका अदा की है। एक जगह वे कहते हैं–'रास्ता कोई अपनाइए लेकिन जाये यह संसार से ही होता हुआ, सम्भव है यहाँ इतिहास पथ पर बढ़ती हुई जनवाहिनी का पथ मिल जाये।' (उपर्युक्त, पृ. 80)। लक्ष्य है जनवाहिनी का पथ, जो इतिहास-पथ पर बढ़ रही है। उसे पाने के लिए संसार से होकर चलना पड़ेगा। जो संसार को मिथ्या और भ्रम समझते हैं, वे जनवाहिनी का पथ नहीं पा सकते। आज के वैज्ञानिक अनुसन्धानों, उपलब्धियों और निष्कर्षों के प्रकाश में मनुष्य बहुत से भ्रमों से मुक्त हो चुका है, क्योंकि वह अनेक रहस्यों को भेद चुका है। भ्रम-निवारण का यह काम मनुष्य ने क्रमशः और लगातार किया है। आज कर रहा है। इसीलिए नामवर जी का यह कहना एकदम ठीक है कि मनुष्य का इतिहास भ्रमों का इतिहास नहीं, बल्कि भ्रमों के विरुद्ध वास्तविकता की विजय का इतिहास है। (उपर्युक्त, पृ. 80)। इस तरह के ऐतिहासिक निष्कर्ष के पीछे यह सच्चाई है कि मनुष्य जब प्रकृति और उसकी लीलाओं को नहीं समझता था तो अपनी जिज्ञासा के समाधान के लिए उसने अनुमान और कल्पना के आधार पर जो उत्तर अपने लिए तैयार किये, उनमें से अनेक स्वयं मनुष्य की ऐतिहासिक यात्रा, प्रकृति के साथ संघर्ष और उस पर विजय के अभियान और फिर सामाजिक विकास के क्रम में, मनुष्य के आपसी संघर्ष के क्रम में मनुष्य वास्तविकता को अधिकाधिक समझता आया है और भ्रमों का निवारण करता आया है। यह अलग बात है कि ढेर सारे लोग आज भी भ्रम को ही वास्तविकता समझ बैठे हैं, इसलिए कि उन्होंने एक ऐसा दृष्टिकोण अपना रखा है, जो उन्हें वास्तविकता या यथार्थ से दूर ले जाता है। इस प्रकार मनुष्य अब भी जिन भ्रमों को अपनी चेतना में पाल-पोस रहा है, उनके उद्भव और विकास के साथ उनको समाप्त करने के भी ऐतिहासिक कारण हैं। भ्रमों को पालने वालों का इतिहास अतीतोन्मुख है, सहिष्णु है, मनुष्य को पुरुषार्थरहित करने वाला है और भ्रमों से मुक्ति का, वास्तविकता की विजय का इतिहास भविष्योन्मुख है, मनुष्य की अन्तिम विजय की ओर निरन्तर बढ़ने का इतिहास। भ्रमों को पालने-पोसने वाला दृष्टिकोण

किस तरह एक मानव नहीं, बल्कि एक पूरे मानव-समुदाय अथवा उसकी सामाजिक शक्ति को कुण्ठित कर देता है, इसका उदाहरण है हमारा भक्ति आन्दोलन। इस सम्बन्ध में नामवर जी कहते हैं–'भक्ति-काव्य में समाज की वास्तविक स्थिति इस प्रकार उलट कर धार्मिक नैतिक रूप में व्यक्त इसलिए हुई है कि भक्त कवियों का दृष्टिकोण मध्ययुग के सामाजिक विकास से सीमित था। उस समय तक मनुष्य ने प्रकृति पर इतनी विजय प्राप्त न की थी और न तो विज्ञान का इतना विकास ही हुआ था कि भगवान के स्थान पर मानव की प्रतिष्ठा हो जाये।' (इतिहास और आलोचना, पृ. 79)। यह बात प्रासंगिक इसलिए है कि महाभारतकार व्यास से लेकर मध्यकाल के चण्डीदास तक की यह पवित्र आकांक्षा थी कि मनुष्य को सबसे ऊपर स्थान मिले, उसके ऊपर कोई नहीं हो, फिर भी वे इसे प्राप्त नहीं कर सके। यही वह अप्राप्त ऐतिहासिक प्राप्य है, जिसे प्राप्त करने का दायित्व आधुनिक युग के मनुष्य पर आया। इस दायित्व के निर्वाह का संघर्ष करते हुए ही मनुष्य भविष्य की ओर बढ़ता है। इस संघर्ष से जुड़े हुए लेखक ने वास्तविका को पहचाना और स्वीकार है। नामवर सिंह ने एक आलोचक के रूप में छठें दशक में वास्तविकता के पक्ष से भ्रमों के ख़िलाफ़ महत्त्वपूर्ण संघर्ष किया।

नामवर जी ने यह संघर्ष इस तीखेपन और सफ़ाई से किया कि अपने प्रारम्भिक दौर में ही उन्हें वह प्रतिष्ठा मिली, जो बहुतों के लिए स्पृहा का कारण बनी रही है। नामवर जी ने तीखापन और सफ़ाई दो कारणों से प्राप्त की–एक तो समाज को बदलने के जन-संघर्षों से लगाव, दूसरे, समाज-विकास की वह वैज्ञानिक समझ, जिससे नयी सौन्दर्य दृष्टि एवं मूल्य-चेतना परवान चढ़ती है। उन्होंने अपने आलोचनात्मक लेख के प्रथम चरण में ही इतिहास का नया दृष्टिकोण पा लिया था। उन्होंने समझा कि 'मनुष्य अपने इतिहास का ही नहीं इतिहास-विधायक दृष्टिकोण का भी निर्माण करता है और ऐसिहासिक भौतिकवाद जीवन-जगत के प्रति ऐसा ही सर्वव्यापी दृष्टिकोण है जिसे आधुनिक युग की इतिहास-शिल्पी शक्तियों ने गढ़ कर अस्त्र के रूप में अपनाया है।' (इतिहास और आलोचना, पृ. 171)। ध्यान दें, इतिहास के नये दृष्टिकोण का निर्माण किसी व्यक्ति ने नहीं, इतिहास-शिल्पी शक्तियों ने किया है। इन शक्तियों की निर्णायक भूमिका के बिना कोई महान विलक्षण प्रतिभा भी नये दृष्टिकोण की स्थापना नहीं कर सकती। इस नये इतिहास-दृष्टिकोण, जिसे 'इतिहास के अध्ययन की द्वन्द्वात्मक प्रणाली' कहा गया है, उसकी मुख्य विशेषताओं को नामवर जी ने इस प्रकार सूत्रबद्ध किया-

(1) 'द्वन्द्वात्मक प्रणाली की पहली विशेषता है किसी वस्तु, व्यक्ति, घटना या विचार को अन्य वस्तुओं, व्यक्तियों, घटनाओं और विचारों के अविभाज्य प्रसंग में देखना।'

(2) 'द्वन्द्वात्मक प्रणाली की दूसरी विशेषता है–वस्तुओं, व्यक्तियों, घटनाओं और विचारों को गतिशील 'परिवर्तनशील और कमबद्ध रूप में देखना।'

(3) 'द्वन्द्वात्मक प्रणाली की तीसरी विशेषता है–विकासक्रम को ऊर्ध्वोन्मुख और अग्रसर रूप में देखना।' विकास का अर्थ पुनरावृत्ति अथवा वृत्ताकार परिक्रमा नहीं है।

(4) 'द्वन्द्वात्मक प्रणाली की चौथी विशेषता है–वस्तुओं, व्यक्तियों, घटनाओं और विचारों में असंगति अथवा अन्तर्विरोध को पहचानना।' (उपर्युक्त पृ. 180-181)।

कोई कह सकता है कि इतिहास के अध्ययन की यह द्वन्द्वात्मक प्रणाली तो मार्क्स और एंगेल्स की देन है, इसमें नामवर जी का क्या है? मैं भी तो यह नहीं कह रहा हूँ कि नामवर जी ने इतिहास को कोई दृष्टिकोण या प्रणाली दी है, पहले ही मैंने कहा है कि नामवर जी ने यह दृष्टिकोण प्राप्त किया और इस महान् सच्चाई को प्राप्त कर लेना कोई साधारण बात नहीं है, क्योंकि इसे जो अतीत के मोह और बोझ से प्राचीनता, सनातनता और शाश्वतता कीमिश्या अवधारणा से मुक्त हो चुका है या कम-से-कम मुक्त होने को उत्सुक हो, 'पर प्रत्यय' को स्वीकार कर मुग्धता या मूढ़ता की स्थिति में न हो। इतना ही नहीं, इतिहास की इस प्रणाली को वही पा सकता है जो यह समझने की कोशिश करेगा कि हमारा समाज कैसे आदिम युग से चल कर यहाँ तक पहुँचा है। कैसे वाल्मीकि, व्यास, कालिदास, भवभूति, कबीर, सूर, जायसी, तुलसी, देव, बिहारी, भारतेन्दु, प्रेमचन्द, निराला, नागार्जुन, अज्ञेय, मुक्तिबोध आदि हुए, उनमें पारस्परिक सम्बन्ध और फ़र्क़ क्या है, आदि-आदि। इन प्रश्नों के वैज्ञानिक और वस्तुपरक उत्तर इतिहास की द्वन्द्वात्मक प्रणाली से ही मिलते है। द्वन्द्वात्मक प्रणाली की किसी भी मान्यता को अब तक कोई भी वैज्ञानिक आविष्कार काट नहीं सका है। विज्ञान भी गतिशीलता, परिवर्तनशीलता, सापेक्षता और अन्तःसम्बन्ध एवं अन्तर्द्वन्द्व के सिद्धान्तों को मानता हैं। इसीलिए नामवर जी ने ठीक ही इसे एक ख़ास ऐतिहासिक व्यवस्था की उपज कहा है। व्यक्ति की देन होती है, उसे समझने में, उसकी व्याख्या करने में, उसका विनियोग करने में। नामवर जी ने इस प्रणाली का विनियोग किया है ख़ासतौर से आधुनिक साहित्य की व्याख्या करने में। यह उनकी विशेषता है। विनियोग करने में एक ही प्रणाली को मानने वाले व्यक्तियों में भेद या मतभेद हो सकता है, ग़लती भी हो सकती है। यह स्वाभाविक है। यह सीमा व्यक्ति की है, प्रणाली की नहीं। यों वैज्ञानिक और वस्तुगत प्रणाली भी विकासमान होती है, उसके सामने नयी समस्याएँ और नयी चुनौतियाँ आती रहती हैं, जिनका समाधान और मुकाबला हर युग में व्यक्ति या व्यक्ति समूह को करना पड़ता है।

हिन्दी-साहित्य के इतिहास के अध्ययन के क्रम में वैज्ञानिक, वस्तुगत और द्वन्द्वात्मक प्रणाली का विनियोग करते हुए नामवर जी ने कुछ समस्याओं पर उँगली रखी, जैसे–'इतिहास का यह नैरन्तर्य 'आवृत्ति' के साथ गड्डमड्ड न कर दिया जाये, इसके लिए कालान्तर का बोध कराना आवश्यक है। इतिहास के काल विभाजन की आवश्यकता इसीलिए पड़ती है। काल-विभाजन में मध्य युग के बीच विभाजक-रेखा खींचना ही काफ़ी नहीं है, बल्कि उत्पादन-शक्तियों के आधार पर इनमें से प्रत्येक युग के उत्थान-पतन का भी निदर्शन होना चाहिए। एक प्रकार की व्यवस्था होते हुए भी भक्ति-काव्य क्यों उत्थान का प्रतीक है और रीतिकाव्य पतन का। इसी प्रकार छायावादी काव्य और प्रेमचन्द-साहित्य में मध्यवर्गीय राष्ट्रीय जागरण की जो उत्थान भावना व्यक्त हुई है वह परवर्ती काव्य और उपन्यास में ह्रास की दशा पर पहुँची लगती है। जनसाधारण के धरातल पर उठने-गिरने वाले ऊपरी वर्ग, साहित्य के उत्थान-पतन को किस प्रकार प्रभावित करते हैं, यह बताना उतना ही आवश्यक है, जितना यह बताना कि जन-साधारण साहित्य के उत्थान-पतन में कितना योग देता है।' (इतिहास और आलोचना, पृ. 191-192) इन या ऐसी ही समस्याओं को हल करते हुए नामवर जी ने साहित्य का कोई इतिहास-ग्रन्थ नहीं लिखा है और न डॉ. रामविलास शर्मा की तरह अलग-अलग ही इस तरह लिखा है कि उनको जोड़ कर हिन्दी साहित्य के इतिहास का एक वैज्ञानिक ढाँचा तैयार किया जा सके। प्रसंगवश यह कहना अनुचित नहीं होगा कि हिन्दी के पाठक डॉ०. रामविलास शर्मा और डॉ. नामवर सिंह, दोनों से ही एक ऐसे इतिहास-ग्रन्थ की उम्मीद करते रहे हैं, जो आचार्य शुक्ल की इतिहास लेखन-पद्धति को विकसित एवं समृद्ध करता, जो उनके इतिहास की त्रुटियों से मुक्त होता और आज की सामाजिक एवं साहित्यिक आवश्यकता की पूर्ति करता। लेकिन ऐसा नहीं हो पाया है। डॉ. नामवर सिंह इस जवाबदेही को समझते रहे हैं, महसूस करते रहे हैं, जैसा उन्होंने ख़ुद बिहार प्रगतिशील लेखक संघ के द्वारा शुक्ल जन्मशती के अवसर पर आयोजित एक गोष्ठी-चक्र (12, 13, 14 अप्रैल, '84) के इतिहास-सत्र में अध्यक्षीय भाषण करते हुए कहा–'मन की बात आपसे कहूँ, तो मैं चुप रहना चाहता था। कारण है उसका। शुक्ल जी के इतिहास की समीक्षा वह करे, जो दूसरा इतिहास प्रस्तुत करने का दावा करे या कम-से-कम उसका संकल्प उसके मन में हो। ...इसलिए संकोच, शर्म, सज्जा के कारण अब मैं साहित्य के इतिहास-दर्शन पर चर्चा करने का कार्य दूसरों पर छोड़कर निश्चिन्त हूँ और सोच रहा हूँ कि इतिहास लिखने की दिशा में भी कुछ कर सकूँ तो ठीक वरना इस पर ज़्यादा बात न की जाए तो बेहतर

है।' फिर आगे वे कहते हैं– 'कितना बड़ा मुश्किल काम है हिन्दी-साहित्य का इतिहास लिखना। विचित्र बात है कि शुक्ल जी ने इतिहास दर्शन पर बिना विचार किये हुए ही, जब उनकी चालीस साल की उम्र थी तब हिन्दी-साहित्य का एक बड़ा इतिहास लिखकर रख दिया था। साहित्य के इतिहास-दर्शन पर बिना कुछ विचार किये हुए चौंतीस साल की उम्र में आचार्य हजारीप्रसाद द्विवेदी ने 'हिन्दी-साहित्य की भूमिका' प्रस्तुत कर दी थी और हम लोग हैं, जो तीस साल से हिन्दी-साहित्य के इतिहास-दर्शन पर विचार कर रहे हैं और अभी तक पूरा इतिहास तो दूर, उसके एक खण्ड का भी कोई रूप हम उपस्थित नहीं कर सके।' (उत्तरशती के आचार्य शुक्ल विशेषांक में प्रकाशित, पृ. 74-75) मेरे लिए यहाँ यह विचारणीय नहीं है कि नामवर सिंह या किसी अन्य मार्क्सवादी आलोचक ने कोई इतिहास क्यों नहीं लिखा? कहना यह है कि इतिहास-लेखन के लिए जिस इतिहास बोध की ज़रूरत है, उसका उपयोग उन्होंने अपने हर प्रकार के लेखन में किया है। 'छायावाद' लिखते हुए नामवर जी जब छायावाद का अर्थ खोजने लगते हैं तो एक जगह यह कहते हैं कि 'छायावाद चित्रण की सूक्ष्मता' है और आगे कहते हैं–'छायावाद की मनमानी परिभाषा करने की अपेक्षा उसके ऐतिहासिक और व्यावहारिक अर्थ को स्वीकार करना अधिक वैज्ञानिक है।' और फिर यह भी कहते हैं–'यहाँ हमें यह न भूलना चाहिए कि छायावाद उस राष्ट्रीय जागरण की काव्यात्मक अभिव्यक्ति है, जो एक ओर पुरानी रूढ़ियों से मुक्ति चाहता था और दूसरी ओर विदेशी पराधीनता से। इस जागरण में जिस तरह क्रमशः विकास होता गया, इसकी काव्यात्मक अभिव्यक्ति भी विकसित होती गयी और इसके फलस्वरूप 'छायावाद' संज्ञा का भी अर्थ-विस्तार होता गया।' (छायावाद, पृ. 15)

साहित्य का हर युग नये आलोचक पैदा करता है और हर आलोचक किसी ख़ास युग से जुड़ा रहता है। डॉ. नामवर सिंह आलोचक रूप में स्वातन्त्र्योत्तर युग की उपज हैं। इस युग में कविता के भीतर ख़ास तौर से प्रगतिशील सामाजिक चेतना और प्रयोगवादी वैयक्तिक चेतना में टकराव होते रहे हैं। इस युग में एक जयशंकर प्रसाद को छोड़कर छायावाद के तीन शिखर मौजूद थे। इसलिए छायावाद की वैयक्तिकता और नयी कविता के अन्तर्गत सक्रिय प्रयोगवादियों की वैयक्तिकता के सम्बन्धों को समझने की भी ज़रूरत थी। प्रश्न यह भी था कि हिन्दी कविता के आधुनिक पाठक छायावाद के रूमानीपन से जो मुक्ति चाहते थे, वह प्रगतिशील सामाजिक चेतना वाले कवियों–नागार्जुन, केदार, शमशेर, त्रिलोचन, मुक्तिबोध आदि की कविताओं से मिली या उन आधुनिकतावादियों की रचनाओं से जो

अन्ततः व्यक्तिवाद, रूमानीपन आदि से ऊपर नहीं उठ सके तथा कुछ ही दिनों के बाद पुनरुत्थानवाद की ओर जाते दिखे। इस दौर में, इसीलिए एक तरफ़ ऐतिहासिक, सामाजिक सन्दर्भ में छायावाद की व्याख्या करने की ज़रूरत थी, तो दूसरी तरफ़ कविता को नया रूप देने तथा नयी कविता के प्रतिमान गढ़ने का दावा करने वालों की कृतियों और दावों की भी समीक्षा करना आवश्यक था। युद्धोत्तर कालीन दुनिया और स्वातन्त्र्योत्तर कालीन भारत की परिस्थितियों में प्रगतिशीलों की ओर से यह काम उस समय, एक तात्कालिक ऐतिहासिक दायित्व समझकर, सबसे अधिक नामवर सिंह ने किया। डॉ. रामविलास शर्मा एक आलोचक के रूप में छायावाद-युग में विकसित हुए, नन्ददुलारे बाजपेयी की तरह। लेकिन बाजपेयी जी छायावादी थे, डॉ. शर्मा 'छायावादी' नहीं प्रगतिवादी हैं। राष्ट्रीय स्वाधीनता संग्राम और नवजागरण के युग ने ऐतिहासिक-सामाजिक चेतना सम्पन्न आलोचकों के सामने जो समस्याएँ पेश कीं, वे स्वातन्त्र्योत्तर युग से भिन्न थीं। उस समय की समस्याओं से भिड़ते हुए डॉ. शर्मा ने भारतेन्दु, प्रेमचन्द आदि को समझना-समझाना ज़्यादा आवश्यक समझा, जो ज़रूरी था भी। उसी दायित्व का निर्वाह करते हुए वे आगे भी आचार्य शुक्ल, निराला, महावीरप्रसाद द्विवेदी की व्याख्या राष्ट्रीय जागरण, विशेषतः हिन्दी नवजागरण के सन्दर्भ में करते हैं, बल्कि इसी क्रम में उन्होंने 'अट्ठारह सौ सत्तावन की राज्य क्रान्ति' तथा 'भारत में अंग्रेज़ी राज और मार्क्सवाद' जैसे ग्रन्थ भी लिखे। इन सबने डॉ. शर्मा के लिए हिन्दी आलोचना में अप्रतिम स्थान बना दिया है। लेकिन स्वातन्त्र्योत्तर साहित्य के तात्कालिक दायित्व के साथ-साथ चलते हुए वे नहीं दिखाई पड़ते। शिवदान सिंह चौहान स्वातन्त्र्योत्तर युग की चुनौतियों का मुकाबला करने आगे नहीं आये, हालाँकि उससे पहले उन्होंने भी महत्त्वपूर्ण काम किये हैं। मैं यहाँ जो बात कहना चाहता हूँ, उसे साफ़ करने के लिए फिर कहना चाहता हूँ कि नामवर सिंह मार्क्सवादी आलोचकों में ही नहीं, हिन्दी के तमाम आधुनिक आलोचकों में सबसे अधिक अपने वर्तमान से टकराये, भिड़े, चाहे कविता हो या कहानी या आलोचना, हर जगह इस प्रसंग में जो दूसरा नाम सामने आता है, वह एक कवि का है और वह हैं मुक्तिबोध। लेकिन मुक्तिबोध विशेष रूप से अपने समय के सैद्धान्तिक सवालों से भिड़े हैं। ज़ाहिर है कि एक यथार्थवादी कवि के रूप में आलोचकों की सैद्धान्तिक भूमिका को नाकाफ़ी समझ कर ही प्रगतिशील और यथार्थवादी साहित्य के पक्ष से वे सैद्धान्तिक विवेचन के क्षेत्र में भी पूरी मुस्तैदी एवं सजगता से उतरे थे। मुक्तिबोध के संघर्ष से नामवर जी ने भी काफ़ी कुछ प्राप्त किया। बहरहाल नामवर सिंह के संघर्ष की भूमिका को इस तरह उजागर करने का यह अर्थ कतई नहीं है

कि उनके तमाम आलोचनात्मक निष्कर्षों को भी मैं सही कह रहा हूँ। ध्यान देने की बात यह है कि छठें-सातवें दशक में सबसे अधिक सक्रिय रहने के कारण नामवर जी सबसे अधिक विवादास्पद आलोचक भी रहे हैं और उनका विवाद न केवल व्यक्तिवादियों एवं अस्तित्ववादियों से, बल्कि विभिन्न प्रकार के मार्क्सवादियों से भी होता रहा है। (रामविलास जी ने ही एक जगह लिखा है कि दुनिया में भी मार्क्सवाद की कम-से-कम एक दर्जन टीकाएँ चल रही हैं) मार्क्सवाद की कौन-सी टीका सही और प्रामाणिक है, यह निर्णय कोई व्यक्ति या संगठन नहीं कर सकता; यह काम अन्ततः इतिहास का है। मैं डॉ. शर्मा या डॉ. नामवर सिंह को मार्क्सवाद से च्युत घोषित करने की आवश्यकता नहीं महसूस करता; क्योंकि पिछले दो दशकों में उभरे आलोचकों तथा लेखकों ने दोनों से बहुत कुछ सीख कर मार्क्सवाद को अपनाया है।

'कविता के नये प्रतिमान' में नयी कविता के बारे में या कहानियों के विवेचन के प्रसंग में नामवर जी के कई निष्कर्षों से बहुतेरे लोग असहमत हैं। यह स्वाभाविक है। कोई दो व्यक्ति अपने विश्लेषण-विवेचन और नतीजे में एकदम एक जैसे नहीं हो सकते। डॉ. नामवर सिंह ने 'कविता के नये प्रतिमान' का विश्लेषण करते हुए प्रगतिशील कविता के प्रथम दौर के कवियों–नागार्जुन, केदारनाथ अग्रवाल, त्रिलोचन आदि–को छोड़ दिया है। उनकी कविताओं को अपनी विचार-सीमा में नहीं लिया है। इसी पर एतराज किया जाता रहा है। नामवर जी 'नयी कविता के प्रतिमान' नहीं, बल्कि 'कविता के नये प्रतिमान' लिख रहे थे, इसलिए यह एतराज विचारणीय है। उन्होंने 'कविता के नये प्रतिमान' में शुरू में ही स्पष्ट किया है कि नये प्रतिमान से उनका मतलब है 'छायावादी संस्कार' से मुक्ति देने वाले मानदण्ड। यह महत्त्वपूर्ण काम कविता के क्षेत्र में चौथे दशक में तो अवश्य ही शुरू हो गया था। केदारनाथ सिंह के हवाले से उन्होंने 'रोमांटिक और आधुनिक के बीच जो स्पष्ट विभाजन' हो जाने की आवश्यकता बतायी है, उसका प्रारम्भ कविता में सामाजिक यथार्थ की प्रतिष्ठा के संघर्ष के साथ ही हो गया था। कविता के नये प्रतिमान का विकास वहीं से होने लगता है और प्रगतिशील कविता के प्रथम दौर में विकसित कवि नयी कविता एवं उसके बाद के दौर में भी सक्रिय रहे हैं। अतः ऐतिहासिक दृष्टि से कविता के नये प्रतिमानों के विकास में नागार्जुन, केदारनाथ अग्रवाल आदि के भी योगदान का विवेचन प्रासंगिक होता। 'कविता के नये प्रतिमान' में इस अभाव के बावजूद यह नहीं कहा जा सकता कि नामवर जी ने नागार्जुन, केदार, त्रिलोचन आदि की उपेक्षा की है। छठें दशक में ही उन्होंने 'इतिहास और आलोचना' में तथा 'आधुनिक साहित्य की प्रवृत्तियाँ' में उन कवियों की मुख्य विशेषताओं का

संक्षिप्त जिक्र किया है। लेकिन 'कविता के नये प्रतिमान' में उपर्युक्त अभाव के बाद भी मैं कुछ दूसरे लोगों की तरह ऐसा नहीं समझता कि नामवर जी ऐसा करके आधुनिकतावादियों के आगे समर्पित हो गये। यद्यपि यहाँ 'कविता के नये प्रतिमान' का मूल्यांकन और परीक्षण मेरा अभीष्ट नहीं है, फिर भी मैं कहना चाहता हूँ कि 'कविता के नये प्रतिमान के केन्द्र में मुक्तिबोध' को मानकर कोई ग़लती नहीं की गयी है; क्योंकि असल में काल और प्रवृत्ति की दृष्टि से नामवर जी नयी कविता तक ही सीमित रहे हैं और उन्होंने 'भूमिका' में ही कह दिया है कि 'नयी कविता में मुक्तिबोध की स्थिति वही है, जो छायावाद में निराला की थी।' यह निष्कर्ष पूरी प्रगतिशील कविता पर लागू नहीं होता, यों इसका सम्बन्ध सिद्धान्त से उतना नहीं है, जितना मूल्यांकन से, इसलिए इससे किसी को मतभेद भी हो सकता है। इस प्रसंग में एक बात ध्यान देने की है कि कविता के मूल्यांकन के सिलसिले में नामवर जी इतिहास-बोध और सिद्धान्त से कम महत्त्व कविता के उस तत्त्व को नहीं देते, जिसके आधार पर 'कविता की सापेक्ष स्वतन्त्रता' स्थापित होती है। वे साफ़-साफ़ कहते हैं– 'कविता के ग्रहण और मूल्यांकन' के सम्बन्ध में इस कथन का विस्तार करते हुए निःसंकोच कहा जा सकता है कि जो आलोचक कविता में अर्थवान् शब्द की समस्त सम्भावनाओं की खोज किये बिना ही एक सामान्य वक्तव्य या सन्देश के आधार पर किसी कविता पर मूल्य निर्णय देने का दावा करता है, वह कविता का आलोचक नहीं है, न होगा।' (कविता के नये प्रतिमान, पृ. 43) यहाँ इतिहास-बोध इसी मानो में सक्रिय है कि कविता को समझने और मापने के आधार यानी एक प्रबुद्ध पाठक या आलोचक से कविता की अपेक्षा बदल गयी है। इस बदलाव की बात उस दौर में सबसे पहले नामवर जी ने की ऐसी बात नहीं। आधुनिकतावादी या अस्तित्ववादी जिस अर्थ में बदलाव की बात कर रहे थे, उससे हटकर, लेकिन उन्हीं की भाषा का इस्तेमाल करके नामवर जी ने मुक्तिबोध की कसौटी पर परिवर्तित अपेक्षा की बात की। उन्हीं की भाषा के इस्तेमाल के कारण भी 'कविता के नये प्रतिमान' ने कुछ भ्रम फैलाया, लेकिन उस भाषा में निहित अर्थ पर ग़ौर करने की ज़रूरत है, जो नामवर जी को बार-बार मुक्तिबोध के पास ले जाता है। आधुनिकतावादी कविता, परिवेश, आत्मसाक्षात्कार, व्यक्तित्व, मूल्य आदि को जो अर्थ दे रहे थे, वह एकदम आत्मगत और भाववादी था। नामवर जी ने उन्हें वस्तुगत अर्थ देने का प्रयत्न किया। इसका श्रेय उनके वैज्ञानिक इतिहासबोध को है।

ऐसे भी अनेक स्थल हैं, जहाँ नामवर जी के इतिहास-बोध और मूल्य-निर्णय में सन्तुलन का अभाव महसूस होता है। निर्मल वर्मा की कहानियों के बारे में उनकी

राय नये कहानीकारों से लेकर नये आलोचकों तक में विवादास्पद रही है। लेकिन मुझे इससे ज़्यादा अखरती है भीष्म साहनी की कहानियों के बारे में उनकी राय या उनका उपेक्षा-भाव। श्रेष्ठ कहानी की पहचान के जो लक्षण उन्होंने ख़ुद बताये हैं उन पर भीष्म जी की अनेक कहानियाँ खरी उतरती हैं। ऐतिहासिक रूप से यथार्थ के नये स्तर या बदलते हुए मानव-सम्बन्ध की पकड़ की जो बात नामवर जी ने उठायी है, वह महत्त्वपूर्ण है। इस प्रक्रिया और पकड़ की व्याख्या अनेक कहानीकारों के सन्दर्भ में उन्होंने की है, जिसने कहानी के आलोचक रूप में भी उन्हें औरों से ऊपर रखा है। भीष्म साहनी की अनेक कहानियों में भी नये ऐतिहासिक सन्दर्भ की मार्मिक पकड़ मिलती है।

अन्त में एक बात और कहना चाहता हूँ। 'दूसरी परम्परा की खोज' में भी नामवर जी का द्वन्द्वात्मक इतिहास-बोध सजग है, यों यहाँ ध्यान देने योग्य है कि इसमें गुरु-भाव और इतिहास-बोध का कुशल सामंजस्य है। बहरहाल इतिहास बोध कहीं दबा नहीं है। भूमिका में वे कहते हैं–'इसमें न पण्डित जी की कृतियों की आलोचना है, न मूल्यांकन का प्रयास। अगर कुछ है तो बदल देने वाली उस दृष्टि के उन्मेष की खोज, जिसमें एक तेजस्वी परम्परा बिजली की तरह कौंध गयी थी।' इस खोज के फलस्वरूप नामवर जी ने हजारीप्रसाद द्विवेदी के बारे में ठीक ही कहा है कि 'अतीत और वर्तमान' की मुठभेड़ में भी उन्होंने अतीत में किसी प्रकार की सुरक्षा नहीं खोजी। इतिहास उनके लिए एक शव था और इसमें तनिक भी सन्देह नहीं कि इस 'शव-साधना' में उनकी दृष्टि के सम्मुख मनुष्य का भविष्य था। सम्भवतः इसका कारण है अपने लोक-जीवन से उनका लगाव।' (दूसरी परम्परा की खोज, पृ. 16) लेकिन यह स्थापना सहज ही स्वीकार नहीं कि शुक्ल जी और द्विवेदी जी की परम्परा अलग-अलग है। तुलसी और कबीर के बारे में दोनों के मतभेद के बावजूद यह निर्णय जँचता नहीं और दार्शनिक दृष्टि से तो तुलसी और कबीर भी कुछ महत्त्वपूर्ण मतभेदों के बावजूद एक ही परम्परा के हैं; क्योंकि दोनों ही भाववादी हैं, दोनों की विश्वदृष्टि एक है। इतिहास-बोध और पद्धति की दृष्टि से देखें। शुक्ल जी की इतिहास-दृष्टि के बारे में नामवर जी की मान्यता है–'बुनियादी रूप से उनकी इतिहास-दृष्टि सही है, प्रस्थान के रूप में, मैंने कहा, बुनियादी रूप में आज भी वह सही है। उन्होंने तीन स्तरीय सिद्धान्त बनाये–राजनीतिक, आर्थिक, सामाजिक, धार्मिक और साम्प्रदायिक परिस्थितियाँ, इन परिस्थितियों के ऊपर जनता की चित्तवृत्ति और इस चित्तवृत्ति के ऊपर साहित्य। परिस्थितियाँ, चित्तवृत्ति और साहित्य। इनमें परस्पर परिवर्तन होता है। एक के बदलने से दूसरा बदलता है।

(उत्तरशती शुक्ल विशेषांक, पृ. 76) इससे जो परम्परा, बनती है, वह द्विवेदी जी के विपरीत नहीं है। दोनों को एक परम्परा में रखना कोई विवशता भी नहीं है; क्योंकि समानता का मुख्य आधार यह है कि दोनों ही लोकोन्मुख हैं। मूल्य-निर्णय सम्बन्धी भेद के कारण दोनों की दो परम्परा नहीं हो सकती। गुरुदेव रवीन्द्रनाथ ने आचार्य द्विवेदी से जो प्रश्न पूछा था, वही मैं नामवर जी के सामने रखना चाहता हूँ, 'क्या पूर्वपक्ष के वे ऋषि कुछ कम पूज्य हैं, जिनका खण्डन उत्तरपक्ष में किया गया है।' (दूसरी परम्परा की खोज, पृ. 13) रवीन्द्रनाथ को पूर्व पक्ष इसलिए प्रासंगिक लगा कि यह विवाह-पद्धति में सहायक हो रहा था, जो वे कराना चाह रहे थे। इस तरह वर्तमान में जो सहायक हो वह प्रासंगिक है, ग्राह्य है। हमारे लिए आज के संघर्ष में शुक्ल जी और द्विवेदी जी दोनों के द्वारा अपनायी गयी पद्धति सहायक है। यह बात यों ही तो नहीं है कि शुक्ल जी के अवदान की सबसे अच्छी व्याख्या डॉ. रामविलास शर्मा ने की, चिन्तामणि के तीसरे भाग का सम्पादन नामवर जी ने किया और वे ही शुक्ल-ग्रन्थावली का भी सम्पादन कर रहे हैं। यह एक परम्परा के इतिहास-बोध का इज़हार है।

आलोचना का वृहत्तर संघर्ष

•

अरविन्द त्रिपाठी

नामवर सिंह मार्क्सवादी विचारधारा के आलोचक हैं। यह बात तो सभी जानते हैं। पर यह तथ्य कम लोग जानते हैं कि आज की मार्क्सवादी आलोचना के क्षितिज पर वे सबसे बड़े 'डेमोक्रेट' आलोचक हैं। उनकी इस उदार दृष्टि की तुलना शिवदान सिंह चौहान, रामविलास शर्मा, अमृत राय किसी से भी नहीं की जा सकती। इसी लिहाज से वे समकालीन आलोचना की एक विरल उपलब्धि हैं, जिसमें न केवल मार्क्सवादी आलोचना की उपलब्धियाँ समाहित हैं, बल्कि कहना चाहिए हिन्दी समीक्षा का आगामी अतीत भी उन्हीं पर केन्द्रित होगा।

यह आकस्मिक नहीं है कि पिछले 25 साल की हिन्दी आलोचना की परिधि नामवर जी के केन्द्र में घूमती रही है। यह स्थिति तब भी बनी रही जब 'कविता के नये प्रतिमान' के प्रकाशन ('68) के बाद प्राय: उन्होंने आलोचना को लिखित कर्म से कम वाचिक परम्परा से ज़्यादा जोड़ा। इस बीच उन्होंने लगभग नहीं के बराबर लिखा। फिर भी क्या वजह है कि उनकी चर्चा बराबर बनी रही। आलोचना के दोनों छोर, कलावादी और मार्क्सवादी हमेशा उनसे असहमत होने के बावजूद उनके महत्त्व को स्वीकार करते रहे हैं। इन्हीं दौरान उनकी लम्बी चुप्पी से ऊब कर कई लोगों ने फब्तियाँ भी कसीं कि आलोचना के इस महाबली का पतन हो गया है। लेकिन ऐसे ही लोगों को बराबर अपेक्षा भी रही है कि महाबली फिर कुछ लिखें।

ऐसे नामवर सिंह ने अभी पिछली 27 जुलाई को अपने आलोचकीय जीवन के 60 वर्ष पूरे किये हैं। अगर आरम्भिक जीवन के 20 वर्षों को निकाल दिया जाये तो नामवर सिंह के इन चालीस वर्षों का लेखन बराबर उत्तेजक, संवादपूर्ण और विवादास्पद भी रहा है और यह विवाद कहा जा सकता है कि अभी भी स्थगित नहीं हुआ है; बल्कि कहा जा सकता है कि इस समय उनके ऊपर पिछले वर्षों में

(वामपन्थ, दक्षिणपन्थ) दोनों तरफ़ से हमला हुआ है। उनके मन में साहित्य के क्षेत्र में काम करने की कई महत्त्वाकांक्षी योजनाएँ हैं। मसलन, वे शुक्ल जी पर एक नये सिरे से किताब लिख रहे हैं। हिन्दी साहित्य का इतिहास लिखने की भी उनकी योजना है। कविता में धूमिल के बाद की नयी पीढ़ी के कवियों पर वे 'कविता के नये प्रतिमान' के बाद एक किताब लिखना चाहते हैं।

इन महत्त्वाकांक्षी योजनाओं को देखकर सहज अन्दाज़ा लगाया जा सकता है कि अभी भी वे साहित्य की दुनिया से रिटायर नहीं हुए हैं, बल्कि उनकी प्रतिभा का दमखम अभी भी बरकरार है। नामवर सिंह से साहित्य जगत की अपेक्षाएँ स्वाभाविक हैं। यह बात इसलिए भी सही है कि उनके व्यक्तित्व की चुस्ती-फुर्ती और आवाज़ की गरिमा को देख-सुन यह नहीं लगता है कि वे 60 वर्ष के हो गये। इसका अन्दाज़ा उन्हें ख़ुद भी नहीं है। जैसा कि एक साक्षात्कार में उन्होंने बड़ी ईमानदारी से कबूल किया है, 'पहला अनुभव एक सुखद आश्चर्य होता है कि मैं साठ वर्ष का हो गया हूँ। मन में मुक्तिबोध की एक पंक्ति याद आती है कि 'अब तक क्या किया जीवन क्या जिया।' 'मेरा अधिकांश समय गोष्ठियों, सेमिनारों और भाषणों में व्यतीत हुआ है। मेरे शुभचिन्तक कहते हैं कि बकवास बहुत कर ली है। कुछ लिखकर के दिखाओ तो बात बने। मैं महसूस करता हूँ कि मैंने कितना कम लिखा है और इसके बावजूद हिन्दी जगत ने मुझे कितना श्रेय दिया है। सोचता हूँ अब बैठकर कुछ लिखने का काम करूँ। 60 वर्ष एक तरह से चेतावनी भी है कि समय बहुत कम है।' ('जनसत्ता', 3 मई '87)

नामवर सिंह मुख्यतः आधुनिक साहित्य में आज़ादी के बाद नये साहित्य के आलोचक हैं। हालाँकि उनके आलोचनात्मक लेखन का क्षितिज हिन्दी साहित्य के इतिहास में, आदिकाल से लेकर समकालीन साहित्य तक फैला हुआ है। कविता से साहित्य शुरू करने वाले नामवर सिंह का प्रारम्भिक आलोचनात्मक लेखन 'हिन्दी के विकास में अपभ्रंश का योग' ('52) और 'पृथ्वीराज रासो की भाषा' ('56) (शोध प्रबन्ध) साहित्य की विरासत से एक तरह का परिचय है। लेकिन यह स्वीकार करने में कोई हर्ज़ नहीं कि उनके आलोचना की ज़मीन आधुनिक साहित्य के उद्भव से निर्मित होती है, जो उनका असली स्थापत्य है। लेकिन ध्यान दिया जाय तो उनकी आलोचना की मनोभूमि में हिन्दी साहित्य के पुराने काल खण्ड के शोध एवं अध्ययन मनन का गम्भीर असर पड़ा है। जिसके कारण उनकी आलोचना के प्रतिमानों में हिन्दी साहित्य के इतिहास और भारतीय परम्परा की गहरी समझ निर्मित हुई है। लेकिन यह मान लेना भी एक ग़लती होगी कि हिन्दी के जातीय परम्परा के लेखन में

भारतीय काव्य-शास्त्र और संस्कृत साहित्य की परम्परा का इस्तेमाल वे विद्यानिवास मिश्र, जैसा करते हैं। उनकी परम्परा के प्रति एक भिन्न दृष्टि है जो आचार्य रामचन्द्र शुक्ल, हजारीप्रसाद द्विवेदी, रामविलास शर्मा से मिलती-जुलती है। इन सब में भी वे सबसे ज़्यादा प्रभावित हजारीप्रसाद द्विवेदी, जो उनके गुरु भी रहे हैं, से हैं। जिस तरह द्विवेदी जी परम्परा को जीवन और साहित्य में प्रयोग की चीज़ मानते हैं, उसी तरह नामवर जी भी परम्परा का इस्तेमाल आलोचना में प्रयोग की तरह करते हैं। परम्परा के भीतर उनकी खोजी दृष्टि एक पुरातत्ववेत्ता की जगह खोजी पत्रकार या किसी जासूस की तरह है; जो सिर्फ़ अपने काम की चीज़ खोजती है। इसलिए वे परम्परा में 'दूसरी परम्परा' की खोज करने को ज़्यादा महत्त्व देते हैं। ठीक अपने गुरु की तरह जो भक्तिकाल के भीतर तुलसी की अपेक्षा कबीर को चुनते हैं।

इस परिप्रेक्ष्य में देखा जाय तो नामवर सिंह की मार्क्सवादी आलोचना सिर्फ़ मार्क्सवादी सिद्धान्तों का भाष्य नहीं है; बल्कि वे इस आलोचना पद्धति को हिन्दी में एक नये दृष्टिकोण से ट्रेस करते हैं। उनकी आलोचना दृष्टि उन जड़-मार्क्सवादियों के ख़िलाफ़ है जो मार्क्सवादी आलोचना और लेखन में विचाराधारा को तकिये पर लिहाफ़ की तरह चढ़ाते हैं और कलावादियों की तरह एक दूसरे पर अत्यधिक फौरी क्रान्तिवादिता में ऐसी आलोचना लिखते हैं : जिनका पैमाना ग़ैर-मार्क्सवादी लेखकों के बारे में काफ़ी चिढ़ा और बौखलाया हुआ लगता है। कहा जा सकता है कि नामवर सिंह ने अपने आलोचना के जरिये मार्क्सवादी समीक्षा के इस बड़बोलेपन की भंगिमा को ध्वस्त किया है। उसकी जगह उन्होंने आलोचना कर्म को सृजन की तरह संवादधर्मी, पठनीय और उत्तेजक बनाया है। उनके आलोचना कर्म की मुख्य दो चुनौतियाँ बराबर सामने रही हैं–पहला प्रतिक्रियावादी लेखन, दूसरा स्वयं वामपन्थी आलोचना की अतिवादिता। कुछ लोगों को इसीलिए नामवर सिंह की आलोचना के इस दुहरे संघर्ष में एक अन्तर्विरोध दिखाई पड़ता है। नामवर जी इस संघर्ष में एक लम्बे समय से जूझ रहे हैं। उनका स्वयं का इस सन्दर्भ में कहना है 'मेरे इस दुहरे संघर्ष में अन्तर्विरोध उन्हें दिखाई पड़ता है जो साहित्य में या तो शुद्ध कलावादी है या फिर अति वामपन्थी। इस प्रसंग में मुक्तिबोध का ज़िक्र करूँ तो उसका संघर्ष दुहरा था। एक ओर नयी कविता के अन्दर बढ़ने वाली जड़ीभूत सौन्दर्याभिरुचि का विरोध और दूसरी ओर मार्क्सवादी आलोचना में प्रक्षिप्त स्थूल समाजशास्त्रीयता का विरोध। मुझे लगता है कि एक से लड़ने के लिए दूसरे से लड़ना ज़रूरी है। यह एक ही संघर्ष के दो पहलू हैं। यह ज़रूर है कि हमेशा यह दुहरा संघर्ष साथ-साथ चल नहीं पाता।' (बातचीत : 'पूर्वग्रह'–44-45, पृ. 4)

ज़ाहिर है कि नामवर जी को पिछले 25 वर्षों में लगातार आलोचना की दुनिया में इस तरह के अतिवादी शिखरों की ओर से गिरोहबन्द लेखकों का बराबर कोपभाजन होना पड़ा है। ऐसी स्थिति में हिन्दी आलोचना के बीच उनकी स्थिति बहुत हद तक मुक्तिबोध जैसी रही है; जिन्हें एक ओर अज्ञेय के कलावादी तेवर की मार झेलनी पड़ी तो दूसरी ओर शिवदानसिंह चौहान, रामविलास शर्मा जैसे दिग्गज मार्क्सवादी आलोचकों के मनगढ़न्त विश्लेषणों के जरिये 'भ्रमित मार्क्सवादी' रहस्यवादी होने का लेबल अनिच्छा से लगाना पड़ा। ख़ैर मुक्तिबोध को इस लड़ाई से नामवर सिंह ने निकालकर नयी कविता के शीर्ष का कवि बनाया, लेकिन नामवर जी को अपनी स्थिति साफ़ करने के लिए बराबर जिरह, बहस और मुठभेड़ करनी पड़ीं। जो समय उन्हें बेहतर लिखने में व्यतीत करना चाहिए; वह असंकलित बहसों में व्यतीत हुआ इसका एक लाभ यह ज़रूर हुआ कि नामवर सिंह की आलोचनात्मक धाक बराबर कायम रही। अज्ञेय जो कभी किसी से जीवन भर नहीं डरे नहीं झुके, अन्ततः उन्हें भी स्वीकार करना पड़ा कि 'हिन्दी आलोचना में सिंह की प्रतिभा अद्वितीय है।'

(परिसंवाद : 'साप्ताहिक हिन्दुस्तान')

नामवर सिंह के आलोचनात्मक लेखन का लेखा-जोखा उपस्थित किया जाय और प्रारम्भिक कृतियों को छोड़ दिया जाय तो उन्हें तीन आलोचनात्मक पुस्तकों ने काफ़ी प्रतिष्ठित और चर्चित किया। पहली 'इतिहास और आलोचना' (1957) जो मार्क्सवादी विचारधारा के लेखन और आलोचना दृष्टि को जानने-समझने की एक अनिवार्य पुस्तक है। दूसरी 'कहानी, नयी कहानी' (1964) जो मुख्य रूप से नयी कहानी आन्दोलन को केन्द्र में रखकर लिखी गयी किताब है। तीसरी जो मेरी दृष्टि में सर्वाधिक महत्त्वपूर्ण और बहुत हद तक विवादास्पद पुस्तक रही है वह है–'कविता के नये प्रतिमान' (1968) जिस पर नामवर जी को साहित्य अकादमी पुरस्कार भी प्राप्त हुआ।

जैसा कि मैंने प्रारम्भ में कहा कि नामवर सिंह मुख्यतः नये साहित्य के आलोचक हैं और उसमें भी आज़ादी के साहित्य के; जिसमें कविता और कहानी पर उन्होंने बहुत प्रामाणिक और सर्वोत्तम लिखा है। इस लिहाज से वे रामविलास शर्मा से भी बड़े आलोचक हैं क्योंकि रामविलास जी ने आज़ादी के बाद के साहित्य के बारे में लगभग कुछ नहीं लिखा है और जो लिखा है; उसकी प्रामाणिकता बहुत संदिग्ध है। 'नयी कविता और अस्तित्ववाद' उनकी एक ऐसी ही किताब है, जिसमें वे किसी भी कवि के बारे में बहुत प्रामाणिक होकर नहीं लिख सके। यहाँ तक कि उन्होंने मुक्तिबोध जैसे मार्क्सवादी विचारधारा के शीर्ष कवि को भ्रमित और रहस्यवाद

से ग्रस्त बताया। लगभग यही आरोप उन्होंने शमशेर पर भी लगाया और तो और समकालीन लेखन में कौन-कौन से महत्त्वपूर्ण बदलाव आये हैं, इससे भी आज वे बेख़बर हैं। उनका कहना है, मैं इधर के लेखकों, कवियों के बारे में कुछ नहीं जानता कि वे क्या लिख रहे हैं। इसकी तुलना में नामवर सिंह न केवल आज़ादी के बाद के समूचे लेखन की धारा से परिचित रहे हैं, बल्कि यह कहना चाहिए कि इस समय भी वे इस बात की गहराई से छानबीन करते हैं कि समकालीन युवा लेखन में क्या और कैसा लिखा जा रहा है। इससे आप अन्दाज़ा लगा सकते हैं कि उनकी आलोचना-दृष्टि स्वातन्त्र्योत्तर साहित्य की विराट धड़कन के प्रति कितनी जागरूक है। इस दृष्टि से यह स्वीकार करने में कोई हर्ज नहीं कि नामवर सिंह आज़ादी के बाद नये साहित्य के सर्वोत्तम आलोचक हैं। ख़ासतौर से नयी कविता और नयी कहानी जैसे आन्दोलनों की तह में जाकर वास्तविकता का पता लगाना उनके आलोचना कर्म की जागरूकता का एक जीवन्त साक्ष्य है। इसलिए कहना पड़ता है कि रामविलास शर्मा एक लम्बे अर्से से मार्क्सवादी आलोचना में सक्रिय रहने के बावजूद फिलहाल समकालीन रचना की आलोचना के लिए पुराने पड़ गये हैं। लेकिन नामवर सिंह की आलोचना दृष्टि में यह बात नहीं है। ध्यान रहे कि यहाँ यह सिद्ध करने का यत्न भी नहीं कि रामविलास जी का मार्क्सवादी आलोचना में अवदान कम है। किन्तु यह कहने में मुझे संकोच नहीं कि वे आज़ादी के पूर्व के साहित्य के उतने ही प्रामाणिक और महत्त्वपूर्ण आलोचक हैं जितने नामवर सिंह आज़ादी के बाद के। दोनों की आलोचना-दृष्टि में भी कोई मौलिक भेद नहीं है किन्तु नामवर सिंह का किसी कृति के बारे में आलोचनात्मक ट्रीटमेंट रामविलास शर्मा से बिलकुल भिन्न है। यह ट्रीटमेंट हमें 'कहानी : नयी कहानी' तथा 'कविता के नये प्रतिमान' में देखने को मिलता है।

यहाँ सबसे पहले मैं उनकी 'इतिहास और आलोचना' जैसी पुस्तक का ज़िक्र करना चाहूँगा जो नामवर सिंह के आलोचनात्मक प्रतिमानों को समझने की दृष्टि से एक ज़रूरी पुस्तक है। 1957 में प्रकाशित होने के पूर्व इस पुस्तक के तमाम लेख 1951-52 के दौरान 'आलोचना' पत्रिका में प्रकाशित होकर हिन्दी पाठकों के सामने उपस्थित हुए। जिनकी मार्क्सवादी आलोचकों ने काफ़ी तारीफ़ की। लगभग इसी समय नामवर सिंह प्रगतिशील आलोचना के पर्याय से बन गये। जिनकी पीठ थपथपाकर 'आलोचना' के तत्कालीन सम्पादक शिवदानसिंह चौहान ने 'आलोचना' के एक सम्पादकीय में कहा था 'हिन्दी के उदीयमान आलोचक नामवर सिंह ने अपने निबन्ध 'इतिहास का नया दृष्टिकोण' में हिन्दी साहित्य के प्रमुख इतिहास ग्रन्थों की ख़ूबियों और ख़ामियों का वैज्ञानिक विवेचन किया और हिन्दी साहित्य के

इतिहास को समस्याओं का अत्यन्त सूक्ष्मतम निदर्शन किया है। हमें उनके तर्कों को दुहराने की ज़रूरत नहीं है। 'इस पुस्तक के तमाम महत्त्वपूर्ण लेख जैसे 'व्यापकता और गहराई', 'कलात्मकता सौन्दर्य का आधार', 'सामाजिक संकट और साहित्य', 'समाज साहित्य और लेखक का व्यक्तित्व', 'अनुभूति और वास्तविकता', 'आस्था का प्रश्न' आदि निबन्ध श्री चौहान द्वारा उठाये गये साहित्यिक मुद्दों के जवाब में लिखे गये थे। यहाँ यह कहने की आवश्यकता नहीं है कि ये लेख तत्कालीन लेखन के दौर में कलावाद के उभार को ध्वस्त करने के लिए और प्रगतिशील चेतना के विरोधी लेखकों द्वारा फैलाये हुए भ्रम को काटने और सही दृष्टि की स्थापना के कारण आज भी उतने ही दिलचस्प, पठनीय और चर्चित हैं कि इन्हें हिन्दी की मार्क्सवादी आलोचना का दस्तावेज़ कहा जा सकता है।

हिन्दी में जनता के साहित्य की खिल्ली यह कहकर ज़्यादा उड़ायी जाती है कि इस तरह के साहित्य में व्यापकता तो होती है किन्तु गहराई नहीं होती है। लगभग यह सवाल घुमा-फिराकर प्रगतिशील आन्दोलन से लेकर आज तक के ग़ैर-मार्क्सवादी लेखक मार्क्सवादी लेखन से करते आ रहे हैं। नामवर जी ने इसका जवाब बहुत पहले दे दिया था कि 'देखना यह है कि किसी लेखक मैं व्यापकता के होते हुए भी जब हम गहराई की कमी पाते हैं, तो वस्तुतः वह गहराई की कमी, व्यापकता की कमी तो नहीं है। इसी तरह यदि कोई लेखक संकीर्ण होते हुए भी गहरा मालूम हो तो विचारने की ज़रूरत है कि कहीं हमारी उस गहराई में ही तो कमी नहीं है।' (इतिहास और आलोचना, पृ. 13) फिर उन्होंने गहराई को व्यापकता के सापेक्ष सिद्ध करते हुए कहा है कि 'अनुभूति की गहराई की समीक्षा करते हुए हम अनिवार्य रूप से इसकी व्याप्ति में जा पड़ेंगे। किसी को गहराई तक प्रभावित करने का अर्थ है–उसके सम्पूर्ण अस्तित्व, व्यक्तित्व और भावसत्ता को प्रभावित करना और बहुत देर तक प्रभावित किये रहना। अनुभूति की गहराई का निर्णय एक व्यक्ति और एक क्षण में नहीं किया जा सकता है। गहराई का निर्णय दिक् और काल सापेक्ष है।' (उपर्युक्त, पृ. 13)

इस सिलसिले में उन्होंने अज्ञेय, जैनेन्द्र के 'शेखर एक जीवनी', 'नदी के द्वीप' 'सुनीता' और 'त्यागपत्र' जैसे उपन्यासों का हवाला देते हुए इस बात की ओर संकेत किया है कि इन उपन्यासों में गहराई इसलिए नहीं है क्योंकि इसमें विषय को व्यापक स्तर के फलक पर नहीं चित्रित किया गया है। उनका स्पष्ट कहना है कि 'केवल नारी-पुरुष के प्रणय पर लिखने से ही कोई उपन्यास संकुचित नहीं हो जाता, संकुचित तब हो जाता है जब प्रणय को सम्पूर्ण जीवन से काटकर चित्रित

किया जाता है...किसी उपन्यास की व्यापकता इस बात में है कि वह जीवन की छोटी-से- छोटी समस्या को कितने बड़े परिवेश में और किस स्तर पर उपस्थित करता है।' (उपर्युक्त, पृ. 14)

कहने का मतलब इतना है कि नामवर जी ने इस पुस्तक के बहाने मार्क्सवादी लेखन के उन सभी प्रश्नों का खुलासा किया जिससे नयी कविता के दौर में मुक्तिबोध, नागार्जुन, शमशेर, त्रिलोचन जैसे कवि जूझ रहे थे। नामवर जी ने नयी कविता के दौर में अज्ञेय और उनके फालोअरों के कलावादी लेखन की रुझान को निरर्थक बताया और यह सिद्ध किया कि बिना समाज की कल्पना किये न बेहतर साहित्य लिखा जा सकता है और न जुझारू लेखक : जो सत्ता को चैलेंज कर सकें।

'इतिहास और आलोचना' जैसी गम्भीर वैचारिक पुस्तक के बाद नामवर सिंह की दो अन्य पुस्तकें हैं–'कहानी : नयी कहानी' (1964) और 'कविता के नये प्रतिमान' (1968) दरअसल ये नामवर सिंह को व्यावहारिक आलोचना पद्धति की दो महत्त्वपूर्ण पुस्तकें हैं, जिनसे गुज़र कर हम उनकी आलोचना के बुनियादी सरोकारों को बेहतर ढंग से समझ सकते हैं। 'कहानी : नयी कहानी' वस्तुतः नयी कहानी आन्दोलन पर एकाग्र एक ऐसी पुस्तक है जो नयी कहानी की दिशा और दृष्टि की व्याख्या करती है। नामवर सिंह ने इस पुस्तक के बहाने नयी कहानी में सामाजिक पक्षधरता के पक्ष में जिरह तो की ही साथ ही 'नयी कहानी' के बारे में लगभग निर्णय की भाषा का इस्तेमाल करते हुए कहा कि 'नये भाव सत्य के अनुसार कहानी का रूप बदलत ज़रूर है लेकिन इतना भी नहीं कि वह कहानी ही न रह जाय। कहानी का रूप कहानी के भीतर ही बदला जा सकता है। जैसा कि समय-समय से महान् कहानीकारों ने किया है।' (कहानी : नयी कहानी, पृ. 29-30) इसी तरह नयी कहानी के शिल्प पक्ष पर विचार प्रकट करते हुए लिखा कि 'कहानी शिल्प के मालिक भी वही हैं जो उसके ग़ुलाम हैं। क्या साहित्य, क्या जीवन सभी क्षेत्रों में स्वाधीन होने की सामर्थ्य उन्हीं के लिए सम्भव है, जिनमें अधीन रहने की योग्यता है।' (वही पृ. 29) नामवर जी ने नयी कहानी में जिस बात पर सबसे ज़्यादा ज़ोर दिया है वह है–कहानी के भीतर का कहानीपन यानी उसकी पठनीयता। वे कहते हैं कविता में जो स्थान लव का है, कहानी में वही स्थान कहानीपन का है। 'कविता चाहे जिस हद तक छन्द मुक्त हो जाय लेकिन वह लयमुक्त नहीं हो सकती। लयमुक्त रचना काव्य होते हुए भी कविता नहीं कहलायेगी। कहानीपन से रहित गद्य रचनाओं के बारे में भी यही बात लागू होती है।' (वही : पृ. 33)

कहानी सम्बन्धी नामवर जी के ये विचार कहानी के रूप और शिल्प दोनों दृष्टियों से महत्त्वपूर्ण हैं। कहना न होगा कि अपनी इन स्थापनाओं के चलते नामवर जी ने 'नयी कहानी' को शिल्प का आतंक और चमत्कार दिखाने वाले कहानीकारों को आड़े हाथों लिया और स्पष्ट शब्दों में कहा कि 'आज किसी कहानी का शिल्प की दृष्टि से सफल होना ही काफ़ी नहीं है; बल्कि वर्तमान वास्तविकता के सम्मुख उसकी सार्थकता की परख भी होनी चाहिए।' (वही : पृ. 26)

यहीं यह बात भी उल्लेखनीय है कि नामवर जी की इन स्थापनाओं को लेकर न केवल नयी कहानी के सूत्रधारो काफ़ी होहल्ला मचा बल्कि तमाम मार्क्सवादी आलोचक नामवर जी की कहानी सम्बन्धी इन स्थापनाओं को सन्देह की आँखों से देखने लगे और नामवर जी इन स्थापनाओं को मर्क्सवादी जीवन दृष्टि से भटका हुआ तथा रूपवाद और कलावाद की ओर झुका हुआ सिद्ध करने की असफल कोशिश करने लगे। जबकि वास्तविकता यह है कि नामवर जी ने 'नयी कहानी' को रूपवादी ढाँचे से निकालकर यथार्थवादी ज़मीन पर रखने की कोशिश की। यह दूसरी बात है कि उन्हें सफलता नहीं मिली। शायद इसीलिए बाद में वे कविता की आलोचना की तरफ़ मुड़ गये।

उन्होंने 'नयी कहानी' की पड़ताल करते हुए स्पष्ट माँग की थी कि 'कहानी जीवन के टुकड़े में निहित 'अन्तर्विरोध', द्वन्द्व, संक्रान्ति अथवा क्राइसिस को पकड़ने की कोशिश करती है और ठीक ढंग से पकड़ में आ जाने पर यह खण्डगत अन्तर्विरोध भी वृहद् अन्तर्विरोध के किसी-न-किसी पहलू का आभास देती है।' (वही. पृ. 32) मेरा ख़याल है कि 'नयी कहानी' से यह माँग रूपवादी आलोचना की माँग नहीं हो सकती, बल्कि सामाजिक दृष्टि से यह रचना में सामाजिक यथार्थ की माँग है; जिससे टकराने के बजाय नये कहानीकार भाग रहे थे। अगर इसे कोई नामवर सिंह के वैचारिक भटकाव की पहल कहता है तो उसके साहित्यिक होने में मुझे सन्देह दीखता है जो आलोचना में रचना के बुनियादी ढाँचे को स्वीकार करने से ही परहेज करता है। हाँ इस पूरे 'नयी कहानी' के मूल्यांकन प्रसंग में जो सबसे दिलचस्प प्रसंग है वह यह कि अस्तित्ववादी विचारधारा के उग्र समर्थक और कलावाद के पोषक निर्मल वर्मा की कहानियों को नामवर सिंह द्वारा जी खोलकर एप्रीशिएट किया जाना। जिस पर कमोबेश आज भी नामवर जी कायम हैं और उनकी दृष्टि में आज तमाम मार्क्सवादी कथाओं से निर्मल एक बड़े कथाकार हैं। उस दौर में नामवर जी ने निर्मल वर्मा की 'परिन्दे' कहानी को न केवल 'नयी कहानी' की

शुरुआत बताया था बल्कि 'लन्दन की एक रात' जैसी कहानी को आज भी वे एक मील का पत्थर मानते हैं। जिसके चलते उन पर मार्क्सवादियों ने भारी आक्रमण किये हैं। इसका दिलचस्प अन्दाज़ हमें नामवर सिंह से की गयी बातचीत से पता चलता है। उनका आज भी स्वीकारना है कि 'मैं यही कहता हूँ कि इस तथाकथित विदेशीपन के बावजूद निर्मल सामाजिक चेतना से सम्पन्न कहे जाने वाले कई कहानीकारों से बेहतर कहानीकार हैं। उदाहरण के लिए ज्ञानरंजन में सामाजिक चेतना कहीं ज़्यादा प्रखर है, इसके बाद भी कहना होगा कि कहानी के क्षेत्र में निर्मल वर्मा का अवदान ज्ञानरंजन से कहीं ज़्यादा है।' (बातचीत : पूर्वग्रह 44-45, पृ. 23) कुल मिलाकर, नामवर सिंह की इसके बारे में अन्तिम टिप्पणी है कि 'आप निर्मल के विचारों का विरोध करिए, मुझे आपत्ति नहीं है लेकिन एक कलाकार के महत्त्व को बिलकुल न मानना...सरासर धाँधली है।' (वही : पृ. 23)

एक दूसरी जगह चन्द्रभूषण तिवारी से बात करते हुए भी नामवर जी निर्मल के बारे में उसी तरह की नजीरें देते हैं कि 'निर्मल वर्मा की कहानियाँ' जिसे व्यापक तौर पर प्रगतिशील धारा की कहानियाँ कहता हूँ; उसके अन्तर्गत आती हैं, लेकिन तब भी निर्मल सामाजवादी नहीं थे, तब भी निर्मल वर्मा किसानों, मज़दूरों के अधिकारों को लेकर लड़ने वाले लेखक नहीं थे। लेकिन जिसे आप जनवादी कह रहे हैं, निर्मल वर्मा व्यापक रूप से जनवादी मोर्चे के अन्तर्गत आते हैं।' (बातचीत अंक : पृ. 44) ज़ाहिर है तमाम मार्क्सवादी आलोचकों-लेखकों के विरोध के बावजूद नामवर जी निर्मल को न केवल स्वीकारते हैं, बल्कि उन्हें एप्रीशिएट भी करते हैं। यह एक आलोचक की निजी पसन्द भी हो सकती है। लेकिन जैसा कि मैंने शुरू में कहा है कि नामवर जी बहुत 'डेमोक्रेट' क़िस्म के आलोचक हैं। वे यहाँ तक कहते भी हैं कि अगर मुझे एक घटिया जनवादी कथाकार और निर्मल वर्मा में चुनना हो तो मैं निर्मल वर्मा को चुनूँगा। जैसे गुरुदत्त और अज्ञेय में चुनाव करना हो तो में अज्ञेय को साथ लूँगा। यह उदाहरण काफ़ी है उनके आलोचकीय विवेक को समझने का, जहाँ विचारधारा की असहमति के बावजूद वे अच्छे विरोधी विचारधारा के कृतिकार को चुनना पसन्द करते हैं। शायद इसी के चलते उन्हें इधर तमाम अति-वामपन्थी पसन्द नहीं करते और लक्ष्य-च्युत कहते हैं। ऐसे उदाहरण उनके लिए एक नहीं कई लोगों को लेकर हैं। 'नयी कविता' के दौर में रघुवीर सहाय, श्रीकान्त वर्मा, विजयदेवनारायण साही उनके प्रिय कवि रहे हैं। जिनकी विचारधारा से उनकी तीव्र असहमतियाँ रही हैं। यही नहीं अपने बाद की हिन्दी आलोचना में जिन दो आलोचकों का नामोल्लेख उन्होंने अपने एक ताजे साक्षात्कार में किया है उसमें नन्दकिशोर

नवल, कमलाप्रसाद न ही कर्णसिंह चौहान, चंचल चौहान, सुधीश पचौरी; बल्कि दिवंगत मलयज और दूसरे विष्णु खरे हैं। ज़ाहिर है ये दोनों ग़ैर-मार्क्सवादी आलोचक हैं, जिनकी आलोचना दृष्टि नामवर सिंह को सबसे ज़्यादा प्रभावित करती है। इसे आप नामवर जी की विचारधारा का भटकाव कहेंगे या व्यक्तिगत रुचि का इजहार। नामवर सिंह की आलोचना दृष्टि में यह एक विचारणीय सवाल है। (बातचीत : 'जनसत्ता' 3 मई, 1987)

शायद यही कारण है कि उनकी अब तक सबसे महत्त्वपूर्ण विवादास्पद और उल्लेखनीय कृति 'कविता के नये प्रतिमान' (1968) पर्याप्त चर्चित हुई। इस कृति को केन्द्र में रखकर बराबर नामवर सिंह के आलोचनात्मक विवेक और उनके द्वारा स्थापित प्रतिमानों पर बहसें जारी रही हैं। मेरी दृष्टि में यह कृति नामवर जी के आलोचनात्मक विवेक, जिसको लोग 'रूपवादी भटकाव' की संज्ञा देते हैं, का सबसे जीवन्त साक्ष्य है। यह कृति उनके आलोचनात्मक व्यक्तित्व का सर्वथा चमत्कृत रूप उपस्थित करती है। '68 में जब यह पुस्तक प्रकाशित हुई तो ज़ाहिर है उस समय नयी कविता का आन्दोलन समाप्तप्राय था। '60 के बाद कविता में किसिम-किसिम के कोई 48 आन्दोलन के दौर चले। जिसमें दो काफ़ी महत्त्वपूर्ण और चर्चित हुए पहला 'युवा-कविता', दूसरा 'अकविता' का। ये दोनों काव्यान्दोलन कविता में आये बदलाव को काफ़ी व्यापक स्तर पर प्रभावित किये। 'युवा-कविता' में ज़्यादातर समाजवादी विचारधारा से प्रभावित कवि थे : जबकि 'अकविता' में वे कवि थे, जिनका सामाजिक जीवन था ही नहीं, वे लोग कविता को 'जीभ और जांघ का चालू भूगोल' बना बैठे और कविता से वह सब अपेक्षा करने लगे जो एक स्त्री द्वारा ही सम्भव है। कहने का मतलब इन लोगों ने कविता के साथ शारीरिक सुलूक करना आरम्भ किया। महज तीन मिनट के सुख के लिए। उस समय 'अज्ञेय' का साम्राज्य भी लगभग ढहने की तैयारी में था। उनके फालोअर उनसे अलग हो चुके थे। कविता में उन्होंने बुरी तरह अपने अहम से पीड़ित होकर व्यक्तिवादी रुझान की कविताएँ लिखीं, जिन पर से विश्वास उनके अधिकांश समर्थकों का भी उठ चुका था। ऐसे माहौल में 'कविता के नये प्रतिमान' का प्रकाशन एक बड़ी घटना है। यह इसलिए भी महत्त्वपूर्ण है कि हिन्दी कविता के इतने बड़े अपरिभाषित आन्दोलन को परिभाषित करने के लिए कोई महत्त्वपूर्ण किताब नहीं प्रकाशित हुई थी। लक्ष्मीकान्त वर्मा, जगदीश गुप्त, विजयदेवनारायण साही आदि ने अपनी किताबों और लेखों के जरिये नयी कविता को कलावादी चेतना का उभार ही साबित किया। जिसकी मुख्य

समस्या थी मनुष्य के अस्तित्व की रक्षा। ज़ाहिर है यह नयी कविता की एक ग़लत परिभाषा थी जिसको सही ढंग से परिभाषित करने की आवश्यकता थी।

उल्लेखनीय बात यह है कि इस क्षेत्र में कवि मुक्तिबोध ने बहुत बड़ा काम किया। मुक्तिबोध ने कविता के अलावा आलोचना के मोर्चे को भी सँभाला और 'नयी कविता' को नये सिरे से परिभाषित किया। उन्होंने कहा कि आज नयी कविता को सबसे बड़ा ख़तरा 'जड़ीभूत सौन्दर्याभिरुचि' के बढ़ते हुए साम्राज्य से है। 'नयी कविता का आत्मसंघर्ष' जैसा उनका निबन्ध नयी कविता को ठीक-ठीक समझने की एक पूर्व पीठिका है। हमारी आलोचना का यह दुर्भाग्य है कि मुक्तिबोध के आलोचनात्मक कर्म के महत्त्व को अनदेखा कर दिया। जबकि 'कविता के नये प्रतिमान' को पढ़ने पर लगता है कि इस पुस्तक को लिखने की प्रेरणा भी नामवर सिंह को मुक्तिबोध से मिली। यह आकस्मिक नहीं है कि बकौल नामवर सिंह 'कविता के नये प्रतिमान के केन्द्र में मुक्तिबोध हैं।...इस पुस्तक का आधार यह धारणा है कि नयी कविता में मुक्तिबोध की स्थिति वही है जो छायावाद में निराला की थी!' (भूमिका 'कविता के नये प्रतिमान') ज़ाहिर है मुक्तिबोध जिन चीज़ों को लेकर नयी कविता के दौर में अकेले संघर्ष कर रहे थे उन्हीं चीज़ों को लेकर नामवर सिंह को भी जूझना पड़ा।

जैसा कि मैंने प्रारम्भ में कहा कि नयी कविता के भीतर जो स्थिति मुक्ति-बोध की है, लगभग वही स्थिति आलोचना के भीतर नामवर सिंह की भी है। नामवर सिंह 'कविता के नये प्रतिमान' में जिन चुनौतियों से जूझने चले वहाँ सबसे बड़ा ख़तरा नयी कविता के भीतर रोमांटिकता से चुपचाप समझौते के रूप में था। नामवर सिंह ने 'नयी कविता' के भीतर इस मुख्य चुनौती को स्वीकार किया और उसे तोड़ने के लिए कविता के भीतर 'सामाजिक यथार्थ' की नींव रखी। ज़ाहिर है, उन्होंने इसका आधार मुक्तिबोध की कविता को बनाया साथ ही समाजवादी चेतना के रघुवीर सहाय श्रीकान्त वर्मा इन दोनों कवियों की सामाजिकता को ख़ासतौर से रेखांकित किया। जिन्होंने निश्चित रूप से नयी कविता के भीतर और बाहर राजनीतिक और सामाजिक सरोकारों को उपस्थित किया। नामवर सिंह की कोशिश थी कि इन शक्तियों का उभार आवश्यक है। तभी जाकर नयी कविता की ज़मीन को सामाजिकता से जोड़ा जा सकता है। दूसरे छोर पर उन्हें रसवादी आचार्यों से भी जूझना पड़ा जो नयी कविता में रसविहीनता को लेकर काफ़ी बौखलाये हुए थे। इसके पुरोधा थे डॉ. नगेन्द्र। 'कविता के नये प्रतिमान' के प्रारम्भ में नामवर सिंह ने इन्हीं का जवाब दिया है। इसके बाद उन्होंने पुस्तक के दूसरे हिस्से में 'नयी कविता'

के प्रतिमानों को व्यवस्थित करने की कोशिश की; जिनका नयी कविता के स्थापत्य से सीधा सम्बन्ध है। किन्तु नामवर सिंह के आलोचकों का आरोप है कि उन्होंने नयी कविता की जिन विशेषताओं का उल्लेख किया है; वे सब रूपवादी आलोचना के सरोकार हैं। सवाल यह है कि रूप-विधान से अलग हटकर क्या कविता की कल्पना सम्भव है? फिर नामवर जी ने 'नयी कविता' के प्रतिमानों में काव्यभाषा; सपाटबयानी, काव्यसंरचना, विसंगति और विडम्बना, अनुभूति की जटिलता और तनाव, ईमानदारी आदि मुद्दों की जो नये सिरे से स्थापनाएँ कीं उससे नयी कविता में आख़िर मुक्तिबोध, शमशेर जैसे प्रगतिशील कवि भी तो जूझ रहे थे। सवाल यह है कि ये प्रतिमान हमारी मार्क्सवादी आलोचना की दृष्टि के अनुकूल हैं कि नहीं, तो इतना निश्चित रूप से कहा जा सकता है कि उसका मार्क्सवादी आलोचना से पूरा-पूरा मेल खाता है। नामवर जी ने कविता में रूपगत और वस्तुगत प्रतिमानों के द्वन्द्वात्मक सम्बन्ध को समझा है। दरअसल कविता के भीतर का यह द्वन्द्वात्मक हिस्सा मार्क्सवादी की देन है। मार्क्सवादी कविता की आलोचना पर यह आरोप लगाया जाता है कि उसमें कविता के संसार का विश्लेषण करने के बजाय, उसके बाह्य परिवेश पर ही ज़्यादा बल दिया जाता है। नामवर जी ने इस लिहाज से पहली बार यह कोशिश की कि नयी कविता में कवि के बदले हुए काव्य-संसार का कुछ प्रमुख चर्चित कविताओं के आधार पर विश्लेषण किया जाय। यह काम उन्होंने किया भी। उन्होंने नयी कविता के उन तमाम महत्त्वपूर्ण कविताओं को केन्द्र में रखकर कविता के संसार का वस्तुगत विश्लेषण किया। मेरी दृष्टि में इसे रूपवादी भटकाव कहना कविता की बुनियादी अवधारणा और आलोचना की जिम्मेदारी से मुँह मोड़ना है। नामवर जी ने स्पष्ट कहा कि 'यदि काव्यगत वास्तविकता को ही वास्तविकता की माप का आधार बनायें तो यह मूल्यांकन नहीं, बल्कि अधिक-से-अधिक व्याख्या होगी।' ('कविता के नये प्रतिमान' : पृ. 216)

यहाँ उल्लेखनीय बात यह है कि कविता के प्रतिमान में नामवर जी ने कविता के जिन नये प्रतिमानों की चर्चा की उसका आधार तो रूपवादी आलोचना है किन्तु सवाल यह है कि मार्क्सवादी आलोचना का रूपवादी आलोचना के प्रतिमानों से क्या रिश्ता हो? क्योंकि नामवर जी की कविता सम्बन्धी आलोचना पर मुख्य आरोप यही है। इसके बारे में नामवर सिंह का स्पष्टीकरण है। 'मार्क्सवादी आलोचना परम्परा से प्राप्त होने वाले अनेक आलोचनात्मक औजारों या अवधारणाओं को लेकर ही विकसित हुई है। काव्य-चिन्तन के क्रम में पहले के भाववादी और रूपवादी

विचारकों ने जिन कलागत अवधारणाओं का निर्माण किया है वे सबके सब त्याज्य और व्यर्थ नहीं...महत्त्वपूर्ण हैं ऐसी रूपवादी अवधारणाओं के इस्तेमाल के ढंग यानी वह समग्र पद्धति जिनके अन्दर इनका इस्तेमाल किया जाता है। इस प्रसंग में निश्चित ही रूप और अन्तर्वस्तु जिसमें विश्व दृष्टि और भावबोध भी शामिल हैं, के सम्बन्ध की समझ निर्णायक भूमिका अदा करती है और यहीं मार्क्सवादी आलोचना का वैशिष्ट्य दिखाई पड़ता है।' (बातचीत : 'पूर्वग्रह' 44-45)

इस प्रकार देखा जाय तो नामवर जी अपनी आलोचना पद्धति में भारतीय काव्यशास्त्र, पश्चिमी आधुनिक आलोचना का काफ़ी इस्तेमाल करते हैं। उनका मानना है कि हिन्दी की मार्क्सवादी आलोचना को तब तक पूर्ण नहीं बनाया जा सकता जब तक हम पूरी तौर पर भारतीय समाज और यहाँ के साहित्य इतिहास से परिचित नहीं हो पाते। उनकी राय में अभी भी हमारे यहाँ के मार्क्सवादी हमारी उस विशाल चिन्तन परम्परा के सहज अंग नहीं बन सके हैं। ग़ौर किया जाय तो यह प्रयत्न नामवर जी ने हिन्दी आलोचना में कविता के क्षेत्र में अकेले किया है। उनके पहले हिन्दी कविता की मार्क्सवादी आलोचना बहुत अपर्याप्त थी। नामवर जी का योगदान यह है कि उन्होंने नयी कविता की आलोचना का एक तरह से आविष्कार किया। उनकी कविता सम्बन्धी आलोचना पर सबसे अधिक प्रभाव विश्लेषण की दृष्टि से आचार्य रामचन्द्र शुक्ल का पड़ा है, तो दूसरी ओर पश्चिमी आलोचना में वे सबसे प्रभावित डॉ. एफ.आर. लिविस से हैं जो मुख्यत: मार्क्सवाद विरोधी हैं। फिर भी नामवर जी उनकी आलोचना से काफ़ी प्रभावित हैं। प्रभावित होने का मतलब उनको ग्रहण करना नहीं है, बल्कि उसका इस्तेमाल अपनी आलोचना पद्धति को पुष्ट करने के लिए करना है। लीविस के बारे में नामवर जी की टिप्पणी है 'शायद मुझे साहित्य के प्रति लीविस की एकनिष्ठ गम्भीरता ने आकृष्ट किया जिसमें गहरा नैतिक बोध है, ठोस कृतियों पर सतत एकाग्र दृष्टि है, किसी प्रलोभन से भ्रष्ट न होने वाली अविचल निष्ठा है; और है चौतरफ़ा विरोधी वातावरण के बीच निरन्तर संघर्ष करने वाला एक व्यक्तित्व।' इसके अलावा भी वे अंतोनियो ग्राम्सी, जार्ज लुकाच और वाल्टर बेंजामिन से भी अपने को प्रभावित पाते हैं।

बावजूद इसके कि वे ग़ैर-मार्क्सवादी आलोचकों से प्रभावित हैं फिर भी वे साहित्य में कलावाद, व्यक्तिवाद, साम्राज्यवाद के उग्र विरोधी हैं। उनसे समझौता किसी भी शर्त पर उनके लिए सम्भव नहीं। लेकिन कलावाद से उनकी लड़ाई जारी है जैसा कि ख़तरा उन्होंने इधर हाल के वर्षों में महसूस किया है–'अब इधर महसूस

कर रहा हूँ कि पिटा हुआ कलावाद हिन्दी में फिर सिर उठा रहा है और नये तेवर के साथ सामने आ रहा है। निश्चय ही देर-सबेर इससे निपटना होगा।' (बातचीत : 'पूर्वग्रह' 44-45, पृ. 4)

कुल मिलाकर कहा जा सकता है कि नामवर सिंह का हिन्दी आलोचना में वही अवदान है कविता के क्षेत्र में निराला और मुक्तिबोध का है। नामवर जी ने अपने लम्बे आलोचनात्मक अवदान के दौर में हिन्दी आलोचना को सबसे पहले संवाद-धर्मी, पठनीय और दिलचस्प बनाया है। उनकी आलोचना दृष्टि का सबसे बड़ा गुण है–स्पष्टवादिता। ऐसी स्पष्टवादिता अन्यत्र दुर्लभ है। यह स्पष्टवादिता इसलिए भी आयी है क्योंकि उनमें अपने पक्ष को रखने के लिए दो टूक निर्णय है। शायद इसलिए भी उनमें सम्भव हुआ है, क्योंकि वे अपने विचारों के सतर्क वकील हैं जिनकी बात में जिरह करने की सामर्थ्य है। उनके तर्क इतने सधे, चुस्त और पैने होते हैं कि बहुत कठिन होता है, उनसे अप्रभावित रह पाना।

ग़ौर किया जाय तो हिन्दी आलोचना को उनका सबसे बड़ा अवदान उनकी आलोचना की भाषा है। इतनी पारदर्शी, स्पष्ट और बोलचाल के निकट आकर भाषा का जो रूप बहु उपस्थित कर पाये हैं, उसका निश्चय ही हमारी मार्क्सवादी आलोचना पर ही नहीं बल्कि ग़ैर-मार्क्सवादी आलोचकों पर भी गहरा असर पड़ा है। उनकी भाषा का सबसे बड़ा गुण है–साहस। यह साहस उनके व्यक्तित्व और विचार दोनों में है। निश्चय ही एक बड़े आलोचक में साहस सबसे बड़ी ताक़त होती है। अगर यह ताक़त नहीं है तो हिन्दी में आचार्य रामचन्द्र शुक्ल, रामविलास शर्मा और नामवर सिंह बनना एक असम्भव अध्यवसाय होगा। वैसे क्या संयोग है कि नामवर सिंह की महत्त्वाकांक्षा एक कवि बनने की थी किन्तु वे बन गये एक महान आलोचक। एक आलोचक की यह महानता उन्होंने जीवन के इन साठ वर्षों में काफ़ी अध्यवसाय, धैर्य और कठिन परिश्रम से अर्जित की है। जिसके निर्माण में उनके विचारों का साहस बहुत काम आया है। निश्चित रूप से आने वाला समय उन्हें हिन्दी का मूल्यवान आलोचक ही नहीं मानेगा जो धरोहर के रूप में हमारे दस्तावेज़ रहेंगे; बल्कि उनकी आलोचना हमारे आगामी साहित्य की जीवित साक्ष्य रहेगी, जिसका साथ पग-पग रचना के साथ बना रहेगा।

गरबीली ग़रीबी वह

•

काशीनाथ सिंह

चौंतीस वर्षों के लम्बे संग-साथ में सिर्फ़ दो-ढाई महीने ऐसे रहे हैं जिनमें उन्हें किताब-कॉपी छूने की फुर्सत नहीं मिली थी। ये महीने थे उन्नीस सौ उनसठ के जब वे चन्दौली संसदीय क्षेत्र से लोकसभा का उपचुनाव लड़ रहे थे। त्रिभुवननारायण सिंह संसद से त्यागपत्र दे चुके थे और यह उन्हीं की सीट थी। उनके विरुद्ध लोहिया लड़कर हार चुके थे और दो महीने चुनाव-अभियान चलाकर सभाएँ और जनसम्पर्क करके देख चुके थे कि अबकी भी जीतना सम्भव नहीं है। लिहाजा सोशलिस्टों की तरफ़ से अन्तिम दिन के अन्तिम क्षणों में प्रभुनारायण सिंह का पर्चा दाख़िल कराया गया।

अबकी पार्टी ने निर्णय लिया कि वह शहर के बाहर देहात में अपने सिद्धान्तों का प्रचार करेगी–'कम्युनिज़्म' को जनता के बीच ले जायेगी, उसे समझायेगी लेकिन इसके लिए कोई प्रभावशाली उम्मीदवार होना चाहिए–जिसे लोग जानते हों और जिसकी प्रतिष्ठा हो। नामवर सिंह उन दिनों काशी विश्वविद्यालय के हिन्दी विभाग में 'लोकप्रियता' के शिखर पर थे और उसी चन्दौली क्षेत्र के रहने वाले थे। वे सन् 52-53 से ही पार्टी के सम्पर्क में थे लेकिन चुनाव लड़ने की बात उनके दिमाग़ में न आयी थी। काफ़ी सोच-विचार के बाद पार्टी ने उन्हें उम्मीदवार बनाने का फ़ैसला किया।

विभाग का हाल यह था कि जो लोग अध्यक्ष आचार्य द्विवेदी के ख़िलाफ़ थे, वे नामवर के ख़िलाफ़ थे ही, वे भी ईर्ष्यावश उनके ख़िलाफ़ थे जो द्विवेदी जी के प्रिय थे। विश्वविद्यालय प्रशासन में उन्हीं की पैठ भी थी। भैया ने जब घर में चर्चा की तो पिता जी, माँ, मझले भैया अलफ। पिता जी क्षेत्र को जानते थे और चुनाव का नतीजा भी। नतीजा तो भैया भी जानते थे लेकिन सवाल पार्टी के आदेश का था।

साथ में पैसा भी न था। अधिक-से-अधिक एक जीप उनके सम्पर्क में थी लेकिन उसके लिए भी पेट्रोल चाहिए था।

बहरहाल, घर की राय के ख़िलाफ़ चुनाव लड़ गये।

वे दिन मुझे याद हैं जब विश्वविद्यालय से लोलार्क कुण्ड और लोलार्क कुण्ड से गोदौलिया आने-जाने को छोड़कर रात-दिन पढ़ने वाले और अमन-चैन की ज़िन्दगी बसर करने वाले नामवर ने दो-ढाई महीने तक न रात को रात जाना, न दिन को दिन। जाड़े का मौसम। धूल से अँटा-पड़ा शरीर। बिखरे बाल। न ठीक से खाना न पीना। रात को कभी दो बजे, कभी भोर में चार बजे आते थे, डाक देखते थे और फिर जीप से वापस। कभी सोते या बिस्तर पर लेटते मैंने नहीं देखा।

विद्यार्थियों, लेखकों, पाठकों, बुद्धिजीवियों के बीच उन्होंने बड़े भाषण दिये हैं, काश, गाँव की अपढ़ जनता के बीच दिये गये वे भाषण आज हमारे पास होते।

लोगों ने वोट तो नहीं दिये, लेकिन वे भाषण आज भी याद रखे हुए हैं।

विश्वविद्यालय ने चुनाव लड़ने की अनुमति नहीं दी।

मुझे याद नहीं कि विश्वविद्यालय से निष्कासन की सूचना उन्हें चुनाव लड़ने के दौरान ही मिली थी या बाद में। बहरहाल, हारने के बाद वे पार्टी आफ़िस से घर आये थे थके-माँदे। मैंने आज तक ऐसे किसी आदमी की कल्पना नहीं की थी जिसके सारे दु:खों, सारी परेशानियों, पराजयों, तिरस्कारों और अपमानों का विकल्प अध्ययन हो। चुनाव हारने और अच्छी-ख़ासी नौकरी जाने का सियापा घर में हो और वह आदमी खर्राटे ले रहा हो या कमरा बन्द करके किसी लेख की तैयारी कर रहा हो या पढ़ी गयी किताब से 'नोट्स' ले रहा हो।

वे सोने की तैयारी कर रहे थे। उनके हाथ में कोई पत्रिका थी जिसे जमुहाई लेते हुए उलट-पुलट रहे थे।

'पता नहीं क्यों, भाभी का दिमाग़ गरम है।' एक बच्ची प्याले के साथ उनके कमरे में आयी और चटाई पर बैठ गयी।

भैया ने किताब बन्द की–'तो चाय उसी पर गर्म की है क्या?'

हम लोग उन्हीं के कमरे में चटाई पर बैठ कर चाय पीते थे, उन दिनों। अपने कमरे से माँ आयी और वह भी चौखट पर बैठ गयी–'बचवा, चार-पाँच चम्मच गाँव के लिए भी ले देना है!'

'काहे' मैंने पूछा।

'अरे चुनाव में अबकी रमलोचना गया तो खाते समय चम्मच माँग बैठा। चम्मच था नहीं, कहाँ से देती? घर की इज़्ज़त चली गयी!' माँ कहने लगी।

भैया ने चाय में चीनी मिलाते हुए कहा–'तुम भी क्या बात करती हो माँ? अब घर की इज़्ज़त आकर चम्मच भर रह गयी है।'

थोड़ी देर बाद बोले–'चीनी में जैसे कुछ मिला हुआ है। जितना भी डालो, चाय मीठी ही नहीं होती।'

'हर चीज़ में मिलावट है, क्या कीजिएगा?' मैंने कहा।

'ठीक कहते हो। अब तो शुद्ध मूर्ख भी नहीं मिलते। अब (उन्होंने एक नाम लिया) उन्हीं को देखो! उनमें भी धूर्तता और अविश्वास आ गया है!'

मैंने देखा कि जो परेशानियाँ किसी सामान्य आदमी को भीतर तक तोड़ देती हैं, वे ही उस आदमी को और ज़्यादा 'क्रिएटिव' और मानवीय बना देती हैं! ऐसे क्षणों में उनमें हास्य और मज़ाक की क्षमता अद्भुत ढंग से निखर कर सामने आती है।

1959 के मार्च-अप्रैल हमारे जीवन के सबसे मुश्किल महीने थे। भैया की नौकरी ख़त्म हो चुकी थी। मैंने एम.ए. अन्तिम साल की परीक्षा दे दी थी। आगे का क्या होगा, पता नहीं। छात्रवृत्ति मिलती या न मिलती, पता नहीं। मँझले भैया बी.ए. में दूसरी बार फेल हो चुके थे। शहीद गाँव हाई स्कूल में पढ़ा रहे थे लेकिन 'मैनेजमेंट' से झगड़ा करके अलग हो चुके थे। भैया उस इंटरमीडिएट कॉलेज के सेक्रेटरी थे लेकिन इन्हीं के मसले पर त्यागपत्र दे चुके थे। पिता जी रिटायर कर रहे थे और चुनाव लड़ने का निर्णय करके जिस तरह भैया ने 'अपने पैर में कुल्हाड़ी मारी' थी, उससे पिता जी नाराज थे और अकेले खोये-खोये रहते थे। बनारस आ नहीं रहे थे और गाँव में अपना दरवाज़ा छोड़कर कहीं आते-जाते नहीं थे।

विश्वविद्यालय से निकाले जाने का समाचार शहर के उनके समानधर्मा लोगों के लिए जश्न की तरह था! भैया की जो जगह ख़ाली हुई थी उसके लिए स्थानीय विद्वानों के सिवा बहुत सारी प्रतिभाएँ जोड़-तोड़ करने और लाबी बनाने में जुटी थीं। एक तो कोई आता नहीं था, दूसरे जो आते थे, वे भैया को 'दुखी' देखने! 'बाहर से संकुचित, भीतर से फूले से'। बाहर जाते तो नामवर के 'रोने-धोने' और 'हाय-हाय' करने के मनगढ़न्त क़िस्से शहर में उछालते।

भैया नियमित शाम को पार्टी आफ़िस जाते। कभी द्विवेदी जी के यहाँ से होते हुए, कभी उधर से लौटते द्विवेदी जी के यहाँ जाते। लेकिन मैंने देखा कि उनकी ज़िन्दगी का यह पहला या कहिए शायद अन्तिम भी–वक़्त था जब वे पण्डित जी के यहाँ जाने से बचना चाहते थे। और जाना काफ़ी कम भी कर दिया था उन्होंने। पूछने पर कहते–'एक तो पण्डित जी ख़ुद दुखी हैं, दूसरे मुझे प्रत्यक्ष देखकर और दुखी होते होंगे। दूसरे, कहीं ऐसा न सोचते हों और ख़ुद न भी सोचते हों तो दूसरे

सोचवाने लगें कि देखो, नौकरी के लिए दौड़ रहा है। मैं उन्हें ऐसी किसी उलझन में नहीं डालना चाहता।'

सबसे विलक्षण बात थी उनका उत्साह। मौसम के विपरीत उनमें अजब उत्साह और जोश था। और यह भी है कि न वह घर को दिलासा देने के लिए था, न दिखावे के लिए, न अपने को बहलाने के लिए।

एक दिन जब वे पढ़ते-पढ़ते थक गये तो उठे और कुछ ढूँढ़ने लगे। किताबों की देख-रेख मेरे ज़िम्मे थी। मैंने पूछा–'क्या ढूँढ़ रहे हैं?'

उन्होंने बताया कि 'अपभ्रंश की एक नयी किताब लिखने की सोच रहा हूँ। कुछ नोट्स लेने हैं इसलिए रजिस्टर ढूँढ़ रहा हूँ।'

'लेकिन रजिस्टर तो अटेंडेंस के लिए होता है।' मैंने कहा–'सुना है कि शम्भुनाथ सिंह रजिस्टर पर कविताएँ लिखते हैं।'

'वे उस पर कविताएँ नहीं लिखते, कविताओं की अटेंडेंस लेते हैं।'

वे रोज़ नाश्ता या भोजन करते समय अपने चुनाव के दौरान घटी घटनाओं; मिलने वाले लोगों, उनकी बातों के बारे में रोचक क़िस्से सुनाते–कभी इनके बारे में, कभी उनके बारे में–

–किस तरह लोहिया के ग़ैर-कांग्रेसवाद की कलई खुली? तय हुआ था कि कांग्रेस को हराने के लिए दोनों पार्टियाँ मिलकर चुनाव लड़ेंगी। लोहिया ने दो महीने अपने लिए प्रचार करके देख लिया तो कम्युनिस्ट पार्टी को मैदान में आने के लिए कहा। कहा कि हम बाहर से मदद करेंगे। और पार्टी के पर्चा दाख़िल करने के बाद–जब अन्तिम दिन समय ख़त्म होने में पाँच मिनट रह गया था तो–प्रभुनारायण का पर्चा दाख़िल करवा दिया।

–और भाषाणों और प्रचार में उनका दुश्मन कांग्रेस नहीं, जगतनारायण दुबे नहीं, कम्युनिस्ट पार्टी थी। और क्या-क्या हथकण्डे अपनाये उन लोगों ने? प्रभुनारायण बिचारे का घर बिक गया है, लड़कियाँ कुंवारी पड़ी हैं, लाखों का क़र्ज़ हो गया है, ज़मीन-जायदाद गिरवी पड़ी है, हार जायगा तो राजघाट के पुल से कूद कर आत्महत्या कर लेगा। और नामवर तो अभी बच्चा है, पहली बार अनुभव हासिल कर रहा है। उसके लिए तो अभी बहुत समय पड़ा है, वह तो विश्वविद्यालय में नौकरी भी करता है, वह पढ़ायेगा कि जनता का दुख-दर्द सुनने आयेगा। और वह जात-पाँत मानता नहीं, कम्युनिस्ट है। ठाकुर तो परभू बाबू हैं।

–तो नतीजा तो हमें मालूम था लेकिन सोशलिस्टों को 'एक्सपोज' करना था, सो किया। पार्टी के लिए ज़मीन तैयार हो गयी है। सैकड़ों नौजवान कार्यकर्ता तैयार हुए हैं। बस उन्हें संगठित करने-माँजने की ज़रूरत है। हर गाँव में और हर जगह लोगों ने कहा–'बचवा, अबकी जाने दो। हाँ, दूसरी बार का पक्का समझो। परभू भी तुम्हारा ही भाई-बन्द है। बेघर हो गया है। भिखारी हो गया है। उसका मुँह नहीं देखते। मर जायेगा। पाप न कराओ हमसे।...लेकिन अगली बार, स्टाम्प पर लिखा लो।'

–ऐसे भी लोग थे जो कह रहे थे– 'बचवा, अरे खड़ा ही होना था तो किसी दूसरी पाल्टी से खड़े होते।'...लाख समझाओ लेकिन कोई असर नहीं।

वे इतने उत्साहित थे कि उन्होंने पार्टी टिकट मिलने पर दूसरी बार चुनाव लड़ने का फ़ैसला किया था। इसीलिए वे कभी-कभी इतवार को क्षेत्र में लोगों से मिलने-जुलने और सम्पर्क बनाये रखने के लिए जाने भी लगे थे।

'एक ओर दूसरी पार्टियों का ख़र्च! और पता है, हमने कितने में इतना बड़ा चुनाव लड़ा? सिर्फ़ पाँच हज़ार। इनमें बारह सौ मेरे थे। सोचो, सिर्फ़ एक जीप।'

'रोटी-नमक, रोटी-प्याज, जाड़े में सिर्फ़ एक कम्बल, ओढ़ो भी–बिछाओ भी, ठण्ड ज़्यादा लग रही है तो गाँव के किनारे या बीच में पेड़ पर भोंपू लेकर बैठ जाओ–'हँसिया-बाली जिन्दाबाद।' साइकिल मिली तो मिली, नहीं पैदल, ज़िले भर का चप्पा-चप्पा छान रहे हैं। ऐसे-ऐसे घर, ऐसे-ऐसे आदमियों को देखा मैंने काशी कि क्या बतायें? जब भूख बर्दाश्त न हो और घर में कुछ न हो तो सुर्ती फाँको।' (उन्हें भी पान के अभाव में सुर्ती की लत चुनाव के दौरान ही पड़ी।)...

इसके बाद जब किताब उठाते तो यह सारा कुछ थाली के साथ ही छूट जाता।

पहली मई को 'मई दिवस' था!

पहली मई उनका जन्मदिन था।

पहली मई से उनकी नौकरी ख़त्म हो रही थी।

लेकिन वे बातें कर रहे थे जनता के बारे में, लोगों के बारे में। वे जैसे जनता को आर-पार देख रहे थे। वह उनके आगे आईने की तरह साफ़ हो चली थी। उम्मीद की जा रही थी कि हारने के बाद औरों की तरह या जैसा रामजी भैया कर रहे थे–वे भी जनता को ग़ालियाँ देंगे, उसकी भर्त्सना करेंगे, मूर्ख और जाहिल कहेंगे लेकिन ऐसा नहीं था। उसे लेकर उनके भीतर एक दर्द, एक पीड़ा, एक लाचारी थी। वे उसके बारे में बातें करते हुए बेचैन हो उठते थे–'माई, बाबू, भउजी, बचिया, चचिया, ससुर, मेहरारू, तोहरा के हमनी क, लुग्गा, दिसा फराकित; के हो...'एक साँस में

जाने कितने ऐसे शब्द बोलते गये–'यह है ग्राम कथा। थोड़ा-सा नाच-गान, कुछ देवी-देवता, कुछ लोकगीत और फिर थोड़ी-सी पंचवर्षीय योजना की झलक। ग्राम कथा हो गयी। एक सज्जन हैं जिनके पास तो कहानी की भाषा ही नहीं है। शोध-ग्रन्थ की भाषा–बाणभट्ट, भिखारी, ठाकुर कदम-ताल चलते हैं उनके यहाँ। हाँ, मार्कण्डेय लिख सकते थे, उनमें कहानी का 'सेंस' है मगर वे चालाकी और चतुराई से बाज नहीं आते। पता नहीं तुम्हें याद है या नहीं–हमारे गाँव में एक पंचायत हुई थी; कालू गोंड़, बूधा गोड़िन की। बगीचे के पन्द्रह दिनों तक होती रह गयी थी।... हमारे यहाँ पूरब गाँव की छनहर थी! गाय-बैल महीनों तक वहीं बँधते थे। मड़ई लगती थी। हम ककड़ी अगोरते थे। याद है कुछ?...बरसात में घूम-घूम कर करेम का साग खोंटते थे। कौड़िया मिसाव होता था और भी जाने क्या-क्या? कहीं ये चीज़ें भी नहीं हैं इनमें?'

'दरअसल इन ग्राम कथाओं को स्वीकृति क्यों मिल गयी, जानते हो?'

वह चटाई पर घुटनों के बल बैठ कर सुर्ती मल रहे थे–'जिन दिनों अमेरिका में विचारों वाली कहानियाँ लिखी जा रही थीं और लोग किसी विचार को लेकर कोई फार्मूला तैयार कर रहे थे, उसी बीच शेरवुड ऐंडरसन ने 'वाइंसबर्ग ओहायो' में एक छोटे से क़स्बा के लोगों के जीवन्त स्केचेज दिये। लोगों को यह नयी चीज़ दिखी, लोग उधर ही झुक गये। वह नयी कहानियों का बाप बन बैठा। इन ग्राम कथाकारों की भी सफलता का यही रहस्य है, बस।

वास्तव में राजेन्द्र यादव और मोहन राकेश ने भी वही किया जो सन् '40 के बाद के कहानीकारों ने किया था किन्तु इनके विचार और फार्मूले कुछ दूसरे ढंग के हैं।

मैंने जिज्ञासा की–'आप कभी कहानी या उपन्यास लिखने के बारे में नहीं सोचते?'

'नहीं लिख सकता। लिखूँगा तो असफल हो जाऊँगा।'

'मुझे तो ऐसा नहीं लगता।'

'वातावरण शायद दे लूँगा लेकिन डायलॉग नहीं बनेगा मुझसे।'

'जबकि मेरा ख़याल इसके उल्टा है। आप डायलॉग ही अच्छा लिख सकते हैं।'

'यही तो। मेरे डायलॉग पात्र के डायलॉग होंगे ही नहीं, मेरे ही रह जायेंगे। स्वाभाविकता नहीं आयेगी। जैसा गोर्की में था। बड़े बनावटी लगते हैं उसके संवाद।'

उनके चेहरे पर शिकन तक नहीं थी और माँ और हम दोनों भाई भविष्य को लेकर बेहद परेशान चल रहे थे। माँ की समस्या अलग। ज़्यादातर वह शहर में रही थी; जब गाँव पर रहना पड़ेगा तो वह कब तक छिपायेगी कि बड़े बेटे की नौकरी छूट गयी। सुन कर हँसेंगे लोग। रामजी भैया कहते थे कि यहाँ रहते हुए नौकरी ढूँढ़ी जा सकती थी लेकिन गाँव में तो पता नहीं चलेगा। हम हास्टल या लाज में रह तो लेंगे लेकिन ख़र्च कहाँ से देंगे? स्कॉलरशिप मिलेगी या नहीं और मिलेगी तो कब से, पता नहीं।

मुहल्ले के दोस्त-मित्र ऐसे मिलते थे जैसे अब भेंट नहीं होगी। अगर कभी शहर में रहना भी हुआ तो ऐसा मकान मिलेगा नहीं। शहर के बीच। गंगा पास में। बग़ल में ऐसा चौराहा। हम उसे छोड़ना नहीं चाहते थे। पूरी व्यवस्था अस्त-व्यस्त हो जायेगी। पिता जी का भय और आतंक अपनी जगह। हमें इन सारी चीज़ों को सोच कर रुलाई छूटती। प्रायः गुमसुम रहते हम लोग। माँ थी जो अपने स्वभाव के हिसाब से जितना रोती, उससे अधिक गाती। मायूसी के बावजूद घर में माँ ही शक्ति भी थी और स्फूर्ति भी।

भैया के बनारस के इकलौते दोस्त थे नगेन्द्र प्रसाद सिंह जो आज इस शहर के सबसे बड़े और सम्मानित वकीलों में हैं। उन्होंने सलाह दी कि विश्वविद्यालय से निष्कासन अवैध और ग़लत है। 'स्टे' आसानी से मिल सकता है, चलो।

दूसरे दिन भैया को लेकर वकील साहब और रुस्तम सैटिन इलाहाबाद गये। हाई कोर्ट के नामी वकील कन्हैयालाल मिश्र तब जीवित थे। ये लोग उनसे मिले। मिश्रा जी ने सारी बातें सुनने के बाद इन्हें आश्वस्त करते हुए अगले दिन बुलाया, कहा–'वेरी इंटरेस्टिंग केस। श्योर सक्सेस।'

सड़क पर आने के बाद भैया ठिठक गये, बोले–नगेन्द्र, वापस चलो।

जिस विश्वविद्यालय में सम्मान के साथ मैंने छह-सात साल पढ़ाया है, उसी विश्वविद्यालय में मैं अदालत के हुक्म से नहीं पढ़ाऊँगा।

और वे वापस घर लौट आये।

लौटने के बाद उन्होंने घर में अपनी दूसरी कसम सुनाई–'काशी विश्वविद्यालय की चहारदीवारी के अन्दर कभी भी कदम नहीं रखेंगे।'

वे अक्सर दिन या शाम को लंका जाते–'पीपुल्स बुक डिपो' या 'ग्लोज़ बुक सेंटर' में। ये दुकानें उन दिनों विश्वविद्यालय के फाटक के बाहर ही थीं। उन्हीं दिनों उनके कई मित्र और रिश्तेदार भी विश्वविद्यालय के अस्पताल में भर्ती हुए लेकिन वे अन्दर नहीं गये, सो नहीं गये।

इस प्रसंग में सबसे दर्दनाक घटना थी माँ की जिसे वे सबसे अधिक प्यार करते थे और जो अपने बड़े बेटे पर प्राण निछावर करती थी। उसकी जाँघ की हड्डी टूट गयी थी। बुढ़ापे का फ्रैक्चर और वह भी मामूली नहीं। उसे तीन-चार महीने अस्पताल में भर्ती रहना पड़ा। भैया उन दिनों सागर में थे। उन्हें ख़बर दी गयी। माँ उन्हें याद कर-कर के रोती रहती थी। भैया आये, आते ही सामान रखा और उसे देखने के लिए घर से चले। लेकिन गेट तक आकर रुक गये। मेरी ओर देखा और उनकी आँखें छलछला आयीं–'माँ से बोल दो, मैं आ गया। चिन्ता की कोई बात नहीं।'

यह '59-60 के जाड़ों की बात है।

गर्मी की दो-तीन महीने की छुट्टियों में हमेशा भैया को छोड़ कर हम लोग गाँव चले जाते थे।

लोलार्क कुण्ड से 13 जुलाई, '59 का लिखा भैया का पत्र जीवनपुर में मिला–'कल दोपहर को इलाहाबाद होते हुए सागर से लौटा। सागर की बात पक्की हो गयी। दो-तीन दिन में पत्र आ जाना चाहिए। सम्भवत: 20 जुलाई तक मुझे वहाँ चला जाना पड़ेगा। इसलिए तुम तुरन्त चले आओ–अभी अकेले ही आने की ज़रूरत है। फिर जैसा तय होगा, किया जायेगा।'

मैं आया लेकिन अकेले नहीं। साथ में रामजी भैया भी थे। जब हम उन्हें विदा करने स्टेशन गये तो साथ में वकील साहब भी थे और केदारनाथ जी भी भैया ख़ुश दिखाई पड़ने की कोशिश कर रहे थे लेकिन थे नहीं। उनसे बनारस छूट रहा था। इस शहर के लिए और सम्बन्धों के लिए गहरा मोह था उनके भीतर। हम लगभग रो रहे थे। उन्होंने पहली सीटी के बाद मुझे अलग ले जाकर कहा–'सौ रुपये भेज दिया करेंगे। उसमें किराया, बिजली का बिल, फीस, दवा-दारू जो हो करना। राशन घर से ले आना। किसी से उधार न लेना।'

जब वे रामजी भैया की ओर मुड़े तो उन्होंने फफक-फफक रोते हुए कहा–'बाबुल मोरा नइहरवा छूटो जाय।' इसके बाद तो जो ठहाका लगा कि सारा माहौल ही बदल गया। रामजी भैया चकित कि बात क्या हो गयी।

स्टेशन से ही हम दोनों भाई फिर गाँव लौट गये।

जब पहली अगस्त को माँ को लेदे कर लोलार्क कुण्ड आये तो भैया का पत्र पड़ा हुआ था–'आशा है; तुम अब घर से बनारस का गये होगे। अभी अगस्त भर मैं तुम्हें कुछ भी न भेज पाऊँगा। उदय भैया से जो 100/- मिले, उनसे काम चलाना। और कोई ज़रूरत पड़े तो वकील साहब से कह देना। सितम्बर के प्रथम सप्ताह में रुपये भेजूँगा।

यह कहने की ज़रूरत नहीं कि तुम ज़िम्मेदार मर्द हो, नाबालिग लड़के नहीं। ज़िम्मेदारी बेशक अब आयी है। लेकिन मुझे पूरी उम्मीद है कि तुम उसे समझदारी के साथ निबाहोगे।

बहरहाल, अगस्त में नये सिरे से लोलार्क कुण्ड पर ज़िन्दगी बसी।

रिजल्ट आ गया था। मैंने रिसर्च के लिए आवेदन कर दिया।

दशहरे की छुट्टियों में भैया आये तो उन्होंने अपने अध्यक्ष आचार्य नन्ददुलारे बाजपेयी के बारे में जो ख़बरें दीं, वे भैया को देखते हुए चिन्ता पैदा करने वाली थीं। भैया को आचार्य द्विवेदी के संसर्ग में जो संस्कार मिले थे, वे बाजपेयी जी को रास नहीं आ रहे थे। बड़ी छोटी-छोटी बातें थीं जिनका सम्बन्ध 'आचार्यत्व ' से कम, 'नौकरशाही' से ज़्यादा था। मसलन्, बाजपेयी जी को पसन्द नहीं था कि उनका कोई अध्यापक उनके आने पर बैठा रहे या उनकी अनुमति के बिना उनके आगे बैठे, उनके सामने पान खाये, शहर से विश्वविद्यालय उन्हीं की तरह अकेले ताँगे से आये, सभाओं और गोष्ठियों में खुलेआम उनसे असहमति ज़ाहिर करे, उनके विचारों की आलोचना करे। बाजपेयी जी आयोजनों में अपने समर्थकों की पूरी पलटन के साथ जाते थे और नामवर से भी एक सिपहसालार होने की उम्मीद करते थे।

भैया के रुख से लग गया था कि बात बनेगी नहीं।

उन्हीं दिनों किन्हीं प्रसंगों में बाजपेयी जी की बनारस की दो-एक यात्राएँ हुईं। डॉ. रामअवध द्विवेदी के घर की गोष्ठियों ने विद्वानों से मुलाकात का सुयोग भी जुटाया। नामवर सागर में चैन की बंसी बजायें, यह कैसे हो सकता था। जर्दे के शौक़ीन बाजपेयी जी को 'बाबा' की कई अव्वल डिब्बियाँ भेंट की गयीं। बाजपेयी जी पान घुलाते और मुस्कराते हुए विदा हुए तो स्थानीय विद्वानों के चेहरे पर खिलान आयी।

इन सारे भावों, विभावों और अनुभावों का संयोग घटित हुआ, '60 में 'मध्य प्रदेश हिन्दी साहित्य सम्मेलन' के अधिवेशन में और इसकी निष्पत्ति हुई सागर विश्वविद्यालय से भी नामवर सिंह के निष्कासन में!

30 अप्रैल '60 को सागर से लिखा उनका पत्र मिला–

'आज से सागर विश्वविद्यालय में मेरी नौकरी ख़त्म। 26 अप्रैल को अचानक मुझे रजिस्ट्रार का पत्र मिला। कारण एकदम अज्ञात। पत्र में कुछ नहीं बताया गया है।

घबड़ाना मत। मेरा चित्त एकदम स्थिर है। मेरी ही तरह तुम भी इसे सहज भाव से स्वीकार करना।

मकान छोड़ने या नया मकान लेने की बात, आने पर।'

वे जब सागर से बनारस लौटते हुए इलाहाबाद पहुँचे तो अख़बार देखा तो पता चला कि काशी विश्वविद्यालय से आचार्य हजारीप्रसाद द्विवेदी भी निष्कासित हो गये हैं।

क्या संयोग था? एक ही समय एक विश्वविद्यालय से गुरु निकाला गया और दूसरे विश्वविद्यालय से शिष्य।

भैया सीधे घर आये, सामान पटका, हाथ-मुँह धोया और कहा 'चलो पण्डित जी के यहाँ पहले हो लें।'

रास्ते में बोले–'काशी, मैंने तय कर लिया है कि भविष्य में कभी कहीं भी अप्लाई नहीं करूँगा।'

यह उनकी तीसरी क़सम थी।

फिर वही बनारस, फिर वही अस्सी चौराहा, फिर वही अस्सी से लेकर गोदौलिया तक की सड़क, फिर वही लोलार्क कुण्ड।

अब की भैया जून '60 से लेकर जनवरी '65 तक यहीं रहे। न कोई नौकरी, न व्यवसाय, न धन्धा। वही किताबें, वही पन्ने, वही क़लम। अपने टूटे पैर के साथ माँ अस्पताल से घर आ गयी थी। मँझले भैया नौकरी की ओर से निराश हो चले थे! फ़र्क़ इतना ही आया था कि भैया के 100 रुपये आने तो बन्द हो गये थे लेकिन मुझे अपने वज़ीफ़े के उतने ही रुपये मिलने शुरू हुए थे। द्विवेदी जी के साथ मेरे रिसर्च का साल भर पूरा हुआ था, एक साल और बाक़ी था लेकिन वे बनारस छोड़ चुके थे।

ये दिन थे जब मैं होश में था, समझ आने लगी थी। अगर उन साढ़े चार-पाँच वर्षों को–उनके हर एक दिन को पन्ने की तरह जिल्द में बाँध सका होता तो क्या बात थी?

मैं असल नामवर को देख रहा था–मुझे याद नहीं कि सागर से लौटने पर नगर का कोई साहित्यकार-लेखक घर आया हो और सहानुभूति की तो बात दीगर, यही जानना चाहा हो कि सागर में कैसी गुज़री, कैसे क्या हुआ? जो शख़्स पिछले दस सालों तक नगर की ज़बान रहा हो, हमेशा दस लोगों से घिरा रहा हो, जिससे बहस करने, सलाह-मशविरा करने दिन भर लोग आते रहे हों–वही नामवर अब एकदम अकेला था–लेकिन चेहरे पर कहीं कोई तनाव नहीं, थकान नहीं।

वही अस्सी चौराहे पर केदार की चाय की दुकान, पहले की तरह अस्सी से गोदौलिया की पदयात्रा, कोई मिला तो मिला नहीं अकेले, जेब में पैसे नहीं लेकिन

गर्व से तना हुआ सिर, आत्मविश्वास इतना कि धरती का बड़ा-से-बड़ा आदमी ठेंगे पर, वही सफ़ेद लकदक कुर्ता-धोती, वही गोदौलिया पर 'दी रेस्टोरेंट' की शाम और पार्टी दफ़्तर।

फ़र्क़ आया था तो यह कि पहले जहाँ किसी के चाय पिलाने या पान खिलाने पर खा-पी लेते थे वहीं अब बेहद सावधान हो गये थे। कहीं कोई यह न समझे या बाद में कहे कि अहसान या कृपा कर रहा हो। ऐसे ही पहले जहाँ गोदौलिया रिक्शे पर अकेले आया-जाया करते थे, वहाँ अब पैदल जाते थे–रिक्शे पर किसी और के पैसे से नहीं। वे किसी को कुछ भी कहने का मौक़ा नहीं देना चाहते थे।

एक घटना मुझे नहीं भूलती। कभी नहीं भूली। मैंने अपने वज़ीफ़े के पैसे से एक साइकिल ख़रीदी और पैसे बचे थे क्योंकि कई महीने के पैसे एक साथ मिले थे। मैंने दिन में ही भैया को सोते हुए देखकर चुपके से उनके कुर्ते की जेब में एक रुपये का सिक्का डाल दिया था। ज़्यादा इसलिए नहीं कि उन्हें सन्देह हो जायेगा। जब शाम को रोज़ की तरह बाहर जाने के लिए उन्होंने कुर्ता पहना तो मुझे आवाज़ दी।

मैं गया।

उन्होंने रुपये का सिक्का दिखाकर पूछा–'यह इस जेब में कैसे आया?'

मैं चुप।

वे कुछ देर खड़े होकर मुझे देखते रहे, फिर कुर्सी पर बैठ गये–'सुनो। मुझे रोज़ केवल चार आने की ज़रूरत पड़ती है। दो आने पान के लिए और दो आने चाय के लिए। गोदौलिया पैदल आता-जाता हूँ। और उतने पैसे कम-से-कम साल-दो-साल के लिए हैं मेरे पास। मेरे लिए न तुम्हें चिन्ता करने की ज़रूरत है, न रामजी को। तुम लोग घर देखो और वहाँ भी ज़रूरत हो तो मुझसे कहो।'

इसके बाद वे चुप हो गये। उनकी आँखों में कुछ अजीब तरह का भाव था। वे बैठे रहे, मैं भी सिर झुकाये खड़ा रहा। वे बीच-बीच में मेरी ओर देख लेते और फिर सामने ताकने लगते।

'देखो। ये...उन्होंने हथेली फैलायी जिस पर चवन्नी थी–'इससे ज़्यादा की मुझे ज़रूरत नहीं।'

वे कब तक उसी तरह बैठे रहे और मैं कब तक खड़ा रहा–मुझे याद नहीं।

उस शाम वे बाहर नहीं निकले।

मैं रात भर जगा रहा और रोता रहा

इस घटना के बाद मैंने फिर कभी उनकी जेब में पैसा डालने की हिम्मत नहीं की। लेकिन घर छोड़ने के पहले जेब देख लेना उनकी आदत का हिस्सा हो गया। मैंने कई बार देखा कि उनकी जेब दिन भर खाली रहती थी और शाम को, पता नहीं, कहाँ से उसमें एक चवन्नी चली आती थी। उन दिनों बनारस में मुख्यत: दो तरह के लोग थे। जिनके साथ उनका बैठना भी था और जिनसे उनकी बहसें भी होती थीं। एक समुदाय था केदारनाथ, विजयमोहन, शालिग्राम शुक्ल, अक्ष्योग्येश्वरी प्रताप का। यह वस्तुत: केदार जी की मण्डली थी। ये कवि-लेखक प्राय: एक ही स्थान या उसके आसपास रहते थे और जब भी चाय पीने निकलते, नामवर जी को साथ ले लेते या चाय पीने के बाद लोलार्क कुण्ड चले आते। उनकी बहसें या तो सार्त्र, काफ़्का, कामू के साहित्य और दर्शन पर होतीं या श्रीकान्त वर्मा द्वारा सम्पादित 'कृति' पत्रिका के नये अंक पर–उसके किसी लेख या पहली बार प्रकाशित किसी कवि या कहानीकार की रचनाओं पर केदार जी 'तीसरा सप्तक' के कवि के रूप में सम्मान पा चुके थे और बहस में उनकी बातें काफ़ी अहमियत रखती थीं। ये सभी लोग 'कृति', 'ज्ञानोदय', 'कहानी', 'नयी कहानियाँ', 'धर्मयुग' आदि साप्ताहिक-मासिक पत्रिकाओं में छपी रचनाओं से इस क़दर वाक़िफ़ रहते थे कि इनके चौकन्नेपन पर मुझे आश्चर्य होता था। यही नहीं, अभी-अभी बाज़ार में आयी कोई भी नयी किताब दूसरे दिन इनमें से किसी-न-किसी के हाथ में नज़र आती।

लेकिन इन्हें हैरत तब होती जब बातचीत के दौरान पाते कि नामवर जी या तो इसे पढ़ चुके हैं या पढ़ रहे हैं। यही नहीं, उसके बारे में नामवर जी उन्हें और भी सूचनाएँ देने की स्थिति में रहते। अध्ययन और ज्ञान की ऐसी स्पर्द्धात्मक होड़ बनारस में फिर कभी नहीं देखी मैंने।

दूसरी तरह के लोग थे कम्युनिस्ट पार्टी के जिनमें सत्यनारायण सिंह, रुस्तम सेटिन, जवाहरलाल, गिरिजेश राय और भी कई लोग आते या नामवर ख़ुद ही दूसरे-तीसरे इनसे पार्टी आफ़िस में मिलते। मुझे याद है, जब कभी घर पर केदार, विजयमोहन आते और कन्धे पर गमछा रखे किसी बेढब से आदमी को नामवर से बड़ी गम्भीरता से बहस करते या सलाह-मशविरा करते देखते तो एक-दूसरे की आँखों में मुस्कराते हुए वापस लौट जाते या अन्दर वाले कमरे में बैठ कर उनके ख़ाली होने का इन्तजार करते।

इनके सिवा जिनके साथ उनकी बैठकी होती थी, वे थे राजनीति विज्ञान के विद्वान लेखक डॉ. गणेशप्रसाद उनियाल, अंग्रेज़ी विभाग के जी.बी. मोहन तम्पी, जो बाद में 'सोशल साइंटिस्ट' के सम्पादक हुए, इतिहास-संस्कृति के विद्वान डॉ.

वी.एस. पाठक, संस्कृत-साहित्य के रतिनाथ झा–गरज कि नाना विषय के कई स्तरों और उम्रों के लोगों से उनकी ऐसी घण्टों गुफ्तगू चलती थी कि देखते बनता था। कभी-कभी तो हृद हो जाती थी। केदार-विजयमोहन चाय की दुकान में बैठे हुए हैं कि नामवर भागे हुए एक सब्ज़ी की दुकान की तरफ़ जा रहे हैं–हम देख रहे हैं कि वे दस किलो का कद्दू या कोहड़ा उठाये हुए नंग-धड़ंग, टीका-फटीका लगाये, छह धागों का जनेऊ पहने और पेट फुलाये पण्डित से बातें कर रहे हैं-घण्टे भर से। लौट कर बाद में बताते थे कि यह पण्डित मधुसूदन शास्त्री थे। 'काव्य प्रकाश' या 'ध्वन्यालोक' के विषय में कुछ पूछना था।

उन दिनों इन लोगों के बीच एक शब्द चला था–'जायका'। जायका माने स्वाद। वह आदमी जो मूर्ख हो और जिसे पता न हो कि वह मूर्ख है और जिससे मिलने पर इतनी बोरियत हो कि जायका ख़राब हो जाय–'जायका बिगाड़ाधीश' कहा जाता था। धीरे-धीरे इस मण्डली ने 'जायका' को दार्शनिक अर्थ भी दे डाला। 'जायका' एक सार्वदेशिक, सार्वकालिक और सार्वजनीन तत्त्व हुआ। यह थोड़े-बहुत अनुपात में हर किसी में और हर जगह होता है। कभी-कभी उग्र रूप भी धारण कर लेता है। जायका देश के किसी भी कोने में और किसी भी काल में मिल सकते हैं। बोर करने और मूर्ख होने की मात्रा के आधार पर इसकी कई कोटियाँ बनी थीं।

जब ये लोग सामने से आते हुए किसी ऐसे आदमी को देखते जो और भी न करे तो कम-से-कम इन लोगों की बहस में बाधा डालता हुआ कुशल-क्षेम, मौसम, भीड़-भाड़, शहर की गन्दगी के ही बारे में बातें कर के दस-पन्द्रह मिनट चाट डाले, तो कहते–'जायका आ रहा है, उधर मत देखो।' मगर ऐसे 'जायका नरेश' भी थे जिनसे बच के आप कहीं जा नहीं सकते थे। ये 'कवी-लेखक' हुआ करते थे जो इन्हीं लोगों की तलाश में निकलते थे। ये लोग चाहें, न चाहें, वे साथ रहेंगे ही। ये बचने के लाख बहाने करते लेकिन वे पिण्ड नहीं छोड़ते।

'जायका' की इन्हीं कोटियों में सर्वोच्च कोटि थी–'जायका चक्रवर्ती' की यह सम्मान केवल एक लेखक को दिया गया था जिसे अपनी दस-बारह पृष्ठों की कहानियाँ तक कण्ठस्थ रहती थीं और जो दुनिया के किसी भी विषय पर होने वाली बात को खींच कर जबरन अपने कहानी-पाठ पर ले आता था।

नामवर और केदार दोनों एक दूसरे पर तोहमत लगाते रहते थे–

'जायकाओं से घिरे रहते हैं आप।'

'आपकी सूरत तो देखा चाहिए।'

काम करने का ढंग उनका अपना था। पढ़ते समय हाथ में पेंसिल रहती। किताब ख़त्म कर लेने पर डायरी में वे ज़रूरी नोट्स लेते और फिर वह किताब अपनी जगह। वे नाश्ते और शाम को छोड़कर बराबर पढ़ते। अगर कुछ लिखना हुआ तो शाम का घूमना भी छोड़ देते। यह सिलसिला रात के बारह-एक तक नियमित चलता। उन्हें इस तरह पढ़ते देख कर एक बार मैंने पूछा कि क्या और लेखक भी इतना पढ़ते हैं? उन्होंने राहुल जी और अज्ञेय का नाम लिया था–यह कहते हुए कि 'शायद राहुल जी से तो इतना नहीं होता लेकिन वात्स्यायन जी इससे ज़्यादा ही पढ़ते होंगे, कम नहीं।'

लेकिन जब उन्हें लिखना होता तो खाना-पीना, रात-दिन का उनके लिए कोई मतलब नहीं रह जाता। लिखने से पहले की तैयारी अजब होती। वे बेचैन से रहते–कभी लाइब्रेरी से किताबें मँगवाते, कभी 'ग्लोबबुक सेंटर' या 'पीपुल्स बुक डिपो' जाते, कभी घर में ऊपर-नीचे छान मारते–किताबें-पत्रिकाएँ। कभी पता करने के लिए ऐसे लोगों के यहाँ भी चले जाते जिन्हें घोर नापसन्द करते थे। उस दौरान वे किसी भी लेखक, चाहे वह युवक हो या उनके हम उम्र, से मिलते तो उन्हीं चीज़ों के बारे में बातें करते जिनके बारे में लिखना होता। कोई नहीं मिलता तो वे भोजन के समय मुझी से बतियाते–यह एकालाप सा होता। ऐसा लगता जैसे उलझी हुई किसी चीज़ को सुलझा रहे हों। वे जब तक उस समस्या या विषय के बारे में स्पष्ट नहीं हो लेते तब तक लिखना शुरू नहीं करते।

उन दिनों उन्होंने भैरवप्रसाद गुप्त की 'नयी कहानियाँ' के लिए 'हाशिये पर' स्तम्भ लिखना शुरू किया था।

वे प्राय: खाने-पीने के बाद रात के बारह बजे दीवार की ओर मुँह करके घुटनों के बल बैठ जाते। हाथ में क़लम होती और घुटनों पर पैड। काग़ज़ बिना लाइनों का कोरा होता। उनके लिए सबसे मुश्किल होता पहला वाक्य। उन्हें जितना भी वक़्त लगता, पहला वाक्य लिखने में लगता। उस ज़माने के ऐसे सैकड़ों फुलस्केप पन्ने मिलते हैं जिन पर एक ही वाक्य थोड़े-बहुत हेर-फेर के साथ है–बाक़ी पन्ना सादा। पहला वाक्य मिल गया और सिलसिला चल निकला तो उस तरह के स्तम्भ चाहे 'हाशिये पर' के रहे हों, चाहे 'नयी कविता पर क्षण भर' के–एक 'सिटिंग' में लिखे जाते थे। प्राय: वे सुबह लेख ख़त्म करके आठ-नौ बजे तक तख़्त से उठते थे और नहा-धोकर सो जाते थे।

उठने के बाद जो भी पहला आदमी उनकी पसन्द का समझदार आदमी मिलता था, उसे पढ़ सुनाते थे। सुनाने के बाद मैंने कभी भी उन्हें 'रिवाइज' करते हुए या

संशोधित करते हुए नहीं देखा। वे अपने पक्ष पर हमेशा तर्कों और प्रमाणों के साथ अडिग रहते। आप सहमत हों, न हों, आपकी मर्जी। हाँ, इतना ज़रूर मुझे लगता था कि थोड़े ही वक़्त के लिए सही लेकिन असहमत होने वाला आदमी उन्हें ज़्यादा काम का लगता था। वे 'विरोध' और 'असहमति' को अलग-अलग मानते थे। विरोध का मतलब व्यक्ति का विरोध, असहमति का मतलब विचारों की असहमति! इस अर्थ में 'विरोध' का उनके लिए कभी कोई मतलब नहीं रहा।

कभी-कभी जब लेख लम्बा होता था तो वे रात भर ही नहीं, दिन भर उसी तरह घुटनों के बल बैठे हुए लिखते रह जाते, यान्त्रिक ढंग से खाना खाते और तब तक तख़्त नहीं छोड़ते जब तक उसे पूरा न कर लेते।

पूरा होने के बाद वे इस तरह घर से बाहर निकलते जैसे कई दिनों बाद नहाया-धोया हो और ताज़े हों। 'आलोचना' उनके लिए एक सम्पादक या पत्रिका के लिए लेख लिखना भर नहीं थी। ऐसा लगता था जैसे वे कुछ व्यक्तियों के सामने नहीं, उस 'इतिहास' के सामने बैठे हों जिसने हज़ारों साल की यात्रा तय की हो और जिसे अभी बहुत आगे जाना हो। वे उस वक़्त अपने दोस्तों-मित्रों या दुश्मनों के नहीं, उसके जवाबदेह होते थे। उनके आगे 'रचनाकार' नहीं, उसका 'रचा हुआ साहित्य' होता है। यह अलग बात है कि उनके आसपास के लोगों ने जिसमें मैं भी हो सकता हूँ–अपने निकट के या प्रिय लेखकों की रचनाओं की तारीफ़ करते हुए उन्हें प्रभावित करने की कोशिश की हो। इससे सिर्फ़ इतना हुआ होगा कि उन्होंने उस 'संस्तुत' रचना को दुबारा पढ़ लिया होगा। लेकिन उनके आत्मीय की राय उनकी राय या पसन्द-ना-पसन्द हो गयी हो ऐसा मैंने नहीं देखा। इस मायने में भी वे उस नागर सिंह के बेटे हैं, जो ख़ुद के सिवा किसी पर विश्वास नहीं करते थे और कभी-कभी तो अपने सिवा किसी को सही भी नहीं मानते थे।

लिखने के दौरान उनके साथ उनका सर्वोत्तम मनुष्य होता था–तमाम मानवीय गुणों से भरपूर; व्यक्तिगत राग-द्वेष से रहित क्रोध और तनाव का नामोनिशान नहीं और इस मनुष्य के सामने होता था–कवि कथाकार का रचा हुआ संसार। नामवर उस 'संसार' को उठा कर साहित्य के समूचे भूगोल और इतिहास के बीच रख देते थे और बड़ी तन्मयता से उसका जायजा लेते थे–इतनी तन्मयता से कि उसका बारीक रेशा भी उनकी आँखों से ओझल नहीं होता था। मैंने कई बार देखा है–जब भी उनके लेख को पढ़ने के बाद कोई–यह सोचकर कि शायद इस ओर उनका ध्यान न गया हो–किसी शब्द, वाक्यांश बिम्ब या प्रतीक की ओर इशारा करता था, वे उसके अगल-बग़ल ही नहीं, ऊपर-नीचे तक सुना जाते थे।

और नामवर की आँखें! ये आँखें उस बारह बीघे के काश्तकार के लड़के की आँखें थीं जिसे चौदह साल तक जीयनपुर के ऊसर ने बाजरा, सवा, गन्ने का रस, मटर की घुँघनी और खारा पानी पिला-खिला कर पाला था, जो दस वर्षों तक काशी विश्वविद्यालय के विद्यार्थियों की आँख की पुतली था, जो महीनों तक चुनाव के दौरान रोटी-नमक-प्याज खाकर भूखे-नंगे गाँवों की ख़ाक छानता रहा था; जो पाँच सालों तक जेब में चवन्नी डाल कर फुटपाथों के चक्कर लगाता रहा था जिसे मार्क्सवाद ने दृष्टि दी थी और इसी नगर के टकियल लोग जब घास नहीं डालते थे तो कम्युनिस्ट पार्टी ने सहारा दिया था।

लोग कहते थे और उन्हें दर्द भी था कि 'नामवर ने इनके बारे में लिखा', 'उनके बारे में लिखा', 'मेरे बारे में नहीं लिखा' या 'मेरे बारे में ऐसा लिखा।' मुझे हमेशा लगता था कि नामवर ने किसी के बारे में नहीं, सिर्फ़ अपने बारे में लिखा है और 'अपने बारे में' का मतलब है जिसमें उसने 'अपने आप' को सबसे अधिक पाया है। वे हमेशा महसूस करते थे कि साहित्य समूची मनुष्य-जाति का होता है और उस जाति में मुक्तिबोध और नागार्जुन ही नहीं, रघुवीर सहाय और निर्मल वर्मा भी आते हैं।

मेरा अनुभव यही बताता है कि व्यक्ति उनके लिए कभी महत्त्वपूर्ण नहीं रहा। व्यक्ति का अर्थ है कार्य, उसका कार्य उसके अस्तित्व का प्रमाण है। उनके लिए वही व्यक्ति अस्तित्व में है जिसका साहित्य या रचनाकर्म अस्तित्व में हैं। मुझे याद नहीं कि उन्होंने किसी व्यक्ति की निन्दा की हो—यहाँ तक कि हिन्दी विभाग के डॉ. शर्मा की भी नहीं, जिनकी द्विवेदी जी के प्रति नाराजगी, नामवर के निष्कासन में व्यक्त हुई थी; नित्यानन्द शर्मा की भी नहीं जिन्होंने जोधपुर में ख़ामख़ा अपने घटियापन के चलते तंग करने में कोई कोर-कसर नहीं छोड़ी थी। यदि किसी ने व्यक्ति की चर्चा की तो वे देखते-देखते उससे होते हुए उसके साहित्य में चले जाते थे या अगर उसका साहित्य इस काबिल नहीं होता था तो तत्काल बात को मोड़ देते थे। ऐसे भी वे व्यक्ति-चर्चा के समय बड़े असहज और गम्भीर हो जाते थे। इसका श्रेय शायद उस आलोचना कर्म को है जिसने उन्हें 'रचना' को 'खण्ड' के रूप में नहीं, 'समग्र' के रूप में देखने की दृष्टि दी थी और एक 'गम्भीर दायित्व' की शक्ल में उन्हें विकसित किया था।

नामवर को जानने वाले जानते हैं कि वे कविताएँ लिखते थे, कविताएँ छोड़ दीं, ललित निबन्ध लिखते थे, उन्हें भी छोड़ दिया, कहानी-उपन्यास कभी लिखे नहीं,

शुरू की आलोचनाएँ। आलोचना की एक सीमा होती है, उसका अपना अनुशासन है। आलोचना की उस सीमा और अनुशासन के सामने खड़ा है विविध अनुभवों और कठोर संघर्षों से समृद्ध नामवर का जीवन जो बार-बार आलोचना के दायरे पर चोट करता है, उसे तोड़ता है; झकझोरता है। उनका अनुभव सम्पन्न जीवन अपने को व्यक्त करने के लिए आलोचना के 'आलम्बन' में अपने लिए 'आश्रय' ढूँढ़ता है। इसीलिए आलोचना के फार्म में जब मुझे कविता, निबन्ध, कहानी के हिस्से की ज़मीन दिखाई पड़ती है, तो आश्चर्य नहीं होता।

लेकिन 'दूसरी परम्परा की खोज' में तो उन्होंने हद कर दी है। सब जानते हैं कि सन् '51 में काशी विश्वविद्यालय में आने के बाद पण्डित जी को जो भी पीड़ा थी मानसिक पीड़ा थी या बुढ़ापे में काशी छोड़ने की पीड़ा रही होगी। आर्थिक कष्ट नहीं हुआ उन्हें। बेकारी नहीं काटी। विरोध का भी एक स्तर था। समझौते भी कम नहीं किये उन्होंने। 'ब्राह्मण समाज ' में पण्डित जी अछूत रहे हों या न रहे हों लेकिन 'ठाकुर समाज' में नामवर क्या थे, यह किसी से छिपा नहीं है। इसे वह भी जानते होंगे कि 'सागर', 'जोधपुर', 'दिल्ली' 'विश्वविद्यालय का साक्षात्कार'–किस जगह उन्हें बख्शा इस 'समाज' ने?

उन्होंने पण्डित जी के प्रसंग में प्रसाद के चाणक्य का एक संवाद सुनाया है– 'आनन्द समुद्र में शान्तिद्वीप का अधिवासी ब्राह्मण मैं, चन्द्र, सूर्य, नक्षत्र मेरे द्वीप थे, अनन्त आकाश वितान था, शस्य श्यामला कोमला विश्वम्भरा मेरी शय्या थी, बौद्धिक विनोद कर्म था, सन्तोष धन था। उस अपनी ब्राह्मण की जन्मभूमि को छोड़कर कहाँ आ गया? सौहार्द के स्थान पर कुचक्र, फूलों के प्रतिनिधि काँटे, प्रेम के स्थान पर भय। ज्ञानामृत के परिवर्तन में कुमन्त्रणा।'

वे हमें 'चन्द्रगुप्त' नाटक पढ़ाते थे और सन् '53 से '59 तक काशी विश्वविद्यालय में हिन्दी पढ़ने वाला हर विद्यार्थी जानता है कि यह उनका कितना प्रिय और आत्मीय संवाद था। शायद यही वजहें थी कि 'उदय प्रताप कॉलेज' के प्राचार्य जब गोरखपुर विश्वविद्यालय से कॉलेज में शोध केन्द्र खोलने की अनुमति ले आये तो उचित व्यक्ति की तलाश करते हुए उन्हें नामवर का नाम सूझा। उस समय वे दिल्ली में रोज़गार के सिलसिले में भटक रहे थे। उन्हीं दिनों प्रिंसिपल का सन्देश उन तक पहुँचा। उन्होंने अपना उत्तर भिजवाया–'निमन्त्रण के लिए धन्यवाद। इस काम के लिए और भी क्षत्रिय मिल जायेंगे आप को। बस!'

ऐसे ही जब '74 में 'मानस चतुश्शती समारोह' के सिलसिले में दिल्ली से

बनारस आये तो विश्वविद्यालय ने अन्य विद्वानों के साथ उन्हें भी ताम्रपत्र देकर सम्मानित किया। कुलपति डॉ. कालूलाल श्रीमाली अनेक कारणों से हिन्दी विभाग से क्षुब्ध थे और चाहते थे कि बाहर से ही सही, कोई जाना-माना विद्वान आ जाय तो इस विभाग की गरिमा लौट आये।

श्रीमाली ने आयोजन के बाद ही नामवर सिंह से सम्पर्क किया और उनसे यहाँ आने और नये सिरे से हिन्दी विभाग को बनाने का प्रस्ताव रखा।

भैया जब लौटकर आये तो मैंने कहा–'चले क्यों नहीं आते?'

उन्होंने उसी तरह निर्विकार भाव से कहा–'ठाकुरों-बामनों की पॉलिटिक्स करने आऊँ यहाँ। जे.एन.यू. में बहुत मज़े में हूँ।'

मेरी याददाश्त में उन्होंने सिर्फ़ एक बार डॉ. जगन्नाथप्रसाद शर्मा की चर्चा की थी। वह भी अपने प्रसंग में नहीं, पण्डित जी के प्रसंग में। वह भी दिसंबर, '62 ई. में जब वी.के. कृष्णमेनन ने प्रतिरक्षा मन्त्री पद से त्यागपत्र दिया था। वे नहाने के बाद खड़े होकर बालों में कंघी कर रहे थे और मैं खाना खा रहा था।

मैंने पूछा–'आज का रूसी साहित्य जो सामुदायिक खेती और पंचवर्षीय योजनाओं पर लिखा जा रहा है, उसके बारे में क्या सोचते हैं आप?'

'इस समय तो मैं अपने बालों की रूसियों के ही बारे में सोच रहा हूँ।' वे उसी तरह गम्भीर रहे।

जब उनके दिमाग़ में पहले से किसी विचार का सिलसिला चलता है तो वे इसी तरह बात को टाल जाते हैं।

'मोरार जी वग़ैरह ने पण्डित नेहरू से कृष्णमेनन का सिर माँगा और उन्होंने दे दिया। वैसे ही जैसे डॉ. शर्मा ने अपने हेडशिप के लिए द्विवेदी जी का सिर माँगा था और उन्हें दे दिया गया था।...सलोमियों की कमी नहीं है इस दुनिया में।'

'सलोमी कौन?' मैंने पूछा।

उन्होंने घूर कर मुझे देखा–'हद है!'

इसके सिवा शर्मा जी की चर्चा का और कोई सन्दर्भ मुझे याद नहीं।

निष्कर्ष यह कि उन्होंने पण्डित जी की 'पीड़ा' में अपनी पीड़ा देखी–लेकिन उनकी पीड़ा पण्डित जी की तुलना में कहीं ज़्यादा दारुण और दाहक थी। पण्डित जी ब्राह्मणों में शूद्र थे, लेकिन ये तो ब्राह्मणों के लिए ठाकुर थे और ठाकुरों के लिए कुजात।

घर की समस्याएँ इस बीच और विकट हो चली थीं। दो साल में किराया बढ़ाने के बावजूद मकान मालिक ने मकान ख़ाली करने की नोटिस दे दी थी। पिताजी का असन्तोष अपनी जगह था। विजय भैया का लड़का हाई स्कूल पास करने के बाद पढ़ने के लिए शहर आने वाला था। मझले भैया चकबन्दी कानूनगो का प्रशिक्षण लेने हरदोई जा चुके थे। और घर की आय वही 100 रु. वज़ीफ़ा। और यह वज़ीफ़ा भी अब ख़त्म होने वाला था।

हम नाश्ता और खाना साथ करते रहे हैं। यह सिलसिला सन् '53 से शुरू था और आज भी जारी है। यह हमारा सबसे दिलचस्प, जिन्दादिल और यादगार वक़्त रहा है। किसी गम्भीर और जटिल समस्या के बारे में कोई बात नहीं होती है। बड़ी हल्की-फुल्की, व्यंग्य-विनोद और मज़ाक़ वाली। भैया प्राय: उन चीज़ों के बारे में बातें करते हैं जो पढ़ रहे होते हैं या देश-दुनिया की राजनीति के बारे में।

वे आर्थिक या पारिवारिक समस्याएँ जो आप को हफ़्तों महीनों से झिंझोड़ रही हों, उसके बारे में ये दो मिनट बात करेंगे–निर्णयात्मक ढंग से, वह भी घर से बाहर जाते समय। रिक्शे या गाड़ी में बैठते-बैठते। या घर में ही हों तो खड़े-खड़े। ऐसे वक़्त वे बड़े असहज होते हैं। यानी ऐसा कि कहते हुए डर लगे। उसके बाद किताब खोलेंगे और भूल जायेंगे। ऐसी मुश्किलों ने उन्हें कभी परेशान नहीं किया! और साथ ही ज़िन्दगी का कोई ऐसा वक़्त नहीं है जब मैंने उन्हें असमंजस में या निर्णय दुर्बल देखा हो।

वे सबसे अधिक नाराज होते हैं 'गाउंज-माउंज' पर। यानी 'ऐसा तो है, मगर वैसा भी है' पर। वे झल्ला उठते हैं–'जो कहना है, साफ़ कहो।'

वे मूर्खता को झेल लेते हैं मगर पाखण्ड या कुटिलता या धूर्तता उनके लिए असह्य रही है।

एक बार पढ़ते-पढ़ते वे झटके से उठे और पान खाने चले गये। सड़क पर किसी युवा कहानीकार से मुलाक़ात हुई और थोड़ी देर बाद लौटे

'ये लोग ऐसे हैं कि अपनी बात समझाने के लिए उन्हें घण्टा भर भी दे दिया जाय, तो भी नहीं समझा सकते! एक-दो कहानियाँ लिख लीं तो बड़े भारी तोप हो गये।...इसी तरह के सॉफिस्टिकेटेड लोगों को देख कर मेरा मार्क्सिज़्म जाग उठता है।'

पता नहीं, क्या बात हो गयी थी कि वे उत्तेजित थे–'ख्रुश्चेव जब स्तालिन को डिनाउंस कर रहे थे तो अमेरिका–इंग्लैंड ने कोई टिप्पणी की थी। उसे सुन कर ख्रुश्चेव ने कहा था कि साम्राज्यवादियों के लिए तो अब भी मैं स्तालिन के साथ हूँ।

इसी तरह नयी कहानी के कहानीकारों को मैं चाहे जो कुछ कहूँ लेकिन ये लोग जब उन्हें डिनाउंस करेंगे तो मैं अब भी भैरव और उन लेखकों के साथ रहूँगा। अपने आपको समझते क्या हैं ये लोग!'

'62 की मई में मेरी शादी हुई और घर में एक रेडियो आया। जुलाई-अगस्त में 200 रुपये प्रतिमाह पर व्याकरण कार्यालय में मुझे काम मिला। मझले भाई ने भरवारी में कानूनगो के रूप में ज़्वाइन किया। भैया ने मझले भाई के ज़्वाइन करने के पहले बुला कर कहा–'रामजी, तुम्हें तो पता ही है कि मेरी ज़रूरतें कितनी सीमित हैं। और उतना भर मेरे पास बराबर रहता है। सिर्फ़ इतना ही कहना चाहता हूँ कि ऐसा कुछ भी न करना कि मेरा सिर झुके।'

अक्तूबर में भारत-चीन युद्ध हुआ। ये उनके बेहद तनाव और तकलीफ़ के दिन थे। वे बेचैनी से रेडियो के पास खड़े रहते, अख़बार का इन्तजार करते। उन्हें खाना-पीना कुछ अच्छा नहीं लगता। 22 अक्तूबर को बोले–'चीन अच्छा नहीं कर रहा। परिणाम जो कुछ भी हो, बहुत बुरा होगा।...बहुत से लोग जोश में हैं, भावावेश में हैं, चाहते हैं युद्ध हो जाय। सरकार को उत्तेजित करने वाले बड़ी ग़लती कर रहे हैं। ऐसे लोग जितना ही अधिक जोश में आते हैं, उतनी ही जल्दी पस्ती में भी आते हैं।

इस घटना से भारत का सिर बहुत झुक जायेगा। जो नेहरू दुनिया भर की पंचायत करते हैं, कहीं जाने और रोब के साथ बात करने लायक नहीं रह जायेंगे। इन दिनों चलने वाली सारी योजनाएँ ठप पड़ जायेंगी। महँगाई-ग़रीबी बेइन्तहा बढ़ जायेगी।...'

वे दिन-रात लेनिन, स्तालिन, माओ की रचनाओं वाले रैक से कोई-न-कोई भाग उठाते और पढ़ाते रहते।

25 दिसम्बर को उन्होंने कहा–'कोई समाजवादी देश भी किसी समाजवादी देश पर आक्रमण कर सकता है–यह लेनिन के एक पत्र से स्पष्ट है। इसे एंगेल्स ने भी लिखा था बहुत पहले।'

इसके बाद बोले–'चीन के आक्रमण की घटना विश्व की ऐतिहासिक घटना है। ऐसा कभी नहीं हुआ था। इस पर सबसे अच्छी कविता वही लिख सकता है जो एक सच्चा देशभक्त हो, जो अपने को नेहरू की स्थिति में रख कर सोचे। कोई कम्युनिस्ट ही ऐसी कविता लिख सकता है।'

'62-63 ई. के सन्दर्भ में एक और प्रसंग उल्लेखनीय है। जातक कहानियों में आता है कि वाराणसी में ब्रह्मदत्त के राज्य करते समय बोधिसत्व ने अमुक योनि में जन्म लिया। यह योनि पशु, पक्षी, पेड़, मनुष्य किसी की भी होती थी। वे जन्म लेते थे

और सृष्टि के लिए अच्छा-से-अच्छा काम करते थे। उन कार्यों में अड़ंगा डालते हुए बोधिसत्व का प्राण लेने की कोशिश करता था देवदत्त। यह देवदत्त बोधिसत्व का जन्मजात जानी दुश्मन हुआ करता था।

यह देवदत्त ब्रह्मदत्त के समय ही नहीं पैदा होता था, कबीर, तुलसी, प्रेमचन्द के समय भी पैदा हुआ था। जिस मुहल्ले में नामवर रहते थे, उसी मुहल्ले में तुलसीदास भी थे और मुहल्ले वाले ब्राह्मणों ने सिर्फ़ उन्हें ढेलों-पत्थरों से मारा ही नहीं था, गधे पर बिठा कर घुमाया भी था। इसी तरह बनारस को समझने के बाद मेरी पक्की राय है कि घाट पर भोर में लेटे कबीर को ज्ञान गुरु रामानन्द के चरणों से छू जाने के कारण नहीं हुआ, वे रामानन्द के पास गये होंगे, शिष्य बनने के लिए बड़ी चिरौरी-विनती की होगी, गिड़गिड़ाया होगा, 'जोलहा' को म्लेच्छ समझ कर गुरु ने दुरदुराया होगा, कोई रास्ता न देखकर थक-हार कर कबीर ने पैर पकड़ा होगा, और क्रुद्ध महात्मा ने पिण्ड छुड़ाने के लिए दो-चार लात जमा दी होगी। इसके बाद तो ज्ञान के लिए क्या बच रहता है?

नामवर के समय यह देवदत्त एक ग्राम कथाकार की योनि में पैदा हुआ था। भारत-चीन युद्ध के समय से ही पार्टी के लोग या तो 'अंडरग्राउंड' हो रहे थे या गिरफ़्तार किये जा रहे थे। देवदत्त के लिए एक सुनहला अवसर था। संयोग से उसका रिश्तेदार या मित्र ख़ुफ़िया विभाग में अफ़सर होकर आया था और गिरफ़्तारी के मोर्चे पर बेहद सक्रिय था। ऐसे ही मौक़े होते हैं अपना सी.आर. ठीक करने और प्रमोशन पाने के।

इन्हीं दिनों देवदत्त के साथ दो ऐसी मानवीय घटनाएँ घटी थीं जिन्हें वे टाल नहीं सकते थे। इनमें एक थी–चीन, माओ, लू शुन वग़ैरह को ग़ालियाँ बकता 'धर्मयुग' में छपा उनका लेख। यह कोई ऐसी अनहोनी बात नहीं थी और उन्हें तो ऐसा लिखने के लिए सोचने की भी ज़रूरत नहीं थी। बहुत सारे लोग लिख रहे थे ऐसा। मगर दूसरी घटना थोड़ी नाजुक भी थी और पेंचीदी भी। मामला देवदत्त के दिल का था। दिलदार के तरफ़दारों ने शाम के धुँधलके में किसी जगह 'नहीं-नहीं' में भी दो-चार हाथ दे दिया था। बात ज़माने में फैल रही थी और उसे रोका भी नहीं जा सकता था। यह दूसरी घटना उन्हीं के लेख आने के महीने-दो-महीने बाद घटी थी।

बदनामी से अपने बचाव के लिए देवदत्त के सामने सिर्फ़ यही रास्ता था कि इस घटना को लेख से जोड़ दें–और जब नामवर जैसा देशद्रोही कम्युनिस्ट इसी नगर में हो तो इसमें अड़चन किस बात की?

लिहाजा ख़ुफ़िया पुलिस को नामवर की तलाश महसूस होने लगी।

नामवर बिचारे हैरान। जिसकी उन्हें जानकारी नहीं, वह उनके माथे। उन्होंने माओ के सारे भाग, 'चाइनीज़ लिटरेचर' के सभी अंक, रूस-चीन विवाद के काग़ज़ात ढूँढ़-ढूँढ़कर स्थानान्तरित करने शुरू किये। कई रातें–इधर-उधर भी काटीं। उन्हें डर जेल का नहीं था, पिटवाने जैसे गन्दे आरोप का था जिसकी सात जन्म में कल्पना भी नहीं कर सकते थे। यह देवदत्त के मारक प्रयत्नों का एक नमूना है। इसी स्तर के प्रयत्न वे उस समय भी करते थे जब नामवर यहाँ हिन्दी विभाग में पढ़ाते थे और इसके बाद भी–जब वे बनारस में नहीं हैं। इसमें देवदत्त की धुली-पुछी भव्य छवि बड़ी मददगार रही है।

ख़ैर, जब मामला ठंडा हुआ तो घर आये। एक नये रिश्तेदार आये थे जिनकी खातिरदारी में रोज़ सुबह नाश्ते के लिए चाय के साथ पकौड़ी, काजू, अण्डे, नमकीन वग़ैरह बन रहे थे। मेहमान जब चले गये तो चाय के साथ वही कच्चे भिगोएये चने। देखते ही खिल गये, बोले–'क्यों मित्र? कहाँ चले गये थे तुम? हमें इस तरह छोड़ के!'

•

जाड़े की धूप। नहाने के पहले चटाई पर बैठ कर भैया तेल मालिश कर रहे थे।

'देखिए, यहाँ कैसी उजली और चटख धूप है लेकिन मैंने सुना है कि इलाहाबाद में गुलाबी धूप होती है।' मैंने कहा।

वे बोले–'इलाहाबाद में मैदान या सड़कों पर कुछ नहीं होता। जो कुछ भी होता है लोगों के दिमाग़ में। वहाँ आन्दोलन और विद्रोह भी लोगों के दिमाग़ में ही होते हैं।'

'तुम क्या पढ़ रहे हो इस समय?' मेरे हाथ में एक किताब देख कर उन्होंने पूछा।

'कज़्ज़ाक' मैंने टॉलस्टॉय की किताब दिखाई।

'क्या क़िस्मत होती है आलोचक की। तुम टॉलस्टॉय को पढ़ने के लिए स्वतन्त्र हो और मैं कचरा कहानियों को पढ़ने के लिए अभिशप्त।'

इसके बाद वे बैठ गये–'इवान इलिच की मृत्यु' पढ़ी है तुमने? उसे फिर से पढ़ो। जब इवान जीवित था तो मरा हुआ था और जब उसे लगा कि मरने वाला है, उसकी मौत आ गयी है तो वह चौंका–'अरे, क्या मैं मर जाऊँगा? उसके इस 'रियलाइजेशन' का क्षण ही उसके जीवन का क्षण था। इस अनुभूति के क्षण वह जीवित था इसके पहले मृत। वह सोचता है कि अगर अब मैं जीता तो अपनी ज़िन्दगी नये सिरे से शुरू करता। एक तरफ़ यह लालसा, दूसरी तरफ़ व्यंग्य यह कि यदि

इस कम्बख़्त को आगे जीना पड़ा या इसे फिर ज़िन्दगी दे दी जाये तब भी वह ऐसे ही जियेगा जैसे पहले जीता था।

फिर वे कहानी के उन मार्मिक स्थलों के बारे में बोलते रहे जहाँ इवान की आँखों के सामने से सज-धज कर उसकी बीबी या बेटी निकलती है, बेटा आता-जाता है। अपने कहलाने वाले सारे लोग छोड़ देते हैं, रह जाता है गेरासिम नाम का नौकर।

वे कहते-कहते इतने भावाविष्ट हो गये कि गये और 'टॉलस्टॉय की कहानियाँ' पुस्तक ही उठा लाये। उन्होंने 'इवान इलिच की मृत्यु' भी पढ़कर सुनाई और 'नाच के बाद' भी।

किताब बन्द करने के बाद बोले–'देखा? टॉलस्टॉय का वर्णन दूसरे कथाकारों के वर्णनों की तरह 'किताबी' नहीं होता। उस समय के फ्रांसीसी लेखकों की तरह वह किसी एक चीज़ का 'विश्लेषण' करते-करते गहराई तक चला जाता है। वह किसी भी चीज़ को ऐसे देखता है जैसे धरती पर पहली बार आने वाला आदमी। 'आदिम' आँखों से।

वे देर तक टॉलस्टॉय की तारीफ़ करते रहे–'कोई नहीं है दुनियाँ में इसके जोड़का!'

एक दिन सबेरे-सबेरे भैया के पुराने विद्यार्थी, उस समय के छात्र संघ के महासचिव और युवा कहानीकार कामरेड विद्यासागर नौटियाल आये। वे टिहरी में पार्टी का काम भी करते थे और वकालत भी। उन्होंने कोई उपन्यास लिखा था, उसके कुछ परिच्छेद भैया को सुनाये थे।

'नोटियाल साहब! आप जिस भी चैप्टर को लिखें, यह सोच कर लिखें कि यह आपका पहला और अन्तिम चैप्टर है। प्रायः लेखक ऐसा करते हैं कि लिखते समय उनका ध्यान लिखे जाने वाले परिच्छेद पर नहीं, उसके बाद या अन्तिम वाले परिच्छेद पर होता है। यह ग़लत है।'

इसी प्रसंग में उन्होंने टॉलस्टॉय के उपन्यास 'अन्ना कैरेनिना' वाला वह अंश पढ़कर सुनाया जिसमें गाय बछड़ा ब्याती है।

'देख रहे हैं? टॉलस्टॉय ऐसे चित्रण कर रहा है जैसे उसे आगे-पीछे कुछ नहीं लिखना है, वही उसका सब कुछ है।'

अख़बारों में भारत-चीन सन्धि की बातें चल रही थीं।

बोले–'जब रूस और जर्मनी की सन्धि की बात आयी तो एक समस्या उठ खड़ी हुई। कम्युनिस्ट वेस्टकोट पहनते हैं। जर्मनों ने कहा कि हमारे यहाँ लांगकोट पहन कर सन्धि-पत्र पर हस्ताक्षर करने का ट्रेडिशन है।

त्रोत्सी को बुरा लगा। उसने इनकार कर दिया और कहा कि यह कम्युनिस्टों की प्रतिष्ठा का प्रश्न है। उन लोगों ने फ़ोन पर तत्काल लेनिन से सम्पर्क किया।

लेनिन ने कहा–'महत्त्वपूर्ण चीज़ कोट नहीं सन्धि है। यदि वे कहें कि लांग-कोट नहीं, पेटीकोट पहनो तब सन्धि होगी तो हमें उसे भी पहनने में नहीं हिचकना चाहिए।'

मेरे साले महेन्द्र प्रताप ने पूछा–'मुहब्बत और इश्क में कोई फ़र्क़?

'जी हाँ, है।'

'कैसे?'

'मुझे इस देश से मुहब्बत है। यह कोई नहीं कहता कि मुझे अपने देश से इश्क है।'

मैंने उन्हें देखने के लिए एक कहानी दी–'बैलून'। उन्हें बिलकुल पसन्द नहीं आयी। उन्होंने उसमें जगह-जगह पेंसिल से निशान बना डाले थे। उसमें एक वाक्य था–'ऊपर की ओर ज़रा-सा इधर, नीचे की ओर ज़रा-सा उधर।' यह एक सपाट शरीर वाली लड़की के सयानी होने के बाद की देह का वर्णन था। इशारा स्तन और नितम्ब की ओर था।

उन्होंने पहले कालिदास का श्लोक सुनाया, फिर बिहारी का दोहा और बोले ' ढूँढ़ो तो संस्कृत, अपभ्रंश, हिन्दी–तमाम पुराने नये साहित्य में सैकड़ों उदाहरण मिल जायेंगे जो इससे बेहतर हैं। यह उसी स्थिति की 'पुनरावृत्ति' है और वह भी हल्का और घटिया। उनसे आगे बढ़ के कोई बात की होती तो एक बात भी थी।'

ऐसी ही बात उन्होंने दस-बारह साल बाद भी की थी जब 'अपना मोर्चा' प्रकाशित हुआ था और मैं उसे लेकर उत्साहित था। मैं उन्हें रिसीव करने स्टेशन गया था। स्टेशन के बाहर रिक्शे पर बैठने के बाद बोले–आपने एक नयी थीम ली, बहुत अच्छा किया। नये ढंग से विश्वविद्यालयों और छात्र आन्दोलनों को लेकर उपन्यास लिखे–बड़ी साइज़ का और उन सारी बातों को समेटते हुए जिन्हें आपने छोड़ दिया है, तब? देखो, किसी भी चीज़ को छू देना ही काफ़ी नहीं होता, उसे पकड़ो और इस तरह पकड़ो कि दूसरा सिर्फ़ देखता रहे। यह नहीं कि तुम्हारे हाथ से छूट जाय या फिसल जाय और पकड़ने का श्रेय दूसरा ले जाय। गाँव पर लिखा तो है लोगों ने लेकिन 'मैला आँचल' के आगे वह क्या है? लिखते रहें लोग।'

मैंने लग कर दो-तीन रातों में एक कहानी लिखी–छोटी-सी। मैंने बहुत कोशिश की लेकिन नाम नहीं सूझा। यह मेरा शुरुआती दौर था। जब कहानी बनती थी तो शीर्षक नहीं सूझता था और शीर्षक होता था तो कहानी नहीं बनती थी।

मैंने उन्हें कहानी दी। जब पढ़ लिया तो बुलाया–'देखो, मैंने कुछ नहीं किया है, कहानी को सिर्फ़ 'एक अर्थ' दे दिया है। इसका शीर्षक है–'सुख'।

यही एक कहानी थी जिसमें पेंसिल का कहीं निशान नहीं था। वरना वे पढ़ने के बाद अक्सर कहा करते कि 'ऐसे–नहीं, ऐसे लिखा होता तो और बेहतर रहा होता 'या' इसमें सब कुछ है, कहानी नहीं है।' या 'इसी थीम को ज़रा यूँ देखो।' या 'इसका अन्त ऐसा हो तो कैसा हो?' मैं तंग आ जाता।

उस आदमी को सन्तुष्ट कर सकना हमेशा मुश्किल रहा है मेरे लिए।

सन्दीपन चटोपाध्याय–भूखी पीढ़ी के एक बंगला कथाकार आये उनसे मिलने। एलन गिन्सबर्ग के सुझाव पर। गिन्सबर्ग बनारस में जिन दो-एक लोगों का सम्मान करते थे उनमें नामवर भी थे।

ये सन् '63 ई. की जनवरी के आख़िरी दिन थे।

सन्दीपन ने उन्हें अपनी बंगला कहानी भी सुनाई। कहानी में किसी सपने का वर्णन था। उन्हें कहानी पसन्द नहीं आयी थी और सन्दीपन से कह दिया था।

'सपना नयी कहानी की चीज़ नहीं है।' वे बोले–'कहानी में सोचना...सोचना और सोचने में ही कहानी को ख़त्म कर देना–यह बुरी बात है। कुछ बाहर भी तो हो, घटित होता दिखे। यह और जो कुछ हो, कहानी नहीं है।'

सन्दीपन के जाने के बाद उसकी तारीफ़ करते हुए बोले–'इनका गद्य बहुत अच्छा है। ये सोचते भी अच्छा हैं बस कहानी लिखते हैं। अभी कह रहे थे कि लिखते समय कुछ छिपाया क्यों जाय? बिम्ब-प्रतीक की आड़ क्यों लो? मैं जानता हूँ कि ये कहानियाँ मेरी पत्नी, बहन, माँ–घर की सारी औरतें पढ़ेंगी। लेकिन क्या हुआ? कोई बात नहीं। उसमें सम्भोग हो या जो कुछ हो। सब जानते हैं, सब करते हैं। अश्लील इसे लिखना नहीं, इसे छिपाना है। उसने शरत के 'गृहदाह' में वर्णित सम्भोग वाले स्थल का ज़िक्र किया। उसका कहना था कि लेखक ने साहस किया है। लेकिन मुख्य चीज़ ग़ायब है। दुनिया भर के तूफ़ान, झंझावात, पानी, बाढ़, आँधी–सब प्रतीक हैं। लेकिन हिम्मत नहीं पड़ी कि साफ़-साफ़ लिख सकें। यही बात फ़िल्मों में है। किसी को मरते हुए बताना हुआ तो दिया बुझा दिया। अगर दिखाना है तो स्क्रीन

पर सीधे एक मरते और तड़पते हुए आदमी की तस्वीर पेश करो। पन्द्रह मिनट तक। ऐसी कि रोंगटे खड़े हो जायें।

वे उन दिनों मुझसे लगातार कहानियों के ही बारे में बातें करते थे। विजय या माँ के न रहने पर चाय के समय भी और भोजन के समय भी।

'जिस तरह की नयी छोटी-छोटी कहानियाँ आप लोग लिखते हैं वे 'प्रिमिटिव एलिमेंट' वाली 'मित्रलाभ', 'कथा सरित्सागर', 'हितोपदेश' की कहानियों की याद दिलाती हैं। उन कहानियों में दो तत्त्व ख़ास होते थे–कुतूहल और उपदेश या सोद्देश्यता। यही बातें आज की कहानियों में भी हैं।

कहानी के लिए बाहर से दीख पड़ने वाली कोई भी अर्थहीन घटना या वाकया लिया जा सकता है। फिर उसमें अर्थ या उद्देश्य भर दिया जाता है। और यह सिद्ध किया जाता है कि जीवन में घटित कोई भी क्षण निरर्थक नहीं है। जैसे कि रघुवीर सहाय की 'सेव'। यही न?'

इस सन्दर्भ में उन्होंने जेम्स ज्वाइस की 'डब्लिनर्स' कहानी-संग्रह की चर्चा की और फिर उसकी कहानी में छिपी 'एपिफैनी' की धारणा समझाई।

मेरी कहानियों के एकमात्र श्रोता भैया के मित्र वकील साहब–नगेन्द्रप्रसाद सिंह–आये थे। उन्हें ऐसी कहानियाँ पसन्द आती थीं जिनमें जुमले हुआ करते थे। मेरा कहना था कि ऐसा कहानीकार जिसे जुमले का चस्का लगता है। एक जुमले के प्रयोग के लोभ में पूरी कहानी नष्ट कर डालता है।

बहस के दौरान बात जुमले से सेटायर और ह्यूमर पर चली गयी।

भैया ने कहा–'सेटायर लिखने वाला आदमी पापुलर बड़ी जल्दी हो सकता है लेकिन व्यंग्य लेखकों में श्रेष्ठ कम ही होते हैं। हरिशंकर परसाई अपवाद हैं।

बर्नार्ड शा पहले बड़ी सीरियस और 'सेंटिमेंटल' ढंग की चीज़ें लिखा करता था। किसी ने ध्यान नहीं दिया। फिर उसने कुछ सेटायर लिखे और वह चल निकला। उसके बाद तो उसके जीवन की धारा ही बदल गयी।

3 मार्च को इलाहाबाद से मार्कण्डेय आये। तब तक नीलकान्त की कुछ कहानियाँ छप चुकी थीं और लोगों का ध्यान भी आकृष्ट कर चुकी थीं। सो, एक तो मार्कण्डेय स्वयं चर्चित कहानीकार, दूसरे नये-नये लिखने वाले दो युवा कहानीकार नीलकान्त

और काशी। इन दोनों युवा कहानीकारों के भाइयों ने '60 के बाद की कहानियों पर ख़ूब बातें कीं–एक दिन, दो दिन, तीन दिन। भैया ने बातें शुरू कीं हम दोनों की कहानियों के सन्दर्भ में और ये बातें इतनी गम्भीर थीं कि मैं चकित।

शुरू किया था भैया ने ह्वेमिंग्वे की कहानियों से। उनकी यही ख़ासियत थी। साहित्य या राजनीति की एक अदना-से-अदना नामालूम-सी चीज़ या समस्या को उठाकर विश्व साहित्य या विश्व राजनीति के मानचित्र पर रख देते थे और तब उसका जायजा लेते थे। सम्भव है कि वह मानचित्र हमेशा प्रत्यक्ष न दिखाई पड़े लेकिन वह उनके दिमाग़ के एक हिस्से की दीवार पर स्थायी रूप से टँगा रहता था।

'नीलकान्त जी कोई एक बात या घटना लेते हैं और पीछा करते हुए उसके अन्दर भीतर तक चले जाते हैं। इसके उलटा काशीनाथ जी करते हैं। बाहरी दृश्यों का चित्रण। 'कंसिस्टेंट' चिन्तन इनके बस की बात नहीं है। मुझे चिन्तन और बोरियत वाली कहानियाँ पसन्द नहीं हैं।'

इसके बाद वे हमारे दौर की कहानियों पर उतर आये–जिस तरह छायावाद के बाद बच्चन, दिनकर, भगवतीचरण का युग आया, वैसे मार्कण्डेय, यादव के बाद इन लोगों का। स्टेराइल पीरियड। लोग चटपटी और सेंसेशनल चीज़ें दे रहे हैं। इसमें सन्देह नहीं कि बच्चन वग़ैरह की तरह ही ये लोग भी 'शार्प' और 'सट्रल' हैं लेकिन ह्रासोन्मुख।

अजीब हाल है इन लोगों का। ये लोग न कोई झकझोर देने वाला विचार देते हैं, न जीवन्त वर्णन ही। बल्कि विचार तो कहानी के अन्त या बीच में जबर्दस्ती ऊपर से लाकर चिपकाया हुआ।

एक और माने में अजीब दौर है इनका। किसी भी कहानीकार की कोई 'पोलिटिकल आइडियालॉजी' नहीं है। कोई जीवन-दृष्टि नहीं। इसके बिना बड़ा साहित्य नहीं लिखा जा सकता। इनके पहले वाले कहानीकार मार्कण्डेय, अमरकान्त 'पालिटिकल' आन्दोलनों से गुज़रने वाले रहे हैं। जैसे कृष्णचन्दर कोई प्रगतिशील थीम लेकर उसके भीतर चटपटी, सेंसेशनल और वल्गर बातें कहते हैं, वैसे ही ये लोग भी हैं। प्रगतिशील थीम इनके लिए कवच का काम करती है।

वह दौर गया जब कोई एक कहानी लिखकर कहानीकार बन बैठता था। यहाँ तो इन लोगों को दस साल लिखते रहना होगा। तब जाकर पता चलेगा कि कौन कितने पानी में है।

अगर थीम के आधार पर अलगाया जाय तो कह सकते हैं कि पहले के कहानीकार जहाँ 'व्यक्ति' को 'सामाजिक पृष्ठभूमि' में रख कर देखते थे, वहाँ ये

लोग–इनके लिए 'व्यक्ति निरा व्यक्ति' है। अगर कोई लड़की है और उसका कोई एक अंग जैसे नाक ही इन्हें भा गयी तो काफ़ी है। इस बात की छायावादी उदाहरण से भी समझा जा सकता है। जैसे कोई लड़का किसी लड़की से शादी करना चाहता था। अगर उस लड़की से उसकी शादी न हो सकी–किन्हीं कारणों से न हो सकी तो यह उसके जीवन-मरण का प्रश्न हो सकता था। लेकिन इन लोगों के लिए? शादी मनचाही लड़की से हो जाय, तब भी कोई बात नहीं; न हो, तब भी कोई बात नहीं।'

उनका भर्त्सना वाला मूड मार्कण्डेय के जाने के बाद भी बना रहा। 9 मार्च को सुबह उन्होंने हेमिंग्वे की कहानी 'हिल्स लाइक ह्वाइट एलिफैंट्स' उठायी।

इसके पहले उन्होंने मेरे हाथ में 'गोर्की की चुनी हुई कहानियाँ' देखी थीं। गोर्की उनकी पसन्द का लेखक नहीं था। ख़ासतौर से किसी नये लिखने वाले के लिए। उनका कहना था कि जब अपनी ज़मीन बन जाय, हाथ-पाँव दुरुस्त हो लें, ज़बान काबू में आ जाय तब इस कम्बख़्त को पढ़ना चाहिए वरना जल्दी प्रभाव में ले लेता है और किसी भी नौसिखुये को ख़राब कर देता है। उनकी नज़र में गोर्की के कथा-साहित्य के बजाय उसकी आत्मकथा के तीनों भाग–'मेरा बचपन' 'जनता के बीच' और 'मेरे विश्वविद्यालय' ज़रूर पढ़ना चाहिए। इस मायने में वे तारीफ़ करते थे तुर्गनेव के 'शिकारी के शब्द-चित्र' की। वे कहते थे कि किसी दृश्य का कैसे वर्णन करना चाहिए; यह देखना हो तो तुर्गनेव के शब्द-चित्र पढ़ो।

उन्होंने हेमिंग्वे की कहानी के आरम्भिक वाक्य पढ़े जिनमें दूसरा वाक्य वे देर तक समझाते रहे–'तो काशीनाथ जी, इसे कहते हैं आर्ट। कम-से-कम शब्दों के इस्तेमाल से कितना बड़ा परिदृश्य खड़ा किया जा सकता है, यह कोई हेमिंग्वे से सीखे। यही अगर आप लोगों को लिखना हो तो दो पन्ने रंग डालेंगे फिर भी कोई तस्वीर नहीं उभरेगी।'

अन्त में बोले–'दर असल दो तरह के कहानीकार होते हैं। एक तो वे हैं जो कहानियाँ सुनाते हैं, दूसरे वे हैं जो कहानियाँ दिखाते हैं। मगर आपकी पीढ़ी के लोग हैं कि कहानियाँ सोचते हैं!'...

इस पर मैंने इतराज़ किया तो बोले–'अपवाद कहाँ नहीं होते भाई? लेकिन कहना चाहता था कि बस वे दोनों प्रकार की ही कहानियाँ जीवित रहती हैं और कहानी होती हैं।'

पहली अप्रैल को 'मानवतावादी संघ' की गोष्ठी में क्वींस कॉलेज गये। लौट कर आये तो दिलचस्प बातें सुनाईं–

–डॉ. देवराज ने भाषण देते हुए कहा कि भगवान बुद्ध के बाद भारत में कोई भी मौलिक चिन्तक नहीं हुआ।

मैं बोला–अब तक तो मैं नहीं मानता था लेकिन जब स्वयं आप ही कह रहे हैं तो मान गया।

–मैं बोल रहा था कि एक सज्जन खड़े हो गये। ताव में बोले–'जो बात मैंने नहीं कही है उस बात को आप मेरे मुँह में क्यों डाल रहे हैं?'

इस पर मैंने कहा–'जब आप अपनी बात मेरे कान में डाल सकते हैं तो मैं अपनी बात आपके मुँह में क्यों नहीं डाल सकता?'

31 मई। मैं रेडियो पर गाना सुन रहा था, भैया बैठे हुए कुछ नोट्स ले रहे थे।

स्वर किशोरकुमार का था।

मैंने कहा–'किशोर जब मन से गाता है तो बहुत अच्छा गाता है।' वे बोले–'मन से तो सभी गाते हैं लेकिन गले में आकर गाने की कोई और ही शक्ल निकल आती है।'

उसी समय कोई सज्जन 'धर्मयुग' के अंक के साथ आये। भैया ने 'ज्ञानोदय' में राहुल जी पर एक लेख लिखा था। उसी शीर्षक से राहुल जी पर किसी दूसरे ने लेख लिखा था। जिसमें उनकी आलोचना की गयी थी। उन्होंने भैया को वह शीर्षक दिखाया।

फिर भैया ने हेगेल का एक उद्धरण सुनाया जो उसने अपने आलोचकों के बारे में कहा था–'ह्वेन मी दे फलाई, आई एम दियर विंग्स' यानी मैं वे पंख हूँ जिनके सहारे वे उड़ते हैं। यानी हीगेल की आलोचना के लिए उसके आलोचकों ने उसकी भाषा भी ली, विचार भी लिये। उसके बिना वे उड़ भी नहीं सकते थे।

22 अक्तूबर को घर पर त्रिलोचन और नागानन्द आये। भैया ने प्रयाग शुक्ल का कहानी-संग्रह 'अकेली आकृतियाँ' ख़त्म किया था।

बोले–'ओडेन ने कविता के लिए कहा है कि 'पोएट्री इज़ द गेम आव नालेज।' विटिगिंस्टाइन ने भी ऐसा ही कहा है। लेकिन यह कविता पर ही नहीं, सम्पूर्ण साहित्य पर लागू होता है। कहानी भी एक तरह का गेम है। उसे प्रसन्न, सहज, जीवन्त और ज़िन्दगी से भरपूर होना चाहिए। 'डल राइटिंग' कभी जीवित नहीं रहती।'

ये बातें सुनकर मैं थोड़ा उत्साहित हुआ और पिछले दिनों की लिखी एक कहानी उठा लाया। शीर्षक था 'बीमारी'। पढ़ सुनाया।

भैया ने कहा–'इसमें जो औरत है–सोनी : वह 'स्टाक' चरित्र है। पुराना घिसा-पिटा। उसके बारे में लिखने की ज़रूरत क्या पड़ी आपको, पहले यह बताइए।'

त्रिलोचन को आपत्ति कहानी से नहीं, उसकी भाषा से थी। उसके कुछ वाक्यों से। जैसे यह वाक्य–'वह कमज़ोर होती गयी। मैं चिन्तित हो गया।' त्रिलोचन ने कहा कि यह ऐसे होना चाहिए–'वह कमज़ोर होती गयी और मैं चिन्तित।'

भोजन के समय भी ये बातें चलती रहीं। भैया कहे जा रहे थे–'देखो, बड़ा कथाकार वह होता है जो 'जोवियल' मूड में लिखे, जो लिख रहा हो, उस पर छा जाय। जैसे प्रेमचन्द जब 'बूढ़ी काकी' में खाने का वर्णन करते हैं–पूड़ी, तरकारी, चटनी, रायता...तो ऐसा लगता है जैसे ख़ुद खा रहे हैं या थाली सामने परोस कर रखी हुई हो और उनके मुँह में पानी आ रहा हो। इसी तरह 'पूस की रात' कहानी में जब हलकू जबरा कुत्ते के साथ रात को सोता है तो प्रेमचन्द ख़ुद इतना रम जाते हैं कि कहानी कहाँ जाकर ख़त्म होगी–पढ़ने वाला भूल जाता है। टॉलस्टॉय के साथ भी यही बात थी।'

'त्रिलोचन भगवान्, इसीलिए मैं सेटायर की आलोचना करता हूँ। सेटायर पाठक या लेखक को किसी एक बिन्दु या वस्तु पर जमने ही नहीं देता।'

त्रिलोचन पहले गम्भीर हुए फिर मुझसे बोले–'देखो पण्डत, इनकी बातें अपनी लेकिन तुम नामवर की बातों पर ध्यान न दो। कोई बड़ा आलोचक–चाहे वह रामचन्द्र शुक्ल ही क्यों न हों–कोई बड़ा कवि या कहानीकार पैदा नहीं कर सका। वह ऊँट की तरह बलबलाता चला जाता है, कोई ज़रूरी नहीं कि तुम उसकी हर बात पर ध्यान ही दो।'

फिर हँसी में बातें डूब गयीं।

उन्होंने 'प्रेम' पर लिखी हुई हिन्दी की कुछ कहानियाँ पढ़ी भी और उन्हीं के प्रसंग में हफ़्ते भर बाद कहने लगे–

'चूमना-चाटना, आलिंगन वग़ैरह हमारे देश के लिए रहस्यमय चीज़ें हैं, लेकिन विदेश के लिए बड़ी सहज। स्वाभाविक। क्या वजह है कि हेमिंग्वे की कहानियों में इनका उल्लेख तक नहीं मिलता? उसका कोई पात्र किसी को चूमता या इम्ब्रेस तक करता नहीं दिखाई पड़ता।

दूसरी बात; जहाँ कोई लेखक अपनी कहानी में कोई प्रश्न उठाता है और चक्कर में पड़ा तो समझिए, इसका मतलब है कि उसके पास जवाब नहीं है, वह 'एस्केप' करना चाहता है। जैसे, जब प्रेमी-प्रेमिका के पास बातें नहीं रह जातीं तो

वे एक-दूसरे की गोद में सो जाना चाहते हैं। इसी तरह यदि किसी लेखक के पास लिखने के लिए बातें नहीं रह जातीं तो वह यही सब करने लगता है।

एक बात और इसी सिलसिले में। एक वे लेखक होते हैं जो लिखते समय 'इन्वाल्व्ड' रहते हैं। उस विषय में जिस पर उन्हें लिखना होता है। ऐसे लेखक जल्दी ही अपने को दुहराने लगते हैं। लेकिन जो 'इन्वाल्व्ड' नहीं रहते, हर चीज़ से अपने को काट कर लिखते हैं, उसके बाहर रह कर उसे देखते हैं–चीज़ों के बारे में उनकी दिलचस्पी कभी नहीं ख़त्म होती। वे ज़िन्दगी भर लिखते रहते हैं।...'

बनारस में प्राय: लेखकों के साहित्यिक जोड़े रहे हैं जैसे त्रिलोचन-विष्णुचन्द्र शर्मा, शम्भूनाथ सिंह–श्रीकृष्ण तिवारी, शिवप्रसाद सिंह-पद्मधर त्रिपाठी, केदार नाथ–विजय मोहन, शालिग्राम शुक्ल-अक्ष्योग्येश्वरी प्रताप, गोविन्द उपाध्याय-मोहन राज शर्मा, धूमिल-नागानन्द...ये जोड़े गुरु-चेला और नये-पुराने के भी होते थे और समान उम्र के भी।

नामवर के सन् '53 में लोलार्क कुण्ड पर बसने के बाद से अस्सी चौराहा साहित्यिक-सांस्कृतिक गतिविधियों का अड्डा बन गया था। प्राय: ये सभी जोड़े घूमते-घामते हुए केदार की चाय की दुकान में आया करते थे। केदार कामरेड आदमी थे और कांग्रेसियों-जनसन्धियों के इस गढ़ में अकेली वही दुकान थी जिस पर चुनाव के दिनों में लाल झण्डा फहराता रहता था।

यह शुरू से ही नामवर की दुकान थी। सुबह और शाम की दुकान जहाँ नगर छोड़ने के पहले केदार, विजय मोहन, विष्णुचन्द्र शर्मा, त्रिलोचन, रामदरश मिश्र, शालिग्राम शुक्ल, अक्ष्योग्येश्वरी प्रताप, विद्यासागर नौटियाल वग़ैरह बैठा करते थे। इसी दुकान के सामने ये दूसरी चाय की नयी दुकान खुली थी; जहाँ भाँग की गोलियाँ भी उपलब्ध थीं। प्राय: पद्मधर वग़ैरह उधर ही रहते थे 'साधु बेला आश्रम' से उन दिनों 'बासन्ती' नाम की मासिक पत्रिका निकलती थी। वह भी लेखकों के उठने-बैठने की जगह हो गयी थी। अस्सी पर चोंचे लड़ाने के बाद अपने गीतों, कविताओं, कहानियों और लेखों के साथ लोग साधु बेला गली की ओर मुड़ जाते थे।

वे सभी कवि-लेखक जिनके साथ नामवर का केदार की दुकान में उठना-बैठना होता था, नगर से जा चुके थे। नागरी प्रचारिणी सभा, जिसमें त्रिलोचन काम करते थे, शहर के दूसरे छोर पर थी। चन्द्रबली सिंह, जिनका लिखना-पढ़ना लगभग बन्द हो चुका था, सम्पूर्णानन्द संस्कृत विश्वविद्यालय के पास रहते थे। चूँकि नामवर प्राध्यापक भी नहीं रह गये थे। इसलिए शिष्यों के होने का सवाल नहीं था।

नामवर हिन्दी के लेखक थे, सिर्फ़ बनारस के नहीं इसलिए स्थानीय साहित्यकारों से–जो लोकल अख़बारों और कवि-गोष्ठियों में परस्पर चर्चा सुख उठाते हैं–उनका कोई ख़ास-मेल-जोल नहीं था। हाँ, उनके 'आलोचक' होने का आतंक ज़रूर था जिससे लाभ के बजाय नुकसान ही होता था। नये लिखने-पढ़ने वाले उनके पास आने से भड़क रहे थे अभी।

लिहाजा नामवर घर से अकेले निकलते, केदार के यहाँ चाय पीते अमरनाथ के यहाँ पान खाते, कोई मिलता तो मिलता, नहीं लंका या गोदौलिया के लिए निकल पड़ते।

बनारस के गीतकारों की अपनी कवि सम्मेलनी राजनीति थी जिसमें धूमिल फिट नहीं बैठ रहा था। उसमें 'गीतकार' रहने के बजाय कवि होने की लालसा पैदा हो चुकी थी। वह आरम्भ में चित्रकार रामचन्द्र शुक्ल के प्रभाव में था जो बम्बई के सूर्योदयी कविता के प्रवक्ता वीरेन्द्र कुमार जैन की बनारस में झण्डाबरदारी कर रहे थे। वह उनसे मुक्त हुआ तो सीखने की ग़रज़ से एक ऐसे लेखक के यहाँ फँसा जो किताब और पत्रिका देने के बदले उससे अपनी छपी कहानियों की तारीफ़ में अलग-अलग नामों से सम्पादक के नाम पत्र लिखवाते थे।

नामवर पिछले दिनों की घटनाओं के कारण बन्द-बन्द से चल रहे थे। निस्पृह और तटस्थ जैसा भाव हो गया था उनका। लोगों के आगे खुलते कम थे। हाँ-हूँ करके चल देते। 'ओंकार परिषद' द्वारा आयोजित तुलसी पुस्तकालय की किसी गोष्ठी में उन्होंने धूमिल की कविताएँ सुनी थीं, और उसमें अपनी दिलचस्पी दिखाई थी। लिहाजा जब भी वे सड़क पर नज़र आते, नागानन्द के साथ धूमिल चला आता। बाद में तो इनके साथ गोविन्द-मोहनराज भी केदार की दुकान के पास उनका इन्तजार करते।

एक बार तो इनके साथ नामवर बातें कर रहे थे कि चौराहे की ओर से आते हुए रामचन्द्र शुक्ल और हनुमान सिंह का जोड़ा दिखाई पड़ा। हनुमान विश्वविद्यालय में काम करते थे और भंग के प्रभाव में हर रात एक नया उपन्यास लिखते थे। एक रात उसका नाम होता 'लैला का ख़त मजनूँ के नाम' और दूसरी रात 'मजनूँ का ख़त लैला के नाम'। इस प्रकार हनुमान की क़लम लैला-मजनूँ की ख़तो-किताबत की रोज़ अप्रकाशित पाण्डुलिपियाँ तैयार कर रही थी।

भैया गोविन्द जी की ओर मुखातिब हुए और बोले–

लीला कलिकाल की निहारो गोबिन्द जीव,
शुक्ल रामचन्द्र हैं तो सेवक हनुमान हैं।

ठहाकों में बात ख़त्म हुई लेकिन इसके बाद नये कवियों-लेखकों की एक जमात उनसे जुड़ने लगी।

सन् '50-'60 के दरम्यान जो नामवर इलाहाबाद के मंच पर परिमलियों से बहस चला रहे थे, उसी नामवर को परिमलियों ने कुजगह मारने की योजना बनायी। हो सकता है, सहयोग उनका रहा हो और योजना बनारस के ही उन लोगों ने बनायी हो जिनका परिमलियों से हुक्का-पानी रहा हो।

सन् '64 के आरम्भिक महीने थे।

बड़े जोर-शोर से 'नवलेखन' समारोह की तैयारियाँ शुरू हुई।

फिर वही बिरादरी। फिर वही देवदत्त। लेकिन नामवर भी इसी लायक थे। उनकी भी बदमाशियों का कोई अन्त नहीं था। ज़रा अपने बग़ल में इलाहाबादियों को ही देखो भाई, जुमा-जुमा आठ रोज़ से लिखने वाले अपने दो कौड़ी के कवियों -लेखकों को भी कितना महान बताते हैं अपने लेखों और भाषणों में? और एक आप जनाब हैं कि आपको दिल्ली के निर्मल वर्मा या भीष्म साहनी दिखाई पड़ेंगे, इलाहाबाद के अमरकान्त, शेखर जोशी, मार्कण्डेय दिखाई पड़ेंगे, जबलपुर के हरिशंकर परसाई और पटना के रेणु भी नज़र आयेंगे लेकिन घर के देवदत्त नहीं सूझेंगे। थू है ऐसी आँख पर। दस साल से लिख रहे हैं कहानियों पर। यहाँ एक ज़माने से बलदेव राम, अर्जुन लाल, सुखदेव मिसिर जैसे लोग चिल्ला रहे हैं कि हमारा प्रेमचन्द–देवदत्त। लेकिन आपके मुँह से एक बार भी बोल नहीं फूटा कभी।

सो, समारोह को लेकर महीनों से चहल-पहल थी लेकिन नामवर कहीं नहीं थे।

लेखक एक दिन पहले से आने शुरू हो गये थे और सभी इलाहाबाद से। विजयदेव नारायण साही उद्घाटन करने वाले थे। साही को पता चला कि नामवर को निमंत्रण नहीं है। नामवर के वग़ैर गोष्ठियाँ कैसी? नगर में वे न होते तो बात दूसरी थी लेकिन ऐसी हालत में किसे जवाब दोगे? लोगों को क्या मुँह दिखाओगे? काबे किस मुँह से जाओगे? चोंचें किससे लड़ेंगी, हमला किस पर करोगे और विजयोल्लास किस पर मनाओगे? आदि-आदि।

बहरहाल, शाही ने आयोजकों की लानत-मलामत की और उनकी तरफ़ से ख़ुद आये। समारोह आरम्भ होने के थोड़ी देर पहले। नामवर अपमानित थे लेकिन साही की इज़्ज़त करते थे। उनसे इनकार करते न बना लेकिन शामिल होने की उन्होंने एक ही शर्त रखी–दोनों दिन उपस्थित रहेंगे लेकिन मुँह नहीं खोलेंगे।

कमच्छा के सेंट्रल हिन्दू कॉलेज के सर्गाहाल में समारोह आरम्भ हुआ।

नामवर सबसे पीछे चुपचाप बैठे थे। उद्‌घाटन के बाद ही 'नवलेखन' पर बहस शुरू हुई। वजह जो रही हो, साही का भाषण लम्बा होने के बावजूद फीका था। डॉ०. जगदीश गुप्त, डॉ. रघुवंश, रामस्वरूप चतुर्वेदी, गिरिराज किशोर वग़ैरह के सिवा पडरौना से केदारनाथ सिंह भी थे।

'नवलेखन' का जयघोष हो रहा था। शर्त के बावजूद हर वक़्ता के बाद नामवर को मंच से आमन्त्रित किया जा रहा था लेकिन वे अपनी जगह से टस-से-मस नहीं हो रहे थे। अन्त में साही ने आकर उन्हें किसी तरह राजी किया।

मुझे याद है कि वे सिर्फ़ पाँच मिनट बोले। अपने वक़्तव्य में उन्होंने पहली बार भारत-चीन युद्ध को–भारतीय जनता के राष्ट्रव्यापी मोह-भंग को नवलेखन में बदलाव लाने वाली ऐतिहासिक घटना के रूप में रेखांकित किया और कहा–'सन् '62 देश के लिए ही नहीं, साहित्य के लिए भी परिवर्तन बिन्दु है, यहाँ से साहित्य में एक नये दौर की शुरुआत होती है। साही जी के भाषण में अतिप्रयुक्त 'अतएव' शब्द को एक बार फिर इस्तेमाल करते हुए कहें तो–अतएव जिस 'नवलेखन' पर इतनी चर्चा हुई है उसका दौर ख़त्म हो चुका है।'

इस छोटे और ठण्डे भाषण का जोरदार स्वागत किया नगर के 'युवा लेखकों' ने जो वहाँ श्रोता के रूप में उपस्थित थे लेकिन असहयोग कर रहे थे।

लेकिन 'नवलेखन' पर इसका प्रतिकूल असर पड़ा। उनकी सारी शक्ति यह साबित करने में चुक गयी कि 'नवलेखन' अभी ख़त्म नहीं हुआ है।

आयोजन ख़त्म होने पर केदारनाथ जी ने शाम को आयोजकों की उपलब्धि पर एक शेर कहा–

करके भी देख लिया, करने से होता क्या है,
मखन मिलता ही नहीं, छाँछ बिलोता क्या है?

इस समारोह के बाद ही धूमिल को उसके गुरु नामवर मिले जिन्हें वह आदर से 'मास्टर साहब' कहा करता था। उसने नगर के विद्वानों-लेखकों द्वारा उनकी उपेक्षा भी देखी थी और मंच पर मिलने वाला सम्मान भी। हालाँकि इसके पहले वे 'ज्ञानोदय' में 'नयी कविता पर क्षण भर' शीर्षक लेखमाला के अन्तर्गत एक लेख में धूमिल का प्रशंसात्मक उल्लेख कर चुके थे। मेरी जानकारी में धूमिल का वह पहला उल्लेख था।

मुझे नहीं याद है कि धूमिल की वह कविता कहीं छपी थी या उसने किसी गोष्ठी में सुनाई थी लेकिन उन्होंने भारत-चीन युद्ध के सन्दर्भ में लिखी जाने वाली कविताओं के प्रसंग में उसका एक टुकड़ा उद्धृत किया था–

मुझमें पूरे समूह का भय
चीख़ता है
दिग्विजय! दिग्विजय।

इसके बावजूद वह उनके निकट आने में सहमता था।

लेकिन अब वह अक्सर दूसरे-तीसरे आ जाता था–उसके बाद से उससे मेरी घनिष्ठता बढ़ी। जब तक भैया व्यस्त रहते, वह या तो पत्रिकाएँ पढ़ता या नागानन्द होते–जोकि हमेशा होते थे–तो उनसे बातें करता। उस समय तक धूमिल के पाँव गीत में थे और हाथ कविता में। वह 'नयी कविता' और अकविता-ख़ासतौर से राजकमल चौधरी, सौमित्रमोहन, मुक्तिबोध, निराला की कविताओं में हाथ डाल कर ढूँढ़ने की कोशिश कर रहा था–यह जानना चाहता था कि उसमें से उसके लिए क्या ठीक रहेगा, क्या नहीं?

केदार के जाने के बाद से कविता पर बात करने के लिए नामवर के भी इर्द-गिर्द कोई आदमी नहीं था। जबकि वे मुक्तिबोध के 'एक साहित्यिक की डायरी' की समीक्षा कर चुके थे और मुक्तिबोध को ढूँढ़-ढूँढ़ कर पढ़ रहे थे। उन्हें ऐसा कोई नज़र नहीं आता था जिसके आगे कविता के बारे में अपनी 'संचित ज्ञानराशि' खोल सकें। इसलिए कहूँगा कि वे भी इस मायने में ख़ुशक़िस्मत हैं कि उन्हें मनचाहा 'कवि मिल गया–कच्चा, सवालों से घिरा हुआ, बीज के लिए खिली हुई ललचाई परती ज़मीन के समान।'

भैया शाम को उसके साथ गोदौलिया जाने लगे। धूमिल का आत्म-विश्वास बढ़ने लगा। आगे चलकर उसका वही आत्म-विश्वास दूसरों से बातचीत में प्रकट होने लगा तो लोग कहते घूमने लगे कि नामवर गुण्डा पालते हैं। क्योंकि उन दिनों किसी की क्या मजाल कि उसके सामने 'मास्टर साहब' पर कोई टिप्पणी करके निकल जाय।

मुझे किसी ने बताया कि भैया के पास कुछ नौकरियों के प्रस्ताव आये थे। इनमें एक था मध्य प्रदेश के किसी डिग्री कॉलेज के प्राचार्य का और दूसरा शायद 'भारतीय ज्ञानपीठ' की ओर से कोई प्रस्ताव था। भैया ने अगर इनमें से किसी प्रस्ताव को गम्भीरता से लिया होता तो घर में बातें ज़रूर की होतीं।

मैंने भोजन करते समय उनसे पूछा।

वे बोले–'देखो' मैंने इस मामले में अपनी ज़िन्दगी के कुछ उसूल बना रखे हैं जिनमें एक तो यह कि डिग्री कॉलेज में नहीं पढ़ाना है, दूसरा यह कि सेठों के यहाँ नौकरी नहीं करनी हैं।

इससे अधिक उनसे कुछ पूछा भी नहीं जा सकता था क्योंकि वे अपने लिए किसी पर निर्भर नहीं करते थे। किसी भी मामले में उनके निर्णय भी उनके होते थे जिसे कोई बदल भी नहीं सकता था। जब भी कोई उनका पुराना परिचित दोस्त-मित्र उनसे काम-धाम के बारे में जानना चाहता तो बड़ी दृढ़ता से कहा करते थे कि बहुत नौकरी कर ली, अब मुझे नौकरी नहीं करनी है। बनारस में लोग इसका यह प्रचार करते कि दो जगह से निकाले जाने के बाद नौकरी देगा कौन?

उन्हीं दिनों पार्टी के कुछ लोग सुझाव देते थे कि सोवियत एजेंसी 'तास' से 'क्यों नहीं सम्पर्क करते? मैंने जब सुना तो एक दिन पूछ बैठा। बोले–'अगर नौकरी ही करनी हो तो अपना देश क्या बुरा है?'

यह कैसे हुआ, पता नहीं। मुझे जुलाई '64 ई. से छह महीने के लिए व्याकरण कार्यालय छोड़ना पड़ा और विश्वविद्यालय के हिन्दी विभाग में अस्थायी 'लेक्चररशिप' मिल गयी। भैया ने ख़ुशी जाहिर करते हुए कहा कि अब मुझे कोई चिन्ता नहीं, जिस दिन स्थायी रूप से तुम विश्वविद्यालय में काम करने लगोगे, मैं अपनी एक कसम तोड़ दूँगा और हिन्दी विभाग आऊँगा–विश्वविद्यालय के अन्दर अपने भाई से मिलने।

उनकी ख़ुशी देखने लायक थी।

एक दिन मैंने कहा कि 'मुझे पता चला है कि विभाग में लेक्चरर की दो स्थायी जगह हैं। अगर अध्यक्ष शर्मा जी से कह दें तो वे मुझे रख लेंगे। मुझे कभी-कभी लगता है कि वे यही चाहते हैं।'

वे गम्भीर हो गये। लगा कि उन्हें किसी संकट में डाला है मैंने। इसके पहले मैंने किसी ऐसे काम के लिए नहीं कहा था। वे घर की आर्थिक स्थिति से भी परिचित थे और अपने भाई से भी और उसे वे कम प्यार नहीं करते थे।

उन्होंने लम्बी साँस लेकर कहा–'जो मैं नहीं कर सकता, उसके लिए क्यों कहते हो? होगा तो होगा, नहीं होगा तो नहीं होगा। तुम देख सको तो ख़ुद देखो। मैं किसी से नहीं कहूँगा।'

मैं दिसम्बर '64 ई. में वापस फिर व्याकरण कार्यालय भेज दिया गया।

विजय डेढ़ साल से बनारस के क्वींस कॉलेज में पढ़ रहा था। भाभी बीच-बीच में गाँव से शहर आतीं, चार-छह महीने रहतीं फिर चली जातीं। मुमकिन है, उनकी उपस्थिति या विजय की पढ़ाई उन्हें कुछ परेशान करती रही हो या यह याद दिलाती रही हो कि भाइयों पर बोझ पड़ रहा है या यह भी हो सकता है कि उन्हें अपने ख़र्चे की ही तंगी आ गयी हो और वह रोज़ के चार आने से पूरी न पड़ती हो। क्योंकि मुझे याद है, कुर्ते धोतियाँ फट-फट जाती थीं और वे अक्सर कभी माँ को और कभी मेरी पत्नी कुसुम को टाँकने के लिए पकड़ाते रहते थे। उधार उन्होंने कभी किसी से

लिया नहीं। बहुत पहले एक बार 'हिन्दी साहित्य का इतिहास' लिखवाने के इरादे से दिल्ली के ओम प्रकाश (राजकमल प्रकाशन) ने दो हज़ार रुपये दिये थे; साल भर बाद जब वे इतिहास के लिए बार-बार तगादे करने लगे तो उन्होंने वे ज्यों-के-त्यों बक्से में रखे हुए रुपये निकाले और उन्हें लौटा दिये।

लेकिन मुझे लगता है कि वजहें यह नहीं, दूसरी थीं। उनमें से एक तो यह कि उनके पास पढ़ने के लिए नयी किताबें नहीं रह गयी थीं। पहले जब नौकरी में थे तो प्रतिदिन दो-चार किताबें ख़रीद कर लाया करते थे। लाते तो अब भी थे लेकिन कभी-कभी जब किसी यात्रा पर जाते तो आयोजन में मिले हुए पैसे का यही उपयोग करते थे। मगर अब पहले वाली बात नहीं थी। वे विश्वविद्यालय की लाइब्रेरी में जा नहीं सकते थे और लंका की दुकानों में बैठ कर किताबें देख ही सकते थे, पढ़ नहीं। यह लाचारी उन्हें खलने लगी थी।

दूसरी बात यह कि इतने सालों से चली आ रही बेकारी ने उनके लिखने को काफ़ी प्रभावित किया था। 'कहानी-नयी कहानी' किताब आयी ज़रूर थी लेकिन इसमें संकलित लेख जितने इस दौरान के थे उससे कम 'कहानी' के ज़माने के नहीं थे। 'नयी कविता पर क्षण भर' वाले लेखों में भी बहुत कुछ तात्कालिकता ही थी! –उनमें वे पूरी तरह रम नहीं पाये थे। वे कविता-कहानी में होने वाले बदलाव को महसूस तो कर रहे थे लेकिन चाहते हुए भी उन पर लिख नहीं पा रहे थे।

मुझे लग रहा था कि वे लिखने के लिए बेचैन हैं लेकिन दिमाग़ व्यवस्थित नहीं हो पा रहा है, चित्त अस्थिर हो रहा है। इस 'अस्थिरता' और 'अव्यवस्था' का कारण एक और था। उनका एकान्त छिन रहा था। घर के सदस्यों की संख्या बढ़ गयी थी इस बीच। विजय तक तो गनीमत थी, इस बीच मेरी एक बच्ची ने भी जन्म ले लिया था। यही नहीं, साल-छह महीने से बीमार मेरी साली भी आई हुई थी अपनी भाभी के साथ दवा-दारू के लिए। पिताजी अलग पीछे पड़े हुए थे कि गाँव का मकान गिर रहा है और अगली बरसात में रहने के लिए जगह नहीं रहेगी।

सन् '65 की फरवरी। दिल्ली में पार्टी के लेखकों की कोई मीटिंग थी। भैया को भी बुलाया गया था। लौटे तो गम्भीर थे। पार्टी ने 'जनयुग' साप्ताहिक को फिर से नये रूप में निकालने का फ़ैसला किया था और उनसे सम्पादन का दायित्व लेने के लिए कहा। भैया के लिए यह निर्णायक क्षण था। एकदम नये ढंग का काम और नये ढंग की ज़िन्दगी की शुरुआत, साथ की जगह भी एकदम नयी। बनारस छोड़ने का फ़ैसला मामूली न था। अंतत: काफ़ी सोच-विचार के बाद उन्होंने दिल्ली जाने का फ़ैसला कर ही लिया।

जब वे सन् '65 के मार्च में नये सफ़र पर दिल्ली के लिए रवाना हुए तो उन्हें विदा करने वालों में हम दो थे–मैं और धूमिल।

वे जा रहे थे लेकिन क्या उन्हें पता था कि दिल्ली से अब लौटना न होगा?

प्रश्नोत्तर

नीचे प्रश्नावली मुकम्मल रूम में दी गयी है। इसे हमने कई लोगों के पास भेजा था। कुछ लोग इसे हल नहीं कर सके। कुछ लोगों के सामने सम्भवत: लोक का प्रश्न आया हो। कुछ समय की कमी के कारण उत्तर भेज नहीं सके। और कुछ समय से न भेज पाने के कारण वंचित रह गये। प्रश्नावली से हटकर लिखने वाले कुछ के उत्तर हमने वापस कर दिये हैं। और एक ऐसा उदाहरण है, डॉ. रामकृपाल पाण्डे का, जिनका उत्तर हमारे पास तक नहीं पहुँच सका, बीच में अटक गया।

सर्वश्री बच्चन सिंह, निर्मला जैन और प्रदीप सक्सेना के उत्तर हम छाप रहे। इसमें प्रदीप सक्सेना ने विस्तार से लिखा है।

–सम्पादक

प्रश्नावली

(1) आज़ादी के बाद के हिन्दी लेखकों की लगभग सभी पीढ़ियाँ, तीव्र और गहरे मतभेदों के बावजूद, नामवर सिंह को ही अपना निकटतम आलोचक मानती रही हैं। नामवर जी की आलोचना में सतत उपस्थित इस मैत्रीपूर्ण समकालीनता के पीछे कौन से तत्त्व सक्रिय हैं?

(2) कुछ लेखकों-आलोचकों के अनुसार, नामवर सिंह की आलोचना, मार्क्सवाद में अपनी मुखर निष्ठा के बावजूद, परिणति के धरातल पर रूपवादी आलोचना, विशेषकर 'न्यू क्रिटिसिज़्म' के अधिक क़रीब है, जबकि स्वयं नामवर जी का मत है कि मार्क्सवादी आलोचना 'न्यू क्रिटिसिज़्म' के कुछ औज़ारों का इस्तेमाल कर अधिक कारगर और वयस्क हो सकती है। नामवर जी की व्यावहारिक आलोचना को केन्द्र में रखकर इस मुद्दे पर आप क्या कहना चाहेंगे?

(3) हिन्दी साहित्य की जातीय परम्परा, 'दूसरी परम्परा' और हिन्दी नवजागरण को लेकर इधर नामवर सिंह और डॉ. रामविलास शर्मा ने एक-दूसरे से अपनी तीखी असहमतियाँ जाहिर की हैं। मार्क्सवादी आलोचना के दो केन्द्रीय व्यक्तित्वों की यह उत्कट वैचारिक टकराहट हमारी जातीय आलोचना के आत्मसंघर्ष को क्या कोई गति या दिशा दे पाने में समर्थ है?

(4) आलोचना, नामवर सिंह के विचार से, 'बुद्धि की मुक्तावस्था' है। अर्थात् 'आलोचना वह है जो पाठक की बुद्धि को मुक्त करे लेकिन वही आलोचना पाठक की बुद्धि को मुक्त करेगी जो स्वयं बुद्धि की मुक्तिसाधना द्वारा लिखी गयी हो।' अपने अब तक के आलोचनाकर्म में नामवर जी इस आदर्श को किस हद तक आकार दे पाये हैं?

(5) उपलब्धि की दृष्टि से निर्विवाद होने के बावजूद, हिन्दी आलोचना में नामवर सिंह की सक्रियता लगातार विवादास्पद रही है। इसके कारणों की खोज आज की रचना-आलोचना के लिए किन मायनों में प्रासंगिक हो सकती है?

बच्चन सिंह

नामवर सिंह का व्यक्तित्व विवादास्पद और प्रतिभा निर्विवाद है। अपनी प्रगतिशील विचारधारा और ऐतिहासिक दृष्टिकोण के कारण वर्तमान में दिलचस्पी लेना उनके लिए स्वाभाविक है। वे साहित्य के इतिहास के उन बिन्दुओं को अपना विवेच्य बनाते हैं जो इतिहास को मोड़ने या गति देने में सहायक होते हैं। नयी कहानी और नयी कविता की विवेचना में उन्होंने प्राय: उन्हीं कहानीकारों और कवियों को उभारा है जो वस्तु और शैली की दृष्टि से प्रत्यन और भविष्योन्मुखी हैं। उनकी आलोचना और नयी-नयी पीढ़ियों की महत्त्वपूर्ण रचनाओं के बीच एक डायलेक्टिकल रिश्ता बनता है। वे चुनौतियाँ लेते हैं और देते हैं। विचारोत्तेजक विवादों को उठाने में उन्हें मज़ा आता है। इसी से उनकी आलोचना में धार आती है। वे अद्यतन-से-अद्यतन साहित्य से अवगत रहते हैं। विकासोन्मुख लेखक पर उँगली रखने में उनसे प्राय: कहीं चूक नहीं होती। नये लेखकों में उनके प्रिय होने का असली राज़ यही हैं।

प्रश्नावली का दूसरा सवाल नामवर सिंह के बहाने मार्क्सवादी आलोचना और सौन्दर्यशास्त्र पर अच्छी-ख़ासी बहस की अपेक्षा रखता है। एक समय था जब मार्क्सवाद और रूपवाद के बीच अनुलंघनीय खाई थी। मॉर्क्सवादी आलोचक 'इतिहासवाद' के नाम पर 'टेक्स्ट' का अर्थापन एक विशिष्ट विचारधारा के अनुरूप

किया करते थे। पर अब स्थितियाँ बदल गयी हैं। रूपवाद के बहुत से औज़ारों को मार्क्सवादी आलोचना में स्वीकार कर लिया गया है। यह सही है कि आज भी ऐसे मार्क्सवादी आलोचकों की कमी नहीं है जो प्लेखानोव के 'यन्त्रवाद' को दाँतों तले पकड़े हुए हैं। ये 'रिडेक्टिव' संस्कृति के आलोचक हैं, आज के अर्थ में मार्क्सवादी आलोचक नहीं।

कथ्य और रूप के द्वन्द्वात्मक सम्बन्धों को लेकर अनेक पुस्तकें प्रकाशित हो चुकी हैं। जेम्सोन ने 'माक्सिज़्म एंड फार्म' में लिखा है कि अब बाल्जाक के ऐतिहासिक महत्त्व को समझने के लिए उसके उपन्यासों के रूप पक्ष को भी समझना होगा। मैकेरे और टेरी एगिल्टन जैसे मार्क्सवादी आलोचक जो मार्क्सवादी वैज्ञानिक आलोचना के पक्षधर हैं साहित्य के रूपपक्ष की उपेक्षा नहीं करते। साहित्य की सापेक्षिक स्वायत्तता को मार्क्सवादी भी स्वीकार करते हैं। अब तो साहित्य की मीमांसा में संकेतक (सिग्नीफायर) और संकेतित (सिग्नीफाइड) की बात भी अस्वीकृत हो चुकी है। साहित्य की भाषा रूपात्मक होती है। साहित्य की इतिहासपरक मीमांसा की प्रामाणिकता रूप-मीमांसा पर ही निर्भर है। रूप-मीमांसा के लिए केवल 'न्यू क्रिटिसिज़्म' ही महत्त्वपूर्ण नहीं है। भारतीय काव्यशास्त्र की शब्दशक्तियों की महत्ता को नये सन्दर्भों में आँका नहीं गया है। 'वक्रोक्ति' का 'पैटेंशियल' कम नहीं है। डी कंस्ट्रक्शन को तो मार्क्सवादी अपना चुके हैं। आलोचक की क्षमता की कसौटी वस्तु की व्याख्या नहीं रूप की वस्तु-सम्बद्ध विवेचना है। यहीं तक उसके कर्तव्य की इतिश्री नहीं होती। उसे इतिहास की टोटैलिटी में भी देखना पड़ता है। नामवर जी के आलोचना का सही मार्ग यही है। कहीं-कहीं रूप के प्रति रुझान अधिक हो गया है। पर कौन है जो रूप के आकर्षण से बचा हो?

हिन्दी की जातीय परम्परा और दूसरी परम्परा में कोई बुनियादी अन्तर नहीं है। 'कला के लिए कला' की तरह टकराहट के लिए टकराहट भी होती है। इस टकराहट में 'कहीं पर निगाहें कहीं पर निशाना' चरितार्थ होता है। एफ.आर. लेविस ने 'ग्रेट ट्रैडिशन' के लिए जिन लोगों को चुना है, टेरी एगिल्टन ने उन लोगों को न चुनकर दूसरे लोगों को चुना है। इससे लेविस का चुनाव झूठा नहीं पड़ जाता। पर चुनाव के मूल में दृष्टिभेद है इससे इनकार नहीं किया जा सकता। समय के बदलने से 'ग्रेट ट्रैडिशन' के साहित्यकारों की सूची भी बदल जाती है। नज़ीर अकबरावादी उर्दू साहित्य में नगण्य समझे जाते थे। पर अब उर्दू के सर्वोत्तम कवियों में एक कवि समझे जाते हैं। शुक्ल जी की परम्परा और द्विवेदी जी की परम्परा में किसी को

छोटा-बड़ा नहीं कहा जा सकता। पर दोनों के दृष्टिभेद को कौन अस्वीकार करेगा। स्वयं रामविलास जी की परम्परा वही नहीं है जो शुक्ल जी की थी। और न नामवर जी की परम्परा वही है जो द्विवेदी जी की थी। हो भी नहीं सकती। नामवर जी द्विवेदी जी की इतिहास-दृष्टि का समर्थन करते हैं, वे स्वयं शुक्ल जी से अत्यधिक प्रभावित हैं। और अन्तर्विरोध किसमें नहीं होता?

'बुद्धि की मुक्तावस्था' क्या है, मुझे नहीं मालूम। यह शुक्ल जी के 'हृदय की मुक्तावस्था' के वज़न पर गढ़ी हुई सूक्ति (एफोरिज़्म) है। 'बुद्धि की मुक्ति-साधना' एक रहस्यवाद है। कुछ-कुछ 'स्थितिप्रज्ञ' की तरह। पूछना पड़ेगा–स्थितप्रज्ञस्य का भाषा? नामवर जी अपने भाषण और लेखन में इस तरह की चमत्कारिक सूक्तियाँ डाल देते हैं क्योंकि वे जानते हैं कि इनसे प्रभावित होने वाले 'सहृदयों' की कमी नहीं है। इस सूक्ति के आधार पर नामवर सिंह के आलोचना कर्म की परीक्षा करने वालों को 'बुद्धिमुक्ति' की संज्ञा दी जा सकती है।

नामवर सिंह की आलोचना के लिए विवाद और संवाद खाद-पानी का काम करते हैं। जहाँ विवाद नहीं है वहीं उनकी आलोचना में भी अपेक्षित तेज नहीं है। जहाँ विवाद है, वहीं पर उनकी आलोचना अपने पूरे उत्कर्ष और रूप-रंग में दिखाई देती है। उनके सारे विवाद मुख्यत: नयी कहानी और नयी कविता के सन्दर्भ में खड़े हुए हैं और इनके लिए उन्होंने नये-नये आलोचनात्मक औज़ारों का प्रयोग किया है। मैं यह कहना चाहूँगा कि विवाद के तहत ही उन्होंने कहानी का नया काव्यशास्त्र गढ़ने की अच्छी शुरुआत की थी। नये साहित्य और नयी पीढ़ी के प्रति उन्हें गहरी आस्था है–

नहीं इक़बाल नाउम्मीद अपनी किश्त-ए-वीरां से
जरा नम हो तो यह मिट्टी ज़रखेज़ है साकी

निर्मला जैन

नामवर सिंह के बारे में प्रश्नावली से जूझते हुए सेंट आगस्टिन के 'कन्फ़ेशंस' का एक उद्धरण याद आ रहा है : 'मैं बहुत अच्छी तरह जानता हूँ कि मिथक क्या है, बशर्ते कि कोई मुझसे उसके बारे में न पूछे पर यदि कोई मुझसे पूछता है और मैं उसकी व्याख्या करने की कोशिश करता हूँ तो मैं उलझ जाता हूँ।'

पर जब आपने पूछ ही लिया है तो उत्तर की तलाश पूरी ईमानदारी से करने का प्रयास करूँगी।

दरअसल प्रश्नावली की चौहद्दी में बाँधकर किसी भी रचनाकार की रचना-प्रक्रिया या उसके महत्त्व को पूरी तरह समझना कठिन है–नामवर सिंह को तो और भी। उनके आलोचनात्मक कृतित्व के बारे में तमाम मतभेदों के बावजूद छायावादोत्तर पीढ़ी के सबसे विवादग्रस्त आलोचक के रूप में उनकी ख्याति एकदम निर्विवाद है। आपकी इस बात से सहमति कठिन है कि 'लेखकों की लगभग सभी पीढ़ियाँ...नामवर सिंह को ही अपना निकटतम आलोचक मानती रही हैं।' गरचे यह बात सही है कि किसी भी पीढ़ी के लेखक के लिए नामवर सिंह की उपेक्षा करना या उनके द्वारा की गयी उपेक्षा को सहना सम्भव नहीं हो सका। इसका एक कारण यह हो सकता है कि नामवर सिंह ने अपने समकालीन साहित्य की परख जितनी गम्भीरता और संवेदनशीलता से की, वह आलोचक कर्म के प्रति उनके गहरे दायित्वबोध को प्रकट करती है। उनके समग्र लेखन में शायद ही कहीं कुछ ऐसा मिले जिससे चलताऊ ढंग की सतही दिलचस्पी का आभास होता हो। यदि उनकी आलोचना में 'मैत्रीपूर्ण समकालीनता' दिखाई पड़ती है तो उसका अर्थ भी यही हो सकता है कि वे जिस समवेत बोध को लेकर आलोचना-कर्म में प्रवृत्त हुए थे उसमें समाजवादी जीवन-दृष्टि और नयी कविता की भाव-भूमि दोनों का योग था। छायावादोत्तर साहित्य के लिए इसी दृष्टि की अपेक्षा थी। नामवर सिंह की पहली आलोचना-पुस्तक 'छायावाद' पर प्रकाशित हुई ('54)। उस समय, जब छायावाद उत्थान-पतन के दो दौरों से गुज़र चुका था। सभी धुरन्धर विद्वान उसके पक्ष-विपक्ष का प्रतिपादन कर चुके थे। प्रगतिशील कविता का वैभव भी अपने उतार पर था। माहौल ऐसा था मानो 'छायावाद' पर कहने योग्य सब कुछ कहा जा चुका हो। दो 'सप्तक' प्रकाशित हो चुके थे। शुक्लोत्तर आलोचकत्रयी अपने उत्कर्ष की पराकाष्ठा पर थी। अपने-अपने ढंग से छायावादी काव्य का अत्यन्त संवेदनशील मूल्यांकन वे सभी कर चुके थे। ऐसी स्थिति में 27 वर्ष के एक युवा आलोचक का 'छायावाद' पर एक बार फिर से क़लम आजमाना साहस का काम कहा जायेगा। ख़ास बात यह नहीं थी कि नामवर सिंह ने 'छायावाद' पर लिखने का जोखिम उठाया। ज़्यादा महत्त्वपूर्ण बात यह थी कि उन्होंने इस काव्य का मूल्यांकन उस समाजवादी दृष्टि और औज़ारों से किया जिसका अक्सर इसमें अभाव देखा गया था। पुस्तक की मूल प्रतिज्ञा थी 'छायावाद की काव्यगत विशेषताओं को स्पष्ट करते हुए छायाचित्रों में निहित सामाजिक सत्य का उद्‌घाटन' करना (भूमिका)। और वह भी इस सावधानी के साथ कि 'सामाजिक सत्य कविता से खोज निकालने की चीज़ है,

ऊपर से आरोपित करने की नहीं।' (वही) इसे विडम्बना ही कहा जायेगा कि जब कुछ वरिष्ठ आलोचक 'छायावाद के पतन' के कारणों का सन्धान कर रहे थे और हम उग्र आलोचक छायावादी कविता के 'वायवीपन' के विरुद्ध 'नयी कविता' की अनुभूति की प्रामाणिकता का डंका पीट रहे थे, नामवर सिंह ने व्यापक परिप्रेक्ष्य में 'छायावाद' के 'काव्यगत सामाजिक सत्य' की पड़ताल करने का जोखिम उठाया। इस प्रकार उन्होंने इस काव्य-सृष्टि के अब तक लगभग उपेक्षित पक्ष की ओर ध्यान आकर्षित ही नहीं किया, आलोचना के एक सशक्त प्रतिमान को सतही और फूहड़ प्रयोग से बचाकर विश्वसनीय कलात्मक भूमि प्रदान की। चाहें तो आप इसे भी 'मैत्रीपूर्ण समकालीनता' कह सकते हैं।

'छायावाद' पर लिखी गयी इस पुस्तक के अन्तिम अध्याय 'परम्परा और प्रगति' में विचारणीय विषयों में एक है–'आलोचना के मानदण्ड-निर्धारण में छायावाद का योग'। इस प्रसंग में नामवर सिंह ने यह प्रतिपादित करने की कोशिश की है कि आचार्य शुक्ल के आलोचनात्मक सिद्धान्तों के निर्माण में छायावादी भावबोध की निश्चित भूमिका है यानी नामवर सिंह यह मानते हैं कि हर साहित्यिक रचना या प्रवृत्ति का किसी चले आते आलोचनात्मक प्रतिमान के आधार पर विवेचन किया जा सके यह जरूरी नहीं। नयी रचना-प्रवृत्ति नयी आलोचनात्मक दृष्टि को आमन्त्रित करती है, उसे चुनौती देती है। यदि वे मानते हैं कि मार्क्सवादी आलोचना 'न्यू क्रिटिसिज़्म' के कुछ औज़ारों का इस्तेमाल कर अधिक कारगर हो सकती है तो इसकी संगति उनके उपर्युक्त आलोचनात्मक दृष्टिकोण और व्यवहार दोनों से बैठती है। मेरा अनुमान है (इसके सही होने की तसदीक तो नामवर सिंह ही कर सकते हैं) कि उनकी दृष्टि आलोचनात्मक औज़ारों से ज़्यादा आलोच्य कृति पर केन्द्रित रहती है। रचना पर कौन-सा सिद्धान्त लागू किया जाय, से ज़्यादा उनके सामने सवाल यह होता है कि वह रचना किस प्रकार की आलोचना को आमन्त्रित करती है। रचना के अनुरोध से यदि आवश्यक हो तो निश्चय ही उन्हें मार्क्सवाद के साथ किसी और पद्धति के औज़ारों का मेल करने से परहेज़ नहीं होता। अपने पूर्ववर्ती प्रगतिवादी आलोचकों से उनकी भिन्नता इस बात में है कि उन्होंने 'नयी कविता' को सहानुभूति से देखा। स्मरण दिलाना अप्रासंगिक न होगा कि मुक्तिबोध प्रगतिवादी आलोचकों से इसी बात की माँग कर रहे थे।

इस बात को बहुत बार बहुत लोगों ने तरह-तरह से दोहराया है कि आरम्भ बहुत से कवि प्रगतिवादी और प्रयोगवादी दोनों खेमों में एक साथ शामिल थे।

इनमें रामविलास शर्मा और मुक्तिबोध भी थे और अज्ञेय भी। क्या इन कवियों की कविताओं के बीचोबीच विभाजक रेखा खींच कर यह तय कर देना सम्भव है कि फ़ैंस के एक ओर मार्क्सवादी और दूसरी ओर व्यक्तिवादी या रूपवादी काट की कविताएँ हैं। ठीक इसी तरह आलोचना के बारे में यह कहना बहुत कठिन है कि वह विशुद्ध मार्क्सवादी है या नहीं और नहीं तो उसमें घालमेल किस हद तक हुआ है। ऐसा सिर्फ़ तभी सम्भव हो सकता है जब मार्क्सवादी दृष्टि का सतही और फूहड़ प्रयोग किया गया हो। यह सही है कि नामवर सिंह की आलोचना में मार्क्सवादी प्रतिबद्धता सिर चढ़कर नहीं बोलती। उनकी आलोचना में रूपवादी तत्त्वों की छानबीन ज़्यादा तेज़ी से 'कविता के नये प्रतिमान' के प्रकाशन के बाद आरम्भ हुई। उन्होंने 'नये प्रतिमानों' की चर्चा करते हुए जो सवाल उठाये हैं उनमें कुछ बातें निश्चय ही 'न्यू क्रिटिसिज़्म' के सरोकारों से प्रभावित कही जा सकती हैं। उदाहरण के लिए 'नयी कविता' की संरचना में प्रगीतात्मक तथा नाटकीय रूपों की चिन्ता या अभिव्यक्ति की युक्तियों में 'विसंगति' और 'विडम्बना' के प्रयोग का प्रश्न। पर सवाल दूसरा है—क्या इन बातों की चर्चा मार्क्सवादी दृष्टि के एकदम विरोध में पड़ती है? ध्यान से देखा जाय तो नामवर सिंह को उन तमाम प्रतिमानों से शिकायत है जो 'वैयक्तिक और आत्मपरक छायावादी संस्कारों से गढ़े गये हैं।' वे उन तमाम कविताओं को सन्देह की दृष्टि से देखते हैं जिनमें 'वस्तु जगत की समझदारी के स्थान पर केवल अनुभूति की ईमानदारी का आग्रह किया जाता है।' उनकी चिन्ता, आत्मपरक कविता के सीमित दायरे से बाहर निकाल कर कविता में अभिव्यक्त अनुभूति की जटिलता और तनाव के विश्लेषण में सक्षम प्रतिमान गढ़ने की चिन्ता है।

नामवर सिंह ने मार्क्सवादी और तथाकथित ग़ैर-मार्क्सवादी दृष्टियों के बीच विरोध का वैसा रिश्ता शायद कायम नहीं किया जिसके चलते मुक्तिबोध अस्तित्ववादी रहस्यवादी कवि प्रतीत होने लगें और 'उर्वशी' श्रेष्ठ कविता का प्रतिमान। इस तरह के सतही और ऊपरी विरोधों को पाटने की कोशिश वे पहले भी करते रहे हैं। 'इतिहास और आलोचना' में संकलित अपने निबन्ध 'व्यापकता और गहराई' में उन्होंने दोनों के बीच विरोध देखने की पूर्व प्रचलित दृष्टि के विरुद्ध इनमें सह सम्बन्ध की व्याख्या की है। इसी पुस्तक में दो और निबन्ध संकलित हैं–'इतिहास का नया दृष्टिकोण' और 'हिन्दी साहित्य के इतिहास पर पुनर्विचार'। दोनों के रचनाकाल में 10 वर्ष का अन्तराल है। पहले का रचनाकाल 'छायावाद' के आसपास है ('52) और दूसरे का 'कविता के नये प्रतिमान' से कुछ वर्ष पहले

('62)। दोनों में मार्क्सवादी दृष्टिकोण से हिन्दी साहित्य के इतिहास की पुनर्व्याख्या की गयी है यानी मार्क्सवाद के प्रति उनकी प्रतिबद्धता में एक निरन्तरता है। इसके बावजूद उनकी व्यावहारिक आलोचना अक्सर पाठकों के लिए असमंजस पैदा करती रही है। कविताओं में सामाजिक सत्य का सन्धान करते हुए, लेखक से केवल अनुभूति की ईमानदारी की तुलना में वस्तुजगत की समझदारी की माँग करने वाले नामवर सिंह एक लम्बे अरसे तक निर्मल वर्मा की कथा-सृष्टि के उत्साही प्रशंसक रहे हैं। ध्यान देने की बात यह भी है कि कविता के सम्बन्ध में वे जिन काव्य-मूल्यों का प्रश्न उठाते हैं उनमें भाषा से लेकर भावबोध तक काव्य रचना को एक सापेक्ष इकाई के रूप में देखने की हिमायत करते हैं। उनके अनुसार एक ख़ास क़िस्म के भाव-बोध से एक ख़ास काट की कविता पैदा होती है। तब निर्मल की कहानियों की उनकी पसन्द को क्या कहा जायेगा। इस सन्दर्भ में उनकी दृष्टि और रुचि के बीच यह फाँक अन्तर्विरोध का निश्चित संकेत देती है।

नामवर सिंह ने हृदय की मुक्तावस्था के वज़न पर 'बुद्धि की मुक्तावस्था' का ज़िक्र मेरी जानकारी में भारत भवन में पिछले वर्ष आयोजित आलोचक मेला यानी 'समवाय' में विशेष रूप से किया था। बुद्धि की मुक्तावस्था से उनकी ठीक-ठीक मुराद क्या थी यह तो मैं आज भी पूरी तरह नहीं समझ पायी हूँ। पर यदि शुक्ल जी की 'हृदय की मुक्तावस्था' की अवधारणा से मिलान करके देखें तो यह स्थिति हर प्रकार के पूर्वाग्रह और वैयक्तिकता से मुक्त वस्तुनिष्ठ बोध की स्थिति होनी चाहिए। जब बात पूर्वाग्रह मुक्ति की हो और वह भी बुद्धि की, तो उसकी तार्किक परिणति एक ओर विचारधारात्मक प्रतिबद्धता से मुक्ति में होनी चाहिए और दूसरी ओर हर प्रकार के वैयक्तिक आग्रहों से मुक्ति में। मैं इस प्रसंग में अपने निजी अनुभव का साक्ष्य प्रस्तुत करने की छूट लेनी चाहूँगी।

नामवर सिंह जब '65 में 'जनयुग' के सम्पादक होकर दिल्ली आये तो उनका पहला रिहायशी पड़ाव था 'मॉडल टाउन'। उस समय दिल्ली की साहित्यिक बहसों का सबसे जीवन्त अड्डा भी मॉडल टाउन ही था। कहना न होगा कि नामवर सिंह के प्रवेश से वहाँ की साहित्यिक गतिविधियों में और सरगर्मी पैदा हुई। मुझे याद है दक्षिण दिल्ली में रहने वाली युवा साहित्यिक प्रतिभाएँ अक्सर ऊर्जा की तलाश में वहीं आया करती थीं। व्यक्तियों और कारणों की फेहरिस्त लम्बी है। उस विस्तार की यहाँ गुंजाइश नहीं है। पर जिन विषयों पर बहस होती थी उनकी फेहरिस्त भी कम लम्बी नहीं है।

साहित्य में 'जेनुइन' और 'फेक' की समस्या, गद्य शैली में 'ही' और 'भी' के प्रयोग की फ्रीक्वैंसी के आधार पर शैलीकार के मिजाज़ और व्यक्तित्व विश्लेषण से लेकर प्रतिमान के रूप में, 'रस सिद्धान्त' और 'अनुभूति की प्रामाणिकता'

तक, कभी भी, कोई भी विषय बहस के लिए उठा लिया जाता और हफ़्तों उस पर अनिर्णीत बहस चलती रहती। मैं उस समय 'रस सिद्धान्त और सौन्दर्यशास्त्र' जैसे गम्भीर विषय पर काम कर रही थी। इसलिए अक्सर मेरे रास्ते आने वाली कोई समस्या इन बहसों में उठ खड़ी होती थी। दिल्ली विश्वविद्यालय से निकलने वाले विद्यार्थियों को डॉ. नगेन्द्र से जो अभिनवगुप्त वाली रस-दृष्टि कक्षाओं में मिली थी, उसे 'रस-सिद्धान्त' के सन्दर्भ में 'फ़ाइनल' समझते थे। स्वयं डॉ. नगेन्द्र से इस सन्दर्भ में बहस करने का साहस किसी में नहीं था क्योंकि वहाँ खुली बहस के लिए कोई गुंजाइश नहीं थी। ऐसी स्थिति में जब कोई ऊपर से अ-शास्त्रज्ञ दिखाई पड़ने वाला, आधुनिक बोध से लैस व्यक्ति इस क्षेत्र में दख़ल देता तो हमारी पहली प्रतिक्रिया घोर अविश्वास की होती थी। मेरे द्वारा उठाये गये मसलों पर जब नामवर सिंह ने 'समूल' ज्ञान और अधिकार के साथ टीका-टिप्पणी आरम्भ की तो मेरी पहली प्रतिक्रिया यही हुई। मुझे लगा कि यह अनधिकार चेष्टा है या मुझ पर रौब ग़ालिब करने का एक ढंग। पर यह समझने में मुझे बहुत समय नहीं लगा कि उन्होंने काव्यशास्त्र भी काफ़ी गम्भीरता से पढ़ा है। फिर भी मेरे दुराग्रहपूर्ण रवैये के कारण अक्सर उनसे वैचारिक टकराहट होने लगी। इस टकराहट की परिणति प्राय: कटुता में होती थी। वे तब भी 'बुद्धि की मुक्ता' की वकालत यह कह कर किया करते थे कि मुझे परजीवी चिन्तन से मुक्त होने का अभ्यास करना चाहिए और ख़ुद उनकी बातों को भी अच्छी तरह से ठोक बजाकर ही स्वीकार करना चाहिए। वे कोई गम्भीर बात बिना प्रमाण और सन्दर्भ का हवाला दिये नहीं करते थे। फिर भी किसी बात को मुझ पर थोपने का आग्रह उन्होंने कभी नहीं किया।

इस प्रसंग की सविस्तार चर्चा करने का उद्‌देश्य दृष्टिकोण के उस खुलेपन की तरफ़ इशारा करना है जिसमें अपनी बात के साथ औरों की बात को सुनने और स्वीकार या अस्वीकार करने की उदारता बनी रहती थी। पर यह बात की बात है। उनके लेखन में 'बुद्धि की मुक्ति-साधना' इस रूप में तो दिखाई पड़ती है कि वे प्रतिमानों की चौखटे में फ़िट करके रचनाओं को खतियाते चलने में आलोचक-कर्म की सार्थकता नहीं समझते। उनकी आलोचना में किसी ऐसे पैमाने की तलाश करने की कोशिश की जायेगी तो पाठकों को निराश होना पड़ेगा। क्योंकि यह पैमाना यदि है, तो बहुत लचीला है और ज़रा-सी कोशिश करते ही उसमें आपातत: अन्तर्विरोध दिखाई देने लगते हैं। उनके बारे में इसीलिए यह आम राय बन गयी है कि उनकी आलोचना का विवादात्मक चरित किसी सिद्धान्त के तहत निश्चित न होकर इस बात से तय होता है कि वार का लक्ष्य कौन है? उनकी प्रतिभा सबसे अधिक अपने ध्वंसात्मक रूप में सान चढ़ती है। यह बात अलग है कि इस प्रक्रिया में उन्होंने

अक्सर कुछ बहुत महत्त्वपूर्ण प्रश्न उठाये हैं और मूल्यवान आलोचनाएँ प्रस्तुत की हैं। 'कविता के नये प्रतिमान' में नयी कविता के बीच से पैदा होने वाले काव्य-मूल्यों के प्रश्न को गम्भीरता से उठाकर उन्होंने 'परिशिष्ट' में 'अँधेरे में' की समीक्षा प्रस्तुत करते हुए जैसे इन प्रतिमानों की व्यावहारिकता सिद्ध करने का प्रयास किया। परन्तु इसी पुस्तक के ध्वंसात्मक पूर्वार्ध के रूप में उन्होंने अपने विरोधियों के हाथ में एक ऐसा सुविधाजनक अस्त्र थमा दिया जिसके सहारे उनकी तमाम आलोचनाओं को उठा-पटक की राजनीति सिद्ध करना सरल हो गया। 'कविता के नये प्रतिमान' में अज्ञेय बनाम मुक्तिबोध की राजनीति देखने वालों ने 'दूसरी परम्परा की खोज' में आ. शुक्ल बनाम आ. हजारीप्रसाद द्विवेदी की राजनीति की खोज के लिए मार्ग प्रशस्त कर दिया।

नामवर सिंह की सक्रियता के बीच विवादास्पद तत्त्वों की खोज जिस तत्परता से की जाती रही है वैसी तत्परता शायद ही किसी और आलोचक के सन्दर्भ में दिखाई पड़ती हो। आलोचक भी ऐसा जिसकी लिखित जमा पूँजी इतनी कम हो। मित्रों की राय है कि वे बड़ी चतुराई से स्वयं विवाद के केन्द्र में यानी सबके ध्यान के केन्द्र में बने रहने का षड्यन्त्र रचते हैं। इसके कारणों की खोज आज की रचना-आलोचना के लिए प्रासंगिक तो क्या होगी, दिलचस्प ज़रूर हो सकती है। बात सोचने की तो है ही कि आ. शुक्ल के 'काव्य में लोकमंगल की साधनावस्था' शीर्षक लेख में तुलसी के मुकाबले सूर को विस्थापित करने का षड्यन्त्र किसी को दिखाई नहीं पड़ा। 'निराला की साहित्य साधना' में निकट परिवार के अतिरिक्त किसी को एक सीमा के आगे सुमित्रानन्दन पन्त के विरुद्ध कोई साज़िश नहीं दिखाई पड़ी। पर 'दूसरी परम्परा की खोज' में आनन-फानन में एक कालजयी आचार्य की प्रतिष्ठा की क्षति का प्रयास यदि ढूँढ़ निकाला गया तो कहीं-न-कहीं नामवर सिंह के आचार-व्यवहार के सम्बन्ध में फिर से सोचने की मजबूरी तो पैदा होती ही है। वैसे इस विवाद के बीज कहाँ बोये जा चुके थे, उसका विवरण पुस्तक के दूसरे अध्याय 'ब्राह्मण समाज में ज्यों अछूत' में मिल जाता है। इसी अध्याय में नामवर सिंह का एक वाक्य है : 'मनुष्य की पहचान संघर्ष भूमि में होती है, पूजा की वेदी पर नहीं (पृ. 38)। पुस्तक का आरम्भ संघर्ष भूमि में द्विवेदी जी की पहचान के प्रयास से हुआ किन्तु क्रमशः यह संघर्ष भूमि पूजा की वेदी में रूपान्तरित होती चली गयी और अन्ततः द्विवेदी जी उसके बीच से 'महामानव' की तरह उभरते दिखाई देने लगे। इस बीच अगर शुक्ल जी कहीं-कहीं लपेट में आ गये तो उसमें शुक्ल जी के विरोध से ज़्यादा द्विवेदी जी के प्रति श्रद्धार्पण की प्रेरणा ही काम करती दिखाई पड़ती है। अगर उसमें पाठकों को आ. शुक्ल के विरुद्ध षड्यन्त्र के सूत्र मिले तो इसके पीछे नामवर सिंह की सहज स्वभाववश अकारण दाहिने-बायें करते रहने की

प्रकृति का योगदान अधिक है। कहना न होगा कि उनके अच्छे-अच्छे मित्र भी इसके शिकार रहे हैं। ऐसी स्थिति में ग़लतफ़हमी का शिकार होने की सम्भावना बराबर बनी ही रही है।

बहरहाल, इस प्रकरण का सबसे दुर्भाग्यपूर्ण प्रसंग नामवर सिंह और डॉ. रामविलास शर्मा के बीच तथाकथित 'तीखी असहमतियाँ' हैं। ध्यान देने की बात असहमति नहीं उसका तीखापन है। सामान्यतः असहमति और बहस से वैचारिक एकांगिता की जगह पूर्णता आती है। विवादी अपूर्ण को पूर्ण करता है। प्रतिवादी की प्रवृत्ति धराशायी करने की, दाँव देखकर पछाड़ने की होती है। वैसे डॉ. रामविलास शर्मा के साथ असहमतियाँ बराबर रही हैं और काफ़ी कड़वाहट से रही हैं–फ़िराक गोरखपुरी, रांगेय राघव, शिवदान सिंह चौहान, अमृत राय आदि का स्मरण इस प्रसंग में किया जा सकता है। पर नामवर सिंह के साथ तुर्शी व तुर्शी शैली में असहमति जाहिर करने की जो प्रक्रिया चल रही है उसमें ध्यान देने की बात उनका सन्दर्भ है। पिछली बहसों को फिलहाल छोड़ भी दें तो 'दूसरी परम्परा की खोज' '82 में प्रकाशित हुई और 'लोक जागरण और हिन्दी साहित्य' तीन वर्ष की तैयारी के बाद '85 में। पुस्तक के लगभग आधे भाग में (98/208) अत्यन्त श्रम से तैयार की गयी यह भूमिका निश्चय ही केवल असहमति जाहिर करने के लिए नहीं है, नहीं तो उसमें हजारीप्रसाद द्विवेदी के सम्बन्ध में 17 अगस्त, '69 के 'जनयुग' में प्रकाशित विवरण के एक अंश को उद्धृत करने का 'मारेसि मोहि कुठाउँ' के अलावा कोई औचित्य समझ में नहीं आता (पृ. 91)। निश्चय ही भूमिका से पुस्तक मूल्य की क्षति हुई है। यह आकस्मिक नहीं है कि इसके बाद 'आलोचना' के अंक 77, अप्रैल-जून '86 में नामवर सिंह का लेख 'साहित्य में प्रगतिशील आन्दोलन की ऐतिहासिक भूमिका' छपा और 'आलोचना' के अंक 79 में 'हिन्दी नवजागरण की समस्याएँ' शीर्षक से सम्पादकीय। यह भी केवल संयोग नहीं है कि इसके बाद 'आलोचना' में क्रम से ऐसे कई लेखों का प्रकाशन हुआ जिनमें नाना प्रकार से डॉ. रामविलास शर्मा के लेखन की ख़ामियों, अन्तर्विरोध और नासमझी को उद्घाटित करने का हौसला दिखाई पड़ा। कहना न होगा कि यह लेखन काफ़ी दूर तक उन्हीं डॉ. रामविलास शर्मा को समर्पित है जो आलोचना के ही विशेषांक में सम्पादकीय लिखते हुए नामवर सिंह को 'केवल जलती मशाल' दिखाई पड़े थे। पहले लेख में एक वाक्य है 'यथार्थवाद सम्बन्धी इस धारणा से यह निष्कर्ष निकलता है कि यदि प्रगतिशील आन्दोलन न भी आरम्भ होता तो हिन्दी साहित्य में यथार्थवाद का विकास होता ही' (पृ. 135) यह वाक्य अनायास आ. द्विवेदी के उस वाक्य की याद दिला देता है कि 'अगर इस्लाम नहीं आया होता तो भी इस साहित्य का बारह आना वैसा ही होता जैसा आज है।' इन दोनों वाक्यों को उद्धृत करने का उद्देश्य इस सम्भावना

की ओर इशारा करना है कि क्या ऐसे प्रसंग इन आलोचकद्वय की असहमतियों की प्रकृति की पहचान में सहायक हो सकते हैं। नामवर सिंह ने डॉ. रामविलास शर्मा की समझ के बारे में टिप्पणी की है, 'हिन्दी साहित्य के प्रगतिशील युगीन रूपान्तरण की जटिलता भी उनकी समझ के बाहर है।' (वही पृ. 135) यह बात एक हद तक उनकी विरोध शैली पर भी लागू होती है। नामवर सिंह के शब्दों में 'हर चीज़ का साफ़-सुथरा सपाट विश्लेषण' की तरह सीधा-सपाट आक्रमण। नामवर सिंह की शैली की तरह तर्क गुम्फित, जटिल और पेचीदा नहीं। आख़िर इसका मेल कहीं-न-कहीं इस बात से भी तो बैठता ही है कि उनमें जटिल मानसिकता वाले नये लेखकों- कवियों की वैसी पकड़ और सराहना नहीं दिखाई पड़ती जो नामवर सिंह में है। मुक्तिबोध इसका प्रमाण हैं।

इन दोनों आलोचकों को प्रगतिशील धारा, बिरादरी बाहर करने का ख़तरा न कभी ले सकी, न आगे ले सकेगी, भले ही स्वयं इन दोनों का दृष्टिकोण और सम्बन्ध प्रगतिशील आन्दोलन के साथ एकरस और एक-सा नहीं रहा।

रामविलास शर्मा की शोधवृत्ति साहित्य के व्यापक बोध, ज्ञान-साधना और एकनिष्ठ समर्पण ने उन्हें छायावादोत्तर काल के सर्वाधिक महत्त्वपूर्ण आलोचक व्यक्तित्व के रूप में प्रतिष्ठित किया है। कहीं-कहीं कुछ लेखकों के बारे में उनकी संवेदन-क्षमता, नापसन्द अवश्य असमंजस पैदा करती है पर हिन्दी साहित्य को उनका योगदान इतना है कि सारे मतभेदों और असहमतियों के बावजूद उनके महत्त्व के सम्बन्ध में मतभेद की गुंजाइश नहीं है। इसलिए तथाकथित 'तीखी असहमतियों' को व्यवस्थित ढंग से आगे बढ़ाकर यदि नामवर सिंह 'दूसरी परम्परा' नहीं, तो कम-से-कम 'समानान्तर परम्परा' को आकार दे सकें, तभी इस वैचारिक टकराहट से हमारी जातीय आलोचना के गतिमान होने की सम्भावना पैदा हो सकती है।

मैं आपकी बात में संशोधन करके कहूँ तो 'उपलब्धि' की दृष्टि से नहीं, प्रतिभा अन्तर्दृष्टि, गहरी समझ और अत्यन्त समर्थ विश्लेषणधर्मी शैली की दृष्टि से निर्विवाद होते भी यदि नामवर सिंह की सक्रियता लगातार विवादास्पद रही है तो इससे सिर्फ़ इतना तय होता है कि वे महत्त्वपूर्ण और प्रासंगिक आलोचक हैं। वे इसलिए विवादास्पद हैं कि उनकी पसन्द-नापसन्द का, राय का, वज़न होता है। उसकी उपेक्षा करना सम्भव नहीं होता लेकिन चिन्ता उस विवाद की होनी चाहिए जिसका लक्ष्य उनकी विश्वसनीयता है। उसके कारणों की खोज समूची रचना आलोचना के लिए प्रासंगिक भले ही न हो, उनके लेखन की प्रतिष्ठा के लिए निश्चय ही प्रासंगिक है। इसलिए और भी कि इधर कुछ समय से उन्होंने लेखन में अपेक्षाकृत सक्रियता का आभास दिया है और वे आज भी रामविलास शर्मा के बाद की पीढ़ी के सबसे समर्थ और सम्भावनापूर्ण आलोचक हैं।

प्रदीप सक्सेना

उत्तर : प्रश्न–1

नहीं! मैं इस प्रस्थापना से असहमत हूँ कि स्वातन्त्र्योत्तर लेखकों की 'सभी पीढ़ियाँ नामवर सिंह को ही अपना निकटतम आलोचक मानती रही हैं।' लेखक से हमारा अभिप्राय क्या है? क्या इसमें सभी विधाओं के लेखक आ जाते हैं? इसे विशिष्ट रूप में देखना होगा। यह इसलिए और भी आवश्यक है क्योंकि हिन्दी आलोचना मुख्यतः काव्य-केन्द्रित रही है। ऐसा कहते समय मैं उन सैकड़ों शोध-प्रबन्धों को शामिल नहीं कर पा रहा हूँ, जिनमें साहित्य का चप्पा-चप्पा छान मारा गया है और हर कोण से सब कुछ का सामाजिक, मनोवैज्ञानिक, वस्तुपरक, सांस्कृतिक, दार्शनिक विवेचन, अध्ययन और मूल्यांकन कर डाला गया है। सुविधा के लिए एक वरीयता क्रम बनाया जा सकता है। सबसे पहले काव्यालोचना, दूसरे नम्बर पर कलालोचना। और तीसरे नम्बर पर अलोचनालोचना। कथालोचना में भी कहानी-केन्द्रित हिस्सा। शेष विधाओं की आलोचना करने वाले आलोचकों को प्रायः चर्चा से बाहर ही पाया गया है। यद्यपि सैद्धान्तिक आलोचना ने इधर स्वतन्त्र सांस्कृतिक और सौन्दर्यात्मक चिन्तन की भी अपनी एक दुनिया बनाने की कोशिश की है किन्तु उसे फिलहाल भविष्य की आशा पर ही टिकना पड़ रहा है। अतः हिन्दी-क्षेत्र में वे ही आलोचक चर्चा के केन्द्र में रहे हैं जो व्यावहारिक आलोचना को अपना मुख्यकर्म मानते आये हैं। इस दृष्टि से सर्वश्रेष्ठ आलोचक वे सिद्ध हुए हैं जिन्होंने बड़े-से-बड़े सैद्धान्तिक वैचारिक प्रश्नों और अवधारणाओं को कृतियों के माध्यम से दुण्ट और विकसित किया है। कोरा सिद्धान्त विवेचन जिसकी अन्तिम परिणति दर्शन का मामला हो। चाहे वह मार्क्सवाद हो, चाहे अस्तित्ववाद, उसकी ग्राह्यता रचना-केन्द्रित आलोचना के धरातल पर ही रही है। अतः आलोचक की निकटता का पैमाना है कि सम्बद्ध

रचनाकार को उसकी आलोचना से अपनी सृजन क्षमता के परिष्कार और विकास में क्या सहायता मिलती है तथ्रा दूसरी व पूर्ववर्ती रचनाएँ क्यों श्रेष्ठ हैं, यह जानने में कितनी सुविधा होती है। यह परिभाषा केवल वहीं लागू होती हैं, जहाँ आलोचना का कार्य लेखक और पाठक के बीच पुल बनाना है। भले ही यह पुल आनन्द की ओर ले जाता हो या सामाजिक परिवर्तन की ओर। पुल, संवाद, सम्पर्क कोई नाम दें सभी में सर्वस्वीक्ति 'व्याख्या' तत्त्व अन्तर्निहित है। यह व्याख्या, जिसका घिसा हुआ 'शब्द' प्रतीत होता है, उतना ही कठिन 'कर्म' है। क्या इसे समझे बिना लेनिन के इस सूत्र को समझा जा सकता है कि शब्द कर्म भी होते हैं? सीमिततम रूप में भी साहित्य क्षेत्र में यह कर्म अर्थोद्घाटन से शुरू होकर कल्पना, बिम्ब, प्रतीक, भाषा, मूल्यों से गुज़रता हुआ सौन्दर्यशास्त्र तक फैल जाता है जो दर्शन या विश्वदृष्टि के माध्यम से बृहत्तर मनुष्य जाति के विराट् प्रश्नों के महानतम उत्तरों में ढल जाता है। अर्थोद्घाटन भी इस समस्त प्रक्रिया को व्यक्त करता है। जितने बेहतर ढंग से यह प्रक्रिया सम्पन्न होती है उतनी ही निकटता की सम्भावनाएँ बढ़ती जाती हैं। नामवर सिंह ने इस प्रक्रिया को न केवल समझा था, बल्कि इसमें निष्णात होने की जन-स्वीकृति भी प्राप्त की थी। लेकिन जब वे इस प्रक्रिया की ऊँचाइयों को स्पर्श करने की ओर बढ़ने लगे, राष्ट्र इतना दूर तक टूटा और बदला, परिप्रेक्ष्य इतना जटिल हो उठा, विस्तार और विविधता इतनी संगुम्फित हो गयी कि सभी पीढ़ियों के लेखक तो दूर, एक विधा के लेखकों के मुख्य संस्तरों तक पहुँच पाना और उन्हें आश्वस्त कर पाना लगभग असम्भव हो गया। चुनाव के बिना कोई मार्ग न था। नामवर सिंह ने भी चुनाव किया। यह चुनाव ही समस्त तीव्र और गहरे मतभेदों की जड़ है। प्रश्न को थोड़ा और खोल लिया जाये 'हिन्दी-लेखकों' से तात्पर्य नये और मार्क्सवादी लेखकों से लिया जाय तो उनकी भी सभी पीढ़ियाँ उन्हें निकटतम आलोचक नहीं मानतीं। इन लेखकों में भी पहले नम्बर पर कवि, दूसरे पर कहानीकार, तीसरे पर आलोचक हैं। आलोचकों का एक वर्ग तो ऐसा भी है जिसे तर्क की जगह रिमार्क का मार्ग सदा सुगम रहा है। जिसने ऊर्ध्वबाहु होकर 'महाबली के पतन' की घोषणा की है। इन्हीं लोगों को लक्ष्य करके नामवर सिंह ने कहा है–'आज हिन्दी में 'क्रान्तिकारी' मार्क्सवादियों की कमी नहीं है। सभी रणबांकुरे हैं; योद्धा का बाना बाँधे। और कमी भले हो, वाणी में न वीरता कम है, न क्रोध।' इनसे भिन्न दूसरे युवा लेखक हैं जिन्होंने परवर्ती विचारों की जगह 'इतिहास और आलोचना' में अधिक प्रामाणिक मार्क्सवादी दृष्टि को पाया है उनके बारे में नामवर सिंह का मत है कि ये युवा लेखक 'अतिरिक्त उत्साही' हैं। इसी क्रम में तीसरे वे आलोचक हैं जो नामवर

सिंह में रूपवादी रुझानों को विकसित होता हुआ देखते हैं और 'एफ.आर. लीविस' की 'समीक्षा' करते हैं। उन्हें नामवर सिंह ने 'अधकचरे मार्क्सवादी अध्येता' कहा है। नेमिचन्द्र जैन के मामले में उनका कहना है कि बड़ा अजीब लगा कि मुझमें उन्हें रूपवाद दिखाई दिया। रामविलास शर्मा के बारे में उनका मत जगजाहिर है। इन आलोचकों से अलग जो आलोचक बच रहे हैं (मार्क्सवादी) उनके तथा विजयदेव नारायण साही, विष्णु खरे, लक्ष्मीकान्त वर्मा प्रभृति के वे निकटतम हो सकते हैं।

दूसरी विधा जिससे नामवर सिंह का नाम एक प्रवर्तक के रूप में जुड़ा है, कहानी है—इसके लेखकों में सर्वाधिक उत्तेजना उन्हीं में है जिन्हें प्रगतिशील, प्रगतिवादी, जनवादी और मार्क्सवादी कहानीकार कहा जाता है। एक पूरी-की-पूरी पीढ़ी उन्हें अपना निकटतम इसलिए नहीं मानती क्योंकि जिन कहानीकारों के ज़रिये नयी कहानी की बहस बढ़ी और जीती गयी उनमें वे नदारद थे। नयी कहानी में वे रचनाकार भी नदारद थे जिन्हें राजेन्द्र यादव, कमलेश्वर और मोहन राकेश के नाम से जाना जाता है। कुछ 'आंचलिक' भी निकट नहीं थे और कुछ 'ग्रामकथाई' भी। लेकिन जिस तथ्य को यहाँ ध्यान में रखा जाना चाहिए वह यह है कि जिस श्रम से, तैयारी और पद्धति से नामवर सिंह ने ये लेख लिखे उसे पसन्द करने वालों की कतार लम्बी थी। उनमें लोगों ने ऐसा आलोचक पा लिया था जिसका हिन्दी-आलोचना में घोर अकाल था और है। केवल आलोचक। हिन्दी में यह स्थिति विरल है। आलोचक प्राय: इतिहासकार, अर्थशास्त्री, राजनीतिज्ञ, दार्शनिक, वैज्ञानिक आदि बहुत हैं आलोचक कम हैं। छोटी-सी तस्वीर का वह इतना बड़ा फ्रेम बना देता है कि तस्वीर कहीं दिखती नहीं। नामवर सिंह ने इस तस्वीर का जिस तरह ध्यान रखा उसने उन्हें सबके निकट आने का अवसर दिया था। लेकिन जिन तस्वीरों को उन्होंने चुना, उन्होंने उनके ऊपर ही नहीं मार्क्सवादी कलादृष्टि पर भी प्रश्नचिह्न लगा दिया और उन्हें इतना दूर कर दिया कि उन्हें ख़ुद कहना पड़ा 'मैं मूलत: कविता का आलोचक था।' रचनाकारों ने कहा कि वह भटकते-भटकते इधर (कहानी-आलोचना) आ निकले थे। अच्छा हुआ वह लौट गये। अपने मूलकर्म क्षेत्र की ओर लौट जाने के बाद लम्बे समय तक नामवर सिंह मौन रहे। कुछेक सम्पादकीयों के अतिरिक्त उन्होंने कुछ नहीं लिखा। इधर पिछले पाँच वर्षों में वे फिर शुरू हुए हैं। साक्षात्कारों के माध्यम से उन्होंने कहानियों पर अपने विचार व्यक्त किये हैं। 'सारिका' साक्षात्कार माला ने नये कहानीकारों के मन में यह विश्वास जगाया था कि नामवर सिंह फिर से सक्रिय हो रहे हैं। लेकिन इन 20 वर्षों में एक ऐसी घटना हुई

है जिसने नामवर सिंह की चेतना और निष्कर्षों को दूर तक प्रभावित किया है। यह एक मोड़ था। नामवर सिंह लेखक से वक़्ता हो गये। उनके बोलने की कला ने इतनी ख्याति अर्जित की कि भीष्म साहनी ने कहा, 'मुझे अगर पता चल जाये कि नामवर सिंह का भाषण है तो मैं अच्छी किताब छोड़कर दौड़ पड़ूँगा भले ही वह ख़ुद नामवर सिंह ने लिखी हो।' यही वह बिन्दु है जहाँ विचार पर कला हावी होती है। भाषणों में जो मादक 'रेस्पांस' मिला 'जनता' से, उसने नामवर सिंह की चेतना में बहुत चुपके से प्रवेश किया। इसने उन्हें लेखन की गम्भीर चुनौतियों से काट दिया। प्रतिभा के व्यवस्थित इस्तेमाल से रोका। तालियों की गड़गड़ाहट ने उनका सबसे बड़ा नुकसान यह किया कि उनके 'स्टैंड्स' बदल दिये। उनकी गम्भीरता को प्रभावित किया और उन्हें शुद्ध पोलेमिकल बना दिया। इससे वे उस अर्थ में (पत्रकारिता जन्य) निकटतम होने का भ्रम पैदा करते रहे किन्तु वास्तव में वे दूर थे। इतने दूर कि भीष्म साहनी तक के बारे में केवल यह दावा करते रहे कि 'मुझे मालूम है उनकी सादगी भरी सशक्त कलात्मकता का रहस्य! और कोई नहीं जानता।' आरम्भिक दौर में निर्मल वर्मा केन्द्र में थे अब निकले मनोहर श्याम जोशी। जबर्दस्त कहानी 'सिल्वर बैडिंग'। इस तरह युवा कथाकारों, महिला कथाकारों के विशेषकर नामों को साक्षात्कारों में उछाला अवश्य गया है किन्तु इससे उन्हें अपने विकास में कोई मदद नहीं मिलेगी। चर्चा अवश्य मिलेगी लेकिन चर्चा आलोचना का बदल तो नहीं! यहाँ भी नामवर सिंह ने बहुत ही सूक्ष्मता से चुनाव किया। यह चुनाव एक ओर व्यावसायिक क़िस्म का था, दूसरी ओर सामाजिक अन्तर्विरोधों के प्रति पेटीबूर्ज़्वा प्रतिक्रियाओं को बढ़ावा देने वाला। जिसके केन्द्र में जो प्रतिमान थे वे वर्ग संघर्ष के मौजूदा परिप्रेक्ष्य में अपेक्षित यथार्थ के उद्घाटन में कम मदद करते थे। इस प्रकार काफ़ी बड़ा कहानीकारों का ऐसा वर्ग है, जिसने नामवर सिंह से अपेक्षाएँ की थीं किन्तु जो पूरी नहीं हुईं, बल्कि उनके अनेक निष्कर्षों से ग़लत तारीफ़ का ख़तरा भी इस वर्ग को पैदा हो गया था। तीसरा क्षेत्र है, कविता का। नामवर सिंह का बहुचर्चित मूल कर्म-क्षेत्र! जाहिर है इस क्षेत्र में 'निकटतम आलोचक' की पूरी पैमाइश होनी चाहिए। नामवर सिंह ने आधुनिक हिन्दी-कविता की प्रमुख प्रवृत्तियों पर विचार करते हुए 'छायावाद' पर अपनी पकड़ को सिद्ध करते हुए कवियों में यह आशा जगायी थी कि एक समर्थ आलोचक जिसके औज़ार नये हैं और जो ऑपरेशन की नवीनतम यूरोपीय प्रविधि से लैस है, हिन्दी को मिला है। पुराने मैथिलीशरण गुप्त, सुमित्रानन्दन पन्त, जयशंकर प्रसाद, निराला, महादेवी, सियाराम शरण से लेकर मुक्तिबोध तक काव्य की विशाल

उपत्यका यहाँ दिखाई देती है। लेकिन ये सब नामवर सिंह को चर्चित नहीं बनाते। चर्चित बनाते हैं उन्हें नये कवि। छठें दशक का काव्य। यद्यपि इन कवियों पर नामवर सिंह जब टिप्पणियाँ/लेख लिख रहे थे तभी उन पर प्रहार शुरू हो गये थे लेकिन युद्ध तब विधिवत् हुआ जब 'कविता के नये प्रतिमान' पुस्तक रूप में सामने आये। चर्चा की दृष्टि से यह पत्थर कही जा सकती है। रामविलास शर्मा से लेकर एम.ए. के किसी छात्र तक इसका दायरा फैला हुआ है। आज भी नये से नया लेखक जब नामवर सिंह के किले पर चढ़ाई करता है तो सबसे बड़ी तोप इसी फाटक की ओर बढ़ाता है। यहाँ भी, मूल कर्मभूमि पर भी यह भेद मैं करता हूँ प्रगतिशील, प्रगतिशील कवि। पूरी पुस्तक की छनाई से दो युवा नाम प्राप्त होते हैं–मुक्तिबोध और धूमिल जिनके नामवर सिंह निकटतम आलोचक कहे जा सकते हैं। इनके साथ ही कहीं-कहीं नागार्जुन, त्रिलोचन और उपेक्षित से कवि केदारनाथ अग्रवाल की झलक भी मिलती है। दूसरी श्रेणी में हैं गिरिजाकुमार माथुर, श्रीकान्त वर्मा, केदारनाथ सिंह, रघुवीर सहाय, शमशेर बहादुर सिंह, राजकमल चौधरी और अज्ञेय (जो पूरी कृति में आदि से अन्त तक विराजमान हैं) इस तरह नयी कविता का बहुत बड़ा हिस्सा कवर हो जाता है। इसमें सबसे ऊपर दो जन उतराते हैं–अज्ञेय और रघुवीर सहाय। अज्ञेय पता नहीं नामवर सिंह को निकटतम मानते थे या नहीं और रघुवीर सहाय यदि नहीं मानते तो आघातपूर्ण है। श्रीकान्त वर्मा ज़रूर मानते हैं। इसके बाद कवियों की वह पीढ़ी पैदा होती है जिसने 'सारी दुनिया सिर पर उठा रखी है।' लघु पत्रिकाओं के पृष्ठों पर जमी, गरजती, गुर्राती यह पीढ़ी संख्या में सबसे बड़ी है। मुक्तिबोध के पीछे इस पीढ़ी का बहुत बड़ा हिस्सा है। इसमें मैं उन सभी को शामिल कर रहा हूँ जो व्यवस्था पर थूक रहे हैं, उसे देख रहे हैं, उधेड़ और उखाड़ रहे हैं, अपना सीना चीरे डाल रहे हैं, जीवन से जिन्हें नफ़रत हो गयी है, जो गाँवों की ओर लौट गये हैं, जो मीनारों पर चढ़े हैं, जो बन्दूक थामे घूम रहे हैं या आत्महत्या के कगार तक पर पहुँच चुके हैं, जो व्यवस्था की चूल-से-चूल भिड़ा देना चाहते हैं। क्या नामवर सिंह इन कवियों के निकटतम आलोचक हैं? नहीं! इस कवि-सेना को नामवर सिंह से नॉस्टेल्जिया के शिकार होने का आरोप पत्र तो मिला ही उन्होंने कुपित होकर इस सेना से पूछा कि यह अपनी अग्निपरीक्षा के लिए तैयार है, इनमें से कुछेक जो अमूर्त और सूक्ष्म अनुभूतियों के चितेरे हैं उनकी ओर नामवर सिंह ने अवश्य ताका है।

लेकिन इधर पिछले कुछ वर्षों में कुछ नाम पुरानी पीढ़ी से उभरे हैं जिनमें से दो, नागार्जुन और त्रिलोचन के महत्त्व को अब आकर मुक्तकण्ठ से नामवर सिंह ने

स्वीकार किया है। नयी और पुरानी पीढ़ी के बीच में केदारनाथ सिंह प्रभृति कवियों को भी लिया गया है। इस तरह मुझे नहीं लगता कि नामवर सिंह सभी पीढ़ियों के निकटतम आलोचक हैं। प्रतिभा और क्षमता के अनुपात में उन्होंने बहुत कम किया है। जो किया है उससे प्रगतिशील जनवादी चिन्ताधारा का स्वाभाविक विकास बिम्बित नहीं होता। पद्धतिगत उनका कार्य महत्त्वपूर्ण है लेकिन उसका प्रतिफलन जिन रचनाओं के धरातल पर होता है वे परिप्रेक्ष्य की गड़बड़ी को सूचित करती हैं। यह कहना ग़लत है कि नामवर सिंह की 'आलोचना में सतत उपस्थिति है।' पूरे-पूरे दशक वे डुबकी लगा गये हैं। सतत उपस्थिति का सम्बन्ध उद्देश्य की गहनता से होता है। इसकी पूर्ति उन्होंने विचारों को लिपिबद्ध करने की जगह भाषणों के माध्यम से की जिसका पुरस्कार उन्हें श्रोताओं से तत्काल मिल गया और मिल रहा है–लेखन में वे परम कृपण रहे हैं। और यह 'मैत्री पूर्ण समकालीनता' केवल कुछेक पात्रों को सुलभ रही है जिसके विघटन और व्यक्तित्व विभाजन के इस युग में, रचना से इतर कारण हैं।

कवियों, कहानीकारों, आलोचकों के त्रिभुज का केन्द्र रही है नामवर सिंह की आलोचना।

यह सच है कि आज उत्पादन की जो स्थिति है, उसमें सभी को नहीं पढ़ा जा सकता। एक ही विधा में इतना लिखा जा रहा है। लेकिन यह भी सच है कि बहुत सारा 'सप्लाई और डिमांड' से नियन्त्रित लेखन है। ऐसे में जो श्रेष्ठ है जिसके दबा दिये जाने की स्थितियाँ मौजूद हैं उसे उभारने में नामवर सिंह अक्सर पश्चात्पद रहे हैं। जिन्हें उन्होंने लिया भी (मुक्तिबोध, धूमिल, नागार्जुन, त्रिलोचन, केदार आदि) उन पर भी समय और वैसे नहीं लिखा जिसके वे अधिकारी थे। कवियों को तो फिर भी कुछ सांत्वना है, कहानीकारों की लम्बी लिस्ट है, जिसके कठघरे में देर-सबेर उन्हें खड़ा होना होगा। उपन्यासकार तो उन्हें पहले भी कुछ नहीं कहते थे। नाटककार मौन हैं। शेष निर्वाक!

उत्तर : प्रश्न–2

यह नामवर सिंह की आलोचना का सबसे संवेदनशील पहलू है। दूसरों के लिए उत्तेजना का। नामवर सिंह के लिए प्रतिष्ठा, मोह, मौलिकता और दृष्टि की ठीक-ठीक सौन्दर्यशास्त्रीय परिणति का। संवेदनशील मैंने इसलिए कहा क्योंकि रूपवादी रुझान यहाँ बिलकुल सीमा रेखा है। दोनों ओर से जो गोलाबारी हो रही है वह काफ़ी

हद तक आत्मघाती क़िस्म की है। मज़ा यह है कि इस युद्ध में रामविलास शर्मा से लेकर उस नौजवान तक सब लोग शामिल हैं जो अभी रूपवाद को समझ भी नहीं पाया है। बस ललकार देता है नामवर सिंह को। उधर नामवर सिंह ने सभी की बुद्धि को सत्ताईस सेर तौलते हुए घोषणा कर दी है कि 'हिन्दी के नये मार्क्सवादी आलोचक अंग्रेज़ी की 'नयी समीक्षा' के प्रति ज़रूरत से ज़्यादा शंकालु हैं।' वे जेरेमी हॉथॉर्न की तरह रूपवाद की चुनौती (यही रह गयी है?) स्वीकार करते हुए उससे सहमति जताते हैं कि 'रूपवादी आलोचना के तत्त्वों का उपयोग मार्क्सवादी आलोचना को विस्तृत और समृद्ध करने के लिए हो सकता है।' उनका विश्वास है कि 'ॲटानॉमी' के स्थान पर 'आइडेंटिटी' शब्द को स्वीकार कर लेने से रूपवादी आलोचना के निषेधात्मक पक्ष तिरस्कृत हो जायेंगे और स्वयं काव्यकृति सम्बन्धी रूपवादी अनुशीलन के विधेयात्मक तत्त्व सुरक्षित रह जायेंगे। नामवर सिंह यह जानते हैं कि 'अंग्रेज़ी नयी आलोचना का उदय मार्क्सवादी आलोचना के विरोध में हुआ।' लेकिन यह मानने के लिए तैयार नहीं कि वह कोई 'साम्राज्यवादी साज़िश' है या 'पतनशील' है। सबसे ज़्यादा नामवर सिंह इस बात से ख़फ़ा हैं कि एफ.आर. लीविस को प्रतिक्रियावादी क्यों कहा? साथ ही वह यह भी कहते हैं कि आर्नल्ड केटल ने यह जानते हुए भी कि वह प्रतिक्रियावादी हैं उनका ऋण स्वीकार किया। जबकि हिन्दी के मार्क्सवादी आलोचक 'ऋण' तो किसी का स्वीकार नहीं करते 'साज़िश' सबकी समझते हैं। कबीरदास उलटबाँसी लिखा करते थे। किसी को कहते थे, कहीं पर लगती थी। हिन्दी की मार्क्सवादी आलोचना जीव और ब्रह्म के बीच से इस शैली को खींच लेती है और दे उलट बाँस! अपने सिवा किसी और को मार्क्सवादी समझना इतिहास विरोधी समझा जाता है। इस मामले में नामवर सिंह एक हाथ में मुक्तिबोध को रखते हैं क्योंकि उन्होंने मार्क्सवादियों की इसी जड़ता पर प्रहार करने के लिए 'समीक्षा की समस्याएँ' नामक 65 पृष्ठ का भावावेशपूर्ण निबन्ध लिखा था। और इस तरह नामवर सिंह को रूप तिरस्कार की क्षति पूर्ति के लिए मार्ग प्रशस्त कर दिया था। दूसरे हाथ में उलटबाँस की रामविलास शर्मा द्वारा विकसित शैली को थामे हुए शेष सबको जड़ मार्क्सवादी घोषित कर देते हैं। एक के लिए मार्क्सवाद का नैमिषारण्य कानपुर है, दूसरे के लिए आंग्ल-अमरीकी चिन्तना।

क्या मार्क्सवाद और रूपवाद 'ॲटॉनॉमी' और 'आइडेंटिटी' दो शब्दों से व्यक्त होते हैं? क्या मार्क्सवादी आलोचना की रूपतिरस्कारी वृत्ति से निबटने के लिए ही 'कविता के नये प्रतिमान' में काव्य के रूप पक्ष पर अतिरिक्त बल दिया गया है?

क्या यही 'बौद्धिक क्षेत्र का सबसे मज़बूत और मुश्किल मोर्चा है?' तो आइए, इसी मोर्चे पर चलें।

'कविता के नये प्रतिमान' के इस अतिरिक्त बल का स्रोत क्या है? स्वयं नामवर सिंह के शब्दों में 'अंग्रेज़ी के कुछ नये समीक्षकों को उद्धृत किया जाना।' क्या मामला इतना-सा ही है कि अंग्रेज़ी के कुछ समीक्षक यहाँ उद्धृत किये गये हैं? यह विसंगति और बिडम्बना, अनुभूति की जटिलता, तनाव और सपाट बयानी, भाषा और बिम्ब, प्रतीक और दर्शनों का भरा-पूरा संसार फिर क्या है? यहाँ मैं ऐसा सूत्र नहीं बनाना चाहता कि यह सब नामवर सिंह को विजयदेव नारायण साही से, साही को लक्ष्मीकान्त वर्मा से, वर्मा को अज्ञेय से, अज्ञेय को सार्त्र से; सार्त्र को कीर्केगार्ड से और कोर्केगार्ड को...। या क्रों, रैंसम, क्लींथ वक्स, इलियट, डोनाल्ड डेवी, फैंक कर्मोड, विलियम एम. एम्पसन, रिचर्ड्स, रिचर्ड एल्डिंगटन, रिचर्ड ब्लैकमर, राब्सन, मर्कोड, फिशर, बेंजामिन, लीविस सबका मुरब्बा है 'कविता के नये प्रतिमान'। ठीक कहा था नेमिचन्द्र जैन ने–ऐसा भी क्या सहचिन्तन जो किसी का हवाला दिये बिना कोई कहनी मुश्किल हो जाये।' इसकी जगह नामवर सिंह यदि इन महानुभावों पर ही अलग से कुछ लिखते तो हिन्दी का बड़ा उपकार हो सकता था। यूरोपीय इन प्राध्यापकों से हिन्दी आलोचना को आतंकित रखने वाले आलोचकों में नामवर सिंह अकेले नहीं हैं। यही नहीं अपनी एक-एक बात के लिए उधर से ओ.के. लेने वालों से लेकर यहाँ ऐसे-ऐसे विद्वान दिखाई देते हैं जो यूरोप के मार्क्सवादी विचारकों की अवधारणाओं को अपने उत्पादन के रूप में पेश कर डालते हैं। पिछले वर्षों मार्क्स के 'की वर्ड्स' की ही घटना देखिए अब लगे हैं 'बीज-शब्द' के उत्पादन में। काफ़ी समय 'विचारधारा' उत्पात मचाती रही। एक दशक तक सबसे घटिया और निष्प्राण लिखने वाले समाजवादी यथार्थवाद के नाम पर धमाचौकड़ी करते रहे। कुछ लाज बचायी सौन्दर्यशास्त्र ने। यूरोप जो कुछ सोचता है वह सब कुछ अनुकरणीय है? भारत की तमाम भाषाओं के प्रतिक्रियावादी यदि सभी बिम्बों, अनुभूतियों और भाषा से लदे-फँदे वाक्यशास्त्र के पीछे सक्रिय दर्शन और मन्तव्यों का वर्गाधार न देखें तो समझ में आता है लेकिन मार्क्सवादी (वह भी केवल स्वयं को) मानने वाले सज्जन भी यही कुछ करें तब तो व्यवस्था का मनोरथ अधिक ढंग से पूरा हो जाता है। बल्कि आज व्यवस्था को ऐसे मार्क्सवादियों की बहुत बड़ी आवश्यकता है जो न केवल उन मूल्यों और मानों का प्रचार-प्रसार करें, बल्कि न करने वाले लोगों को, साथियों को भी मार गिरायें। हिन्दी-आलोचना गवाह है–मार्क्सवादियों पर इतने बड़े, सुनियोजित और कड़े हमले प्रतिक्रियावादियों

ने नहीं किये, जितने जबर्दस्त परस्पर हुए। मतभेद इन्हें नहीं कहा जा सकता। ये संस्कारों का विस्फोट हैं। हम जानते हैं कि मध्यवर्ग को 'अटैक' करने में बहुत मज़ा आता है। सामन्ती पृष्ठभूमि हो तब तो तर्क लठ्ठ की ही भूमिका अदा कर देता है। और जो व्यवस्था का साया भी कहीं पड़ रहा हो तो फिर बस शूट करना ही रह जाता है। वैचारिक संघर्ष तो जीवन्तता की निशानी है। लेकिन इससे कैसी जीवन्तता निकली हैं? ऐसी कि जो काम दस जनविरोधी लेखक मिलकर न कर सके वह एक मार्क्सवादी ने कर दिखाया!

कौन है सच्चा मार्क्सवादी? बोल्शेविक या मेंशेविक? लेनिन या ट्राट्स्की? इसका निर्णय परस्पर न हो सकता था। प्लेखानोव तक से 'सच्चे' होने पर लम्बा विवाद चला। हरेक मार्क्सवाद को, एंगेल्स को धड़ल्ले से उद्धृत करता था। वहाँ इतिहास ने 'सन्तुलन का कोई नाटक' नहीं प्रस्तुत किया था। वर्ग चेतन जनता ने निर्णायक की भूमिका अदा कर दी। यहाँ कैसे सिद्ध हो? यहाँ क्या ऐसी वर्गचेतन जनता सुलभ है? नहीं है। तो हर दावे की यही सबसे बड़ी कसौटी है कि वह जनता को वर्गचेतन बनाने में कितनी बड़ी भूमिका अदा करता है। हमारे सामने भी यही कसौटी है कि नयी समीक्षा उस साहित्य को विकसित करने में कितनी सफल है जो जनता को वर्गचेतन बनाने के महान कार्य में लगा हुआ है। बेशक! कोई दाँत निपोरते हुए यह कह सकता है कि जब भारत को वर्गसंघर्ष की ज़रूरत नहीं है तब साहित्य की ऐसी भूमिका क्यों? इससे नामवर सिंह भी विरोध करेंगे। वे जानते हैं–'उधर जनता असंगठित है, वामपन्थी दल एक दूसरे को तोड़ने की कोशिश में स्वयं अप्रासंगिक होने लगे हैं, अवसरवादी संसदीय राजनीति का बोल-बाला है, व्यवस्था का ढाँचा अपने ही पापों के भार से चरमरा उठा है, फासिस्ट शक्तियाँ जहाँ-तहाँ फिर से सिर उठाने का मौक़ा पा गयी हैं, परमाणु युद्ध की काली छाया अब झुकी कि तब झुकी, अप्रतिबद्ध बुद्धिजीवी कभी अपनी गुहा की ओर झाँकते हैं, कभी पश्चिम की ओर–हमेशा की तरह, ये सभी मिलकर अन्धकार को और गाढ़ा कर रहे हैं।' क्या ऐसे समाज की जनता को वर्गचेतन करना ऐतिहासिक दायित्व नहीं है? इस असंगठित जनता को संगठित करने में, फासिस्ट शक्तियों को पराजित करने की मानसिकता तैयार करने में, गाढ़े होते हुए अन्धकार को काटने में कैसा साहित्य समर्थ है? उस साहित्य की व्याख्या में नयी समीक्षा कहाँ तक उपयोगी है? जहाँ तक उपयोगी है, वहीं तक मार्क्सवादी आलोचना को वयस्क बना सकती है। नयी

समीक्षा के 'औज़ारों' का प्रयोग वही कर सकता है जो उन औज़ारों की शक्ति और सीमा जानता हो। ऐसा मानने का कोई कारण नहीं कि नामवर सिंह उन औज़ारों की शक्ति और सीमा नहीं जानते। बल्कि ज़्यादा ही जानते हैं। प्रश्न यह है कि नयी समीक्षा के क्या 'अपने' औज़ार हैं? और वे स्वतन्त्र रूप से क्या इतने समर्थ हैं कि मार्क्सवादी आलोचना को वयस्क बना सकते हैं? जिस प्रकार नयी कविता में मिली-जुली धाराएँ दृष्टिगोचर होती हैं, निषेधात्मक और विधेयात्मक साथ-साथ मिलते हैं, समान औज़ारों से अलग-अलग काम लिये जाते हैं, उसी तरह 'नयी समीक्षा' में भी अनेक विचार-सरणियाँ मिलती हैं। ये विचार-सरणियाँ अपनी-अपनी अस्मिता के लिए अनेक पुराने उपकरणों को ही नये औज़ारों में ढाल लेती हैं। बल्कि औज़ार कहकर ही नयेपन का इज़हार करती हैं। औज़ार को जो महत्त्व दिया गया है इसका कारण ही यह है कि रचना को जिस जगत से वह अविभाज्य है, अलग कर लिया गया है। उसे स्वायत्तता दी गयी है। जिस जगत में मनुष्य को अपदस्थ कर दिया गया हो, मनुष्य जाति का आयत्तीकरण हो, वहाँ रचना का स्वायत्त होना विचित्र लगता है। फिर पचास साल तक यह स्वायत्तता क्या अपने बल से कायम रही? टी.एस. इलियट से लेकर एफ.आर. लीविस तक, अमरीका और इंग्लैंड का यह साझा कारोबार जो कि चेतना के समान ध्रुवों को व्यक्त करता है, समान रूप से एक गम्भीर छल को पचाये हुए है।

यह छल है औज़ारों के पीछे छिपे दर्शनों की भूमिका जो कि पतनशील बूर्ज्वावर्ग की आत्मिक आवश्यकता है। वहाँ सवाल केवल भाषा का नहीं। भाषा के औज़ार मात्र होने का नहीं। वहाँ भाषा एक सम्पूर्ण दर्शन है। वहाँ औज़ार है भाषा दर्शन–जो कि औज़ार के नाम पर पूरी विश्वदृष्टि है। सम्प्रेषणीयता का सवाल केवल पाठक तक सीमित नहीं रहता। भाव पहले भाषा की उच्चतम अवस्था को व्यक्त करेंगे फिर कविता को इस उच्च अवस्था की पराकाष्ठा में परिणत करेंगे, कोई फिर धीरे से कोई उसे हीगेल की तरफ़ ले जायेगा, कोई काँट की ओर, कोई इन महाशयों के आधुनिक संस्करणों के पीछे जा खड़ा होगा और सबसे बुद्धिमान वे हैं जो आज विचारधारा विरोध की विचारधारा पेश कर रहे हैं। नामवर सिंह से यह शिकायत नहीं है कि वे औज़ारों के प्रयोग पर बल देते हैं। शिकायत यह है कि वे औज़ार के साथ ही यह नहीं बताते कि ये 'औज़ार' ले किधर जाते हैं? वे मार्क्सवाद को किस दर्शन से वयस्क करना चाहते हैं? नव हीगेलवादियों से, नवकांटवादियों से,.

अस्तित्ववादियों से, नव वामवादियों से, यूरोकम्युनिज़्म के प्रचारकों से, विचारधारा विरोधियों से अभिव्यंजनावादियों से–किनसे समृद्ध करना चाहते हैं? जहाँ तक नामवर सिंह के लेखन से प्रकट है और भाषणों से समझा है वे आधुनिकतावाद और मार्क्सवाद का सम्मिश्रण प्रस्तुत करते हैं। कहीं यही कार्यक्रम बिम्ब के द्वारा पूरा किया जाता है, कहीं भाषा के माध्यम से, कहीं प्रतीक के माध्यम से, कहीं अनुभूति की सघनता या जटिलता के माध्यम से और कहीं अभिव्यक्ति-शैलियों के नाम से उक्त तत्त्वों के समामेलन के माध्यम से। नामवर सिंह की प्रतिष्ठा का सबसे चर्चित कारक था 'टेक्स्चुअल क्रिटिसिज़्म'। कहानी का पाठ जैसा उन्होंने किया वैसा पूर्व के आलोचकों में से किसी ने नहीं किया था। लेकिन इस पाठ मात्र पर केन्द्रित रहने का परिणाम यह निकला कि हिन्दी कथालोचना में दशकों तक एक सबसे अनुत्पादक विवाद गर्दी–गुबार की तरह छाया रहा जिसे 'नामवर सिंह और निर्मल वर्मा का प्रकरण' के नाम से अभिहित किया जाता है। 'लन्दन की एक रात' इसकी सबसे बड़ी सपोर्ट समझी जाती है लेकिन विवाद का मूल है 'परिन्दे' जिसके अंग-अंग पर प्रतिक्रिया व्यक्त की गयी थी। नामवर सिंह निर्मल वर्मा पर इतने मुग्ध थे कि उन्हें युगान्तकारी सिद्ध करते थे और 'तथाकथित' 'सामाजिक' कहानीकारों से ज़्यादा सामाजिक और बुनियादी रूप में युग के 'सच्चे प्रवक़्ता' प्रमाणित होने की भविष्यवाणी की थी। लेकिन निर्मल वर्मा ने उन्हें धोखा नहीं दिया। उन्होंने कभी किसानों या मज़दूरों के लेखक होने का दावा नहीं किया था। उनके लिए भाषा का कभी वह अर्थ नहीं था जो प्रेमचन्द, नागार्जुन या ऐसे ही किसी को था। उन्होंने ज़िन्दगी को सघन बहुवर्णी बिम्बों में देखा था। प्रतीक उनके लिए प्राण थे। आकाश यूरोपीय था और धरती भारतीय। उन्होंने अपने पाठक वर्ग का जो संस्तर चुना वह 'जन' नहीं था 'अभिजन' था। लेकिन नामवर सिंह सामाजिकों से बहुत उकताये हुए थे। ऐसा तो था नहीं कि कहानी में ही नीरस लिखा जा रहा था। कविता में भी हड़कम्प मचा हुआ था। बहुत-सी कविताएँ ऐसी थीं जिनमें न यथार्थवादी चित्रण होता था, न कलात्मक सौन्दर्य। उन पर रामविलास शर्मा की टिप्पणी यह थी–'यह बात आजमा कर देखी जा सकती है कि जो कवि किसानों-मज़दूरों से जितना ही दूर होता है, उतना ही वह उन्हें जगाने के लिए हुंकार और धुआँधार की ध्वनि ज़्यादा करता। दरअसल किसान-मज़दूर कबीर के 'खुदाय' की तरह बहरे नहीं हैं कि उन्हें जगाने के लिए इतनी ज़ोर से बाग देने की ज़रूरत पड़े। 'उधर चीन हुंकार उठा' और 'वह भारत फुंकार उठा'–इस तरह की पंक्तियों को हम प्रगतिशील कविता की अच्छी-खासी पैरोडी मान सकते हैं।' ('हंस', मई 49)

सवाल यह है कि प्रगतिशील अच्छा नहीं लिख रहे थे तो उसकी आलोचना करने की जगह उसका ऐसा विकल्प तैयार करना कहाँ तक युक्तिसंगत था? निर्मल वर्मा को आप विश्व का (डी.एच. लारेंस और काफ्का समकक्ष) लेखक मान भी लें लेकिन उन्हें इस ट्रेजेडी से नहीं बचा सकते कि आज का कोई भी प्रगतिशील, जनवादी, यथार्थवादी, मार्क्सवादी कथाकर उनसे प्रेरणा नहीं लेना चाहता। दूसरे लेखक हैं मनोहरश्याम जोशी। उन्हें सारे औज़ार मिलकर भी प्रेमचन्द, यशपाल या नागार्जुन या रेणु तक की जगह नहीं दिला सकते। कविता में नामवर सिंह ने पूरी शक्ति लगाकर इन औज़ारों का कमाल दिखाया है। बहुत सूक्ष्म विवेचना की है। यह सूक्ष्म विवेचना नयी कहानी के पाठ-विश्लेषण से भिन्न नहीं है। लेकिन यहाँ भी कविता के नये प्रतिमान से निकल कर कौन आता है? यह पुस्तक 'गजानन माधव मुक्तिबोध की याद में' लिखी गयी है। स्पष्ट घोषणा की गयी है कि 'कविता के नये प्रतिमान के केन्द्र में मुक्तिबोध हैं।' और 'नयी कविता में मुक्तिबोध की है वही स्थिति है जो छायावाद में निराला की थी।' लेकिन क्या वास्तव में ऐसा है? केन्द्र में तो नगेन्द्र हैं चाहे वह ठुंकने के लिए ही बैठे हों। पूर्वार्द्ध के केन्द्र में नगेन्द्र और उत्तरार्द्ध में तमाम औज़ार। मुक्तिबोध वहीं दिखाई देते हैं जहाँ किसी का मर्दन करना होता है चाहे वह श्री नगेन्द्र हों, रामविलास शर्मा या शुक्ल। कोई कवि ऐसा नहीं है जिसने रचना-प्रक्रिया पर मुक्तिबोध के बराबर चिन्तन किया हो। जिसने पूँजीवादी काव्य- शिल्प पर इतना सोचा हो और फिर सबसे समर्थ उपयोग किया हो लेकिन वह यहाँ नदारद है। जब सारी दुनिया में पूँजीवाद अपनी अन्तिम अवस्था को, निरन्तर संकटग्रस्त होती जाती अवस्था को बचाने के लिए जूझ रहा था तब भारत का बूज़्वर्वार्ग इसके विकास का मार्ग चुनता है। दुनिया भर में वह पतनशील है। भारत में सिर उठाकर घूम रहा है। बिलकुल वैसे ही जो औज़ार, अमेरिका, इंग्लैंड और फ्रांस में अपना 'ऐतिहासिक दाय' पूरा कर चुके वे भारत में सिर उठाने के लिए विकल हो उठे। प्रतिक्रियावादियों ने औज़ारों का आश्रय लेने की जगह जघन्य मूल्यों का वरण किया। कोई संशय की ओर दौड़ा, कोई अकेला रह गया। किसी का पत्ता डाल से अटक गया, किसी के लिए युग ही अन्धा हो गया। सारा इतिहास किसी ने उलट दिया, कोई यूरोप भागा और वहाँ से कुछ 'क्षण' उठा लाया। किसी ने विचार की हत्या कर दी, किसी ने उल्टी और आत्महत्या कर ली। लिजलिजाहट-गिजगिजाहट से लेकर कुत्ते-बिल्लियों से यौनाचार से हिन्दी साहित्य को लादकर कवि चिल्ला उठा–'मैं एक पादाक्रान्त रिरियाया कुत्ता!' इतना गन्द था कि मुक्तिबोध को एक मेहतर की ज़रूरत पड़ी। फिर भी–फिर भी उन औज़ारों की

प्रतिष्ठा नहीं हुई। वे तभी सिर उठा सके जब एक मार्क्सवादी ने उनका उद्धार किया और आकाशवाणी की कि जो मार्क्सवादी इन औज़ारों का उपयोग नहीं करता वह अल्पवयस्क होगा। अधकचरा होगा और यह जानने में असमर्थ रहेगा कि लीविस कैसे रचना से जूझते थे।

'न्यू क्रिटिसिज़्म' की छाया आचार्य शुक्ल पर पड़ने लगी थी, एक विद्वान सिद्ध कर चुके हैं। आई.ए. रिचड्‌र्स और उनका तुलनात्मक अध्ययन हो चुका है। इसके बाद नम्बर आता है आचार्य हजारीप्रसाद द्विवेदी का। दो-चार रचनाओं से वह भी जूझे ही थे। एक-दो 'ग्रेट ट्रेडीशन' उन्होंने भी देखी-खोजी थी लेकिन वे लीविस से यह सीख रहे थे, यह प्रमाण फिलहाल उपलब्ध नहीं है। उन्होंने भारतीय जन को मथा था। उनकी आकांक्षाओं और संवेदनों का पता लगाया था। राष्ट्र की एक अपनी धारणा को इसमें मिलाया था। संस्कृति का परिप्रेक्ष्य बनाया था। हिन्दी जाति की मानसिकता का अनुमान किया था। काल और देश तक गये थे तब अपना मत प्रतिपादन किया था। क्या यह रचना से जूझना न था? क्या नये समीक्षक इससे अधिक जूझते हैं? जिस तरह मुक्तिबोध कामायनी से जूझे थे। क्या इससे बेहतर जूझते हैं नये समीक्षक और प्रिय लीविस!

यह तो नामवर सिंह अपने लिए आख़िर में बचा ले गये जब 'अँधेरे' में परम अभिव्यक्ति की खोज की और 'अँधेरे' में : पुनश्च लिखा और अपनी मूल-सामग्री और साधनों की ओर लौट आये; हालाँकि तब तक इतनी देर अवश्य हो चुकी थी कि क्रान्तिकारी वर्ग के रूप में मज़दूर वर्ग हट चुका था; सवाल यह पेश था कि 'नेतृत्व कौन प्रदान करे? परम्परा से बुद्धिजीवी वर्ग के लोग ही यह नेतृत्व प्रदान करते आये है।' फिर भी रामविलास शर्मा की मुक्तिबोध के प्रति जो सरलीकृत यान्त्रिक समझ थी, को तोड़कर उन्होंने पुस्तक की इतिश्री की और एक सही लड़ाई छेड़कर मार्क्सवादी आलोचना को 'रीरेल' किया।

इन औज़ारों का महत्त्व है। इनका ही नहीं हर उस तकनीक का महत्त्व है जिससे मनुष्य जाति को विकसित होने में मदद मिलती है। लेकिन कैसा और कितना महत्त्व है यह ग्राहक की चेतना से निर्धारित होता है। काल तो तब भी था जब मनुष्य उसे माप नहीं सकता था। मापने की आवश्यकता तक उसे नहीं थी, तब भी था। सभ्यता के विकास के साथ-साथ वह इसे मापने लगा। धूप घड़ी के विभिन्न मॉडल द्रष्टव्य हैं। ज़मीन पर डण्डी गड़ी है। काल का मापन हो रहा है। यह औज़ार पुराना हो गया। इसकी जगह सुइयों ने ले ली। सुइयाँ और बारीकी से काल को माप रही हैं। केवल

घण्टे ही नहीं, मिनट भी बता रही हैं, सेकेंड भी बताने लगीं और उसके हिस्से भी। लेकिन काल को मापने के ये औज़ार क्या काल की जगह ले सकते हैं? इन्हें काल को मापने का साधन माना जायेगा स्वयं काल नहीं! ठीक उसी तरह ये बिम्ब, भाषा, प्रतीक, सब मिलकर भी संश्लिष्ट काव्य को खोल सकते हैं, किन्तु न रूप की जगह ले सकते हैं, न अन्तर्वस्तु की। क्योंकि ये दोनों तत्त्व, जो (विश्लेषण की मुविधा के लिए) दो नज़र आते हैं तथा अन्तर्वस्तु के विरुद्ध, अन्तर्वस्तु विहीन रचनाओं की स्थापना के लिए यूरोपीय बुद्धिजीवियों के स्कूली लटके हैं, अविभक्त हैं। लेकिन जहाँ व्यक्तित्व विभाजन हो वहाँ शिल्प और वस्तु का विभाजन संगत प्रतीत हो तो कोई आश्चर्य नहीं।

अन्ततः ये औज़ार पसत्याग के कुण्ड में ही विसर्जन कराते हैं।

बड़ी मेहनत की आलोचक ने एक-एक पंक्ति का अन्तर्भेदन कर डाला। एक-एक शब्द का विखण्डन कर दिया। मुक्तिबोध के समस्त काव्य के तल-तक सौ बार गया और निकाल लाया कि मुक्तिबोध ने कुल 26 तरह के बिम्बों का 786 बार उपयोग किया और केन्द्र में रहा ध्वनिबिम्ब! कुतुबमीनार की ईंटों की संख्या बता देना या ताजमहल में कितनी तरह के पत्थरों को कैसे जोड़ा गया है इससे रचना को समझा जा सकता है? सौन्दर्य की व्याख्या हो सकती है?

यह तो हुई व्यापकता (उपर्युक्त)। अब गहराई की ओर चलें। एक नये समीक्षक क्लींथ ब्रुक्स ने दो बातें बहुत महत्त्वपूर्ण कहीं–(1) विक्टोरियन युग की तुलना में मूल्यांकन करने पर बीसवीं शताब्दी की कविता निस्सन्देह बहुत समर्थ दिखाई पड़ती है। (2) यह कहना अनुचित होगा कि नयी कविता अनपढ़ श्रोताओं की समझ से परे थी। लेकिन इस बात का पता लगने पर कि नयी कविता के पास ऐसे श्रोताओं का अभाव है जो उसे पढ़ सकें, एक और दूसरा और ज़्यादा मौलिक सवाल पैदा हुआ : क्या एक ही पाठक (वर्ग) हर एक कविता पढ़ सकता है जिसमें अतीत की कविता भी शामिल है?

बिलकुल ये ही बातें सीधे इसी रूप में हिन्दी में मिलीं। नामवर सिंह को भी छायावाद युग की रचना की तुलना में 'नयी कविता बहुत समर्थ दिखाई पड़ती है और वह कइयों की समझ से परे है।' नयी कविता का मूल्यांकन फिर होगा। जब भी सही परिप्रेक्ष्य में होगा तो वह छायावाद युग के निषेधात्मक और विधेयात्मक पक्षों का स्वाभाविक विकास मिलेगी। अलग से छायावाद के सामने खड़ी हुई नहीं। उसके अर्थों को खोलने में, सौन्दर्य को विवेचित करने में केवल औज़ार काम नहीं

देंगे। न ही रामविलास शर्मा का वह डण्डा काम देगा जो उस अस्तित्ववादी भैंस को हर खेत में दौड़ा रहा है और बाहर निकालने की जगह तमाम कोमल फ़सलें उजड़वा रहा है। वह युग जिसमें भारतीय बूर्ज़्वावजी पहला-पहला विस्तार ग्रहण करती है, साम्राज्यवाद के जुए के नीचे और सामन्तवाद से दोस्ती गाँठकर, वह इतनी शक्तिशाली नहीं है कि आधुनिकता बोध का अपना स्वरूप निर्धारित कर सके। वह जीवन को निजी भारतीय नवीनताएँ, वैशिष्ट्य प्रदान नहीं कर सकी। उसने सब कुछ आयात किया। तकनीक विशेष रूप से। हर बार उसे जो मिला है चाहे वह हर्मीज़ हो या नयी समीक्षा के औज़ार सब वहाँ अपनी भूमिका पूरी करके ही इधर आये हैं। वहाँ समाज उनसे ऊब चुका है। उसने उन्हें परम्परा में खतिया दिया है। यहाँ नया शुरू हो रहा है। यहाँ शुरू इस तरह हो रहा है कि अपना कोई न्यूटन पैदा न हो और बाहर के न्यूटन के लिए हम आधुनिकता में डाल लें। नामवर सिंह जानते सब हैं। अनुशासनों से पूर्ण परिचित हैं किन्तु वे अपने श्रेष्ठ विचार कहीं ऐसे अलग से, चुपके से व्यक्त करते हैं कि उनका तो किसी को पता भी नहीं लगता और जिन विचारों का लोगों को पता लगता है वे उनके विभाजित व्यक्तित्व के दूसरे पक्ष से जुड़े होते हैं। यहाँ इतना अवसर नहीं है कि मैं उनके इस द्वित्व की समीक्षा कर सकूँ लेकिन मैं यह अवश्य चाहूँगा कि उनके उन विचारों को उद्धृत करूँ जो उनमें छिपे उस मार्क्सवादी के विचार हैं जिन्हें कितने ही वैचारिक दबावों, समझौतों और स्वपक्षत्याग ने दबा रखा है–

(1) आधुनिकतावादी दौर में भी–कविता वाले दौर में, इस तरह के प्रयोग नागार्जुन ने, त्रिलोचन ने, केदारनाथ अग्रवाल ने–(इनमें से किसी पर भी महोदय ने तब क़लम नहीं चलायी जब प्रतिमान बना रहे थे) सहज भाषा में जितने नये प्रयोग इन लोगों ने किये, नये प्रयोगों का दावा करने वाले आधुनिकतावादी लोगों ने नहीं किये। ...मैं समझता हूँ कि आज का जो प्रगतिशील लेखक है और जो जनता का लेखक बनना चाहता है उसे ख़ुद अपने यहाँ तुलसीदास से, सूरदास से, कबीर से, भारतेन्दु से, प्रेमचन्द से–इन लोगों से सीखना होगा कि कैसी हिन्दी लिखी जाती थी। (जिनका विश्लेषण किया उनमें से किसी ने नहीं सीखी)

(2) जहाँ तक अभिव्यक्ति का सवाल है, मैं फिर कहूँगा कि आदर्श स्थिति यही है कि हम ऐसी भाषा में लिखने की कोशिश करें जो आम जनता तक पहुँचने में समर्थ और सक्षम हो... होता यह है कि हमारे बहुत से लेखक अंग्रेज़ी ज़्यादा पढ़ते हैं (नामवर सिंह अपने को बाहर रखते हुए कह रहे हैं)–अपनी हिन्दी कम पढ़ते हैं

और किसानों-मज़दूरों के बीच, आम लोगों के बीच बोलचाल की जो बोली-बानी है। उससे सीखने का हमारा अभ्यास भी जाता रहा। (रामविलास शर्मा पूरी ज़िन्दगी यही समझाते रहे हैं) जो जीवित सम्पर्क होना चाहिए, जहाँ भाषा बनती है, रची जाती है, सिरजी जाती है, उन लोगों के बीच जब तक हम रहेंगे नहीं, तब तक उनकी भाषा में हम लिख नहीं सकेंगे...लेखकों को किसानों-मज़दूरों के बीच जाना, जाकर उनसे बातचीत करना, भाषा सीखना, उनसे मुहावरे सीखना ज़रूरी है। (यद्यपि वे हाल में इस चाहिएवादी शैली पर कुपित हुए थे और प्रगतिशीलों व जनवादियों को इससे बाज आने के लिए कहा था।)

(3) जिस तरह नामवर सिंह के ऐसे विचार 'कविता के नये प्रतिमान' के विरुद्ध उनके सच्चे मार्क्सवादी रूप की झलक देते हैं उसी तरह ये विचार नयी कहानी का तख़्ता उलट देते हैं–'प्रेमचन्द की कहानियों में ऐसी कई कहानियाँ हैं जिनमें क़िस्सागोई का रस है, जिन्हें अलाव के पास बैठ करके पूरी-की-पूरी कहानी आप सुना सकते हैं और हर आदमी रस लेकर के उन्हें सुनेगा। इस शैली में–क़िस्सागोई के अन्दाज़ में कहानियाँ आज भी लोगों को लिखनी चाहिए (नयी कहानी के दौर में क्यों नहीं लिखनी चाहिए थीं–लोग पूछें) और यह एक नया प्रयोग है या नया फार्म है : मैं समझता हूँ कि एक ही तरह की घिसी-पिटी कहानी लिखना, यह कोई बहुत बड़ी कला नहीं है। इसलिए कहानीकारों को...जो कहानीकार यह काम कर रहे हैं मैं तो उनके सामने श्रद्धा से नतमस्तक हो जाऊँगा जो सुबोध, कण्ठ पर बस जाने वाला सरस गीत लिखता हो, जो हज़ारों आदमियों के सामने मौखिक रूप से सुनाने लायक कोई कहानी लिखता हो, कोई लम्बी बैले की शैली में ऐसी कविता लिखता हो–जिसमें मज़दूरों को, किसानों को मनुष्यता का पूरा इतिहास सुनाया जा सके, आज़ादी की लड़ाई को जो पाँच सौ पंक्तियों में बाँधकर रख दे, मज़दूरों के द्वारा चलाये जाने वाले आन्दोलनों की कहानियाँ आप रख दें, मई दिवस पर इस तरह की कविता लिखें–ये सारे के सारे नये प्रयोग हैं, नये फार्म हैं।'

ऐसे सुन्दर विचार नामवर सिंह कभी-कभी व्यक्त करते रहे हैं। व्यवस्थित ढंग से 'इतिहास और आलोचना' में व्यक्त किये थे। उक्त विचार काफ़ी समय बाद उन्होंने 'क़लम' के लूशुन विशेषांक में चन्द्रभूषण तिवारी द्वारा लिये गये साक्षात्कार में व्यक्त किये थे। इन विचारों के आगे नयी समीक्षा के औज़ार बहुत ही सीमित भूमिका अदा करते हैं। उससे अधिक उन्हें महिमा मण्डित करना न तब उचित था न अब है। मैं चाहता था कि उन औज़ारों व उनके मिस्त्रियों का उनके जीवन व

राष्ट्र की सीमाओं में वर्गाधार व वर्गचरित्र का विश्लेषण करूँ और उसके उजागर करूँ कि ऐसा साहित्य एक अत्यन्त सीमित बुद्धिजीवी वर्ग के सन्तुष्ट करता है जो सांस्कृतिक दृष्टि से जितना संकार्ण होता है आपको उच्च समझता है तथा क्रान्ति की दृष्टि से जो उतना ही कमज़ोर होता है—चाहे वह किसी भी विधा में लिखा गया हो। किन्तु यह प्रस्तुत प्रसंग से बाहर की वस्तु होने के कारण अवसर विरुद्ध है।

उत्तर : प्रश्न–3

यह प्रश्न मुझे सर्वाधिक आकृष्ट करने वाला है। यह प्रश्न अन्तर्वस्तु की दृष्टि से जटिल, सघन, बहुकोणीय, उत्तेजक और आवश्यक क्या, इस दौर में अटलनीय हैं। इन बिन्दुओं पर हमें दो मार्क्सवादी विद्वानों की प्रखरतम टक्करें दिखाई देती हैं तथा उनका जो मद गिर रहा है उससे बड़ी विचित्र गन्ध (आलोचना के अन्तर्विरोध) उत्पन्न हो रही है। दोनों महारथी यहाँ युद्ध की पूर्ण और चरम स्थिति में हैं—इससे कई मूर्ख प्रसन्न हैं और अल्पज्ञानी दाँत चियार रहे हैं। कई लेखक 'डिस्टॉर्शंस' में भिड़े हैं, कई एक दूसरे के बहाने दोनों को निरस्त कर ख़ुद इतिहास की ओखली में सिर दिये दे रहे हैं। कोई इस बात पर दाँत पीस रहा है कि रामविलास शर्मा अब उन्नाव को मार्क्सवाद का उत्पत्ति स्थल बनाकर छोड़ेंगे। हर चीज़ में मार्क्सवाद! मार्क्स से भी बढ़िया मार्क्सवाद! कोई अपाहिज इससे ख़ुश है कि ठीक किया नामवर सिंह ने रामविलास की पूरी थीसिस (1857) रिजेक्ट कर दी (ख़ुद में क्षमता नहीं थी)। माहौल बहुत गर्म है और लोग लम्बा गणित कर रहे हैं। बहुत तरह की बातें ध्यान में रखकर ज़ुबान खोल रहे हैं। पोत रहे हैं, लीप रहे हैं। अत: मैं आपसे इजाज़त चाहता हूँ इस प्रश्न का परिप्रेक्ष्य प्रस्तुत करने की और बहस के ज़रिये आत्मघात और छलपूर्ण प्रत्याघात पर कुछ विस्तार से प्रकाश डालने की।

नामवर सिंह और रामविलास शर्मा का प्रेम बहुत पुराना है। नयी कविता के मूल्यांकन को लेकर नोक-झोंक चलती रही है। कथा साहित्य रामविलास शर्मा ने कम ही पढ़ा उस दौर में अत: प्रेम का क्षेत्र काव्य ही रहा। नयी कविता को लेकर रामविलास शर्मा जब कभी किसी को ठोंकते थे तब मारते-मारते उसे अमरीका, इंग्लैंड या फ्रांस के उन अखाड़ों में फेंक देते थे, जहाँ उनके कोच रहा करते थे। ऐसे में रचनाकार को वे भयानक सलाह दे डालते थे लेकिन तब उनका क्रोध और भी प्रचण्ड हो उठता था जब वे यह देखते थे कि एक मार्क्सवादी आलोचक भी उन्हीं के स्वर में स्वर मिला रहा है और युद्ध शुरू हो जाता था। लेकिन यह नोक-झोंक चलते रहने के बावजूद काफ़ी कुछ सुसम्बद्ध था। लेकिन सन् '82 में दो घटनाएँ हुईं।

10 अक्टूबर 1982 को रामविलास शर्मा ने अपने जीवन के अनवरत सक्रिय और संघर्षशील जीवन के सत्तर शरद पूरे किये। उन्हें समर्पित हुआ 'आलोचना' का संयुक्तांक 60-61 जो रामविलास शर्मा पर तो केन्द्रित था ही, उसमें विस्तार से नामवर सिंह ने रामविलास शर्मा पर अपने ठोस विचार व्यक्त किये। उनमें प्रश्न की दो अवधारणाएँ 'जातीयता' और 'नवजागरण' पर गद्गद होकर निम्न महत्त्वपूर्ण अंश कहे गये थे–'विशेष रूप से उल्लेखनीय है सत्तावन के स्वाधीनता संग्राम से उनका गहरा लगाव। सन् सत्तावन जैसे उनके समस्त चिन्तन की धुरी है और है उनके वैचारिक संघर्ष का बीजभाव।' (पृ. 1)

'गदर की शताब्दी आयी तो सारा काम-काज छोड़कर डॉ. शर्मा ने 'अठारह सौ सत्तावन की राज्य क्रान्ति' नामक पुस्तक लिखी–हिन्दी में अकेले। शायद जी नहीं भरा इसलिए 'भारत में अंग्रेज़ी राज और मार्क्सवाद' लिखा–इसकी भी धुरी वही है अठारह सौ सत्तावन।' (वही)

'जातीय पराजय' को आख़िर कौन याद रखना चाहेगा? यहीं डॉ. शर्मा की मौलिक दृष्टि प्रकट होती है।' (वही)

'हिन्दी के जो विद्वान अभी तक राजा राममोहन राय और बंगला पुनर्जागरण के विचारों से आधुनिक साहित्य के इतिहास के पन्ने रंगते आ रहे थे उनकी आँखों में अँगुली डालकर पहली बार बताया गया कि स्वयं अपने ही यहाँ वैज्ञानिक दृष्टि से सम्पन्न नवजागरण की एक महान परम्परा है जिससे हिन्दी के सर्जनात्मक साहित्य का सीधा सम्बन्ध है। क्या यह कार्य साहित्येतर है? और क्या यह प्रतिभा का अपव्यय है? इस पुस्तक से पहले कितने लोगों को पता था कि महावीरप्रसाद द्विवेदी ने '08 में 'सम्पत्ति शास्त्र' नामक पुस्तक लिखी थी, जिसके निष्कर्ष क्रान्तिकारी हैं।' (पृ. 4)

'इसके बाद गौरव के साथ उन्हें 'केवल जलती मशाल' का बिम्ब कहा गया था–'राम की शक्तिपूजा' का यह बिम्ब अपने समूचे अर्थ गौरव के साथ मूर्तिमान हो रहा है...भूधर ज्यों ध्यानमग्न, केवल जलती मशाल!' (पृ. 6)

दूसरी घटना '82 की थी–'दूसरी परम्परा की खोज' यह केवल फ़िलहाल ध्यानाधीन रखें।

'रामविलास शर्मा के उक्त कार्य की तथा 1857 की तुलना जर्मनी के किसान युद्ध से की गयी थी और दोनों के अनुराग को समान धरातल पर प्रतिष्ठित करते हुए तृप्त भाव से कहा गया था–'मार्क्स और एंगेल्स सोलहवीं सदी के महान

किसान युद्ध की ओर मुड़े तो डॉ. रामविलास शर्मा अठारह सौ सत्तावन के गदर की ओर।' (पृ. 3)

फिर क्या बिजली गिरी कि रातोरात नामवर सिंह ने अपनी ये मान्यताएँ वापस ले लीं ? इस तरह स्टैंड बदलने से क्या आलोचना की विश्वसनीयता का संकट नहीं गहराता? कहाँ गया वह गर्व और गौरव? बुझ गयी मशाल! अब देखिए नामवर सिंह का विचार बदल कर क्या से क्या हो गया है–

'हिन्दी नवजागरण की विशिष्टता बताने के लिए सन् सत्तावन की राजक्रान्ति को उसका बीज मानना कठिन है।' (आलोचना–77, पृ. 6)

'किन्तु एक बात तय है कि हिन्दी नवजागरण के अंग्रेज़ विरोध का स्रोत सन् सत्तावन की राजक्रान्ति में स्पष्ट नहीं है।' (वही पृ. 7)

इसी मत में दूसरे विद्वान भी शामिल हो गये हैं और उन्होंने भी अनेक तर्क देकर पूछा है कि 'तब कैसे सन् 1857 ई. के महासंग्राम को हिन्दी नवजागरण का गोमुख माना जाय?' बिलकुल मत मानिए। तब और मत मानिए जब नामवर सिंह ऐतिहासिक सच्चाई को उजागर कर ही चुके हैं। लेकिन सन् '82 में यह ऐतिहासिक सच्चाई कहाँ छिपी पड़ी थीं? वस्तुतः जो दूसरी घटना सन् '82 में घटी थी, उसी क्रम में, उसी जाति की एक और घटना घटी प्रगतिशील लेखक संघ की अर्द्धशती के अवसर पर और वह यह कि रामविलास शर्मा का यह मत प्रकाश में आया कि वे 'प्रगतिशील' शब्द से असन्तुष्ट हैं। और उन्होंने अपने दौर में यह सुझाव दिया था कि इसका नाम (ए.आई. यूनियन और फेडरेशन आफ़ डेमोक्रेटिक राइट्स) बदल दिया जाये। इससे नामवर सिंह का कुपित होना स्वाभाविक ही था–'यह देखकर दुख होता है कि जो किसी समय प्रगतिशील साहित्य के मार्गदर्शक माने जाते थे वही आज उसके इतिहास का अवमूल्यन करने पर तुले बैठे हैं...आज डॉ. शर्मा प्रगतिशील आन्दोलन की बुनियाद को ही चुनौती दे रहे हैं।' (आलोचना–77, पृ. 129) और नामवर सिंह ने एक बेहतर पोलेमिक्स से अपने तर्क प्रस्तुत किये। लेकिन अब मामला नोक-झोंक मात्र का नहीं रहा। युद्ध शुरू हो गया। एक दूसरे का धुरा ही तोड़ दिया गया। अंक–79 में नवजागरण की ऐसी-तैसी फेर दी गयी। फिर डॉ. शर्मा ने परशुराम का कर्तव्य पूरा किया और नामवर सिंह को मय उनके गुरुदेव हजारीप्रसाद द्विवेदी के पाताल लोक में फेंक दिया। यह युद्ध जिस भूमि पर लड़ा गया वह थी–'लोकजागरण और हिन्दी साहित्य।' निचोड़ क्या निकाला गया? आचार्य द्विवेदी नम्बर एक के नकलची थे। रामचन्द्र शुक्ल और पीताम्बरदत्त बड़थ्वाल का

माल उड़ाया और अपने नाम से लिख दिया। चूँकि नामवर सिंह ने गुरुदेव को बचाने के लिए गाहे-बगाहे आचार्य शुक्ल को नीचा दिखाया था, अत: इस बार उन पर वह घन पड़े कि अगले सात वर्ष तक खड़े न हो सकें। कैसी जीवन्तता है! कैसा बेहतरीन संवाद है! कैसी परिणति है!! हिन्दी साहित्य के लिए अप्रतिम योगदान है!

इसका कारण तर्क कम हैं। विक्षोभ, संस्कार और प्रतिद्वन्द्विता की विकृत अवैज्ञानिक पद्धति अधिक है। यह अधिकांशत: अभिगम में विपथन की अभिव्यक्ति हैं। कैसे? अधिरचना से आधार की ओर गमन हुआ है। व्यक्ति से समाज की ओर। घटना से कारणों की ओर। अन्तर्विरोधों की जगह एकतरफ़ा प्रतिक्रियाओं की ओर।

म.प्र. प्रलेस द्वारा 14-15 मई 1983 को भोपाल में आयोजित किया गया–'महत्त्व : डॉ. रामविलास शर्मा।' उस अवसर पर नामवर सिंह ने जो व्याख्यान दिया वह आलोचना के 60-61 अंक के सम्पादकीय का ही विस्तार था। उसमें एक और ऊँची बात कही गयी थी–'कदाचित स्टालिन ने लेनिन के बारे में यह कहा था कि वे माउंटेन ईगल के समान जिस ऊँचाई से और जितनी दूर तक देख सकते थे, ज़मीन पर रेंगने वाले लोग उतनी दूर तक नहीं देख सकते।' इसके बाद रामविलास को बाज ही नहीं गरुड़धर्मा दृष्टि का आलोचक कहा नामवर सिंह ने। 'जो व्यक्ति उस विशाल गरुड़ के समान ऊँचाई से, व्यापक परिप्रेक्ष्य में किसी साहित्य की या किसी समाज की समस्या को देखता है, वह इतिहास विधाता होता है। डॉ. रामविलास शर्मा की इस गरुड़धर्मा दृष्टि के सम्मुख बहुत से आलोचक तीर-तुक्का चलाने वाले बौने दिखाई देते हैं।' इससे बड़ी प्रशंसा नहीं हो सकती। वह भी एक आलोचक दूसरे आलोचक की करे–और सतर्क। यह स्वास्थ्य का लक्षण है। लेकिन मैं फिर वही बात कहूँगा कि 83 और 85 के बीच ऐसा क्या हुआ कि सब उलट गया? यदि यह भावावेश था और 85 वाली स्थापनाएँ दृष्टि हैं तो भी ग़लत है और यह दृष्टि है और वह भावावेश तो यह भी ग़लत है। व्यक्तिनिष्ठ होने के दुष्परिणाम तो सामने आयेंगे ही। और स्तालिन के सन्दर्भ में यह बात और भी ध्यान में रखनी चाहिए क्योंकि रामविलास शर्मा साहित्य के स्तालिन भी कहे गये हैं। स्तालिन ने लेनिन को माउंटेन ईगल ऐसे ही नहीं कहा था। क्रान्तिकारी और सच्चे मार्क्सवादी बनाने की दोनों की प्रक्रिया एक ही थी। स्वाध्याय और संघर्ष। अध्ययन और व्यवहार की दृढ़ मैत्री। यह बपतिस्मा काकेशिया के उत्पीड़ित मज़दूरों के पहले बड़े संघर्ष के दौरान स्तालिन ने पढ़ा था। लेकिन जब लेनिन की चिट्ठी उन्हें मिली और अखिल रूसी संघों के निर्माण में उन्होंने लेनिन की कार्यशैली, क्रान्तिकारी सूझ और अदम्य

धैर्य और ठण्डा जोश देखा तो उन्हें बाक़ी कॉमरेड कबन्ध से दिखाई दिये और तब स्तालिन को पेशेवर क्रान्तिकारी की दूसरी दीक्षा मिली और तब उन्होंने लेनिन को बग़ैर ईर्ष्या के माउंटेन ईगल के रूप में देखा। नामवर सिंह ने सन्दर्भ थोड़ा बदल दिया है। आशय रामविलास शर्मा के महत्त्व का प्रतिपादन है। लेकिन यहीं यह बात ध्यान देने की है कि तब तक क्या नवजागरण पर नामवर सिंह ने विचार नहीं किया था? तब वे इन निष्कर्षों पर नहीं पहुँचे जिन पर दो साल बाद पहुँचे? उनकी आपत्ति न केवल नवजागरण के गोमुख पर है आज वह आगे बढ़कर 'हिन्दी नवजागरण' तक जा पहुँची है। इससे शिवकुमार मिश्र भी सहमत हैं और उन्हें यह ऐतिहासिक सत्य बहुत विश्वसनीय लगता है–'महावीर प्रसाद द्विवेदी और हिन्दी नवजागरण' (1977) नामक पुस्तक के द्वारा उन्होंने 'नवजागरण' ही नहीं बल्कि 'हिन्दी नवजागरण' की संकल्पना प्रस्तुत की।' (सम्पादकीय–79, पृ. 1) क्या गुनाह किया 'हिन्दी नवजागरण' कहकर! कुछ दानिशमन्द यह भी फरमा रहे हैं कि इससे हिन्दी क्षेत्रीयतावाद को हवा मिल रही है। यदि रामविलास शर्मा की यह संकल्पना साम्प्रदायिक थी तो नामवर सिंह ने (आलोचना–66, जुलाई–सितम्बर '83) में बाकायदे पूरा शीर्षक डालकर यह सम्पादकीय क्यों लिखा था–'चन्द्रधर शर्मा 'गुलेरी' और हिन्दी नवजागरण?' और उसी शैली में न केवल गुलेरी का विवेचन किया था बल्कि लोकशास्त्र की उसी परम्परा से महापण्डित राहुल सांकृत्यायन और हजारीप्रसाद द्विवेदी को भी जोड़ा था। अब इलहाम हुआ है कि यह अवधारणा बकवास है। यह आत्मघात का मार्ग है। यह क्रोध की विदिशा है। यह विपथन है।

मुख्य आपत्तियाँ क्या हैं? सम्पादकीय में निम्नलिखित हैं–

'इससे पहले भारत में नवजागरण की चर्चा प्राय: 'बंगला नवजारण' के रूप में ही होती रही है।'

'भारत का उन्नीसवीं शताब्दी का नवजागरण यूरोप के 'एनलाइटेनमेंट' अथवा ज्ञानोदय की चेतना के अधिक निकट प्रतीत होता है।'

'नवजागरण कालीन प्रकाशित साहित्य में राजनीतिक स्वाधीनता का स्पष्ट स्वर कम ही सुनाई पड़ता है।'

'समकालीन शिष्ट साहित्य में उसकी (1857 की राजक्रान्ति की) गूँज सुनाई नहीं पड़ती–लोक साहित्य भले ही प्रचुर मात्रा में मौखिक रूप में रचा गया हो।'

'राज्य सत्ता पलटने के विचार को जैसे अन्तर्गुहावास दे दिया गया।'

'देशभक्ति के साथ राजभक्ति नवजागरण का अभिन्न स्वर है।'

'हिन्दी प्रदेश के नवजागरण के सम्मुख यह बहुत गम्भीर प्रश्न है कि यहाँ का नवजागरण हिन्दू और मुस्लिम दो धाराओं में क्यों विभक्त हो गया?'

'हैरानी की बात यह है कि हिन्दी प्रदेश का नवजागरण धर्म, इतिहास, भाषा सभी स्तरों पर दो टुकड़े हो गया।'

'यह भारतीय नवजागरण का अभिन्न अंग है। आज नवजागरण के संश्लिष्ट रूप पर बल देने की आवश्यकता विशेष रूप से इसलिए आ पड़ी है कि इसे इकहरे साँचे में ढालकर तरह-तरह से हस्तगत करने की कोशिश की जा रही है।'

इसके विपरीत रामविलास शर्मा ने 'महावीरप्रसाद द्विवेदी और हिन्दी नवजागरण' में अपना दृढ़ मत व्यक्त किया है–

'हिन्दी प्रदेश में नवजागरण 1857 ई. के स्वाधीनता संग्राम से शुरू होता है।'

'इस स्वाधीनता संग्राम की पहली विशेषता यह है कि यह सारे देश की एकता को ध्यान में रखकर चलाया गया था।'

'इस संग्राम की दूसरी विशेषता यह है कि राज्यसत्ता की मूल समस्या सामन्तों के हित में नहीं, जनता के हित में हल की गयी थी।'

'इस संग्राम की तीसरी विशेषता यह है कि अंग्रेज़ों ने ज़मीदारों और साहूकारों को, जहाँ भी नये अधिकार दिये गये थे, जहाँ भी किसानों के विरुद्ध इन शोषकों के पक्ष में उन्होंने फ़ैसले किये थे, वहाँ भारतीय सेना का प्रभुत्व कायम होते ही, अथवा अंग्रेज़ों का प्रभुत्व ख़त्म होते ही जनता ने अंग्रेज़ों की कायम की हुई व्यवस्था उलट दी। इस तरह की कार्रवाई से इस स्वाधीनता संग्राम का सामन्तविरोधी पक्ष और 'पुष्ट होता था।'

'इस संग्राम की चौथी विशेषता यह है कि इसका नेतृत्व उन किसानों ने किया जो फ़ौज में सिपाहियों और सूबेदारों के रूप में काम कर रहे थे।'

'इस संग्राम की पाँचवीं विशेषता इसका असाम्प्रदायिक राष्ट्रीय रूप है।'

'इस संग्राम की छठी विशेषता यह है (और जो सबसे प्रचण्ड है) कि यह संग्राम हिन्दी भाषी प्रदेश में चलाया गया।'

इस प्रकार रामविलास शर्मा ने जो परिप्रेक्ष्य उठाया वह बहुत बड़ा है। इस अवधारणा पर रामविलास शर्मा ने भगभग तीस वर्ष काम किया है। इसी अवधारणा को उन्होंने अपना सबसे सुदृढ़ दुर्ग बनाया है। इस दुर्ग में वे एकदम सुरक्षित हैं। इस अवधारणा पर काम करते हुए उन्होंने केवल साहित्य ही नहीं इतिहास की चुनौतियाँ भी स्वीकार कीं। सैकड़ों पृष्ठों में व्याख्यायित यह अवधारणा लाइट का काम करती है। कई दिशाहीन जहाज़ यहाँ लंगर डाल सकते हैं। प्रभूत श्रम किया है रामविलास शर्मा ने। जिस चेतना, साधना प्रौढ़ता, गहनता का परिचय हमें इस धारणा की व्याख्या में मिलता है वह हमें आतंकित करने की हद तक मोह लेती है।

अपने इस महान, आदरणीय अग्रज साथी की तपस्या, निष्ठा और ज्ञान की भव्य वस्तुनिष्ठ उच्चता के आगे, सच कहा है नामवर सिंह ने, अनेक आलोचक बौने लगते हैं। लेकिन मैं अपने आदरणीय साथी की पद्धति से असहमत हूँ। परिप्रेक्ष्य पर कुछ आपत्ति है और दम्भ पर सख़्त एतराज़ करता हूँ।

मैं इससे सहमत हूँ कि 1857 ही हिन्दी नवजागरण का गोमुख है। बीज है। नामवर सिंह और शिवकुमार मिश्र की आपत्तियाँ कमज़ोर हैं। केवल इसी बिन्दु पर मैं इससे भी सहमत हूँ कि अनेक मार्क्सवादी लेखकों, इतिहासकारों और पार्टी नेताओं ने इसका मूल्य ठीक-ठीक नहीं आँका। लेकिन मैं रामविलास शर्मा के इस दम्भ पर आपत्ति करता हूँ कि वे अकेले ही ऐसे ज्ञानी हैं जो इस घटना का ऐसा मूल्य आँकते हैं। मैं एतराज़ करता हूँ इस बात पर कि एक बिन्दु पर मतभेद रखने वाले रजनीपाम दत्त प्रतिक्रियावादी हैं और 'सम्पत्तिशास्त्र' उनसे आगे की चीज़ है। बड़ी ख़ुशी है, रामविलास शर्मा मार्क्स के पूजक नहीं हैं, उनसे पंजे लड़ा सकते हैं। एंगेल्स की ग़लती बता सकते हैं और उन लोगों पर मुँह बिगाड़ सकते हैं जो यह मानते हैं कि लेनिन से कोई ग़लती हो ही नहीं सकती। लेकिन ऐसी ख़ुशी मुझे व्यावहारिक रूप में नहीं मिली। ज़रूर साबित करें साथी कि लेनिन की कौन-सी थीसिस ग़लत है? क्या रामविलास शर्मा को 1857 के महान प्रथम राष्ट्रीय स्वत: ही हो गया था? एशिया के महान जागरणों से क्या उन्होंने जोड़ा था? विश्व की परिवर्तनकामी शक्तियों, औपनिवेशिक उत्पीड़न के विरुद्ध मुक्ति संग्रामों और मेहनतकश जनता (किसान जनता विशेषकर) के परिप्रेक्ष्य में क्या मार्क्स से पूर्व और किसी ने भी विचार किया था? रामविलास शर्मा कहते हैं कि मार्क्स बाद के लेखों में अपना 'विचार बदलते' हैं। मैं आपत्ति करता हूँ कि यह डिस्टॉर्शन है। यहाँ विचार का बदलना स्टैंड का बदलना नहीं है। मैं एतराज़ करता हूँ इस बात पर कि भारत के कम्युनिस्ट! जहाँ क्रान्ति सफल नहीं होती है वहाँ प्राय: ऐसे विचार बन जाते हैं। रामविलास शर्मा कहाँ के कम्युनिस्ट हैं? भारत के नहीं! जब वे कम्युनिस्ट पार्टी में थे बस तभी ठीक थी पार्टी, फिर वे यह बताने लगे कि राजनीतिक नेताओं को अपनी हैसियत (या शायद औक़ात शब्द प्रयोग किया) देखकर बात करनी चाहिए। यह बात नामवर सिंह को भी बहुत अच्छी लगी। उन्होंने इसे सगर्व उद्धृत किया। क्या समीकरण है! महावीरप्रसाद द्विवेदी, रजनीपाम दत्त से बड़े, आचार्य शुक्ल पार्टी और कई मार्क्सवादियों से और स्वयं रामविलास शर्मा लेनिन से। रामविलास शर्मा ने बग़ैर नाम लिये इतनी अधिक बार 'कई मार्क्सवादियों' का ज़िक्र किया है कि अब

तो यह लगता है कि भारत में क्या विश्व में एक ही व्यक्ति मार्क्सवादी है और वह हैं–रामविलास शर्मा।

लेकिन रामविलास शर्मा क्या इस तथ्य से इनकार करते हैं कि उन्होंने हिन्दी नवजागरण की अवधारणा का विकास मूलतः एक ही स्रोत से किया–साहित्य को आधार बनाया? साहित्य भी एक स्रोत है एक ही स्रोत क्यों?

क्या वे इस तथ्य से इनकार करते हैं कि इस विराट अवधारणा का केन्द्र किसान नहीं हैं? उसने विद्रोह किया है, वह उपेक्षित है आज भी, यह तथ्य नवजागरण के उस रूप से मेल नहीं खाता जिसमें मध्यवर्ग की एक महत्त्वपूर्ण भूमिका है जिसने भारत में ही नहीं यूरोप में भी एक इतिहास प्रदत्त भूमिका निभायी है? जिसने इस महान दर्शन के प्रणेताओं को भी सृजा है?

क्या महावीरप्रसाद द्विवेदी और आचार्य शुक्ल ने किसान के दृष्टिकोण से ब्रिटिश साम्राज्यवाद की आलोचना की है?

महावीरप्रसाद द्विवेदी ने वेदान्तवादियों से आगे भौतिकवाद का पथ प्रशस्त किया लेकिन क्या यह विवेकानन्द का वेदान्त (पुराना नहीं) पूँजीपति वर्ग का अपना दर्शन नहीं था? यदि पूँजीपति वर्ग कोई प्रगतिशील भूमिका निभा रहा था तो उसका दर्शन भी लोगों की आत्मिक ज़रूरतों को राष्ट्रवाद के ढाँचे में नहीं ढाल रहा था? रामविलास शर्मा द्वारा उद्धृत सामग्री का बहुत बड़ा हिस्सा इसी तथ्य की पुष्टि करता है कि 1857 बहुत बड़ा, संगठित, सोद्देश्य, राष्ट्रीय मुक्तिसंग्राम था अतः दूसरे स्रोतों का उपयोग वे कम कर सके हैं। यहाँ तक कि विविध प्रदेशों में विद्यमान सम्भावनाओं का न्यूनतम उपयोग और हिन्दी प्रदेशों में भी, बिहार, राजस्थान, मध्य प्रदेश आदि में जातीयता के प्रश्न की जटिलता को न छूकर सपाट ढंग से अवध प्रान्त, दिल्ली आदि को केन्द्र में रखकर हिन्दी साहित्य का इकहरा सम्बन्ध जोड़ते हैं–भौतिक आधार से मुक्त 1857 से संयुक्त सीधे।

विभिन्न दौरों की विभिन्न विशेषताएँ हैं। विशिष्ट विशिष्टताएँ। यह मंज़िलें संश्लिष्ट हैं। जब तक विविध प्रान्तों के ऐसे पक्ष सामने नहीं आते निष्कर्ष एक तरफ़ा होंगे। कई तथ्यों की ओर मैं ध्यान दिलाना चाहूँगा। इनका उपयोग रामविलास शर्मा ने भी नहीं किया है।

जो लोग 1857 को गोमुख नहीं मानते उन्हें तत्कालीन विश्व जनमत के ऐसे पक्षों का अध्ययन करना चाहिए। लन्दन में स्थित रूसी रिपोर्टर, तत्कालीन चर्नीशेव्स्की, दोब्रोल्युबोव जैसे लेखकों की प्रतिक्रियाएँ। बहादुरशाह का फरमान। रूसी उपन्यास

THE DANGEROUS FUGITIVE, चीनी इतिहासकार TING-TSE-LIANG का कार्य और दसियों नज़्में जिनमें जिन्दा है तबाही, ग़ुस्सा और देशभक्ति की गन्ध। कई शायर जो मारे गये, उनकी रचनाएँ।

कुछेक ऐसी घटनाएँ भी ध्यान देने योग्य हैं जैसे दूर देश त्रिपुरा में देशी पल्टन ने पूरे सौ किलोमीटर तक धूम मचायी थी और उसका ज़िक्र लगभग नहीं होता।

पंजाब में अंग्रेज़ों ने यदि वह सब न किया होता तो नवजागरण हिन्दी की जगह पंजाब में पहले आता। रामविलास शर्मा यदि साहित्य के अलावा कुछ स्त्रोतों को माध्यम बनायें तो यूरोप का सम्पर्क विशेषकर फ्रांस का जितना अधिक हो गया था, ब्रिटिश साम्राज्य को भारी ख़तरा था। रणजीत सिंह की सेना में नेपोलियन के कमांडर भरे पड़े थे और फ़ौजी साजो सामान का उत्पादन आधुनिकतम था। यदि ब्रिटिश हस्तक्षेप नहीं होता तो नवजावरण का केन्द्र पंजाब होता–बंगाल से भी पहले।

इस प्रश्न का दूसरा हिस्सा 'दूसरी परम्परा' का है। यह विवाद नामवर सिंह को छेड़ना ही था। यह विवाद उनकी पोलेमिक्स का ही एक विस्तृत रूप है। यद्यपि नामवर सिंह ने ये व्याख्यान काफ़ी देर में दिये, लिखना जब उनके वश में न रहा था। फिर भी दिये। इस तरह वे गुरु ऋण से उऋण हुए। जहाँ तक मेरी जानकारी है–आचार्य द्विवेदी और नामवर सिंह के सम्बन्ध स्वार्थपूर्ण नहीं थे। नामवर सिंह ने उनसे कोई 'वैसा' लाभ नहीं उठाया। यही कारण है कि आचार्य द्विवेदी उनके लिए ज्ञान गुरु ही रहे। शोध को जितना गाम्भीर्य आचार्य द्विवेदी ने दिया वह उस दौर में भी दुर्लभ था। उनके शिष्यों ने कई परती ज़मीनें तोड़ीं और मानक बनाये। व्यवस्थित और गहन अध्ययन की परम्परा डाली। मतभेद भले ही हों, उनके शिष्यों ने शोध का जो स्तर कायम किया, वह वरेण्य है। जिस सामग्री पर कार्य किया वह आधुनिक नहीं थी–प्राचीन थी। दबी पड़ी थी। शब्दानुशासन, काव्यानुशासन, ज्ञानानुशासन की एक प्रक्रिया स्थापित हुई। इस भ्रष्ट समाज में ऐसे ज्ञानगुरु मिल जायें और निस्वार्थ भाव से देने में विश्वास करने वाले तो मन का श्रद्धाविनत होना स्वाभाविक ही है। लेकिन श्रद्धा निवेदन का जो मार्ग और प्रकृति नामवर सिंह ने चुनी वह स्वाभाविक नहीं थी।

ज्ञान की कोई 'दूसरी परम्परा' नहीं है। यह भेद बुद्धिजन्य है और श्रद्धासिक्त हो तब तो यह भेद प्रबल होगा ही। यह वाङ्गमय का युग नहीं है। यह दरबारी भी नहीं है कि ज्ञान वहीं कुण्डली मार कर बैठा रहे। यह युग समाज में वर्गीय विभाजन के तीव्र होते जाने का युग है। यहाँ ज्ञान-परम्पराएँ इस तरह मनमानी नहीं कर सकतीं। वे केवल या तो जनोन्मुख हो सकती हैं या जनविरोधी। जनता का परिप्रेक्ष्य विकसित करती हैं या उसे विकृत करती हैं। स्वयं ही अनेक जगह जातीयता के प्रश्न पर विचार

करते हुए नामवर सिंह ने जो परम्परा बनायी है वह इस दूसरी परम्परा का विरोध करती है–'आचार्य महावीरप्रसाद द्विवेदी, पण्डित रामचन्द्र शुक्ल और हजारीप्रसाद द्विवेदी की ही परम्परा में डॉ. रामविलास शर्मा ने जो वैचारिक संघर्ष किया है वह निराशा और पलायन के साहित्य के विरुद्ध है।' परम्परा यही है। यही हो सकती है। दोनों मार्क्सवादी आलोचकों के मोह केन्द्र बन चुके हैं। एक ने आचार्य शुक्ल का हरण कर लिया है, दूसरे ने आचार्य द्विवेदी का वरण कर लिया है। एक कबीर से सम्बद्ध है दूसरा तुलसी से प्रतिबद्ध है। इस तरह ये कल्पित विभाजक रेखाएँ एक ही युग के दो टुकड़े कर देती हैं। इनमें से कोई भौतिकवादी तो न था। न कबीर, न तुलसी। अन्तिम निष्कर्ष तो ब्रह्म ही है। सामाजिक चित्रण व सामाजिक आलोचना युगीन दबाव व माध्यम हैं। आज जो नकारात्मकता है उससे कबीर का सन्दर्भ जुड़ता है। उस काल का जो लोक है जब तुलसी में झाँकता है तब सामाजिक अन्तःसूत्र दृढ़ होते हैं। और फिर ये दो ही तो नहीं थे। हिन्दी के भक्ति-काव्य युग को जब हम व्यक्ति में ही प्रतिष्ठित कर देते हैं तो फिर वह व्यक्ति अगर परम्परा न बने तो क्या बने? इसे ही मैंने अधिरचना से आधार की ओर गमन कहा है।

दूसरी परम्परा का विचार बीज रूप में नामवर सिंह में तो तभी दिखाई पड़ता है जब वे नयी कहानी के दौर में एक तरफ़ गोर्की के अनुयायियों को रखते हैं और दूसरी तरफ़ चेखव को। एक तरफ़ समाजवादी यथार्थवाद है दूसरी ओर आलोचनात्मक! चेखव और गोर्की एक ही परम्परा हैं। एक ही वर्गीय विरासत। उसी तरह जैसे आचार्य शुक्ल और द्विवेदी।

दोनों आलोचकों ने इन आचार्यों के मूल्यांकन में अधैर्य और असहिष्णुता का, अतिरिक्त उत्साह का परिचय दिया है। सवाल मध्यम मार्ग का या 'समीक्षा में सन्तुलन' का नहीं है, सही मूल्यांकन का है। दोनों ही आचार्य हिन्दी साहित्य के दो नेत्र हैं। इसी अर्थ में उनकी सीमाओं को उजागर करते हुए उनके योगदान को व्याख्यायित करना मार्क्सवादी आलोचना का दाय है। व्यक्तिनिष्ठ होकर निष्कर्ष निकालना आलोचना के अस्वास्थ्य का लक्षण है।

क्या दो केन्द्रीय व्यक्तित्वों की टकराहट जातीय आलोचना के आत्मसंघर्ष को कोई गति या दिशा दे पाने में समर्थ है? निश्चित रूप से, क्योंकि इन दोनों ने आचार्यों के कमज़ोर हिस्सों पर अधिकतम चिन्तन किया है। दोनों पर ग़लत ढंग से प्रहार किये हैं दोनों को घायल कर दिया है। ऐसी वीरता से आलोचना को बचाने की ज़रूरत है। यह ज्ञान का दुरुपयोग है। यही दिशा-ज्ञान है। एक बात और नोट करने की है कि नवजागरण, जातीयता या परम्परा क्या आचार्य ही डालते रहे हैं? रचनाकारों ने इन प्रश्नों के जो उत्तर ढूँढ़े हैं उन पर दृष्टिपात क्यों नहीं? हैरत है जिस किसान को

रामविलास शर्मा गदर का हीरो मानते हैं, और कम्युनिस्ट पार्टी को लताड़ते हैं उन्होंने प्रेमचन्द को, जिनने उनके किसान को अपना प्राण बनाया, उन्हें इन प्रश्नों की कोई मंज़िल नहीं बनाते! क्या नवजागरण, जातीयता और परम्परा का ठेका आलोचकों ने ही ले रखा है?

इसीलिए मैंने कहा है कि यह यात्रा अक्सर व्यक्ति से युग की ओर हुई है। अतः सही दिशा युग और व्यक्ति की द्वन्द्वात्मकता के प्रकाश में अध्ययन करना ही होगी। जातीय आलोचना का यही सबसे महत्त्वपूर्ण दायित्व है। यह चुनौती केवल मार्क्सवादी आलोचक ही स्वीकार कर सकते हैं। विडम्बना यह है कि जिस मुक्तिबोध ने मार्क्सवादी आलोचना का एक मौलिक ढाँचा खड़ा किया उसे न रामविलास शर्मा अपनी परम्परा में जोड़ते हैं न नामवर सिंह। क्या उनके बिना आलोचना के जातीय चरित्र का चित्र पूर्ग हो सकता है?

उत्तर : प्रश्न-4

अब देखिए! आचार्य शुक्ल की तर्ज़ पसन्द आयी नामवर सिंह को। बस हृदय का स्थान बुद्धि ने लिया। यह और भी अच्छा रहा। इसमें भी और अच्छाई यह कि बुद्धि भी मुक्त! 'आलोचना वह है जो पाठक की बुद्धि को मुक्त करें। लेकिन वही आलोचना पाठक की बुद्धि को मुक्त करेगी जो स्वयं बुद्धि की मुक्ति साधना द्वारा लिखी गयी हो।' शब्द अपने सन्दर्भ के बिना क्या हैं। सन्दर्भ अपने व्यवहार के बिना क्या है? व्यवहार एक सामाजिक क्रिया है। अतः इस शब्द का अभिप्राय ठीक-ठीक प्रकट किये बिना आगे नहीं बढ़ा जा सकता। इसलिए कि शब्द अपने अर्थ जिस तरह ग्रहण करते हैं उसी तरह खोते भी जाते हैं। राजीव जी के श्रीमुख से समाजवाद शब्द सुनकर कैसा लगता है? इन्दिरा जी ने भी इस शब्द का उच्चारण भरी संसद में किया था और उनके पिताश्री इसी शब्द पर चढ़कर संसद में उतर थे। शब्द वही है। बदलते सन्दर्भों में भिन्न-भिन्न व्यवहारों को व्यक्त करता है। इसी तरह है यह मुक्ति! जितना छोटा रूप है उतनी विशाल अन्तर्वस्तु को समेटे हुए है। सतसैया के दोहरे इसके आगे बेकार हैं। अज्ञेय जब इस मुक्तावस्था की बात करेंगे, निर्मल वर्मा करेंगे, श्रीकान्त या विष्णु खरे करेंगे तो भिन्न-भिन्न अर्थ प्रस्फुटित होंगे। जैसे आजकल भोपाल में मुक्तिचर्चा बहुत इफरात में उपलब्ध है। उसका भी अपना सन्दर्भ है। ग़ौरतलब है सी.आई.ए. अपनी अधिकांश नामावलियाँ मुक्ति के आलोक में ही प्रकाशित करती है। यहाँ तक कि श्रीमृत्यु भी मुक्ति के लिए लाखों लोगों को मार डालते हैं। अतः सन्दर्भ का पता लगना आवश्यक है, क्योंकि अर्थ भी आजकल

'फिक्स प्राइस' पर नहीं मिल रहा है। कहीं वह अभिधार्थ है, कहीं मूलार्थ। कहीं गूढ़ार्थ है, कहीं निहितार्थ। कहीं भावार्थ है, कहीं सरलार्थ। कहीं लक्षणार्थ है, कहीं व्यंग्यार्थ। मैं नामवर सिंह की बुद्धि की मुक्तावस्था की परख उन्हीं के कुछ विचारों के प्रकाश में करना चाहता हूँ। उन्होंने कहा है–'विचार जिस प्रकार प्राप्त होता है, उसी प्रकार अभिव्यक्त भी होता है। यदि वह पुस्तकों से प्राप्त होता है, तो पुस्तकी ढंग से प्रकट होता है, यदि वह जनारण्य से दूर एकान्त कमरे में आरामकुर्सी के चिन्तन से प्राप्त होता है, तो रचना में भी एकान्त और वैयक्तिक चिन्तन का रूप लेता है; और यदि वह जीवन के संघर्षों में कुछ निछावर करने से प्राप्त होता है, तो उसी गर्मी, उसी ताज़गी, उसी सजीवता, उसी सक्रियता तथा उसी मूर्तिसत्ता के साथ रूपायित होता है।' (इतिहास और आलोचना, पृ. 23)

अत: बुद्धि की मुक्तावस्था विचार की ही विशिष्ट अवस्था है, इससे वे इनकार नहीं करेंगे। यदि विचार ही न रहेगा तो बुद्धि को कौन पूछेगा; इससे सभी सहमत होंगे। अब प्रश्न यह है कि यह मुक्ति यहाँ किसकी हो रही है? आलोचक की या पाठक की? या दोनों की? पाठक कोई वर्गीय संगठन नहीं है। कोई भी पाठक हो सकता। जो पाठक नहीं होगा वह श्रोता होगा या फिर दर्शक होगा या तीनों हो सकता है। इस प्रकार आलोचना जो आज एक स्वतन्त्र सांस्कृतिक कर्म का रूप लेती जा रही है, वह एक प्रकार का ज्ञान ही है, जो दूसरे ज्ञान-रूपों को, उन वर्गों को खोल देने का कार्य करता है, जिनमें इन ज्ञान रूपों को प्रभावित तथा लाभान्वित होने की क्षमता होती है। विराट मानव जाति के अनुभव सागर से सुलभ सामग्री से निषेचित इस सम्पदा का उपयोग प्रत्येक युग में, आधार और अधिरचना के अनुसार मानवजाति के विशिष्ट हिस्से किया करते हैं। पूँजीवादी समाज ज्ञान पर भी अपनी इज़ारेदारी कायम करता है। वर्गों में समाज का बँटवारा करते समय वह एक मुक्त बुद्धिजीवी वर्ग भी पैदा करता है जो सारी श्रेष्ठ विरासत को, समकालीन ज्ञानात्मक उत्पादनों को विकृत कर डालता है और शब्दों में अपने अर्थ 'इंजेक्ट' कर देता है। तब श्रमजीवी जनता के अर्थों में और शोषक-शासक वर्ग के अर्थों में जो भेद होता है वह दोनों वर्गों की अपनी-अपनी विजय सुनिश्चित करने वाला होता है। अत: नामवर सिंह के द्वारा कही गयी मुक्तावस्था सामन्ती समाज के 'लोक' से अगली मेहनतकश वर्ग से जुड़ती है। बहुत दूर से घूमकर जाने पर भी इस वर्ग की छाया इस अवधारणा पर बराबर विद्यमान रहती है। यहाँ बुद्धि वही है जो श्रमजीवी जनता के शोषण का पता लगाती है, इसका रूप और आधार उसे स्पष्ट करती है और ऐसे

समाज की रचना के लिए उन्हें प्रेरित करती है जहाँ वह उचित सम्मान व साधनों के साथ जी सके। जनगणों की मुक्ति का परिप्रेक्ष्य ही आलोचना के परिप्रेक्ष्य को निर्धारित करता है।

नामवर सिंह के इस कथन में जो स्वर छिपा हुआ है वह आग्रह की ओर संकेत करता है। इस आग्रह को दुराग्रह के ही अर्थ में लेना चाहिए। इसका एक स्पष्ट अर्थ यह भी है कि सामाजिक अन्तर्विरोधों को वस्तुनिष्ठ परिप्रेक्ष्य में अर्थात् राजसत्ता के वर्ग चरित्र के प्रकाश में श्रमजीवी जनता के विविध संस्तरों की जीवन-दशाएँ और अपेक्षित अभिलाषाओं के सन्दर्भ में आलोचना को अपना दाय निभाना चाहिए। निजी, सस्ते व तात्कालिक दबावों से मुक्त रहकर इस कर्म को सम्पन्न करना चाहिए।

इस दृष्टि से मैं उनके लेखन का ऐसा विभाजन नहीं कर सकूँगा जैसा अन्य साथी करते हैं कि 'इतिहास और आलोचना' को सीमा रेखा बना लेते हैं। प्रत्येक लेखक विकास करता है। विकास की उसकी अपनी समझ होती है। उद्देश्य की गहनता, उसके प्रति समर्पण उसे नये-से-नये साधनों का उपयोग करने के लिए प्रेरित करता है। इस बीच में जो सबसे महत्त्वपूर्ण कार्य होता है, वह यह कि वह सब कुछ जो लेखक करता है, जिस चेतना के तहत करता है, वह चेतना अपने सैकड़ों कारकों के साथ विशिष्ट सामाजिक मॉडल में धीरे-धीरे प्रभावित और परिवर्तित 'होती रहती है। यदि आत्मसंघर्ष मन्द है उन वर्गों से, जिनकी मुक्ति लेखक चाहता है, अलगाव बढ़ता जाता है, तो उसके निष्कर्ष न केवल बदल जायेंगे बल्कि उसके विरोध में भी जा खड़े होंगे। ऐसा प्रायः तब और अधिक होता है जब राजनीति का अर्थ कम्युनिस्ट पार्टी की सदस्यता लेना होता है। फिर जब निकल जाते हैं तो न केवल पार्टी विरोध में लेखक सक्रिय होता है, बल्कि पूरे दर्शन पर हमला कर बैठता है। और यदि औपनिवेशिक भाषा के लेखक हुए तब तो इस हड़कम्प का एक अर्थ भी होता है। जैसे फिशर साहब या रोजर गारोदी महाशय। शुरू हुए थे तब 'एक कम्युनिस्ट की हैसियत से घर लौटने में बड़ा गर्व महसूस करते थे और लेनिन एक किरण' होते थे। फिर जब पार्टी छोड़ी तो 'क्रान्ति कुछ और ही है' लिखने लगे। समझाने लगे। 'लेनिन ने वास्तव में क्या किया?' नामवर सिंह ने ऐसा नहीं किया। उनमें मार्क्सवादी होने का अहसास मौजूद है। उनकी तैयारी भी कम नहीं थी। उनकी आँखों की एक बहुत सुन्दर उपमा मुझे ध्यान आती है–पुस्तक पकी आँखें। अंग्रेज़ी, हिन्दी, संस्कृत का सम्यक् ज्ञान उनकी पूँजी है। लेकिन आदमी सौ भाषाओं का ज्ञाता हो और दृष्टि

न हो तो सब बेकार। इस दृष्टि के लिए उन्होंने मार्क्सवाद को चुना। फिर इसे समाज और साहित्य पर पूरी सामर्थ्य से लागू किया।

नामवर सिंह ने सबसे अच्छे विचार अक्सर अपने भाषणों में व्यक्त किये। लेकिन उनका कोई लिपिबद्ध प्रमाण नहीं है। अतः कुछ नहीं कहा जा सकता। जो सामग्री लिपिबद्ध है–'छायावाद', 'कहानी : नयी कहानी', 'इतिहास और आलोचना', 'कविता के नये प्रतिमान' तथा अन्तिम पुस्तक 'दूसरी परम्परा की खोज' इन पर सबसे बेहतर रायें 'इतिहास और आलोचना' पर मिलती हैं। प्रसिद्धि का कारण कहानी–चर्चा भी रही है और 'छायावाद' भी। 'कविता के नये प्रतिमान' तथा 'दूसरी परम्परा की खोज' विवाद कलात्मकता के लिए अधिक सहायक हैं।

'कहानी : नयी कहानी' बहुत अच्छी रचना है। आलोचना भी रचना है, जितनी अधिक रचनात्मक उतनी ही अच्छी। इस पुस्तक में काफ़ी हद तक ईमानदारी है और इसमें सबसे अधिक आकर्षित करती है सुस्थिर मत व्यक्त करने की क्षमता। कोई घालमेल नहीं। साधना का यह आरम्भिक प्रतिफलन दृष्टि की स्वच्छता को प्रदर्शित करता है तथा नामवर सिंह की चेतना के दबाव मुक्त रूप को व्यक्त करता है। काव्य समीक्षक इसलिए मुँह फुलाये थे कि 'कहानी समीक्षा को खामखाह इतना तूल दिया जा रहा है।' कहानी में समीक्षक तब कम थे अतः मुँह फुलाने का कार्य कहानीकारों को ही करना पड़ा। तब नामवर सिंह का विचार था–'हिन्दी आलोचना जो अभी तक मुख्यतः काव्य-समीक्षा रही है, कविता से इतर कथा-नाटक आदि साहित्य रूपों का विधिवत विश्लेषण करके ही अपने को सुसंगत और समृद्ध बना सकती है।' (कहानी : नयी कहानी, पृ. 10) यह विचार बाद में पनप न सका। और नामवर सिंह अपनी उसी दिशा की ओर लौट गये–काव्यालोचना की ओर। लेकिन इस पुस्तक का महत्त्व बना रहा है। इसका कारण पद्धति का निर्माण है। पाठ-प्रक्रिया के माध्यम से मूल्य चर्चा तथा सिद्धान्त विवेचन करके उन्होंने आलोचना में दिलचस्पी पैदा की। आलोचना को पठनीय बनाया। पाठक पैदा किये। आज जिस ढंग की सैद्धान्तिक बमबारी होती है वह पाठकों को आलोचना की तरफ़ ताकने तक का साहस नहीं प्रदान करती।

सबसे बड़ी बात यह थी, जिस पर कम ध्यान दिया जाता है (जांनबूझकर) कि कला का विवेचन किया गया था। जब भी कला की बात आती है मार्क्सवादी आलोचक बिदकने लगते हैं। इस धारणा को उन्होंने तोड़ा। साहस के साथ तोड़ा। उनकी आत्मसजगता और ईमानदारी ने बहुत महत्त्वपूर्ण सवालों के दायरे में अपना

विकास किया। आलोचकगण अपनी सीमा की बात कभी नहीं करते। नामवर सिंह ने की–'मेरी अपनी सीमा यह है कि मैं अब तक मुख्यतः काव्य का पाठक रहा हूँ। कहानियाँ मैंने कम पढ़ी हैं और उनमें अन्तर्निहित सत्य को समझने तथा व्यक्त करने की 'भाषा' भी अब तक नहीं तय कर पाया हूँ।' (वही पृ. 33) फिर उन्होंने इच्छा व्यक्त की कि 'कहानी समीक्षा की एक व्यापक और निश्चित 'भाषा' का निर्माण भी होना चाहिए।' (पृ. 33) यह जो छोटी-सी माँग है बहुत बड़ी चेतना की माँग करती है। क्योंकि सम्प्रेषण नहीं तो साहित्य नहीं। और साहित्य में सम्प्रेषण भाषा के माध्यम से ही होगा और 'सम्प्रेषणीयता की कठिनाई केवल भाषा या साहित्यिक माध्यम की कठिनाई नहीं है, बल्कि किसी गहरे सांस्कृतिक संकट का लक्षण है।' (पृ. 34) 'सवाल नयी वास्तविकता के अनुरूप उतनी ही यथातथ्य, कठोर, चुस्त, संवेदनशील सजीव भाषा के निर्माण का है।' (पृ. 41) ऐसा ही साहस उन्होंने कुछेक रूपगत क्षेत्रों में उठाया। फैंटेसी के सवाल पर उनके विचार अपनी ज़मीन पर बहुत मज़बूती से खड़े हैं। 'इन अवास्तविक और असम्भव कहानियों में इतनी सार्वभौम और शाश्वत दिलचस्पी क्यों?' ऐसे प्रश्नों पर विचार करके ही आगे बढ़ा जा सकता है, इन्हें टालकर नहीं। लेकिन कई 'ऐसे भी स्थिति प्रज्ञ होते हैं जिन्हें किसी बात के लिए न कुतूहल है, न उत्सुकता और न जिज्ञासा। वे त्रिकाल पुरुष हैं। उन्हें सब पता है कि कल क्या होगा। वे भलीभाँति जानते हैं कि 'होइ है सोई जो राम रचि राखा', ऐसे निश्चिन्त जन के लिए कहानी व्यर्थ है। कहानी ही क्यों, दैनिक अख़बार भी। ज्योतिषी और ज्योतिष विश्वासी के लिए कहानी नहीं है। कहानी में कुतूहल होने का मतलब है परिवर्तन में दिलचस्पी, नये की सम्भावना में विश्वास।' (वही पृ. 107) नामवर सिंह ने इसी कुतूहल की व्याख्या की–अर्थात् परिवर्तन में दिलचस्पी की व्याख्या की। लेकिन वर्गाधार को, साहित्य और राजनीति को काफ़ी यान्त्रिक ढंग से जोड़ा। 'आज़ादी के साथ भारत में वह शिक्षित मध्यवर्ग स्थापित, विकसित और संवर्द्धित हुआ जो साहित्य के इतिहास में कहानी का जन्मदाता है। शुरू के तीन-चार वर्षों की संक्रमण कालीन अराजकता की स्थिति जैसे ही समाप्त हुई और संविधान–निर्माण के द्वारा देश में जनतन्त्र कायम हो गया तो साहित्य-सृष्टि के लिए एक नया वातावरण मिला।' (वही पृ. 207) यह वातावरण कैसा था और किस अर्थ में नया था, इसकी व्याख्या इस प्रकार की गयी–'नयी पीढ़ी ने सचमुच अपने को स्वतन्त्र महसूस किया। उसे लगा कि वह स्वयं अपनी आँखों से हर चीज़ देख सकती है, और अपने दिमाग़ से सोच सकती है और उसने देखा कि आज़ादी के

साथ अँधेरे में से एक जीता-जागता भारत निकल आया है और यह भारत बड़ा है, घना है, ठोस है और उसकी इच्छा हुई कि हर हाथ चीज़ को अपने से छूकर देखे कि वह क्या है। बहुत-सी चीज़ें ऐसी थीं, जिन्हें बड़े-बड़े अथवा गोल-मोल शब्दों के रूप में जानता-सुनता आ रहा था, अब जैसे उसको सभी कुछ स्वयं देखने की आज़ादी मिल गयी और लगा कि ज़िन्दगी जीने लायक है।' (वही पृ. 219) यही वह समझ थी जिसके सहारे नामवर सिंह ने 'नयी कहानी' को खड़ा किया। किनके खिलाफ़? शाश्वतवादियों और नितान्त क्रान्तिकारियों के, जो दोनों 'प्रत्यक्ष अनुभव' से दूर थे और अपनी-अपनी पूर्व निर्दिष्ट धारणाओं तथा सिद्धान्तों में बन्द थे' (वही, पृ० 218) अनुभवों का अभाव, विचार का अनुभव की जगह ले लेना, सिद्धान्तों का कहानीकरण निश्चय ही एक वाहियात बात है। लेकिन क्या सभी लेखक ऐसा ही कर रहे थे? आज कहाँ हैं नयी कहानी के पुरोधा? यही नहीं उस समय ग़ैर-मार्क्सवादी यहाँ तक कि गांधीवादी लेखक तक आज़ादी से मोहभंग की कहानियाँ लिख रहे थे। विष्णु प्रभाकर जैसे निरामिष समझे जाने वाले कथाकार तक ने उसी वर्ष '47 में 'सुराज' कहानी में इस आज़ादी के बारे में टिप्पणी की थी–मिश्र जी ने कहा–'तुम ठीक कहती हो तुम्हें दवा की ज़रूरत नहीं है। भगवान ने तुम्हें बुलाया है। वे बड़े दयालु हैं। तुम्हें ख़ुशी होनी चाहिए कि तुम आज़ाद हिन्दुस्तान में प्राण तज रही हो।'

एकाएक मिश्र जी की मुद्रा कठोर हो उठी। आँखें रक्तवर्ण हो आयीं। तलखी से चिनचिनाकर बोले, 'आज़ाद हिन्दुस्तान! कमीने कहीं के! आज़ादी से मुँह काला करते हैं।'

और ठीक इसी समय एक हाथ से पति का हाथ थामे, दूसरे से पुत्र का शीश सहलाते हुए मिश्र जी की पत्नी ने दवा के अभाव में आज़ाद हिन्दुस्तान की धरती पर आख़िरी हिचक ली। प्राण मुक्त हो गये।'

कम-से-कम गांधीवादी तो इस आरोप से मुक्त रहे हैं कि 'विचार पेलते हैं' या 'सिद्धान्त जड़ते हैं' या 'अनुभव' नहीं है। जब उनका मोहभंग हो रहा था तो जो समाज की इस दुर्दशा के लिए ज़िम्मेदार कारकों को समझते थे, किसानों-मज़दूरों से (नकली ही सही) सहानुभूति रखते थे, उनका इस संविधान निर्माण से क्या लेना-देना था? रामविलास शर्मा इस बात से कुपित थे कि तेलंगाना के किसान संघर्ष की गूँज साहित्य में क्यों नहीं सुनाई देती? नामवर सिंह इस पर कुपित हैं कि ये तथाकथित यथार्थवादी किसान–मज़दूरों का हड़बोंग मचाये हुए हैं। नामवर सिंह का आलोचना की एक पद्धति के विकास का प्रयास जहाँ बहुत महत्त्वपूर्ण है वहाँ पेटी बूर्ज्वा की सामाजिक अन्तर्विरोधों के प्रति जो 'नयी' प्रतिक्रियाएँ हैं उन सबको वर्गसार, यथार्थ,

मोहभंग और ज़िम्मेदार वर्ग शक्तियों को विरोध के मुक़ाबले न केवल खड़ा करना बल्कि एकमात्र सही विकल्प के रूप में पेश करना, पेटी बूर्ज्वा के दृष्टिकोण से ही आलोचना करना है, न कि सर्वहारा दृष्टिकोण से।

दो ध्रुगन्तों पर नज़र डालिए।

रामविलास शर्मा को पूरी नयी कविता उल्टी, कै, कीड़े, चूहों, पागलों से भरी हुई है।

नामवर सिंह को पूरी नयी कहानी विधेयात्मक तत्त्वों से पूरिपूर्ण है।

इसी तरह जब यह मोहभंग पराकाष्ठा पर पहुँचा, स्तालिन की मृत्यु के बाद संशोधनवादियों का दौर दौरा रहा, अमरीकी हस्तक्षेप का कारगर शीतयुद्ध सफल हुआ, केरल का कम्युनिस्ट मन्त्रिमण्डल उखाड़कर फेंक दिया गया, दो-दो युद्धों से देश का—चेतना का ढाँचा टूटा, निराशा की चरम सीमा हुई, पंचवर्षीय योजनाओं का पाखण्ड खुलकर सामने आ गया, फासिस्टी ख़तरे को ख़ुद आलोचना के पृष्ठों पर महसूस किया गया, आस्था के संकट पर बहसें शुरू हुईं, कम्युनिस्टों का जमकर दमन किया गया, संविद सरकारें बनीं, आन्दोलनों और हड़तालों का दौर तेज़ हुआ, 'कविता के नये प्रतिमान' प्रकट हुए। इन सब संकटों का मुक़ाबला बिम्ब से, भाषा से 'ढ' नहीं 'त' से! बहुत बारीक, बहुत सूक्ष्म, समस्त यूरोपीय चिन्तन की छनाई मगर किसलिए? क्या इनसे सामाजिक परिवर्तन में विशेष मदद मिलती है? क्या वर्ग संघर्ष की ठीक-ठीक अभिव्यक्ति होती है? किसानों-मज़दूरों, मध्य वर्ग, नारियों के जघन्य सामन्ती शोषण, अवसरवाद, भ्रष्टाचार, अमानवीयता से लड़ने में मदद मिलती है? या ये उद्‌देश्य ही पुराने पड़ गये हैं। इनकी ज़रूरत नहीं रही है? ये बीती बातें हैं?

सवाल रचनाकारों के मध्यवर्ग के होने का नहीं है, सवाल है, मध्यवर्ग के दृष्टिकोण, ग़ैर-सर्वहारा दृष्टिकोण की सीमाओं को उजागर करने का, जो काम सबसे ज़रूरी था जो निषेधात्मक तथा विधेयात्मक के बीच विभाजक रेखा खींच सकता था, नामवर सिंह ने सबसे पहले उसे ही त्याग दिया। बाद के सब युवा कवि तुर्रेबाज नज़र आते हैं। रणबाँकुरे और पता नहीं क्या-क्या। हैं ऐसे लोग। बड़ी तादाद में हैं। आज लेखकों की संख्या भी काफ़ी बड़ी है। लेकिन उनमें सब ऐसे ही हैं, ऐसा सोचना अन्याय है।

और लेखकों का ऐसा सोचना भी अन्याय है कि वह नामवर सिंह के लिए लिख रहे हैं। अगर वह नाम ले देंगे तो अमर हो जायेंगे। यह व्यावसायिक लटकेबाज़ी है। नामवर सिंह समेत सभी जिस जनता के आत्मिक पुनर्संस्कार के लिए, अभी अप्राप्त किन्तु अभिलषित मुक्ति के लिए लिख रहे हैं, यदि वह जनता उनके लेखन से इस युद्ध में विजय सुनिश्चित करने में मदद पाती है, अपना साथी पाती है, वही सबकी

सफलता या सार्थकता का प्रमाण है; शेष तो यह है कि जिस तरह साहित्य टनों वज़न में मौजूद है, उसके लिए इतिहास का नाला भी छोटा नहीं है।

इस दृष्टि से नामवर सिंह का जो वैचारिक संघर्ष 'इतिहास और आलोचना' में प्रकट हुआ है वह आज भी आदर्श है। कुछेक सम्पादकीयों को भी इसमें जोड़ा जाना चाहिए।

उत्तर : प्रश्न–5

देखिए! यह जो प्रश्न आपने किया है यह दिलचस्प है। यद्यपि कथनीय सब उपरोक्त टिप्पणियों में कहा जा चुका है। सिर्फ़ कुछ बातें और उपलब्धि की दृष्टि से निर्विवाद' होने के बावजूद 'सक्रियता विवादास्पद' रही है, यह गड़बड़ है, पहली झलक में। सक्रियता विवादास्पद नहीं रही है। उसका सदा स्वागत हुआ है! किन्तु सक्रियता के लिए वह जो 'जोड़ते-घटाते रहे हैं वह आनुपातिक ढंग से विवादास्पद वस्तु रही है। और यह जोड़ना-घटाना बाद के वर्षों में बहुत बढ़ता गया है। नामवर सिंह के आत्मसंघर्ष में शिथिलता की सूचक हैं ये प्रवृत्तियाँ। जितनी उनमें प्रतिभा है, जितना अनुशासित उनका अध्ययन है, जितना विश्वचिन्तन से वे परिचित हैं उसका बहुत कम प्रयोग उन्होंने किया है। यदि इसे व्यक्तिगत न माना जाये तो साहित्येतर कार्यों में वे बहुत फँसे हैं। और उनका सबसे ज़्यादा नुकसान किया है इस भाषण-कला ने। यह नुकसान उनसे ज़्यादा हिन्दी का है। क्योंकि वे अपने विचारों को अभिव्यक्त करने के लिए यही मंच चुनते रहे। तब तक उन्होंने मंच को चुना तब तक सब ठीक रहा, जब मंच ने उन्हें चुन लिया, इसके परिणाम जो उनकी चेतना पर प्रभावी हुए उसमें सबसे बड़ी कमज़ोरी है 'सुस्थिर मत' का संकट। आलोचना में अन्तर्विरोधों का अधिकाधिक दबाव।

लेखन में उन्होंने सबसे आवश्यक काम किया व्याख्या की प्रतिष्ठा का– बल्कि पुनर्प्रतिष्ठा का–राजशेखर के कवि के श्रमभिप्राय का भावन! कवि के व्यापार-तरु का फलना सिद्ध किया। अन्तरराष्ट्रीय प्रविधियों का सफलतापूर्वक उपयोग किया। लेखक और पाठक के बीच एक पुल बनाया। जहाँ उन्होंने इस पुल के नीचे दृष्टि के सुदृढ़ स्तम्भ लगाये वहाँ कोई भी ज्ञान की अपेक्षित मंज़िल तक पहुँचता है, जहाँ यह स्तम्भ कॉमनवेल्थ की देशज विशेषताओं की मिलावट वाले हैं वहाँ उसके कहीं भी गिर पड़ने का ख़तरा बराबर मौजूद है।

अपने कार्य में न्याय करने की कोशिश में बहुत गम्भीर रहे हैं। 'यों ही' वे कुछ नहीं लिखा। किलो से तौलकर नहीं लिखा। 'आजकल क्या लिख रहे हैं" इस तर्ज़ पर नहीं लिखा। 'यार! कोई लेख नहीं भेज रहा है तुम्हीं लिख दो' ऐसे कभी नहीं लिखा। उनकी दृष्टि से मतभेद हो सकता है, लेकिन लेखन की नीयत और स्तर से नहीं।

उनके लेखक का सबसे बेहतर हिस्सा वह है जहाँ वे तमाम तरह के प्रतिक्रियावादी लेखन पर प्रहार करते हैं। यहाँ वे जबर्दस्त शैलीकार और निबन्धकार नज़र आते हैं। भाषा की शक्ति का, शैली की शक्ति का वे दो जगह सर्वश्रेष्ठ परिचय देते हैं। एक उपरोक्त सन्दर्भ में दूसरे साथियों से पोलेमिक्स में। लेकिन उन्होंने इस कला का प्रयोग प्रगतिशील जनवादी लेखकों के सन्दर्भ में बहुत कम किया।

उन्होंने उपलब्धियों के नाम पर जो दो विवाद विशेष रूप छेड़े–नामवर सिंह निर्मल वर्मा-संवाद और दूसरी परम्परा की खोज–वे उनकी निजी आकांक्षा के संस्करण अवश्य हैं किन्तु उनसे आलोचना को समृद्ध होने में कोई मदद नहीं मिली। इन दोनों ही मामलों में व्यक्ति उन पर हावी रहा और नामवर सिंह ने स्वपक्ष (मार्क्सवादी-जीवनदृष्टि) का भरोसा न्यूनतम किया। आलोचना की जातीय परम्परा में उनकी पुस्तक से, जो रामविलास शर्मा और रामचन्द्र शुक्ल से निबटते हुए लिखी गयी है, हजारीप्रसाद द्विवेदी को प्रतिष्ठित करने में कोई विशेष सहायता नहीं मिलती। आचार्य हजारीप्रसाद द्विवेदी का कार्य अपनी सीमाओं के साथ गौरव करने योग्य है। वे उस परम्परा में कर्मतः प्रतिष्ठित हैं। लेकिन कहा नहीं जा सकता भविष्य उन्हें जातीय आलोचना की परम्परा में प्रतिष्ठित करने की जगह हिन्दी उपन्यास के जातीय चरित्र के महान उन्नायकों में प्रतिष्ठित करे। उनका यह पक्ष भी अत्यन्त गौरव-योग्य है–क्या नहीं?

नामवर सिंह की दृष्टि का परिचय एक और जगह भी मिलता है–मैं कहना चाहता हूँ यद्यपि वह प्रस्तुत प्रश्नावली का हिस्सा नहीं है, वह है, वह पाठ्यक्रम, जो उन्होंने विविध छात्रों के लिए निर्धारित किया है। बुद्धि की कुशाग्रता का यह परिचय फिलहाल अनुभव की ही वस्तु है। कविताओं और रचनाओं का जो चुनाव है–बहुत महत्त्वपूर्ण है।

अब वह समय आ गया है जब वे अपनी प्रतिभा का उपयोग जमकर करें और जो दायित्व (जो कि प्रतिभाओं के सदा ही होते हैं) शेष हैं, सांस्कृतिक संकट के गहराते जाने के इस दौर में करें। रामविलास शर्मा या आचार्य शुक्ल से टकरायें (मध्यवर्ग को अटैक में सबसे ज़्यादा मज़ा आता है) ज़रूर, लेकिन उन्हें उद्देश्य में स्थानान्तरित करने की उपलब्धि न करें। पथ के साथी और पथ के दावेदार का फ़र्क़ समझना ज़रूरी है।

अपने अग्रज एवं आदरणीय साथी के लेखन के प्रति जैसा महसूस करता हूँ वैसा ही बिना हिचक-दबाव के, आदर तथा विनम्र असहमति के साथ कहा। यही मज़दूर वर्ग की विचारधारा से मैं सीख सका हूँ।

□□